Bank- und finanzwirtschaftliche Forschungen Band 294

Institut für
Schweizerisches Bankwesen
der Universität Zürich

Schweizerisches Institut für
Banken und Finanzen
an der Universität St. Gallen

Konzeption eines Aktiven Immobilien-Managements als Dienstleistung für institutionelle Investoren

Kritische Erfolgsfaktoren einer zukunftsorientierten Dienstleistung

von

Dr. Stephan G.C. Kloess

Verlag Paul Haupt
Bern · Stuttgart · Wien

Stephan G.C. Kloess (1966) absolvierte das Studium des Wirtschaftsingenieurwesens in der Fachrichtung Maschinenbau an der Technischen Universität Berlin. Die sich anschliessende Promotion am Schweizerischen Institut für Banken und Finanzen (s/bf) der Universität St. Gallen (HSG) schloss der Autor im Januar 1999 erfolgreich ab. Zur Zeit ist der Autor als Senior Consultant bei der SCG St. Gallen Consulting Group AG im Bereich Finanzdienstleistungen und Immobilien-Management tätig.

Die Deutsche Bibliothek – CIP-Einheitsaufnahme

Kloess, Stephan G.C.:
Konzeption eines Aktiven Immobilien-Managements als Dienstleistung für institutionelle Investoren : kritische Erfolgsfaktoren einer zukunftsorientierten Dienstleistung /
von Stephan G.C. Kloess. –
Bern ; Stuttgart ; Wien : Haupt, 1999
(Bank- und finanzwirtschaftliche Forschungen ; Bd. 294)
Zugl.: St. Gallen, Univ., Diss., 1999
ISBN 3-258-06050-9

Dieses Papier ist umweltverträglich, weil chlorfrei hergestellt
Printed in Germany

http://www.haupt.ch

INHALTSVERZEICHNIS

INHALTSVERZEICHNIS V

ABBILDUNGSVERZEICHNIS X

ABKÜRZUNGSVERZEICHNIS XIII

I EINFÜHRUNG IN DEN UNTERSUCHUNGSGEGENSTAND 1

1 Der Kontext 1

1.1 Problemstellung 1

1.2 Zielsetzung der Arbeit 4

1.3 Forschungsmethodisches Vorgehen 5

1.4 Aufbau der Arbeit 8

2 Die Begriffsbestimmungen 11

2.1 Institutionelle Investoren 11

2.2 Aktives Immobilien-Management 14

2.3 Kritische Erfolgsfaktoren 17

II ANALYSE DES IMMOBILIENANLAGEMARKTES 19

1 Die Thesen 20

2 Die theoretische Notwendigkeit 21

2.1 Neue Institutionenökonomie 22

2.2 Transaktionskostenansatz 25

2.2.1 Grundlagen des Transaktionskostenansatzes 25

2.2.2 Transaktionen und Transaktionskosten 26

2.2.3 Kostenarten 27

2.2.4 Kostendeterminanten 28

2.2.5 Bestimmung der Koordinationsformen 35

2.3 Informationsökonomie und Principal-Agent-Ansatz 39
2.3.1 Informationsökonomie als Grundlage 40
2.3.2 Grundlagen der Principal-Agent-Theorie 41
2.3.3 Principal-Agent-Beziehungen 43
3 Die praktische Bedeutung 45
3.1 Immobilienmarkt 45
3.1.1 Historische Entwicklung 45
3.1.2 Quantitative Entwicklung 48
3.1.3 Strukturelle Entwicklung 58
3.2 Perspektivenwechsel in der Immobilienbetrachtung 61
3.3 Kapitalmarkt vs. Immobilienanlagemarkt 65
3.3.1 Besonderheiten des Immobilienanlagemarktes 65
3.3.2 Immobilien als Asset-Klasse 66
3.3.3 Vergleich der Anleger- und Produktstrukturen 71
4 Die Immobilien-Intermediation als Antwort 79
4.1 Immobilien-Intermediation und ihr Umfeld 79
4.2 Aufgaben des Immobilien-Intermediärs 89
4.3 Transaktionskosten bei Intermediationsleistungen 92
4.3.1 Transaktionskosten bisheriger Intermediationen 92
4.3.2 Transaktionskosten von Teilaufgaben des Immobilien-Managements 94
4.4 Intermediationsleistungen im Rahmen des Principal-Agent-Ansatzes 96
4.4.1 Gründe für das Entstehen von Interessenkonflikten 96
4.4.2 Möglichkeiten zur Vermeidung von Interessenkonflikten 98
4.5 Make-or-Buy-Entscheidung der Immobilien-Management-Dienstleistung 99
5 Das Zwischenfazit 102

III STRATEGISCHER ANSATZ EINES AKTIVEN IMMOBILIEN-MANAGEMENTS 105

1 Die strategischen Grundlagen 106

1.1 Wettbewerbsfaktor Information 109

1.1.1 Informationsökonomie und Wettbewerb 109

1.1.2 Wettbewerbsvorteile und Information 111

1.2 Market Based View 112

1.3 Resource Based View 114

2 Der integrative Ansatz: Aktives Immobilien-Management 118

2.1 Synthese der strategischen Ansätze 118

2.2 Strategische Erfolgspositionen und Wettbewerbsvorteile 120

2.3 Kundenorientierung im Aktiven Immobilien-Management 124

2.3.1 Kundenbedürfnisse und Erwartungen 125

2.3.2 Strukturierung der Kundenbedürfnisse 126

2.3.3 Kriterien für die Inanspruchnahme der Leistung 132

2.4 Leistungssystem des Aktiven Immobilien-Managements 134

2.4.1 Grundstruktur von Leistungssystemen 134

2.4.2 Konstruktion des Leistungssystems 137

2.4.3 Kundenbeziehungen im Leistungssystem 143

3 Die kritischen Erfolgsfaktoren des Aktiven Immobilien-Managements 146

3.1 Konzept der kritischen Erfolgsfaktoren 146

3.2 Quellen und Verfahren zur Ermittlung von kritischen Erfolgsfaktoren 147

3.3 Darstellung der kritischen Erfolgsfaktoren des Aktiven Immobilien-Managements 149

4 Das Zwischenfazit 161

IV KONZEPTION DER DIENSTLEISTUNG "AKTIVES IMMOBILIEN-MANAGEMENT" AM BEISPIEL DER REAL ESTATE ADVISORY COMPANY (REAC) ... 163

1 Die Real Estate Advisory Company als Professional Service Firm ... 164

1.1 Wertschöpfungssegmente des Immobilien-Intermediärs REAC ... 164

1.2 Prozeß des Aktiven Immobilien-Managements ... 165

2 Das Marktmanagement der Real Estate Advisory Company ... 168

2.1 Investment-Leitlinien ... 168

2.2 Marktauftritt und Investmentstil ... 170

2.3 Auswahlprozeß einer Immobilien-Management-Gesellschaft ... 173

3 Die Organisation der Real Estate Advisory Company ... 178

3.1 Unternehmensgrenzen und Organisation ... 178

3.2 Steuerungs- und Anreizkonzepte ... 180

3.3 Ziele der Organisation ... 181

3.4 Organisation der REAC ... 182

4 Die Vergütungsaspekte der Immobilien-Intermediationsleistung ... 188

4.1 Elemente und Zielsetzungen von Vergütungssystemen ... 189

4.2 Bemessungsgrundlage von Vergütungssystemen ... 191

4.3 Basisbeträge als Vergütungsform ... 193

4.4 Vermögenswertabhängige Vergütung ... 193

4.5 Ergebnisabhängige Vergütung ... 195

5 Die Gestaltung des Verhältnisses der Real Estate Advisory Company zum institutionellen Investor ... 201

5.1 Vertragsgestaltung ... 202

5.2 Organisation des Verhältnisses ... 205

5.3 Anlageverfahren ... 212

5.4 Investitionsrichtlinien ... 217

5.5 Vergütung ... 220

6 Das Zwischenfazit ... 228

V ZUSAMMENFASSUNG UND AUSBLICK **231**

ANHANG **235**

Die Interview-Thesen 235

LITERATURVERZEICHNIS **237**

ABBILDUNGSVERZEICHNIS

Abb. I-1: Strategie angewandter Forschung in Anlehnung an ULRICH 6
Abb. I-2: Aufbau der Arbeit 10
Abb. I-3: Abgrenzung institutioneller Investoren 12
Abb. I-4: Rahmenbedingungen und Zielsetzungen institutioneller Investoren 14
Abb. I-5: Komponenten des Aktiven Immobilien-Managements 15

Abb. II-1: Aufbau des Kapitels II 19
Abb. II-2: Economic Theories of Organization 22
Abb. II-3: Effizienzvergleich Immobilientransaktionen mit und ohne Intermediär 35
Abb. II-4: Organizational Failures Framework 36
Abb. II-5: Vertragstypologie 38
Abb. II-6: Zusammenhang zwischen Wirtschafts- und Preiszyklen 47
Abb. II-7: Immobilienvermögen institutioneller Investoren in Verkehrswerten 49
Abb. II-8: Immobilienanlagen europäischer Lebensversicherungen 49
Abb. II-9: Entwicklung des Immmobilien-Spezialfondsvolumens 52
Abb. II-10: Angebotsstruktur des Marktes für Immobilien-Spezialfonds 53
Abb. II-11: Nachfragestruktur des Marktes für Immobilien-Spezialfonds 54
Abb. II-12: Wachstum des Vermögensvolumens einzelner Spezialfondsanbieter ... 55
Abb. II-13: Renditevergleich Direktanlage vs. Spezialfonds 56
Abb. II-14: Geschätztes jährliches Marktvolumen für Immobilien-Management-Dienstleistungen 57
Abb. II-15: Typologie der im Immobilien-Management tätigen Unternehmen 58
Abb. II-16: Einordnung der Anbieter von Immobilien-Dienstleistungen 60
Abb. II-17: Interdependente Problemfelder Transparenz-Organisation-Konzeption 62
Abb. II-18: Perspektivenwechsel des Immobilien-Investments 65
Abb. II-19: Besonderheiten der Immobilie 67
Abb. II-20: Diversifikationseffekt von Immobilien-Investments 69
Abb. II-21: Parallelen zum klassischen Kapitalmarkt 72
Abb. II-22: Anleger-Matrix 73
Abb. II-23: Kapitalmarktprodukte vs. Äquivalente auf dem Immobilien-anlagemarkt 73
Abb. II-24: Kapitalanlagemarkt-Immobilienanlagemarkt-Matrizen 74
Abb. II-25: Produktentwicklungs-Matrix 75

Abb. II-26: Beispiel für eine Produktentwicklung 76
Abb. II-27: Immobilien-Anlagestrategien 78
Abb. II-28: Beziehungen und Funktionen im Immobilienanlagemarkt 80
Abb. II-29: Transaktionsphasen, -risiken und -kosten der Vermögensüberlassung . 83
Abb. II-30: Formen der Informationsasymmetrie 86
Abb. II-31: Transaktionsbeziehungen mit und ohne Immobilien-Intermediation 87
Abb. II-32: Intermediation als Funktion von Transaktionsvolumina und Heterogenität 88
Abb. II-33: Transaktionskosten auf den Immobilienmärkten 92
Abb. II-34: Beispielrechnung Transaktionskosten 94
Abb. II-35: Bedarfs-/Angebotsanalysen im Vorfeld der Make-or-Buy-Entscheidung 100
Abb. II-36: Argumentenbilanz zur Make-or-Buy-Entscheidung 101

Abb. III-1: Aufbau des Kapitels III 105
Abb. III-2: Strukturierung der Strategietheorie 107
Abb. III-3: Theoretischer Bezugsrahmen des Aktiven Immobilien-Managements 108
Abb. III-4: Das Structure-Conduct-Performance-Schema 112
Abb. III-5: Branchenstrukturanalyse am Beispiel Aktives Immobilien-Management 113
Abb. III-6: Integrativer strategischer Ansatz 120
Abb. III-7: Abgrenzung von Potentialen und Strategischen Erfolgspositionen 121
Abb. III-8: Prüfung nachhaltiger Wettbewerbsvorteile 122
Abb. III-9: Bezug von Potentialen und Positionen zum integrativen Ansatz 124
Abb. III-10: Verhältnis von Kundenerwartungen und Kundenbedürfnissen 126
Abb. III-11: Bedürfniskategorien bezüglich Immobilien-Management-Leistungen 127
Abb. III-12: Anlageziele institutioneller Investoren 131
Abb. III-13: Kriterien für die Inanspruchnahme der Leistung 133
Abb. III-14: Leistungssystem 135
Abb. III-15: Vor- / Nachteile des Leistungssystems 136
Abb. III-16: Elemente des Leistungssystems Aktives Immobilien-Management 138
Abb. III-17: Leistungs- und Kundensystem Aktives Immobilien-Management 141
Abb. III-18: Strategieformulierung 142
Abb. III-19: Struktur- und Angebotswandel zur Realisierung der Kundennähe 143
Abb. III-20: Beziehungs- und Leistungsmanagement 145
Abb. III-21: Mögliche Quellen für kritische Erfolgsfaktoren 148

Abb. III-22: Kritische Erfolgsfaktoren des Aktiven Immobilien-Managements 150

Abb. IV-1: Aufbau des Kapitels IV 163
Abb. IV-2: Wertschöpfungssegmente des Immobilien-Intermediärs 165
Abb. IV-3: Prozeß Aktives Immobilien-Management 166
Abb. IV-4: Anforderungen an Investment-Leitlinien 170
Abb. IV-5: Aufweichung von Unternehmensgrenzen und Organisationsformen ..179
Abb. IV-6: Strategie und Organisationsgestaltung 179
Abb. IV-7: Führungs- und Kontrollkreislauf des Aktiven Immobilien-Managements 180
Abb. IV-8: Organisationsformen 183
Abb. IV-9: Organisationsprinzip "One face to the customer" 184
Abb. IV-10: Organisationsstruktur der REAC 186
Abb. IV-11: Organisation im Verhältnis zum Kunden 187
Abb. IV-12: Ergebnisabhängiges Gebührensystem im Immobilien-Management...197
Abb. IV-13: Gestaltungsfelder des Verhältnisses REAC und institutioneller Investor 201
Abb. IV-14: Organisation des Immobilien-Spezialfonds 204

ABKÜRZUNGSVERZEICHNIS

Abb.	Abbildung
BAK	Bundesaufsichtsamt für das Kreditwesen
BAV	Bundesaufsichtsamt für das Versicherungswesen
BFuP	Betriebswirtschaftliche Forschung und Praxis
BGB	Bürgerliches Gesetzbuch
bspw.	beispielsweise
BVI	Bundesverband Deutscher Investment-Gesellschaften e.V.
bzgl.	bezüglich
c.p.	ceteris paribus / unter sonst gleichen Umständen
d.h.	das heißt
DEFO	Deutsche Fonds für Immobilienvermögen GmbH
Despa	Deutsche Sparkassen-Immobilien-Anlage-Gesellschaft mbH
DIFA	Deutsche Immobilien Fonds Aktiengesellschaft
Diss.	Dissertation
DIX	Deutscher Immobilien Index
DV	Datenverarbeitung
ebs	European Business School in Oestrich-Winkel
et al.	Et alii / und andere
FAZ	Frankfurter Allgemeine Zeitung
gif	Gesellschaft für immobilienwirtschaftliche Forschung
gefma	Gesellschaft für Facility Management
HGB	Handelsgesetzbuch
i.d.R.	in der Regel
i.e.S.	im engeren Sinn
i.S.	im Sinne
i.w.S.	im weiteren Sinn
ID	Industrial Development
IM	Information Management
IO-Ansatz	Industrial Organization-Ansatz
IPD	Investment Property Databank
Jg.	Jahrgang
JITE	Journal of Institutional and Theoretical Economics (Zeitschrift für die gesamten Staatswissenschaften)
KAG	Kapitalanlagegesellschaft
KAGG	Gesetz für Kapitalanlagesellschaften

KEF	Kritische Erfolgsfaktoren
krp	Kostenrechnungspraxis
KWG	Kreditwesengesetz
LVU	Lebensversicherungsunternehmen
m.a.W.	mit anderen Worten
MwSt.	Mehrwertsteuer
p.a.	per anno
PK	Pensionskassen
RechVersV	Verordnung über die Rechnungslegung von Versicherungsunternehmen
Rück VU	Rückversicherungsunternehmen
Sch/U VU	Schaden-/Unfallversicherungsunternehmen
SGE	Strategische Geschäftseinheiten
SGF	Strategische Geschäftsfelder
SEP	Strategische Erfolgspositionen
StK	Sterbekassen
sog.	Sogenannte
u.a.	unter anderem
u.U.	unter Umständen
VAG	Versicherungsaufsichtsgesetz
VO	Verordnung
VU	Versicherungsunternehmen
WiSt	Wirtschaftswissenschaftliches Studium
WISU	Wirtschaftsstudium
z.B.	zum Beispiel
ZfB	Zeitschrift für Betriebswirtschaft
Zfbf	Zeitschrift für betriebswirtschaftliche Forschung
ZögU	Zeitschrift für öffentliche und gemeinwirtschaftliche Unternehmen
ZWS	Zeitschrift für Wirtschafts- und Sozialwissenschaften

I EINFÜHRUNG IN DEN UNTERSUCHUNGS-GEGENSTAND

1 Der Kontext

1.1 Problemstellung

Die volkswirtschaftlichen Rahmenbedingungen der 90er Jahre üben einen starken Einfluß auf die Beteiligten des Wirtschaftsgeschehens aus. Mehrere Jahre geringen Wachstums in Folge, das fortdauernd hohe Niveau der Arbeitslosigkeit, aber auch die voranschreitende Globalisierung und Deregulierung der Märkte, haben tiefe Veränderungen bewirkt und werden weitere nach sich ziehen.

Mit massiven Kosteneinsparungsprogrammen, Reengineeringprojekten und der Implementierung von "leanen"-Strukturen sind die Unternehmen - und inzwischen vermehrt auch die öffentliche Hand - dabei, die nötigen Anpassungen vorzunehmen. Standen bisher vor allem Kosten und Prozesse des Kerngeschäftes im Vordergrund, rücken derzeit vermehrt Kostensenkungs- und Einsparungspotentiale im Bereich der betrieblich genutzten Immobilien und des Immobilien-Anlagevermögens ins Blickfeld. Zunehmend wird die Immobilie von Unternehmen als Hebel einer veränderten Wertbetrachtung entdeckt.

Die Veränderungen des Immobilienanlagemarktes hinsichtlich seiner Struktur und seines Volumens in den vergangenen Jahren haben insbesondere auf das Gros der institutionellen Investoren bedeutende Auswirkungen und legen nahe, das bisherige Anlageverhalten, eine überwiegend an nationalen Bestimmungsfaktoren ausgerichtete Anlagepolitik und angestammte Denkmuster im Umgang mit der Immobilie zu überprüfen und sich den geänderten Marktstrukturen anzupassen. Hiervon betroffen sind insbesondere Versicherungen (VU) und Pensionskassen (PK), welche ihr beträchtliches Immobilien-Portfolio bisher eher verwalten als aktiv gestalten. Der Anteil der Immobilien am Gesamtvermögen Institutioneller[1] beträgt - je nach Wertansatz - zwischen 10 und 40% der Bilanzsumme[2]. Die Immobilienanlagen von Versicherungen und Pensionskassen machen über 1/3 des gesamten institutionellen Immobilienvolumens aus und repräsentieren einen Verkehrswert von ca. 100 Mrd. DM. Von diesen

1 Hier wird bereits mit der Definition der "Institutionellen" gearbeitet, wie sie für dieses Dissertationsvorhaben abgegrenzt wurde. Siehe hierzu Kapitel I.2.1

2 Der Anteil von 10% ergibt sich bei Bilanzierung zu Buchwerten. Beim Ansatz von Verkehrswerten beträgt der Anteil 40%. Expertengespräche; Schulte, 1996, S. 33; Schulte, 1998, S. 5

Verkehrswerten sind ca. 95% direkt[3] in Immobilien angelegt. Die mit der Immobilienbewirtschaftung verbundenen jährlichen Kosten bewegen sich in einer Größenordnung von 5 bis 15% der Gesamtkosten der Unternehmen.[4]

Angesichts dieser fundamentalen absoluten Vermögen, der Bedeutung der Vermögenswerte und deren Kostenwirksamkeit für die einzelnen Investoren ist es um so erstaunlicher, daß dieses Vermögen bisher eher erhaltend verwaltet als aktiv gestaltet wird. Auffallend ist die schon in der Namensgebung[5] der verantwortlichen Stellen zum Ausdruck kommende Passivität. Eine integrierte, strategische aktive Auseinandersetzung wurde bisher nicht als notwendig erachtet. Werden "Offene Immobilienfonds" von den Renditeforderungen ihrer Anleger und ihrer eigenen Prospektversprechen getrieben, geben sich die Versicherungen und Pensionskassen häufig mit der gesetzlichen Mindestverzinsung[6] zufrieden. Die Gründe für die in den letzten Jahren stetig sinkenden Immobilienanteile am Gesamtvermögen der Versicherungsunternehmen liegen in dem grundsätzlich aufwendigeren Management der Immobilie im Vergleich zu alternativen Anlageformen, im bisher nur gering praktizierten antizyklischen Investitionsverhalten[7] und in der Herkunft der für Finanzanlagen verantwortlichen Vorstände, die - oft aus dem Wertpapiermanagement kommend - vertrauteren Anlageformen offener gegenüberstehen als Immobilienanlagen. Erst in letzter Zeit, ausgelöst durch die beschriebenen Veränderungen der Rahmenbedingungen, erfährt das Thema "Aktives Management des Immobilien-Portfolios" für Versicherungen und Pensionskassen eine bisher nicht gekannte Relevanz und sind die Institutionellen bereit, sich mit diesem Teil ihrer Kapitalanlagen intensiver auseinanderzusetzen. Darüber hinaus wirken Veränderungen im Kernmarkt[8] der Institutionellen unterstützend für eine zukünftig professionellere Umgangs- und Herangehensweise an die Immobilienanlagen.

---

3 Im Gegensatz zu indirekten Immobilienanlagen, wie z.B. Immobilienfondsanteilen. Hierauf wird in Kapitel II.3.1.2 näher eingegangen.

4 Vgl. Parker, 1991, S. 23; Evans, 1994, S. 28; DeCoster, 1993, S. 20; Schäfers, 1996, S. 1

5 In der Regel ist hier die Rede von: Liegenschaftsabteilungen, Liegenschaftsverwaltungen, Gebäudeverwaltungen, Immobilienverwaltung oder Gebäudebewirtschaftung.

6 Die gesetzliche Mindestverzinsung beträgt 3,5% p.a. Aufgrund dieser geringen Verzinsung und der Berechnung der Renditen nach der Verbandsformel des Bundesaufsichtsamtes für das Versicherungswesen (BAV) geben sich die Institutionellen mit niedrigen Renditen zufrieden. Vgl. Betz, Schenk, 1996, S. 1480 ff. Eine Studie des Verbandes der öffentlichen Versicherer (in Deutschland) ermittelte für seine Mitgliedsunternehmen im Jahre 1995 eine durchschnittliche Verzinsung der Immobilienanlagen von 1,9% für Sach- und 4,3% für Lebensversicherungen. Verband öffentlicher Versicherer, 1996, S. 24 und S. 41

7 Fehlendes antizyklisches Investitionsverhalten führt u.a. zu Investitionsstaus und somit zu geringeren Renditen.

8 Zu den Veränderungen der Märkte siehe Barth, Huppenbauer, 1995a und 1995b. Zur demographischen Entwicklung und ihrer Auswirkung auf die Versicherungswirtschaft siehe Brinkmann, 1991. Für die Rahmenbedingungen der Schweizer Pensionskassen siehe Zimmermann, et al., 1992

Die neue Solvabilitätsrichtlinie und die Offenlegungspflicht der stillen Reserven[9] werden auf die Kapitalanlagepolitik großen Einfluß ausüben.[10] Die Bedeutung der stillen Reserven im Grundbesitz wird damit in der Zukunft steigen.[11]

Das Ausschöpfen der ungenutzten Potentiale erfordert jedoch ein neues Verständnis im Umgang mit der Immobilie. Während die institutionellen Anleger, um dem Ziel höherer Erträge näher zu kommen, ihre Wertpapierbestände bereits häufig professionell in Eigen- oder Fremdregie managen lassen, gilt dies für die Immobilienanlagen bisher nur selten.[12] Der Aufbau eigener Immobilien-Management-Resourcen ist in diesem Zusammenhang kapitalintensiv und langwierig, so daß viele kleinere und mittlere Institutionelle nicht die kritische Masse erreichen, um mit ihren Immobilienanlagen eine optimale Rendite zu erzielen.[13] Das Aktive Management erfordert vor allem einen mit umfangreichem Know-how ausgestatteten personellen Einsatz und die Realisierung von Economy of Scale-Effekten, die sich häufig nur durch Fremdvergabe des Immobilien-Managements erreichen lassen.

Unabhängig davon, ob und wie auf die konjunkturellen und strukturellen Veränderungen des Immobilienmarktes bei Institutionellen reagiert wurde, macht die Immobilie in der Vorstellungswelt der institutionellen Anleger ihrem Namen zur Zeit noch alle Ehre. Herausforderung für die Zukunft muß es sein, die Immobilie als Kapitalanlage in den Köpfen zu mobilisieren.

---

9 Die vom Bundesminister der Justiz erlassene und ab dem Geschäftsjahr 1999 gültige "Verordnung über die Rechnungslegung von Versicherungsunternehmen" (RechVersV) vom 08. 11. 1994 (BGB1.I S. 3378 vom 18. 11. 1994) regelt die Angabe des Zeitwertes für die zum Anschaffungswert in der Bilanz ausgewiesenen Kapitalanlagen im Anhang des Jahresabschlusses. Ein Abdruck der Verordnung (VO) erfolgte auch in BAV, Ver BAV 1/1995, 1995a S. 15 ff.

10 Darüber hinaus ist die hohe Prämien- und Abgabenbelastung der Leistungsempfänger auf einem Niveau angekommen, das keine weiteren Steigerungen verkraftet. Folglich sind Versicherungen und Pensionskassen in der Zukunft verstärkt darauf angewiesen, ihrer Leistungsverpflichtung durch die Erhöhung und Erhaltung der Ertragskraft ihrer Kapitalanlagen nachzukommen. Der Rentabilität der Anlage kommt große Bedeutung zu, da hohe Erträge nicht nur ein "Sicherheitspolster" verstärken, sondern darüber hinaus zu einem preisgünstigen Versicherungsschutz beitragen. Vgl. Gesamtverband der deutschen Versicherungswirtschaft, 1997, S. 93; Rupprecht, 1996, S. 1100

11 Zu den Auswirkungen der Veränderungen des Kernmarktes für Versicherungen und Pensionskassen und deren Einfluß auf die zukünftige Kapitalanlagepolitik siehe Knauth, 1995, S. 302

12 Zum einen ist die Frage des Eigen- oder Fremd-Managements in Verbindung mit der Definition des Kerngeschäfts von Interesse. Zum anderen spielt hier das Nutzen-Aufwand-Verhältnis des Know-how- und Organisationsaufbaus eine wesentliche Rolle. Darüber hinaus ist es eine Frage der Größe des in Immobilien gehaltenen Vermögens. Siehe Kapitel II.4.5

13 Vgl. DeCoster, 1993, S. 24

1.2 Zielsetzung der Arbeit

Vor dem Hintergrund der dargestellten Entwicklungen wird sich der Immobilienanlagemarkt verändern. Die Anforderungen an das Management von Immobilienvermögen werden sich in der Zukunft deutlich erhöhen, woraus sich Möglichkeiten für die Etablierung neuer Dienstleistungen und Dienstleistungsformen ergeben.

Die vorliegende Arbeit will für die Notwendigkeit einer neu gestalteten Dienstleistung "Aktives Immobilien Management" die Begründung liefern und mit dem Immobilien-Intermediär[14] eine mögliche Gestaltungsform im Verhältnis zu den institutionellen Anlegern aufzeigen. Der Promotion eines Immobilien-Intermediärs soll der Weg bereitet werden. Aus Sicht der institutionellen Investoren stellt dies einen Weg dar, den zukünftigen Herausforderungen zu begegnen.[15] Der Betrachtungsraum ist auf die Bundesrepublik Deutschland begrenzt.[16]

Vor dem Hintergrund eines sich ändernden Marktumfeldes ist der Anspruch der Arbeit, Argumente für einen Bewußtseinswandel bei institutionellen Investoren hinsichtlich der Anlagekategorie "Immobilie" zu liefern, einen Anstoß zur Veränderung ihres Anlageverhaltens zu geben und ein Instrumentarium zum Aufbau einer Dienstleistung "Aktives Immobilien-Management" bzw. Beurteilungskriterien für den Umgang mit den Leistungen Externer in diesem Feld zur Verfügung zu stellen.[17] Darüber hinaus werden die kritischen Erfolgsfaktoren einer zukunftsorientierten Konzeption herausgearbeitet. Kennzeichnend für die Leistung eines Immobilien-Intermediärs ist die umfassende Dienstleistungspalette entlang des Immobilien-Management-Prozesses. Dabei steht nicht die Methode zur Entwicklung der Dienstleistungen im Vordergrund, sondern die Ausgestaltung des Verhältnisses zwischen Anleger und Dienstleister. Die Zielsetzung läßt sich in die drei folgenden Teilziele untergliedern:

---

14 Zur Definition und Beschreibung der Aufgaben des Immobilien-Intermediärs siehe Kapitel II.4.1 und II.4.2. Unter dem Begriff Intermediär werden bisherige Formen immobilienbezogener Dienstleistungen verstanden (Makler, Banken, Verwalter etc.).

15 Zur Abgrenzung der institutionellen Investoren siehe Kapitel I.2.1

16 Die Begrenzung auf die Bundesrepublik Deutschland erfolgt aufgrund der unterschiedlichen Rahmenbedingungen in anderen Ländern. Da es sich hier um eine konzeptionelle Arbeit handelt, werden Vergleiche zu anderen Ländern an den Stellen gezogen, an denen es sinnvoll erscheint.

17 Suter stellt in seiner Arbeit das Investitionsmanagement und den Wertkettenansatz in den Mittelpunkt, um als Lösung eine interne Neuausrichtung der Immobilienaktivitäten zu propagieren. Ansatz der vorliegenden Arbeit ist es, die Aktivitäten im Unternehmen zu zentralisieren oder fremdzuvergeben und mit weiteren Dienstleistungen zu einer Geschäftsstrategie zu verbinden. Ein Aktives Immobilien-Management beinhaltet unter anderem das Investitionsmanagement und stellt somit einen umfassenderen Ansatz dar. Vgl. Suter, 1995

- **Beschreibung und Analyse des Immobilienanlagemarktes und seinen Veränderungen anhand empirischer Daten und Expertengespräche.**
- **Wahl und Gestaltung eines strategischen Ansatzes zur Entwicklung eines Aktiven Immobilien-Managements und Beschreibung der kritischen Erfolgsfaktoren.**
- **Darstellung eines möglichen Marktauftritts des Dienstleisters und der Gestaltung des Verhältnisses zwischen Dienstleister und institutionellem Anleger.**

Die Arbeit verfolgt eine Orientierungs- und Gestaltungsfunktion und somit ein pragmatisches Wissenschaftsziel.[18] Die Zielgruppen sind Theoretiker und Praktiker gleichermaßen. Theoretikern aus dem immobilienökonomischen Bereich und Praktikern, die sich als institutionelle Anleger oder Dienstleister auf dem Immobilienanlagemarkt bewegen, sollen durch diese Arbeit Orientierungshilfen und Ansatzpunkte für den Einsatz eines zweckdienlichen Instrumentariums gegeben werden.

1.3 Forschungsmethodisches Vorgehen

Die Betriebswirtschaftslehre als angewandte Wissenschaft der Realwissenschaften ist Grundlage des Dissertationsvorhabens.[19] Die Betriebswirtschaftslehre wird dabei als Führungslehre verstanden, die sich mit den Problemen der Gestaltung und Lenkung produktiver sozialer Systeme beschäftigt.[20] Als angewandte Wissenschaft versucht sie, zur Lösung von Praxisproblemen Wissen zu generieren[21] und bereit zu stellen.

Die Motivation für dieses Dissertationsvorhaben ist in der Auseinandersetzung mit der Praxis entstanden, und hat den Anspruch, Wissen für unternehmerisches Handeln zur Verfügung zu stellen.

Jeder forschungsmethodische Ansatz stellt jedoch ein Vorurteil dar, was ihn lediglich Teilaspekte betrachten läßt. Somit ist per definitionem der wissenschaftliche Erkenntnisprozeß und die Zugewinne aus ihm begrenzt.[22] Um der Beschränkung nicht schon im Ansatz zu erliegen, wird in dieser Arbeit dem forschungskonzeptionellen und -methodischen Vorgehen der Idealstrategie von ULRICH (siehe Abb. I-1) gefolgt, die

---

18 Vgl. hierzu Kieser, Kubicek, 1992, S. 55 f.
19 Vgl. Hill, Ulrich, 1979, S. 163 - 164
20 Vgl. Ulrich, 1981, S. 8
21 Vgl. Ulrich, 1981, S. 16
22 Vgl. Ulrich, 1971, S. 43

im Folgenden kurz dargestellt wird. Der gesamte Forschungsprozeß ist auf den Anwendungszusammenhang ausgerichtet und gliedert sich in sieben Phasen.

Abb. I-1: Strategie angewandter Forschung in Anlehnung an ULRICH[23]

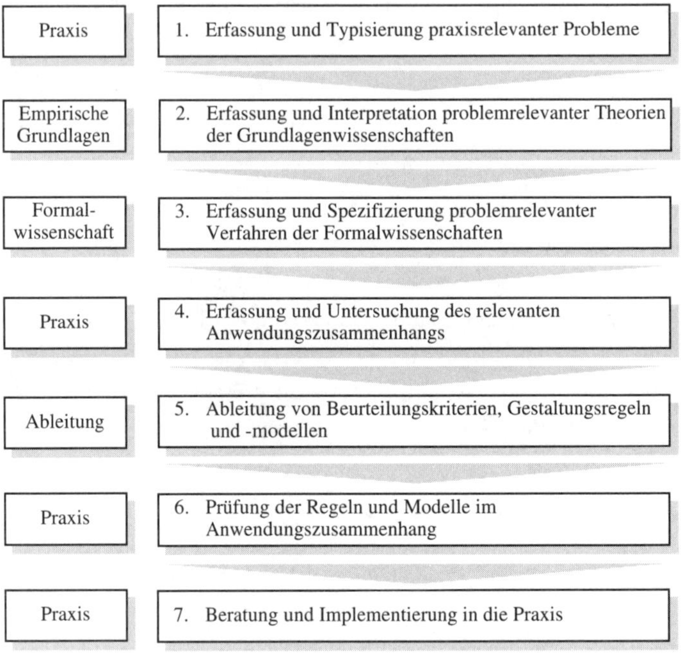

Der Forschungsprozeß beginnt in der Phase 1 mit der Erfassung und Typisierung praxisrelevanter Probleme, die in Expertengesprächen herausgearbeitet und verifiziert werden. Dieser Bezug zur Praxis wird in den Phasen 4, 6 und 7 beibehalten. Hierin kommt die Hauptaufgabe der angewandten Forschung - der Bezug zur Anwendung - zum Ausdruck. Die Rolle der Theorie tritt in den Hintergrund und bildet einen Wissenspool, der unterschiedliche theoretische Betrachtungsweisen, methodische Ansätze und Informationen liefert. In den Phasen 2 und 3 erfolgt durch Literaturstudium und in der Diskussion mit Marktteilnehmern die vertiefende Bearbeitung, indem die Konsequenzen der aufgezeigten Probleme auf die Theorie und die verfahrensbezogenen Grundlagen untersucht werden. In der Phase 4 werden Untersuchungen über den Anwendungszusammenhang, d.h. die konkrete Einbindung der Vorgehensweise und Methode des Immobilien-Managements angestellt. Hier ergeben sich Hinweise auf die Praktikabilität der Forschungsergebnisse. Aufbauend auf diesen Erkenntnissen kann in Phase 5 das Problemfeld strukturiert und ein Instrument, eine Methode bzw.

[23] Vgl. Ulrich, 1984, S. 194

eine Konzeption zur Lösung entworfen werden. Darauf folgt in Phase 6 die Prüfung der Vorgehensweise in der Praxis, um etwaige Anpassungen vornehmen zu können, die dann in die Konzeption münden.

Mögliche Lösungsansätze werden mit Hilfe von Theorien und Verfahren der Grundlagen- und Formalwissenschaften entwickelt und im Anwendungszusammenhang überprüft. Besonders die Phase 6 eröffnet die Möglichkeit, im Rahmen von Projekten Aktionsforschung zu betreiben.[24]

Die Beratung der Praxis und Implementierung der Ergebnisse in Phase 7 erfolgt idealtypisch in anschließenden Projekten. Sie ist zeitlich der Methodenentwicklung nachgelagert und nicht Gegenstand dieser Untersuchung.

Mittels Interviews und Fragebögen werden die notwendigen Informationen zur Analyse der Ist-Situation aufgenommen. Die Interviews[25] mit den Experten bilden den Ausgangspunkt für die Erfassung der Probleme. Bereits vorhandene Ergebnisse - aus Vorgesprächen und existierenden quantitativen Studien - werden mit den Interviewpartnern diskutiert und bewertet. Für das Dissertationsvorhaben ergeben sich aus diesem Prozeß neue Erkenntnisse, die zu neuen Handlungsorientierungen führen. Der Forschungsprozeß des vorliegenden Dissertationsprojektes beginnt und endet in der Praxis.

Die Konzeption wird anhand einer Fallanalyse dargestellt. Somit können die relevanten Erfolgsfaktoren am Beispiel der "**R**eal **E**state **A**dvisory **C**ompany" (REAC) als intermediärer Immobilien-Dienstleister überprüft und veranschaulicht werden.[26]

Entscheidend beim Einsatz dieser Forschungsstrategie ist die Tatsache, daß die einzelnen Stufen des Prozesses nicht rein sequentiell durchlaufen werden. Vielmehr ergibt sich im Sinne einer Konstruktionsstrategie empirischer Sozialforschung eine zyklische Vorgehensweise bzw. ein iterativer Lernprozeß.[27] Dabei findet eine ständige Interaktion zwischen Fragen an die Wirklichkeit, der Sammlung von Daten und der kritischen Reflexion des so gewonnenen Realitätsbildes statt.[28] So läßt sich der Wissens- und Erkenntniszuwachs durch Literaturrecherchen theoretisch fundieren und in der Praxis verifizieren oder falsifizieren. Darüber hinaus werden Instrumente der

---

24 Zur Aktionsforschung vgl. Kromrey, 1991, S. 434 ff.

25 Die Gesprächspartner wurden nach subjektiven Kriterien ausgewählt. Die Erhebung wurde mittels einer teilstrukturierten Befragung mit offenen Fragen durchgeführt. Aufgrund dieses Vorgehens erhielt bei der Aufbereitung der gewonnenen Informationen die deskriptive Auswertung mit qualitativen Interpretationen gegenüber einer quantitativen, statistischen Analyse den Vorzug.

26 Vgl. Mayring, 1996, S. 28 f.

27 Kubicek, 1977, S. 13

28 Vgl. Ulrich, 1984, S. 194

qualitativen Sozialforschung[29] angewendet. Ziel ist es, der Subjektivität des Forschungsobjektes Rechnung zu tragen, indem versucht wird, das zu untersuchende Problem aus dem Blickwinkel der Betroffenen zu sehen.

1.4 Aufbau der Arbeit

Die vorliegende Arbeit gliedert sich in fünf Teile, wobei die Abschnitte II - IV die Hauptkapitel darstellen (siehe Abb. I-2). Nachdem in **Kapitel I** die wesentlichen Begriffsbestimmungen getroffen worden sind und somit die definitorischen Grundlagen für die Arbeit gelegt sind, wird in **Kapitel II** der Immobilienanlagemarkt analysiert. Am Anfang stehen Thesen, die Ausgangspunkt für diese Untersuchung waren und über Experteninterviews verifiziert wurden. Anschließend wird die theoretische Notwendigkeit der Fragestellung (Kapitel II.2) mit Hilfe der Transaktionskostenanalyse und des Principal-Agent-Ansatzes innerhalb der Neuen Institutionenökonomie hergeleitet. Der Transaktionskostenansatz wird in erster Linie als Instrument zur Marktanalyse gesehen und erst in zweiter Linie als Instrument zur Entscheidungsfindung bei Make-or-Buy-Fragestellungen. Hintergrund der Anwendung des Principal-Agent-Ansatzes ist, aus der deskriptiven Charakterisierung der Verhältnisse zwischen dem Principal (institutioneller Anleger) und dem Agent (Makler, Developer etc.) Schlüsse für die Gestaltung des Verhältnisses zwischen dem Institutionellen und dem Immobilien-Intermediär zu ziehen (Kapitel IV). Hierbei wird die Sicht eines neutralen Dritten eingenommen, um die Mechanismen der Intransparenz und des Ausnutzens von Informationsasymmetrien besser beschreiben zu können. Zur praktischen Begründung der Untersuchung (Kapitel II.3) wird die Marktseite des Immobilienanlagemarktes untersucht, um die quantitativen Entwicklungen, die strukturellen Besonderheiten des Marktes, die Notwendigkeit eines Bewußtseinswechsels und die Parallelen zum Kapitalmarkt darzustellen.

Der Schwerpunkt in Kapitel II.4 liegt vor allem auf der Beschreibung des Immobilien-Intermediärs als Antwort auf die zuvor theoretisch und praktisch abgeleiteten Notwendigkeiten. Als Instrumente dienen hierbei eigene Beobachtungen und Analysen, Desk-Research sowie 24 Expertengespräche.[30]

---

29 Die Arbeit ist an den Säulen des qualitativen Denkens ausgerichtet. Vgl. Mayring, 1996, S. 13 - 26

30 Dokumentiert sind die Gesprächspartner im Verzeichnis der Expertengespräche im Anhang.

Hierauf aufbauend widmet sich **Kapitel III** der Entwicklung eines strategischen Ansatzes der Dienstleistung Aktives Immobilien-Management. Wichtig ist die Herausarbeitung des wesentlichen Wettbewerbsfaktors Information. Aus den markt- und ressourcenbezogenen Strategien wird eine integrative, kundenorientierte Strategie abgeleitet, die sowohl die marktlichen Veränderungen als auch die unternehmensinterne Ausrichtung im Blickfeld hat. Das Ziel ist die Abgrenzung von am Markt bestehenden Intermediärsleistungen. Diese Ausrichtung als Vorgabe nutzend, wird im zweiten Teil des Kapitels das entsprechende Leistungssystem entwickelt.

Auf der Basis der in Kapitel II durchgeführten Analysen und der in Kapitel III entworfenen Strategie ist das Ergebnis die Darstellung der wesentlichen kritischen Erfolgsfaktoren einer zukunftsorientierten Dienstleistung Aktives Immobilien-Management (Kapitel III.3.3).

Nachdem die Analyse des Immobilienanlagemarktes und die mögliche Strategie als Antwort auf die Marktveränderungen formuliert sind, folgt in **Kapitel IV** die Umsetzung der herausgearbeiteten Vorgaben anhand eines exemplarischen Unternehmens, der "Real Estate Advisory Company" (REAC). Die Dienstleistung Aktives Immobilien-Management wird in ihren wesentlichen Komponenten konzeptioniert. Darüber hinaus wird ein Vorschlag zur Gestaltung des Verhältnisses des institutionellen Kunden und des potentiellen Dienstleisters REAC entwickelt (Kapitel IV. 5).

Somit wird direkt beschrieben, wie auf die Marktveränderungen und die sich einstellende Bewußtseinsänderung mit der Dienstleistung Aktives Immobilien-Management reagiert werden kann. Ein potentieller Marktauftritt wird in groben Zügen skizziert.

In **Kapitel V** werden die Resultate der Arbeit zusammengefaßt und ein Ausblick hinsichtlich eines sich aus dieser Arbeit ergebenden weiteren Forschungsbedarfes gegeben.

Abb. I-2: Aufbau der Arbeit

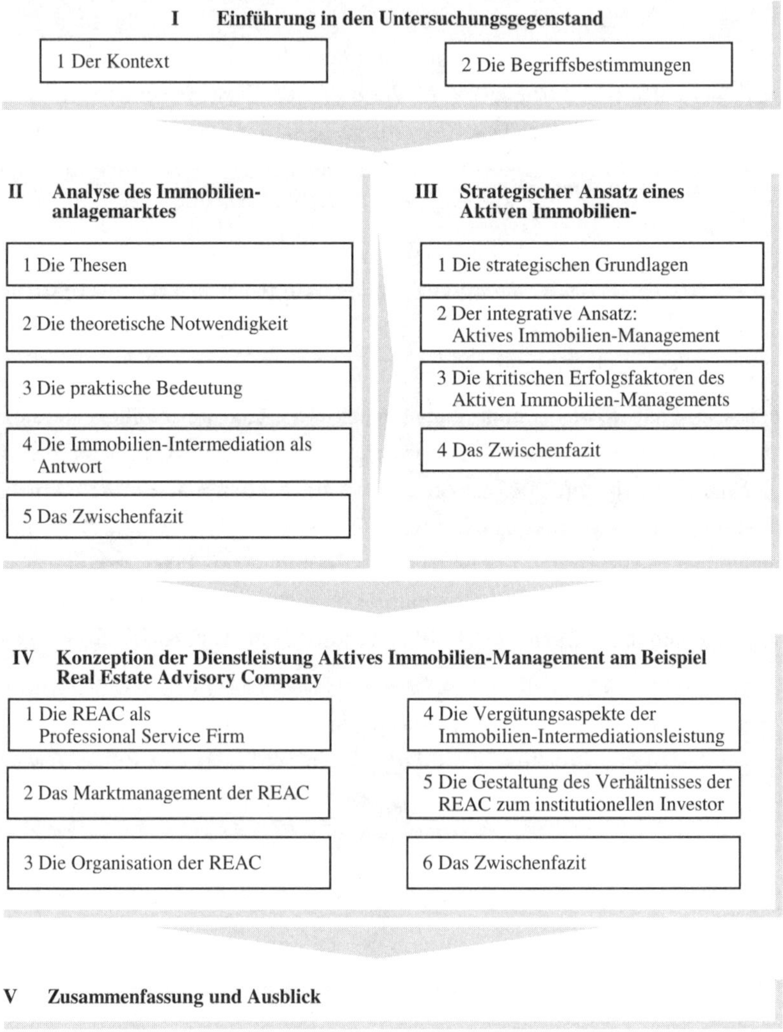

2 Die Begriffsbestimmungen

2.1 Institutionelle Investoren

Charakteristika[31] und Erscheinungsform sind bestimmend für die Definition institutioneller Investoren. An dieser Stelle soll jedoch lediglich auf die Erscheinungsform institutioneller Investoren eingegangen und die Frage beantwortet werden, wer im Rahmen der vorliegenden Arbeit unter diesen Begriff fällt.

Mangels einer einheitlichen systematischen Abgrenzung, sind in der Literatur bisher sehr unterschiedliche Definitionen gewählt worden. Die Autoren legten ihrer Definition jeweils den eigenen Fokus zugrunde, so daß sich die einzelnen Begriffsbestimmungen vor allem durch den Umfang der einbezogenen Institutionen unterscheiden.

Die BUNDESBANK subsumiert unter dem Begriff der institutionellen Investoren lediglich Privat- und Sozialversicherungen sowie Unternehmen.[32] STREBEL erweitert diese Definition um Anlagefonds und Stiftungen.[33]

GRAF[34] integriert Banken und öffentliche Körperschaften, TROUGHTON[35] bindet die gemeinnützigen Institutionen mit ein, während HOPT[36] sich auf die Bundesbank-Definition stützt, die er genauer umschreibt: " *Die institutionellen Anleger - insbesondere Investmentfonds, die Versicherungen und sonstige Organisationen ohne Erwerbscharakter,*[37] *wie Gewerkschaften, Parteien, Kirchen, Verbände, Vereine, ...*".

Diese hier nur angedeutete Meinungsvielfalt veranlaßte KAISER[38] eine Umfrage durchzuführen, in der Experten befragt wurden, welche Institutionen ihrer Ansicht nach zu den institutionellen Investoren zählen. Pensionskassen und Versicherungs-

---

31 Bezüglich der Charakteristika zeichnen sich institutionelle Investoren - in Abgrenzung zu privaten Investoren - in erster Linie durch die Eigenschaft der juristischen Person, die spezielle Ausbildung der Mitarbeiter in der Vermögensverwaltung, den originären Zweck der Geldanlage, die Orientierung an den Zielen Rendite, Sicherheit und Liquidität, durch den Kontakt zu anderen Institutionen sowie durch die treuhänderische Geldanlage fremder Geldmittel für einen bestimmten Zweck bzw. Zeitraum aus. Vgl. Kaiser, 1990, S. 130. Zur Trennung von privaten und institutionellen Investoren siehe auch Odier, Lenhard, 1994, S. 384 ff.

32 Mit dem Begriff Unternehmen sind in erster Linie Industrieunternehmen gemeint. Vgl. Deutsche Bundesbank, 1989, S. 23

33 Vgl. Strebel, 1987, S. 57

34 Vgl. Graf, 1986, S. 69

35 Vgl. Troughton, 1986, S. 65

36 Hopt, 1975, S. 79

37 Deutsche Bundesbank, 1970, S. 27

38 Kaiser, 1990

unternehmen[39] wurden von 95% der Befragten eindeutig zum Kern der institutionellen Investoren gerechnet (siehe Abb. I-3).[40]

Abb. I-3: Abgrenzung institutioneller Investoren

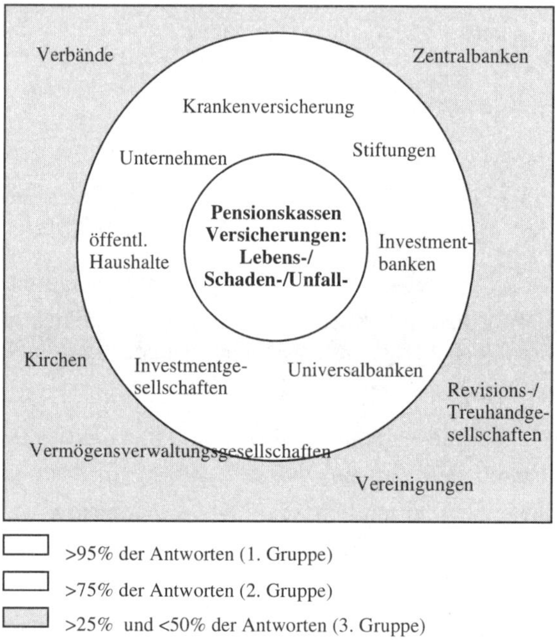

---

39 Zu den Versicherungen im Rahmen der Umfrage zählen: Lebens-, Schaden- und Unfallversicherungen. Die vorliegende Arbeit aber betrachtet Versicherungen im weiten Sinne, d.h. auch die Kranken- und Rückversicherungen sowie Sterbe- und Unterstützungskassen werden in Abweichung zu Kaiser zu den Versicherungen gerechnet. Zur aufsichtsrechtlichen Trennung siehe Farny, 1989, S. 98 f. Zur internationalen Trennung und Zusammenfassung von Sparten siehe Vawter, 1983, S 98 f.

40 Vgl. Kaiser, 1990, S. 12 f.

Die vorliegende Arbeit konzentriert sich ausschließlich auf die Gruppe der Versicherungen und Pensionskassen.[41] Zum einen, weil Versicherungen und Pensionskassen den engsten gesetzlichen Restriktionen[42] bezüglich ihrer Kapitalanlagen unterliegen, zum anderen aufgrund ihres hohen Immobilien-Anlagevolumens, das ca. 33% des Gesamtimmobilienvermögens institutioneller Investoren beträgt.[43] Die für diese Gruppe der Institutionellen entworfenen Konzepte eines Aktiven Immobilien-Managements sind aber grundsätzlich auch auf andere institutionelle Anleger übertragbar.[44]

Fonds[45] werden hier als institutionelle Anleger nicht betrachtet, da die Anlageform der Fonds als mögliches Immobilien-Kapitalanlage-Produkt in diese Arbeit eingeht (siehe Kapitel II.3.3.3). Die folgende Abbildung (I-4) dient dazu, die verschiedenen Aufgaben, Bedürfnisse und Rahmenbedingungen zu verdeutlichen, aus denen sich die unterschiedlichen Anlageziele und -präferenzen institutioneller Anleger[46] im Gegensatz zu Fonds ableiten lassen.

---

41 Diese Abgrenzung wird nicht zuletzt aufgrund der schwierigen Datenlage am Markt gewählt. Über die hier nicht eingeschlossenen institutionellen Investoren existieren keine Daten bezüglich ihrer Vermögensanlagen im Immobilienbereich. In den Expertengesprächen wurde häufig der Wunsch nach diesem Datenmaterial artikuliert.

42 Pensionskassen sind rechtlich selbständige Versorgungseinrichtungen, die i.d.R. in der Rechtsform des Versicherungsvereins auf Gegenseitigkeit geführt werden. Als solche unterliegen sie bzgl. ihrer Vermögensanlage den Bestimmungen des Versicherungsaufsichtsgesetzes (VAG). Vgl. Rupprecht, 1996, S. 1104. Es existieren Pensionskassen unter anderem von Kirchen, kirchlichen Werken und Selbständigen, die hier nicht weiter betrachtet werden. Diese Pensionskassen haben zwar schätzungsweise ein beachtliches Immobilienvermögen, sind statistisch jedoch nur sehr schwer zu erfassen. Die hier beschriebenen Rahmenbedingungen und Schwierigkeiten gelten für diese Gruppe der Pensionskassen analog, so daß die Ausführungen übertragbar sind. Siehe hierzu auch Bischoff, 1991, S. 9 ff. und Aron, 1992, S. 73 - 78.

43 Analyse der Angaben des Bundesverbandes Deutscher Investmentgesellschaften (BVI), des Bundesverbandes Deutscher Leasing Gesellschaften, des Münchener Institut Bulwien und Partner sowie eigener Berechnungen.

44 Gesetzliche Rahmenbedingungen stellen keine restriktiven Bedingungen dar, da die Grenze von 25%, die in Immobilien investiert werden könnten, nicht ausgenutzt wird. Ebenso werden die gesetzlichen Vorgaben bei der Wertpapieranlage nicht ausgeschöpft. Das Marktumfeld wird von den Interviewpartnern als viel restriktivere Rahmenbedingung empfunden. Expertengespräche

45 In der Befragung von Kaiser sind sie mit 75% der Antworten in der zweiten Gruppe enthalten.

46 Siehe hierzu Kaiser, 1990, S. 128 ff. und Gahn, 1994, S. 26 - 69. Sofern im Folgenden Bezug auf institutionelle Investoren genommen wird, werden hierunter lediglich Versicherungen und Pensionskassen verstanden. Versicherungen und Pensionskassen erfüllen gleichermaßen volkswirtschaftliche Funktionen und dienen als Kapitalsammelstellen. Kerngeschäft der Pensionskassen ist ebenfalls eine Versicherungsfunktion. Darüber hinaus unterliegen sie grundsätzlich dem VAG. Aufgrund dieser engen Similaritäten werden in der Folge Versicherungen und Pensionskassen unter dem Begriff Versicherungen subsummiert. Sinn nennt als volkswirtschaftliche Hauptfunktionen der Versicherung die Produktion von Sicherheit und die Erhöhung der Wagnisbereitschaft; Vgl. Sinn, 1988, S. 12 ff. Zu weiteren volkswirtschaftlichen Funktionen siehe Steinmüller, 1988, S. 49 ff. und Farny, 1976, Sp. 4221 f.

Abb. I-4: Rahmenbedingungen und Zielsetzungen institutioneller Investoren

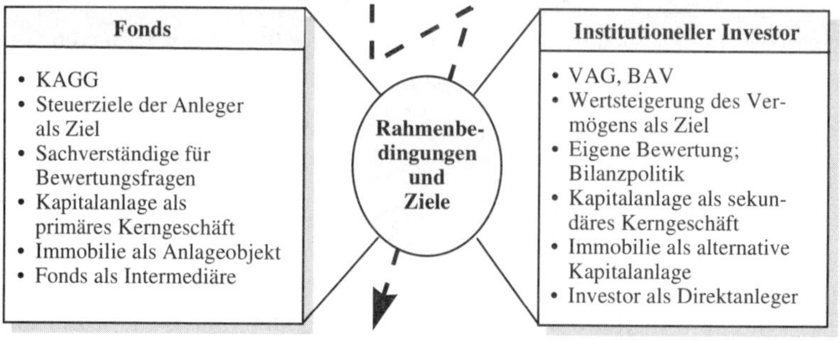

2.2 Aktives Immobilien-Management

Der Begriff des Immobilien-Managements wird noch um einiges diffuser und vielfältiger definiert als der des institutionellen Investors. Zwar hält die Literatur[47] relativ wenig Varianten bereit, dafür generiert die Praxis - je nach Interessenlage des Anwenders - die unterschiedlichsten Begriffsdefinitionen.

Im Rahmen dieser Arbeit soll unter einem "Aktiven Immobilien-Management" für institutionelle Investoren ein integrierter, aktiver Ansatz zur Immobilien-Kapitalanlage verstanden werden. Das Immobilien-Management erfüllt eine Querschnittsfunktion, in die zahlreiche Unternehmensbereiche einbezogen werden.

Als Funktion ist das Immobilien-Management bei der überwiegenden Zahl der Institutionellen vorhanden. Die Praxis zeigt jedoch, daß der Immobilie und dem Immobilienvermögen auf Seiten der Institutionellen als Investoren und Eigentümer in der Vergangenheit eher passiv[48] und verwaltend begegnet wurde.

In diesem Zusammenhang soll der Begriff aktiv in seiner ursprünglichen Bedeutung - nämlich dem bewußten, tatkräftigen Gestalten einer Sache - verstanden werden.[49]

47 Nach Schulte besteht das Immobilienmanagement aus den Funktionen der Immobilienanalyse, der Immobilienbewertung, der Immobilienfinanzierung, der Immobilieninvestition und dem Immobilienmarketing. Vgl. Schulte, 1998, S. V

48 "Passiv" ist hier nicht zu verwechseln mit der passiven Investmentphilosophie, die auf der Hypothese effizienter Märkte beruht. Passiv ist hier als verwaltend, abwartend, reaktiv, rezeptiv zu verstehen. Zu aktiven und passiven Investmentphilosophien siehe Bruns, Meyer-Bullerdiek, 1996, S. 76 - 86

49 "Aktiv" ist hierbei durch drei Parameter charakterisiert: Zum einen Zielorientierung als die Entwicklung von verständlichen eindeutigen Zielvorgaben und deren Ausrichtung/Integration an/in den/die Gesamtunternehmensziele(n), zum zweiten Langfristigkeit als die Schaffung von verläßlichen Parametern und Bezugsgrößen zur Analyse und Prognose, da gerade bei Immobilien-Engagements der Zeithorizont ausschlaggebend für den Erfolg ist und schließlich Kontinuität als die Institutionalisierung und Konsequenz von Prozessen und Aktivitäten, um die Berechenbarkeit und Verläßlichkeit des Handelns zu unterstreichen.

Aktives Immobilien-Management wird demnach als Instrument zur Wertsteigerung des Immobilienvermögens verstanden, was darüber hinaus zur Optimierung der Gesamtunternehmensrendite beiträgt.

Wie in der Abbildung I-5 dargestellt, bestehen die Komponenten des Immobilien-Managements aus einem strategischen und einem operativen Teil. Die strategischen Komponenten des Immobilien-Managements gliedern sich in das Corporate-/Public-Real-Estate-Management (CREM/PREM) und das Portfolio-Management. CREM und PREM haben firmen- bzw. kommunenspezifische Anforderungen zu erfüllen; betriebs- und nicht-betriebsnotwendige Immobilien zu identifizieren, zu analysieren, in eigentümerspezifische Portfolios einzubetten und Handlungsalternativen abzuleiten. Klarer Fokus ist die Sicht der Immobilie aus betrieblicher Perspektive als Teil des Produktivvermögens und dessen Nutzung.[50]

Im Gegensatz hierzu betrachtet das Portfolio-Management die Immobilie mit dem Fokus auf ihrer Funktion als Kapitalanlage. Hiermit stehen Ertrags- sowie Rendite-/Risiko-Analysen im Vordergrund. Bestände sind aufzunehmen, zu analysieren, in investorenspezifische Portfolios einzubetten und Handlungsalternativen abzuleiten. Die Kapitalanlage als Teil des Anlagevermögens auf der Aktivseite der Bilanz sollte zukünftig ihrem Namen gemäß gestaltet werden, nämlich: "Aktiv".[51] Wichtig festzuhalten bleibt, daß die Instrumente bei beiden strategischen Ausrichtungen dieselben sind. Lediglich die Zielsetzungen und Interpretationen können unterschiedlich sein.

Abb. I-5: Komponenten des Aktiven Immobilien-Managements

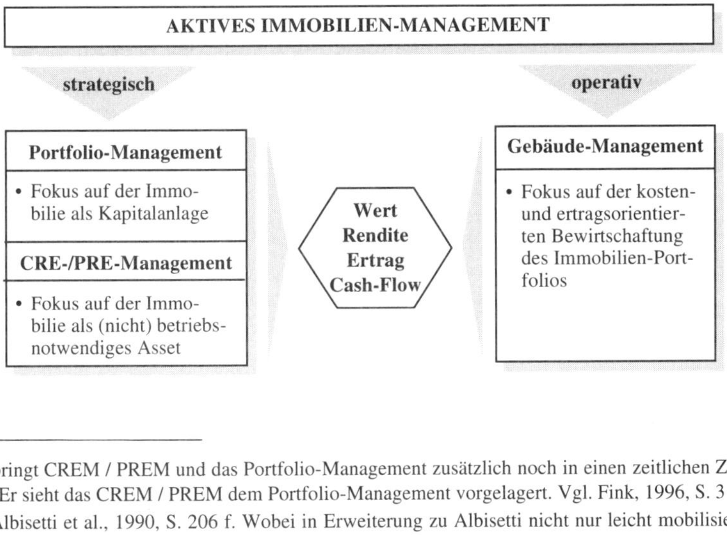

50 Fink bringt CREM / PREM und das Portfolio-Management zusätzlich noch in einen zeitlichen Zusammenhang. Er sieht das CREM / PREM dem Portfolio-Management vorgelagert. Vgl. Fink, 1996, S. 3

51 Vgl. Albisetti et al., 1990, S. 206 f. Wobei in Erweiterung zu Albisetti nicht nur leicht mobilisierbare Anlagemedien, sondern auch relativ immobile Anlageformen in den Bereich des Portfolio-Managements fallen.

In dieser Arbeit wird für den operativen Zweig des Immobilien-Managements bewußt der Begriff Facility-Management vermieden, da er in der Praxis häufig synonym für das Immobilien-Management verwendet wird. Die definitorische Unsicherheit bezüglich eindeutiger Begriffsbesetzungen und die jeweilige eigene Interessenlage der einzelnen Anbieter von Dienstleistungen führen am Markt dazu, daß die Anbieter von Gebäude-Management-Dienstleistungen ihre eigene Leistung definitorisch hochwertig in das Immobilien-Management einordnen. Auf der Seite der Nachfrager erzeugt diese Tendenz jedoch Verwirrung und trägt weder zu einer einheitlichen Begriffsbildung noch zu einer höheren Transparenz des Marktes bei. Aus diesem Grund, wird in dieser Arbeit der Begriff Gebäude-Management für die Bewirtschaftung der Objekte des Immobilien-Portfolios verwendet, der eindeutig besetzt und abgegrenzt ist (siehe Abb. I-5). Aufgabe des Gebäude-Managements ist es, die für die Nutzung und die Betriebssicherheit der Immobilien anfallenden Leistungen zusammenzufassen und zu gestalten. Somit stellt es den operativen Unterstützungsprozeß für das strategische Immobilien-Management dar.

Die vorliegende Arbeit ist vorwiegend auf das Portfolio-Management ausgerichtet. Innerhalb der Gestaltung des Leistungsprogramms des Immobilien-Intermediärs wird daher nur kurz auf die Komponenten des Gebäude-Managements eingegangen. Für die Vertiefung dieses Teils der operativen Gestaltung des Aktiven Immobilien-Managements wird auf die angegebene Literatur verwiesen.

Die hier vorgenommene eindeutige und klare Abgrenzung der Begriffe zeigt für die institutionellen Investoren mögliche Handlungsfelder bei der Gestaltung der eigenen Immobilien-Management-Aktivitäten.

Zentralisation oder Delegation der gesamten oder Teile der Dienstleistung Aktives Immobilien-Management gibt den institutionellen Investoren die Möglichkeit, Kosten für den Aufbau des erforderlichen Know-hows zu vermeiden bzw. zu reduzieren, eventuelle Overheads abzubauen, den Resourceneinsatz effizienter und effektiver zu gestalten und sich von einem eher statisch-verwaltenden hin zu einem dynamischen-aktiven Anlageverhalten zu entwickeln, das einen definierten Beitrag zum gesamten Kapitalanlageergebnis des Unternehmens beiträgt.

2.3 Kritische Erfolgsfaktoren

Neben der Begriffsbestimmung der institutionellen Investoren und des Aktiven Immobilien-Managements bleibt als dritte wesentliche Komponente der Begriff der „kritischen Erfolgsfaktoren“ im Zusammenhang mit der Einbeziehung eines Immobilien-Intermediärs zu definieren.

Die Bestimmung von Erfolgsfaktoren kann erst dann vorgenommen werden, wenn deutlich ist, was den Erfolg eines Immobilien-Intermediärs ausmacht. Der Begriff Erfolg[52] ist nicht ausschließlich in einem monetären oder materiellen Sinne zu verstehen. Materiell meßbare Größen wie Anlagevolumina, Renditen, Kosten, Zeit können als Erfolgsgrößen ebenso herangezogen werden, wie immaterielle Größen (z.B. Transparenz, Image, Qualität). Hinzu kommt, daß jeder der am Prozeß Beteiligten - aufgrund seiner Interessenlage, Stellung und Wissens - seine individuelle Vorstellung über den jeweiligen Inhalt des Erfolgsbegriffes hat. Erfolg soll hier als die umfassende Zufriedenheit des Klienten mit dem Ergebnis des Dienstleistungsprozesses bezüglich der Kriterien Performance, Kosten, Zeit und Qualität gesehen werden. Darüber hinaus sind Faktoren, die für das Zustandekommen einer Beziehung zwischen Anleger und Dienstleister verantwortlich sind, zu berücksichtigen.

Gemäß der ursprünglichen betriebswirtschaftlichen Definition sind Erfolgsfaktoren diejenigen Faktoren, Elemente oder Bedingungen, die den Erfolg eines Unternehmens, einer Branche über einen längeren Zeitraum hinweg wesentlich bestimmen. Sie stehen oft in einer schwierig zu bestimmenden Ursache-Wirkung-Beziehung.[53] Die Erfolgsfaktorenforschung bemüht sich, strategisch bedeutsame Parameter als Ziel- und Planungsgrößen zu identifizieren. Hinter dem Begriff der Erfolgsfaktoren steht die Idee, daß trotz der Mehrdimensionalität und Multikausalität des Unternehmenserfolges einige zentrale Einflußgrößen für den Erfolg verantwortlich gemacht werden können,[54] die im Unternehmen selbst oder in der Umwelt begründet sind.[55]

52 "*Erfolg, das i.d.R. in monetären Größen ausgedrückte Ergebnis des Wirtschaftens; ermittelt durch die Erfolgsrechnung*". Gabler, 1992, S. 997

53 Vgl. Schäfer, 1979, Sp. 1035. Sowie zur Diskussion von Ursache-Wirkung-Beziehungen Lange, 1982, S. 28. f. Die Beziehung untereinander sind Grundlage für strategische Entscheidungen, insbesondere zur Erzielung von Wettbewerbsvorteilen. Vgl. Trommsdorff, Kube, 1991, S. 17

54 Vgl. Hoffmann, 1986, S. 832 f.; Leidecker, Bruno, 1984, S. 24

55 Vgl. Pümpin, 1986, S. 31

Der Unmöglichkeit, alle Einflußfaktoren berücksichtigen zu können, wird mit dem Konzept der kritischen Erfolgsfaktoren (KEF)[56] begegnet. Es geht von der Annahme aus, daß im wesentlichen einige wenige Faktoren und Bereiche den Erfolg eines Unternehmens maßgeblich bestimmen.[57] BOYNTON und ZMUD haben eine für den Fortgang der Arbeit treffende Formulierung gefunden: "*Critical success factors are those few things that must go well to ensure success for a manager or an organization, and, therefore, they represent those managerial or enterprise areas that must be given special and continual attention to bring about high performance.*"[58]

Auch wenn das Konzept der kritischen Erfolgsfaktoren zur Verallgemeinerung verführt, kann man nicht von einer Allgemeingültigkeit der Erfolgsfaktoren sprechen. Sie sind vielmehr situativ, im Zeitablauf dynamisch, von regionalen/nationalen Unterschieden der Märkte geprägt, intersubjektiv und von der individuellen Positionierung des Unternehmens abhängig. Erfolgsfaktoren können aus theoretischen Erkenntnissen, Plausibilitätsüberlegungen, aus situationsspezifischem Wissen sowie aus der Erfahrung von Entscheidungsträgern und aus Ergebnissen empirischer Untersuchungen abgeleitet werden.[59]

In dieser Arbeit werden die relevanten zukunftsgerichteten kritischen Erfolgsfaktoren durch Experteninterviews[60] herausgearbeitet und verifiziert. Um die Zuverlässigkeit der Ergebnisse zu erhöhen, sind neben derzeitigen Anbietern von Immobilien-Dienstleistungen auch Entscheidungsträger von institutionellen Investoren, Banken und Industrieunternehmen befragt worden. Darüber hinaus werden existierende empirische Studien und qualitative Untersuchungen, die sich mit dem Immobilienanlagemarkt beschäftigen, sowie Aussagen aus der Literatur zur Ermittlung der Erfolgsfaktoren herangezogen.

---

56 In der deutschsprachigen Literatur wird stellenweise zwischen kritischen Erfolgsfaktoren (KEF) und strategischen Erfolgspositionen (SEP) unterschieden. Siehe hierzu Pümpin, 1992, S. 28. Die Unterscheidung von KEF und SEP ist vor allem im Rahmen der Strategieformulierung des Gesamtunternehmens sinnvoll. Vgl. Adrian, 1989, S. 22 ff.

57 Vgl. Daniel, 1961, S. 121. Zwischen dem Unternehmenserfolg und der Ausprägung der kritischen Erfolgsfaktoren besteht ein hohe Korrelation: Je höher die Ausprägung der Faktoren, desto erfolgreicher kann das Unternehmen sein. Vgl. Mende, 1995, S. 38; zitiert aus Rockart, 1979, S. 85

58 Boynton, Zmud, 1984, S. 17 und in Ergänzung Mutscheller, 1992, S. xiii

59 Vgl. Lange, 1982, S. 31. Für die Vertiefung der unterschiedlichen Methoden und die weiterführende Theorie der Erfolgsfaktoren wird an dieser Stelle auf die angegebene Literatur verwiesen. Siehe Kreikebaum, Grimm, 1983, S. 6 - 12; Lange, 1982, S. 27 - 41; Boynton, Zmud, 1984, S. 17 - 27

60 Eine an quantitativen Größen orientierte Ermittlung kann nicht vorgenommen werden, da zu der zu entwerfenden Dienstleistung aufgrund ihrer Neuheit, der bereits beschriebenen Intransparenz des Marktes und der hohen Sensibilität der Daten kaum verwertbares Zahlenmaterial vorliegt.

II ANALYSE DES IMMOBILIENANLAGEMARKTES

In Kapitel I wurden die begrifflichen Grundlagen gelegt. Ziel dieses Kapitels ist es, die Einführung eines zusätzlichen Marktteilnehmers - eines Immobilien-Intermediärs - vor dem Hintergrund der Neuen Institutionenökonomie (Kapitel II.2.1) und ihrer Instrumente der Transaktionskostenanalyse (Kapitel II.2.2) und des Principal-Agent-Ansatzes (Kapitel II.2.3) zu beleuchten. Die Herleitung der Notwendigkeit für eine andere als die bisherige Art der Immobilien-Intermediation wird durch die Analyse existierender quantitativer und qualitativer Strukturen des Immobilienanlagemarktes (Kapitel II.3) unterstützt. Die Interviewergebnisse bezüglich der in Kapitel II.1 aufgestellten Thesen finden Eingang in die folgenden Kapitel. Somit bilden diese Abschnitte der Analyse die Basis für die in Kapitel II.4 folgende Betrachtung der Immobilien-Intermediation als Antwort auf die dargestellten Marktunvollkommenheiten. Hier wird ein detaillierterer Zusammenhang zwischen den in Kapitel II.2 gelegten Grundlagen und dem Immobilienanlagemarkt hergestellt. Ausgehend von den Aufgaben und den Leistungen eines Intermediärs werden über die Betrachtung von transaktionskosten- und principal-agent-spezifischen Intermediärsleistungen bereits Gestaltungshinweise für das Verhältnis zwischen Immobilien-Intermediär und institutionellen Investoren gegeben.

Abb. II-1: Aufbau des Kapitels II

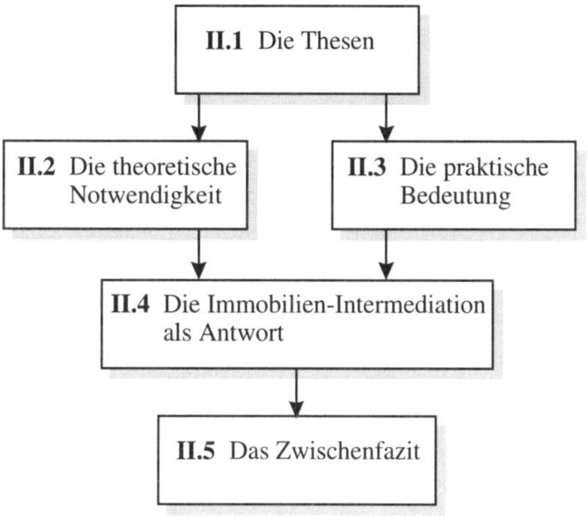

1 Die Thesen

Ausgehend von der Frage, welche Schwierigkeiten in der Praxis im Immobilien-Management institutioneller Investoren bestehen, wurden die folgenden Thesen aufgestellt,[61] die gleichzeitig die Grundlage für die Erarbeitung einer Lösung bilden:

1. **Die zunehmende Internationalisierung und Globalisierung der Immobilienmärkte, sowie die konjunkturelle und strukturelle Verfassung des deutschen Immobilienanlagemarktes, gebieten eine Professionalisierung des Marktes.**
2. **Die zunehmende Komplexität und die steigende Veränderungsgeschwindigkeit des Kerngeschäftes institutioneller Investoren, sowie der Immobilienanlagemärkte, erfordern einen Bewußtseinswandel im Umgang mit der Anlageform Immobilie.**
3. **Die Anlageform Immobilie wird sich in ihrer Erscheinungsform und ihrer Charakteristik zunehmend den Anlageformen des Kapitalmarktes nähern.**
4. **Aus den ersten drei Thesen ergibt sich die Notwendigkeit, eine auf die Marktentwicklungen und die Bedürfnisse der institutionellen Investoren ausgerichtete intermediäre Dienstleistung Aktives Immobilien-Management am Markt zu etablieren.**

61 Die ausformulierten Thesen befinden sich im Anhang. Sie bildeten die Basis für die strukturierten Experteninterviews.

2 Die theoretische Notwendigkeit

Mit zunehmenden Veränderungen eines Marktes und einer langsam sichtbar werdenden Bewußtseinsänderung auf der Seite der institutionellen Anleger verändern sich auch die Bedürfnisse an zukünftige Dienstleistungen. Im Immobilienanlagemarkt für private Investoren haben sich mit den verschiedenen Immobilienfonds-Konstruktionen[62] Intermediäre[63] herausgebildet, deren Funktion für den Anleger hauptsächlich in der Schaffung von Transparenz, der Kommunikation des Investmentstils und -ziels sowie in der Übernahme der Verantwortung für die Betreuung des investierten Vermögens liegt. Betrachtet man den Kapitalmarkt für institutionelle Investoren, haben sich auch hier Intermediationsleistungen etabliert. Die Betreuung der institutionellen Anleger stellt bspw. bei der Mehrzahl der Banken inzwischen ein eigenes Geschäftsfeld dar.[64] Auf dem Immobilienanlagemarkt hingegen existieren für institutionelle Investoren speziell auf ihre Bedürfnisse ausgerichtete Dienstleistungen von Intermediären in diesem Umfang nicht.[65]

Diese Lücke aufgreifend wird im Folgenden aus der Sicht des neutralen Dritten und vor dem Hintergrund der Neuen Institutionenökonomie begründet, warum sich die Implementierung eines Immobilien-Intermediärs in den Immobilienanlagemarkt für Institutionelle anbietet. Der Institutionenbegriff und die Institutionentheorie stellen hierbei ein leistungsfähiges Instrumentarium zur Erklärung realer ökonomischer Sachverhalte zur Verfügung. Um die Marktstrukturen zu beschreiben, wird auf die Transaktionskostenanalyse zurückgegriffen. Ihr kommt in dieser Arbeit explizit ein deskriptiver Charakter zu.[66] Auf die Transaktionskostenanalyse als Instrument für den institutionellen Anleger zum Treffen von Make-or-Buy-Entscheidung wird kurz in Kapitel II.4.5 eingegangen. Die Grundlagen für die Gestaltung des Verhältnisses[67] zwischen einem Immobilien-Intermediär und Institutionellen werden mit Hilfe des Principal-Agent-Ansatzes gelegt.

---

62 An dieser Stelle werden die Fonds bewußt nicht in "Offen" und "Geschlossen" unterschieden. Zur Unterscheidung und Konstruktion siehe Loritz, Wagner, 1995; Loipfinger, Nickl, Richter, 1994; Schlag, 1995

63 Betrachtet man den Markt privater Immobilien-Investoren, so existieren zahlreiche Intermediäre zwischen Investor und Objekt. Hier sind zu nennen: Banken, Makler, Vermietungsgesellschaften, Wirtschaftsprüfer, Steuerberater, die ebenso für einen intransparenten und wenig übersichtlichen Markt sorgen.

64 Zur Beschreibung des Verhältnisses Banken und institutionelle Investoren siehe Kaiser, 1990

65 Expertengespräche

66 Für weitere Anwendungsfelder des Transaktionskostenansatzes siehe Schenk, 1992, S. 358 ff.

67 Siehe Kapitel IV

2.1 Neue Institutionenökonomie

Im Mittelpunkt der Neuen Institutionenökonomie steht die Analyse von Institutionen (Märkten, Organisationen, Rechtsnormen), in deren Rahmen der ökonomische Austausch vollzogen wird. Das Ziel der Institutionenanalyse besteht darin, die Struktur, die Verhaltenswirkungen, die Effizienz und den Wandel von ökonomischen Institutionen zu erklären.[68] Die Institutionenökonomie bietet im Gegensatz zur Neoklassik gerade die Chance nach Hypothesen über die verhaltensprägende Wirkung von unterschiedlichen Institutionen zu fragen, die bei der Koordination eingesetzt werden können. Den Zusammenhang zwischen den verschiedenen ökonomischen Theorien der Organisation verdeutlicht die nachstehende Abbildung.[69]

Abb. II-2: Economic Theories of Organization

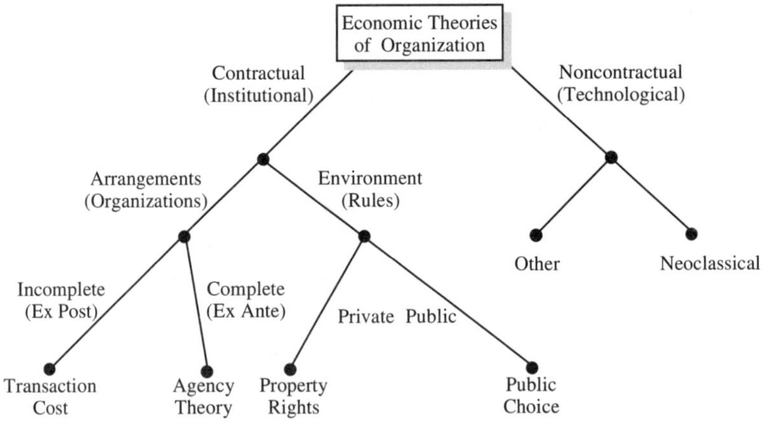

Stehen Fragen der Konzeptentwicklung für einen Markt und der Strategiefindung unter Berücksichtigung der Rahmenbedingungen im Vordergrund der Diskussion, ist die Konfrontation mit Begriffen wie Marktorganisation, Institutionen, Informationen und Transaktionen unausweichlich. Die gegenwärtig vorherrschende neoklassische Theorie tendiert dazu, die Schwierigkeiten real existierender Märkte in überwiegendem

68 Vgl. Kieser, 1995, S. 185. Die Wahl zwischen alternativen Institutionen wird einerseits weitgehend als koordinations- bzw. als zweckbestimmt angesehen (Transaktionskostenanalyse). Andererseits versuchen die in wirtschaftlicher Beziehung zueinander stehenden Akteure das Verhalten der Partner zweckentsprechend zu steuern (Principal-Agent-Ansatz). Vgl. Schenk, 1992, S. 340 f.

69 Williamson, 1990a, S. 62

Maße wegzudefinieren. Dies gilt speziell für die bei der Immobilienanlage relevanten Probleme der Transaktionskosten und der Informationsasymmetrie.[70]

Der gesamte Immobilienmarkt[71] ist im wesentlichen durch Intransparenz, Fragmentierung und Informationsineffizienzen geprägt.[72] Somit stellt sich hier die Frage nach der zukünftigen Organisation des Marktes.

Die Basis für das vorliegende Kapitel bildet, wie schon angedeutet, die Neue Institutionenökonomie. Zunächst ist daher zu klären, was in diesem Zusammenhang eine Institution darstellt. Auf die sprachlichen Wurzeln zurückgeführt bedeutet das lateinische Verb "instituere" aufstellen.[73] Die Neue Institutionenökonomie sieht in der Institution einen Satz von Regeln und Normen.[74] NORTH[75] formuliert es etwas plastischer, in dem er von Spielregeln spricht.[76] Auf die Regeln müssen sich die Teilnehmer verlassen können, sie müssen eine bestimmte Kontinuität gewährleisten, um die allen Situationen innewohnende Unsicherheit zu begrenzen. Ökonomie ist nicht zuletzt das Handeln unter Restriktionen und Unsicherheit. Regeln und Normen stellen damit wesentliche Rahmenbedingungen für die Funktionsfähigkeit von Märkten dar. Gerade in einer arbeitsteiligen Wirtschaft ist es von zentraler Bedeutung, daß sich die Partner auf Vereinbarungen verlassen können. Ohne diese Spielregeln wäre eine moderne Ökonomie mit ihren Verflechtungen und komplexen Beziehungen[77] nicht funktionsfähig. Benötigt werden glaubhafte Versicherungen, verläßliche Bindungen, die ihrerseits geeignete Institutionen voraussetzen. Ob sich allerdings die Akteure an die Zu-

---

70 Diese Schwierigkeiten beschränken sich keineswegs auf den Immobilienanlagemarkt, sondern sind kennzeichnend für den gesamten Immobilienmarkt.

71 Dies trifft auch auf die Immobilien-Teilmärkte zu. Siehe hierzu Tieke, 1992, S. 50 - 147; Baumberger, 1996, S. 1 ff.; Bone-Winkel, 1995a, S. 18

72 Den auf diesem Markt Tätigen haftet daher oft ein "halbseidenes", d.h. unseriöses, Image an. Der Markt ist für Außenstehende nicht und für Marktteilnehmer nur beschränkt einsehbar. Die beklagte Intransparenz ist zum größten Teil ein Produkt mangelnder Anreize. Eine fehlende Selbstregulation des Marktes geht einher mit einer abnehmenden Attraktivität für Investoren aus anderen Märkten. In den Markt für institutionelle Investoren ist jedoch inzwischen Bewegung gekommen. Aufgrund ihrer Marktmacht sind die Forderungen der Institutionellen nach einer verbesserten Transparenz nicht zu überhören. Als Beispiel hierfür dient der 1998 auf den Markt kommende Deutsche Immobilien Index (DIX), mit einer anfänglichen Marktkapitalisierung von 50 Mrd. DM. Zur Konstruktion dieses Indexes haben sich zahlreiche institutionelle Investoren mit unterschiedlichen Interessenlagen zusammengeschlossen. Vgl. Walz, 1997, S. 18; Expertengespräch

73 Abgehoben wird hier auf die Langsamkeit des Wandels. Vgl. Bonus, 1997, S. 3. Darüber hinaus besitzt das Verb "instituere" weitere Bedeutungen, die in diesen Zusammenhang passen: die Bedeutung jemanden wozu anstellen, einsetzen stellt den Zusammenhang zur Principal-Agent-Theorie (Kapitel II.2.3) her; die Bedeutung einrichten, unternehmen weist auf die Verbindung zur Informationsökonomie (Kapitel II.2.3) hin und die Übersetzung mit regeln, ordnen, organisieren gibt einen Hinweis in Richtung des Transaktionskostenansatzes (Kapitel II.2.2). Somit wird aus der Bedeutung des Wortes instituere der übergeordnete Charakter der Institutionenökonomie (Kapitel II.2.1) deutlich. Vgl. Langenscheidt, 1992, S. 393

74 Vgl. Elsner, 1987, S. 5

75 Vgl. North, 1981, S. 201 f. zitiert in Bonus, 1997, S. 3

76 Spielregeln müssen sich zwangsläufig in einer wesentlich niedrigeren Geschwindigkeit als der Verlauf des Spieles ändern, da ansonsten das Spiel zum Erliegen kommt.

77 Siehe zur Vertragstheorie: Richter; Furubotn, 1996, S. 197 ff.

sagen gebunden fühlen, hängt von den institutionellen Rahmenbedingungen ab. Damit Regeln und Normen wirken können, müssen sie mit entsprechenden informellen Konventionen unterlegt sein. Somit ist es auch eine Frage der Kultur, ob sich eine funktionsfähige Wirtschaft entfalten kann oder nicht. Für das Entstehen dieser Kultur sind Anreize notwendig.[78]

Auf jedem Markt existieren grundsätzlich drei Institutionsformen: kodifizierte Normen, institutionalisiertes Verhalten und Organisationen. Im Zusammenspiel leisten die Formen einen Beitrag zur Koordination von Transaktionen sowie der Höhe der mit der Transaktion in Zusammenhang stehenden Kosten.[79] Beim Zusammenspiel kann es sowohl zu kompensatorischen Wirkungen als auch zu konfliktären Erscheinungen kommen. Die Eigenschaften eines Marktes,[80] daß auf ihm Transaktionen unter Zustimmung der Beteiligten zustandekommen, sagt noch nichts darüber aus, ob dieser auch eine für die Beteiligten vernünftige Institution zur Koordination von Transaktionen ist.[81]

Konsequenterweise stellt die Neue Institutionenökonomie - wie oben beschrieben - die Normen und Auswirkungen auf das Verhalten der Menschen in das Zentrum ihrer Überlegungen.[82] Ihr geht es darum zu erklären, "*wie eine Organisation beschaffen sein muß, damit die Steuerung des sozialen Verhaltens der Menschen im wirtschaftlichen Sinne optimal ist*"[83].

---

78 Die Erkenntnisse der Neuen Institutionenökonomie sind im Begriff sich zu einem neuen Paradigma der ökonomischen Theorien zu entwickeln. Vgl. Kaas, Fischer, 1993, S. 686

79 In diesem Zusammenhang formulieren D´Arcy und Keogh den Sinn von Institutionen: „*"Good institutions" are those which reduce overall transaction costs.*" D´Arcy, Keogh, 1996, S. 6

80 Nach der Aufhebung der Preisstops für den deutschen Grundstücksmarkt 1960 für den Westen Deutschlands und 1990 für den Osten entwickelt sich der deutsche Immobilienmarkt relativ frei. Zwischen dem Staat und den Teilmärkten wurden verschiedene Regelungen geschaffen. Die Berufsbilder, wie z.B. das des Maklers entstanden über die Zeit. Im Gegensatz zu den angelsächsischen Ländern wurde bisher in der Bundesrepublik Deutschland nicht die Notwendigkeit gesehen, die Berufsbezeichnung des Maklers zu schützen. Erst in den letzten Jahren haben sich Qualitätsnormen in der Branche herausgebildet, die gewisse Standards sichern und eine erhöhte Transparenz versprechen. Z.B. die gif (Gesellschaft für immobilienwirtschaftliche Forschung), gefma (Gesellschaft für Facility Management), und Institutionen wie die Immobilienakademie der ebs (European Business School) und der Deutsche Verband der Chartered Surveyors.

81 Vgl. Schenk, 1992, S. 348; Institutionen sind nicht nur das Ergebnis eines menschlichen Plans, sondern können auch das ungeplante Ergebnis menschlichen Handelns sein. Siehe hierzu Schneider, 1991, S. 371 - 377

82 Vgl. Brösse, 1995, S. 166; Windsperger, 1987, S. 61

83 Richter, 1990, S. 572

2.2 Transaktionskostenansatz

Als Kern der Neuen Institutionenökonomie dient die Transaktionskostentheorie im Rahmen dieser Arbeit als ex post-Erklärungsmodell.[84] Mit ihrer Hilfe wird aus der Sicht eines Marktbeobachters die Einführung eines Immobilien-Intermediärs in den Immobilienanlagemarkt für institutionelle Anleger beleuchtet. Auf Berührungspunkte zwischen bisherigen Intermediären und Institutionellen wird eingegangen, wenn sie einen gegenseitigen Einfluß ausüben. Eine weitere, hier jedoch untergeordnete Anwendung erfährt die Transaktionskostenanalyse als Entscheidungsmodell bei der Lösung von Make-or-Buy-Fragestellungen[85] der institutionellen Anleger hinsichtlich des Immobilien-Managements.

2.2.1 Grundlagen des Transaktionskostenansatzes

Mit Hilfe des organisationstheoretischen Transaktionskostenansatzes differenziert COASE die Extreme Markt und Hierarchie als alternative Koordinationsformen, von deren Ausgestaltung die Höhe der Transaktionskosten abhängt.[86] COASE erkannte, daß die Resourcenallokation über den Markt mit Kosten verbunden ist, die bei einer Internalisierung nicht in der Form anfallen. Im Vergleich zur Marktallokation wird die hierarchische Koordination mit zunehmender Zahl von Kontraktpartnern vorteilhafter.[87] WILLIAMSON entwickelte den strukturanalytischen Ansatz von COASE zur Transaktionskostentheorie weiter und konkretisierte ihn, indem er die Substitutionsbedingungen von Wettbewerb und Konzentration näher untersuchte.[88] Er hielt fest, daß die optimale Koordinationsform nur bei Berücksichtigung der Art und Vielfalt der spezifischen Merkmale der zur Koordination notwendigen Tätigkeiten hinreichend bestimmt werden kann.[89] Für das in der Praxis existierende Kontinuum mit einer Vielzahl von alternativen Organisationsformen reichte dieser dualistische Ansatz

---

84 Die Transaktionskostentheorie gilt als Theorie, die die Organisations- mit der neoklassischen mikroökonomischen Theorie verbindet. Vgl. Osterloh, 1988, S. 1

85 Siehe hierzu Kapitel II.4.5

86 Vgl. Williamson, 1985, S. 17; Coase, 1937, S. 390 und 403. Coase bezeichnete die Kosten der marktlichen Koordination als "Costs of using the price mechanism" bzw. "Marketing costs" und die der hierarchischen Koordination als " organizing costs". Zur Vertiefung des Ansatzes von Coase siehe auch Osterloh, 1988, S. 4 ff.

87 Vgl. Coase, 1937, S. 392. Ein unendliches Anwachsen von Hierarchien aufgrund der Internalisierung von Leistungen wird jedoch durch das Marginalprinzip begrenzt, wonach mit steigender Internalisierung die internen Koordinationskosten überproportional zunehmen und so der ursprünglich angestrebte Nutzen konterkariert wird. So hat IBM beispielsweise die Zahl seiner Kontraktpartner durch die Zwischenschaltung eines Service Providers von 1500 auf 1 reduziert. Damit sich die Vergabe an einen Service Providers für beide Vertragsseiten lohnt, muß dieser eine Reduktion der bestehenden Vertragsverhältnisse um den Faktor 10 anstreben. Expertengespräch

88 Vgl. Williamson, 1975, 1979; Zu empirischen Untersuchungen zur Bestätigung des Transaktionskostenansatzes siehe Kaas, Fischer, 1993, S. 691 f.

89 Vgl. Williamson, 1973, S. 316; Gerhardt, Nippa, Picot, 1992, S. 136

nicht aus. WILLIAMSON erweiterte die Transaktionskostentheorie um die Analyse intermediärer Koordinationsformen.

Das Ziel der Transaktionskostenanalyse ist es nicht, die Kostenniveaus alternativer Koordinationsformen in absoluten Zahlen zu quantifizieren. Vielmehr versucht WILLIAMSON Transaktionskostenunterschiede aufzuzeigen, um damit die Vorteilhaftigkeit einzelner Koordinationsalternativen herauszustellen. Hierzu stellt er fest:[90] "*Accordingly, it is the difference rather than the absolute magnitude of transaction costs that matters*".

2.2.2 Transaktionen und Transaktionskosten

Grundlegende Analyseeinheit ökonomischer Aktivität ist die Transaktion,[91] die durch einen Vertrag formell institutionalisiert wird. WILLIAMSON versteht unter dem Begriff "Transaktion" den Übergang eines Wertes über eine technisch separierbare Schnittstelle.[92] Schnittstelle deshalb, weil der Wert seinen Aggregatzustand ändert:[93] Der in Immobilien investierende Anleger überführt seine Finanzmittel in eine Sachanlage. PICOT definiert die Transaktion als ".... *den Prozeß der Klärung und Vereinbarung eines Leistungsaustauschs* ..."[94]. Das dem Transaktionskostenansatz zugrundeliegende ökonomische Problem ist folglich nicht die Leistungserbringung als solche, sondern die Koordination und Abstimmung aller hierfür erforderlichen Aktivitäten.[95]

---

90 Williamson, 1985, S. 22

91 Somit hat die Transaktion einen Transfer von Eigentumsrechten zum Inhalt. Commons beschreibt die Transaktion als die Übertragung von Verfügungsrechten (Property Rights). Hierdurch wird die enge Verbindung von Property Rights- und Transaktionskostenansatz deutlich: m.a.W. Transaktionen und damit auch die mit ihnen in Zusammenhang stehenden Kosten werden erst durch die Übertragung von Verfügungsrechten möglich. Vgl. Commons, 1931, S. 652

92 Vgl. Williamson, 1985, S. 1 f.

93 Nach Williamson entsprechen Transaktionskosten den Reibungsverlusten physikalischer Systeme. Vgl. Williamson, 1985, S. 19. Vgl. auch Bonus, 1997, S. 13

94 Picot, 1982, S. 267

95 Vgl. Michaelis, 1985, S. 77. Ebenso sind Williamson und Ouchi bereits 1981 der Meinung, daß nicht die Produktionskosten, sondern die Effizienz der Aufnahme und Durchführung des Leistungsaustausches im Mittelpunkt der Betrachtung des Transaktionskostenansatzes stehen. Grundprinzip ist beim Leistungsaustausch die Formulierung ökonomischer Fragestellungen als Vertragsprobleme. Vgl. Williamson, Ouchi, 1981; Fischer, 1994a, S. 582. Siehe auch Osterloh, 1988.

Somit umfassen die Transaktionskosten[96] außer den beschriebenen laufenden Kosten auch die Kosten der Errichtung und Erhaltung des Systems.[97]

Die Transaktionskosten bilden damit die Basis für die Erklärung der verschiedenen existierenden Koordinationsmechanismen und Organisationsdesigns. ARROW beschreibt sie allgemein als "*....costs of running the economic system*",[98] während sie OUCHI im Sinne von Vereinbarungskosten folgendermaßen definiert: " *A transaction cost is any activity which is engaged in to satisfy each party to an exchange that the value given and received is in accord with his or her expectation*"[99].

2.2.3 Kostenarten

Die Aufteilung der Transaktionskosten in einzelne Kostenarten ist die Voraussetzung für ihre Operationalisierung. Da der Transaktionskostenansatz bis heute noch keine abgeschlossene Theorie darstellt, werden in der Literatur teilweise unterschiedliche Begriffe verwendet. Im Folgenden Abschnitt werden die verschiedenen Kostenarten dargestellt und inhaltlich erläutert.

WILLIAMSON bezieht sich bei seiner Definition auf den Zeitpunkt des Vertragsabschlusses als Abgrenzungskriterium.[100] PICOT dagegen nimmt eine eher vertragsdynamische Betrachtung vor und unterteilt die Transaktionskosten in die Phasen ihrer Entstehung im Verhandlungsprozeß:[101]

---

96 Im engeren Sinne handelt es sich um Koordinationskosten - hierzu zählen Informations-, Such-, Verhandlungs- und Entscheidungskosten - und Motivationskosten - wie Überwachungs-, Kontroll-, Disincentive- und Agency-Kosten. Im weiteren Sinne zählen noch Produktionskosten, Steuern und Gebühren dazu. Zum Begriff i.e.S. vgl. Milgrom; Roberts, 1992, S. 29 f. und Brand, 1990, S. 17. Zu den Koordinationskosten können auch die Aufwendungen für Marktforschung, Werbung, Marketing sowie die Opportunitätskosten bei einem nicht perfekten Vertragsschluß gezählt werden. Zum Einschluß der Produktionskosten beim Begriff i.w.S. vgl. Ehrmann, 1989, S. 26. Zur Diskussion der Begriffsproblematik zwischen Transaktions- und Produktionskosten sei hier auf die angegebene Literatur bei Fischer, 1993 und Löchel 1995, S. 182 verwiesen. Produktionskosten entstehen im Gegensatz zu Transaktionskosten bei der Produktion materieller Güter. In dieser Arbeit soll Picot gefolgt werden. Siehe Kapitel II.2.2.3

97 Vgl. Richter; Furubotn, 1996, S. 49; Zur Darstellung der Transaktionskostenarten und ihre Einbettung in ein Kostenrechnungssystem siehe Weber, 1993, S. 19 - 23 und Albach, 1988, S. 1143 - 1170.

98 Arrow, 1969, S. 48

99 Ouchi, 1980, S. 130

100 Vgl. Williamson, 1985, S. 20

101 Vgl. Picot, 1982, S. 270

Anbahnungskosten

sind Such- und Informationskosten, welche aus der Ermittlung geeigneter Kontraktpartner, der Einholung von Verhandlungsangeboten sowie der Prüfung der Konditionen resultieren. Dies beinhaltet sowohl den direkten Aufwand für Resourcen als auch Opportunitätskosten (z.B. für die aufgewendete Zeit).

Vereinbarungskosten

entstehen aus Vertragsverhandlungen über die Gestaltung der Transaktionsbeziehung, der Vertragsformulierung und Einigung, nachdem ein potentieller Partner gefunden worden ist. Hierzu zählen z.B. Rechtsberatungs-, Kommunikations- und Notariatskosten.

Kontrollkosten

sind Kosten, die als Folge der Überprüfung der vertraglich vereinbarten Durchführung entstehen, zum Beispiel durch die Kontrolle der dem Vertrag zugrundeliegenden Zahlungs-, Termin-, Preis- und Geheimhaltungsabsprachen.

Anpassungskosten

entstehen bei vertraglichen Änderungen während der Laufzeit des Vertrages, wenn Entwicklungen eintreten, auf die im Vorfeld nur bedingt Einfluß genommen werden konnte und die daher vertraglich a priori nicht regelbar sind. Hohe Anpassungskosten sind insbesondere dann zu verzeichnen, wenn aufgrund von Dissensen Schlichtungs- oder Schiedsgerichtsverhandlungen aufgenommen werden müssen.

Andere Autoren nehmen ähnliche oder weitere Unterscheidungen vor, die jedoch die hier aufgeführten inhaltlich nicht erweitern.[102]

2.2.4 Kostendeterminanten

Um die relative Vorteilhaftigkeit alternativer Koordinationsformen beurteilen zu können, ist es erforderlich, das entsprechende Kostenniveau zu bestimmen. Ziel muß es sein, diejenige Koordinationsalternative auszuwählen, welche die Transaktionskosten minimiert. Hierzu sind die auf die Kostenstruktur der Koordinationsform Einfluß

---

[102] Dahlmann differenziert "search and information costs", "bargaining and decision costs" und "policing and enforcement costs". Vgl. Dahlmann, 1979, S. 148. Wegehenkel grenzt Informationskosten, Kosten der Vorbereitung, der Durchsetzung sowie der Überwachung voneinander ab. Vgl. Wegehenkel, 1980, S. 15. Windsperger dagegen unterscheidet Such- und Informationskosten, Entscheidungs- und Bargainingkosten sowie Kontroll-, Discentive- und Kontraktvollstreckungskosten. Vgl. Windsperger, 1983, S. 896. Michaelis unterteilt in Informations-, Vertragsschluß- Durchführungs- und Kontrollkosten sowie in die Kosten für die Vertragsanpassungen. Vgl. Michaelis, 1985, S. 100. Kappich orientiert sich an der auf Williamson zurückgehenden Unterteilung und nennt vorvertragliche Kosten der Vertragsanbahnung, der Verhandlung und des Vertragsabschlusses. Die nachvertraglichen Kosten unterteilt er in Kontroll-, Anpassungs-, Schlichtungs-, Streitbeilegungs- und Bindungskosten. Vgl. Kappich, 1989, S. 91 ff. Für die Kritik an der Anwendung von derselben Kostenkategorie auf marktbezogene und hierarchische Koordinationsformen siehe Schneider, 1985, S. 1241 f.; Bössmann, 1983, S. 108; Demsetz, 1988, S. 149; Hennart, 1993, S. 530

nehmenden Parameter zu evaluieren. In diesem Zusammenhang unterteilt WILLIAMSON die Einflußgrößen in umweltbezogene Faktoren, Humanfaktoren und Transaktionsmerkmale, wobei WILLIAMSON letzteren die größte Bedeutung beimißt.[103]

Umweltfaktoren

Ausschlaggebende Parameter sind die Unsicherheit der Prognose zukünftiger Ereignisse als Folge komplexer, dynamischer Umweltbedingungen und die Anzahl potentieller Vertragspartner. Beide Faktoren spielen bei der Beurteilung des Immobilienanlagemarktes eine wesentliche Rolle. Aufgrund der Marktveränderungen hat die Unsicherheit der Prognose zugenommen.

WILLIAMSON unterscheidet primäre und sekundäre Unsicherheiten. Erstgenannte lassen sich auf unvorhersehbare Veränderungen zurückführen, wohingegen die Sekundären durch ungenügende Kommunikation zwischen den Vertragspartnern entstehen.[104]

Primäre Unsicherheiten ergeben sich, wenn ein Markt wie der Immobilienanlagemarkt durch komplexe Strukturen und dynamische Veränderungen geprägt ist.[105] Basis dieser Unsicherheiten sind schwer vorhersehbare und sich schnell ändernde Faktoren. Beispielsweise verhalten sich einzelne Marktsektoren oder Objekte nicht konform zum Gesamtmarkt. Die Umstände für die Andersartigkeit eines Sektors oder eines Objektes hinsichtlich der Beurteilung seines Marktes, des Preises oder der Vermietbarkeit wird auf dem Immobilienanlagemarkt allzu schnell mit der im Vordergrund stehenden Individualität der Immobilie erklärt.[106]

Sekundäre Unsicherheiten werden wirksam, weil die Transaktionspartner Informationen nur sehr unzureichend austauschen. So sind Marktprognosen von Maklerunternehmen in der Regel opportunistisch verfärbt. Das Volumen von Immobilienkäufen und -verkäufen ist schwer bis gar nicht zugänglich und die reale Vermietungssituation einzelner Objekte wird selten kommuniziert, da der Verkäufer hofft, daß die tatsächliche Lage vom Investor nicht durchschaut wird.

Darüber hinaus nimmt die Zahl alternativer Transaktionspartner Einfluß auf die umweltbezogenen Rahmenbedingungen. Die Anzahl der Vertragspartner auf dem Immo-

---

103 Vgl. Williamson, 1989, S. 142

104 Vgl. Williamson, 1975, S. 23

105 Unsicherheit und Komplexität der Umwelt haben bei Annahme beschränkter Rationalität und opportunistischen Verhaltens Einfluß auf das Transaktionskostenniveau. Vgl. Picot, Maier, 1992, S. 21. Im Unterschied zur Unsicherheit beschreibt die Komplexität Situationen die sicher und nicht überschaubar sind. Vgl. Picot, Dietl, 1990, S. 179

106 Die Situation wird meist mit dem Einzelfall begründet. Hier liegt der Verdacht nahe, daß die Marktteilnehmer die Intransparenzen und Informationsasymmetrien des Marktes ausnutzen, um sich Arbitragevorteile zu sichern und es sich nicht um objektive und abgesicherte Marktbeschreibungen handelt.

bilienanlagemarkt ist absolut in die Höhe geschnellt. Diese Entwicklung verstärkt aber aufgrund der weiterhin vorhandenen mangelnden Transparenz die Unsicherheit von Investoren, da keine Instrumente oder erkennbaren Signale für die Beurteilung eines potentiellen Vertragspartners existieren. Haben die Marktteilnehmer nur eine begrenzte Möglichkeit[107] auf andere Transaktionspartner auszuweichen wird dieser Zustand als "Small Number-Problem" bezeichnet. Es erhöht sich das Risiko, welches aus dem opportunistischen Verhalten des Geschäftspartners und seinem Drohpotential, die Geschäftsbeziehung abzubrechen, resultiert.[108]

Humanfaktoren

Unter den Humanfaktoren werden individuelle Verhaltensformen verstanden, die sich auf die Unvollkommenheit des Menschen hinsichtlich seiner begrenzten Rationalität sowie seines opportunistischen Verhaltens beziehen.[109]

Der Faktor begrenzte Rationalität umfaßt sowohl die limitierte Fähigkeit Informationen aufzunehmen, zu speichern, zu verarbeiten und abzurufen als auch das Unvermögen, Sachverhalte und Eindrücke sprachlich unmißverständlich zu artikulieren.[110] Zwar beabsichtigen die Akteure rational zu handeln, tun dies jedoch nur in begrenztem Maße. Zum Zeitpunkt des Vertragsabschlusses zwischen Transaktionspartnern verhindert die begrenzte Rationalität die vollständige Erfassung von gegenwärtigen und zukünftigen Umweltzuständen selbst dann, wenn diese theoretisch antizipierbar wären.[111]

Opportunistisches Verhalten[112] liegt vor, wenn eine Partei aus Nützlichkeitserwägungen heraus die eigenen Interessen auf Kosten des anderen bedenkenlos durchzusetzen versucht.[113] Für alle Beteiligten transparente Positionsvorteile fallen jedoch nicht unter den Begriff des Opportunismus. Vielmehr wird darunter das bewußte Vorenthalten oder die vorsätzlich unrichtige Wiedergabe von Informationen verstanden, was insbe-

---

107 Die begrenzte Auswahl auf dem Immobilienanlagemarkt kommt durch die Situation zustande, daß die Nachfrager nach Leistungen auf kein ihren Wünschen und Bedürfnissen gerecht werdendes Angebot treffen. Expertengespräche.

108 Eine Vielzahl von Wettbewerbern ("Large Number Bidding Situation") fördert dagegen die Rivalität unter den Transaktionspartnern und somit ein vertragskonformes Verhalten. Vgl. Williamson, 1975, S. 27 f.

109 Vgl. Williamson, 1985, S. 61

110 Vgl. Williamson, 1975, S. 21. Diese Verhaltensannahme steht im Widerspruch zur neoklassischen Sichtweise eines vollkommen rational handelnden "Homo Oeconomicus".

111 Vgl. Brand, 1990, S. 21

112 Siehe hierzu Williamson, 1989, S. 139; Sauter, 1985, S. 49

113 Williamson erweitert das auf Smith zurückgehende Prinzip der Eigennutzenmaximierung und stellt fest: "*... opportunism refers to the incomplete or distorted disclosure of information, especially to calculated efforts to mislead, distort, disguise, obfuscate, or otherwise confuse.*" Williamson, 1985, S. 47. Dieses Verhalten hat sich auf dem Immobilienanlagemarkt bereits institutionalisiert. Das schlechte Image der Immobilienbranche ist hierauf zurückzuführen.

sondere bei Informationsasymmetrien zwischen den Transaktionspartnern zu Verhaltensunsicherheiten führt.[114]

Transaktionsmerkmale

Als dritten Einflußfaktor der Transaktion führt WILLIAMSON die Transaktionsmerkmale ein, welche durch die Spezifität der Faktoren ("*Asset Specifity*") sowie die Häufigkeit der Transaktion ("*Frequency*") beschrieben werden.[115]

Die Spezifität einer Leistung ist durch ihre Individualität gekennzeichnet, die von der Anzahl potentieller Transaktionspartner abhängt, für welche die Leistung ökonomisch sinnvoll ist.[116] Für die detaillierte Unterscheidung der vier Ausprägungen der Spezifität wird hier auf die Literatur[117] verwiesen. Differenziert werden die Standortspezifität, die Spezifität von Sachkapital, die Spezifität der Humanresourcen sowie die abnehmerspezifischen Investitionen. Für die Immobilien-Management-Dienstleistungen kommt den beiden zuletzt aufgeführten Spezifitäten die größte Bedeutung zu.

Spezifität der Humanresourcen ist dann gegeben, wenn das Entstehen einer Transaktionsbeziehung von spezifischen Fertigkeiten, Arbeitserfahrungen und speziellem Know-how der involvierten Mitarbeiter abhängt. Gerade im Segment des strategischen Immobilien-Portfolio-Managements ist dies der Fall.[118] Erfordert die Transaktionsbeziehung den Aufbau zusätzlicher menschlicher Kapazitäten oder spezifischer Softwareentwicklungen spricht man von abnehmerspezifischen Investitionen. Obgleich diese Kapazitäten auch anderweitig verwendet werden können, entstehen bei Beendigung der Transaktionsbeziehung unausgelastete Kapazitäten. Dieser Faktor ist gerade bei dem mit hohem Aufwand verbundenen Management von Immobilienanlagen wesentlich. Einmal geschaffene Kapazitäten im Mitarbeiterbereich sind nicht einfach wieder abbaubar. Gegen eine kurzfristige Auslastung sprechen die komplizierten Marktverhältnisse und die Komplexität der Dienstleistung.

---

114 Meyer, 1994, S. 101

115 Hierbei kommt der Spezifität die größere Bedeutung zu. Vgl. Williamson, 1990b, S. 64

116 Vgl. Williamson, 1975, S. 26 ff.; Williamson, 1979, S. 239 f.; Williamson, 1985, S. 52 ff.; Williamson, 1989, S. 142; Picot, 1982, S. 271; Picot, 1991a, S. 345 f.

117 Siehe hierzu Williamson, 1985, S. 55; Kappich, 1989, S. 172 f.; Picot, Dietl, 1990, S. 179

118 Dieser Bereich ist vergleichbar mit der Vermögensverwaltung von High Net Worth Individuals. Vgl. Blum, 1997

Kennzeichnend für spezifische Leistungen sind hohe Quasi-Renten, die sich als Differenz aus dem Wert der Leistung in der vorgesehenen Transaktionsbeziehung und dem der nächstbesten Verwendungsmöglichkeit ergeben.[119] Der Spezifitätsgrad einer Leistung kann, verbunden mit der Annahme opportunistischen Verhaltens, auf unterschiedliche Weise Einfluß nehmen. Zum einen entstehen bei zunehmender Spezifität der Leistung Bewertungsprobleme, da sich die Vergleichsmöglichkeiten über die Marktpreise ähnlicher Leistungen reduzieren. Bei der Inanspruchnahme hochspezifischer Leistungen eines Immobilien-Management-Unternehmens durch einen Institutionellen, wie zum Beispiel die Konzeption einer Immobilien-Portfolio-Strategie und deren Abstimmung mit der Unternehmensstrategie, fallen relativ hohe Transaktionskosten im Zusammenhang mit der Vertragsverhandlung an.[120] Darüber hinaus würde bei hoher Spezifität eine vollständige Leistungsbeschreibung prohibitiv hohe Transaktionskosten auslösen.[121] Des Weiteren erweist sich im Zusammenhang mit Leistungen hoher Spezifität die für Small Number-Situationen charakteristisch geringe Anzahl geeigneter Transaktionspartner als Schwierigkeit. Erwirbt ein ausgewählter Transaktionspartner während der Laufzeit des Vertrages transaktionsspezifisches Wissen, oder nimmt er aufgabenspezifische Investitionen vor, ist er in der Lage, bei Nachfolgeverträgen Wettbewerber zu unterbieten und auf diese Art und Weise ein bilaterales Monopol aufzubauen.[122]

In der Praxis dürfte sich die Bestimmung des Spezifitätsgrades von Immobilien-Management-Dienstleistungen als schwierig erweisen. Als Indikatoren für eine ausgeprägte Spezifität kann das Fehlen von Marktpreisen, die Schwierigkeiten bei der Leistungsbeschreibung und die mangelnde Verfügbarkeit adäquater Leistungsanbieter herangezogen werden. Dem letztgenannten Punkt kommt in der Praxis die größte Bedeutung zu. Das Bedürfnis der institutionellen Investoren nach einer umfassenden Immobilien-Management-Dienstleistung aus einer Hand wächst nicht nur, sondern ist konkret vorhanden und wird artikuliert, ohne daß der Markt bisher reagiert hat.[123]

---

119 Vgl. Picot, Dietl, 1990, S. 179

120 Vgl. Picot, Maier, 1992, S. 21

121 Bei vornehmlich aus Informationen bestehenden Transaktionsobjekten würde so die Leistung praktische vorweggenommen. Mit den in Leistungsbeschreibungen enthaltenen Spielräumen steigen die Kontrollkosten erheblich. Vgl. Baur, 1990, S. 68

122 Zur Vertiefung der "fundamentalen Transformation" siehe Williamson, 1990b, S. 70 ff. Im Hinblick auf die Transaktionskosten dürften diese aus Small Number-Situationen entstehenden Abhängigkeiten zu erhöhten Kosten für die Eingrenzung opportunistischen Verhaltens führen.

123 Expertengespräche

In Verbindung mit der Spezifität beeinflußt zusätzlich die Transaktionshäufigkeit indirekt die Höhe der Transaktionskosten. Im Verhältnis zu den übrigen Transaktionsmerkmalen besitzt die Transaktionshäufigkeit in ihrer Wirkung auf die Spezifität Verstärkungscharakter.[124]

Ursache hierfür ist, daß spezifische Transaktionen hohe Kosten verursachen, die am schnellsten amortisiert werden können, wenn eine Transaktion mit möglichst vielen Wiederholungen vorliegt. Diese Kosten resultieren insbesondere aus den "Set-up-Kosten" sowie den Gemeinkosten für die Einrichtung spezieller Koordinationsstrukturen. Für sich betrachtet, kann eine zunehmende Transaktionsfrequenz aufgrund von Fixkostendegressionen, Lerneffekten und Economies of Scale zu einer Senkung der durchschnittlichen Transaktionskosten beitragen.[125] So lassen sich die fixen Kosten der erstmaligen Vertragsvereinbarung bei häufig anfallenden Leistungen schneller amortisieren. Vertragskostensenkungen durch Lerneffekte können beispielsweise durch den Rückgriff auf erprobte Dienstleister realisiert werden, deren Kenntnis der unternehmensspezifischen Gegebenheiten aus vorangegangenen Verträgen aufwendige vertragliche Festlegungen bei Folgeaufträgen ersetzen kann.

Weitere Faktoren

Die Mehrzahl der Autoren baut auf dem Spektrum der in den vorangegangenen Abschnitten dargestellten Einflußfaktoren von WILLIAMSON auf,[126] wenngleich teilweise unterschiedliche Klassifizierungen vorgenommen werden.

Nur wenige Autoren erweitern die Bandbreite durch Berücksichtigung weiterer transaktionskostenbestimmender Faktoren.[127] So differenziert PICOT als Einflußfaktoren die Eigenschaften sowie die Infrastruktur der Transaktionen.[128] Bei den Eigenschaften der Transaktionen führt er die Mehrdeutigkeit der Transaktion und die strategische Bedeutung als weitere wesentliche Faktoren an.

---

124 Vgl. Picot, 1982, S. 277; Picot, 1991a, S. 347; Williamson, 1985, S. 60; Bössmann, 1983, S. 109; Baur, 1990, S. 80 f.

125 Vgl. Picot, 1982, S. 272

126 Beispielsweise nimmt Brand eine von Williamson abweichende Klassifizierung vor. Siehe Brand, 1990

127 Baur ergänzt den Katalog um die sozio-kulturellen Rahmenbedingungen als weiteren Einflußfaktor Vgl. Baur, 1990, S. 84 ff. Kappich fügt die vertrauensvolle Atmosphäre hinzu, die dann gegeben ist, wenn die Transaktionspartner auf gemeinsame Wertvorstellungen zurückgreifen können, eine ausreichende Kenntnis über gegenwärtige sowie zukünftige Rahmenbedingungen besteht und gesicherte Erkenntnisse über die Integrität des Geschäftspartners vorliegen. Vgl. Kappich, 1989, S. 198. Ouchi spricht bereits in seinem Clan-Konzept davon, daß Verhaltensfaktoren wie Solidarität und ein gemeinsames Wertesystem die Höhe der Transaktionskosten beeinflussen. Vgl. Ouchi, 1980, S. 135. Welche konkreten Maßnahmen zu ergreifen sind, um diese vertrauensvolle und -fördernde Atmosphäre herzustellen, wird von keinem der beiden Autoren präzisiert.

128 Vgl. Picot, 1982, S. 271 ff.

Ist kein exakter Wert[129] des Transaktionsobjektes zu bestimmen, da keine oder nur sehr wenige Vergleichs- oder Meßmöglichkeiten vorhanden sind, liegt eine mehrdeutige Transaktion vor. Dies ist insbesondere dann der Fall, wenn die Spezifität der Leistung hoch, die Zahl der alternativen Transaktionspartner begrenzt ist oder Informationsasymmetrien bestehen und damit zu hohen Vereinbarungskosten führen. Einfluß auf die Höhe der Vereinbarungskosten nehmen auch Unsicherheiten auf Seiten des Institutionellen bzgl. der rechtlichen Stellung der Dienstleistungsverträge.[130] Wendet man die genannten Kriterien auf den betrachteten Immobilienmarkt an, so bleibt die Höhe der Spezifität der Leistung unter dem theoretisch geforderten Niveau, dafür ist aber die Anzahl der Transaktionspartner begrenzt und die bestehenden Informationsasymmetrien sind beispielhaft. Der Einsatz neuer Informations- und Kommunikationstechnologien kann im Immobilienmarkt transaktionskostensenkend wirken, wenn beispielsweise durch die elektronische Erfassung von Gebäudedaten die Kontrolle der Instandhaltung erleichtert wird. Gleichzeitig bieten diese Systeme eine ideale Basis, um eine Verknüpfung zu EDV-gestützten Portfolio- und Bewertungssystemen vorzunehmen.[131] Folglich spielen Mehrdeutigkeiten bei Immobilientransaktionen eine wesentliche Rolle.

Mittels des Faktors der strategischen Bedeutung[132] werden wettbewerbsstrategische Überlegungen[133] in die Untersuchung integriert. Für den Institutionellen stellt sich die Frage, welche Bedeutung das Immobilien-Management im Rahmen seines Kerngeschäftes besitzt. Für den Immobilien-Intermediär stellt sich dagegen die Frage der Abgrenzung zu den Angeboten "etablierter" Intermediäre am Markt. Analysiert man den Einfluß der strategischen Bedeutung einer Leistung auf die Höhe der Transaktionskosten, so läßt er sich einerseits auf die meist hohe Unternehmensspezifität strategisch bedeutsamer Leistungen zurückführen. Die Wirkung des strategischen Faktors verhält sich somit analog zu den im vorangegangenen Abschnitt diskutierten Wirkweisen der Spezifität. Andererseits verbindet sich mit dem hohen strategischen Wert

---

129 Den Fall der Mehrdeutigkeit erfüllt auch eine nicht detailliert zu beschreibende Leistung oder eine Leistung, die zwar beschreibbar ist, dies jedoch von beiden Transaktionspartnern nicht vorgenommen wurde.

130 Zur rechtlichen Problematik von Fremdvergaben vgl. Schüller, 1992, S. 158

131 Der Aufbau dieser und die Investition in diese Systeme ist abnehmerspezifisch. Für Institutionelle ist aufgrund der nicht ausreichenden Größe des Immobilienvermögens eine solche Investition nicht lohnend. Ein Immobilien-Intermediär hat jedoch über Economy of Scale-Effekte die Möglichkeit zum effektiven und effizienten Immobilien-Management. Die Nutzung solcher Systeme ist eine transaktionskostensenkende Maßnahme, die über das Vergütungssystem an die Nutzer weitergereicht werden kann.

132 Vgl. Picot, 1991a, S. 346 f.; Picot, Maier, 1992, S. 21

133 Vgl. Baur, 1990, S. 81 ff. Danach sind Strategien der Kostenführerschaft bedingt durch den hohen Standardisierungsgrad mit geringeren Koordinationskosten verbunden, während die Differenzierung aufgrund faktorspezifischer Investitionen und der höheren Unsicherheit mit höheren Transaktionskosten einher geht.

einer Leistung auch die Notwendigkeit ihres Schutzes und ihrer Geheimhaltung.[134] Mit der Fremdvergabe von Immobilien-Management-Dienstleistungen steigt die Gefahr, daß relevantes Wissen[135] nach außen dringt und auf diese Weise verlorengeht. Die Beurteilung des Bedeutungsgrades einzelner Immobilienleistungen hinsichtlich der Unternehmensstrategie der institutionellen Investoren ist jedoch mangels eindeutiger Kriterien schwierig.

In der folgenden Graphik (siehe Abb. II-3) ist der Einfluß der Ausprägung von Transaktionsmerkmalen auf die Höhe der Transaktionskosten dargestellt. Besitzen die Transaktionsmerkmale einer Leistung eine hohe Ausprägung, können die entstehenden Transaktionskosten durch die Einschaltung eines Intermediärs wesentlich gesenkt werden.

Abb. II-3: Effizienzvergleich Immobilientransaktionen mit und ohne Intermediär

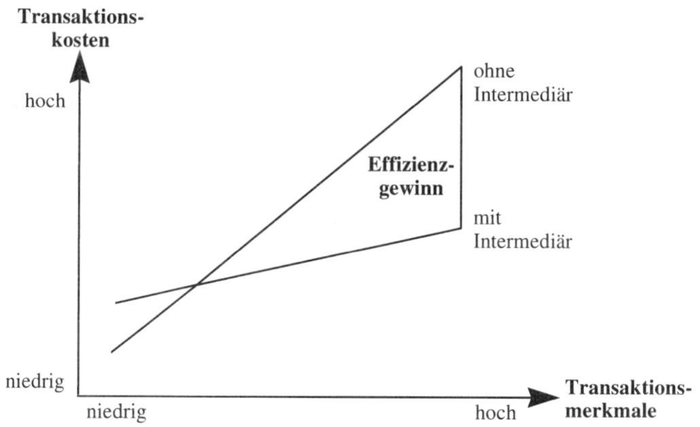

2.2.5 Bestimmung der Koordinationsformen

Der Transaktionskostenansatz zielt nicht auf die exakte Quantifizierung der Kostenvorteile einzelner Koordinationsformen ab, sondern untersucht mögliche Alternativen der Koordination unter Effizienzgesichtspunkten. Somit findet ein Institutionenvergleich statt, bei dem die mit alternativen Vertragsformen verbundenen Transaktions-

134 Dieser Punkt der strategischen Bedeutung betrifft sowohl die Institutionellen als auch den Immobilien-Intermediär und trägt so zu einer angestrebten Verbesserung der Transparenz am Markt nicht bei. Nur im vertrauensvollen bilateralen Verhältnis ergibt sich die notwendige Offenheit.

135 Hiermit ist vor allem Wissen über das Kerngeschäft des Institutionellen gemeint, das dem Immobilien-Intermediär aufgrund der engen Verzahnung seiner Leistung mit dem Kerngeschäft praktisch automatisch zuwächst. Im Bereich des Immobilien-Managements besteht keine Gefahr, da hier der Intermediär einen natürlichen Vorsprung besitzen muß, ansonsten wäre sein Leistungsangebot nicht gerechtfertigt.

kosten einander gegenübergestellt werden. Grundlegend ist hierbei die Annahme, daß die Transaktionskosten eine Funktion der jeweiligen Organisationsstruktur sind.[136]

Markt-Hierarchie-Dichotomie

Einen Entscheidungshinweis, welche Verhaltensmuster sich aus dem Zusammenwirken von verhaltensbedingten Humanfaktoren und umweltbezogenen Faktoren ergeben, präsentiert WILLIAMSON mit seinem Bedingungsrahmen für Transaktionen,[137] der im Folgenden (siehe Abb. II-4) dargestellt ist.

Abb. II-4: Organizational Failures Framework

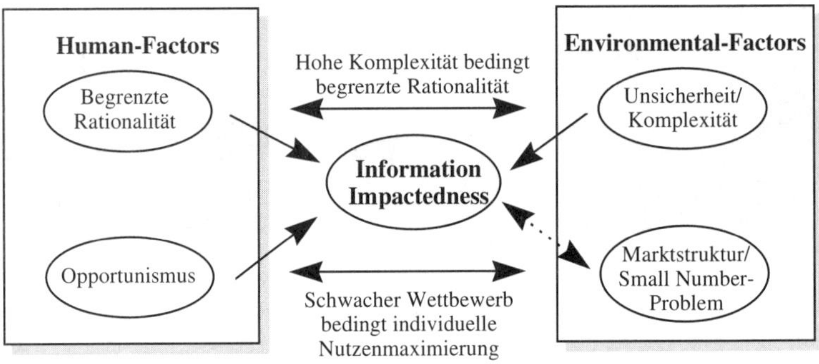

Hierarchische Koordinationsformen sind immer dann vorteilhaft, je stärker Unsicherheit und Komplexität bei geringer Rationalität wirken und je stärker opportunistisches Verhalten durch eine geringe Anzahl alternativer Transaktionspartner begünstigt wird. Dieser Zusammenhang wird als "*information impactedness*" bezeichnet.[138]

In einer solchen Situation sind hierarchische Organisationsformen einer marktlichen Koordination überlegen, da sie besser kontrolliert und Unstimmigkeiten, beispielsweise bei der Interpretation von Absprachen, schneller beigelegt werden können. Ein gegenseitiges Vertrauen wird zudem aufgrund einer in einem gemeinsamen Wertesystem verankerten Organisationskultur intern einfacher realisiert.[139] Darüber hinaus werden in hierarchischen Strukturen Informationsasymmetrien, die zu einem opportunistischen Verhalten der Transaktionspartner führen können, reduziert.

---

136 Vgl. Williamson, 1985, S. 22

137 Williamson bezeichnet ihn als "Organizational Failures Framework", vgl. Williamson, 1975, S. 39 f.; während Ouchi denselben Sachverhalt in einer ähnlichen Darstellung als "Market Failures Framework" bezeichnet. Vgl. Ouchi, 1980, S. 132 ff.

138 Vgl. Williamson, 1975, S. 40; Williamson, 1985, S. 212

139 Vgl. Sydow, 1992, S. 132

Um hierarchischen Austauschbeziehungen überlegen zu sein, muß für gemeinsame Lösungen in zwischenbetrieblichen Beziehungen eine hohe Kooperationsbereitschaft gegeben sein. Wichtig ist hierbei eine Harmonisierung unterschiedlicher Erfahrungen und Organisationskulturen. Den unter Umständen impliziten Nachteilen einer zwischen-betrieblichen Koordination kann durch die Wahl des geeigneten Transaktionspartners und die Implementierung eines wirkungsvollen und fairen Anreizsystems entgegengewirkt werden.[140]

Insbesondere bei sehr spezifischen Investitionen ist der Einfluß der "*Human*" und "*Environmental Factors*" groß. Bei spezifischen Gütern, zu denen auch die Information zählt, entstehen Schwierigkeiten aufgrund der geringen Vergleichsmöglichkeiten.[141]

Eine ausgeprägte Spezifität bringt höhere Anlaufkosten ("*set-up-costs*") mit sich, die den Transaktionspartner zur Realisierung opportunistischer Zusatzgewinne zwingen, damit sich seine Investitionen amortisieren.[142] Einzuwenden ist hier, daß sich eine Immobilien-Intermediationsleistung am Markt nur durchsetzen wird, wenn sich die Leistungs-vergütung im Zusammenhang mit der erbrachten Leistung vom bisherigen Angebot wohltuend abhebt, womit die Möglichkeit zur Realisierung von Zusatzgewinnen eher klein einzuschätzen ist.[143]

Hybridformen

Anfang der 80er Jahre wurde in der Neuen Institutionenökonomie erstmals erkannt, daß neben den Extremen Markt und Hierarchie eine Vielzahl von intermediären Koordinationsformen eine transaktionskosteneffiziente Alternative darstellen können.[144] Die Thematisierung intermediärer Koordinationsformen wurde als eigenständige vertragstheoretische Alternative jedoch erst Anfang der 90er Jahre vorgenommen.[145] Als intermediäre Koordinationsformen werden alle Allokationsstrukturen verstanden, die sich weder durch Markt noch durch Hierarchie beschreiben lassen.

---

140 Siehe Kapitel II.2.3.3 und IV

141 Hier liegt die bereits erwähnte Small Number-Situation vor. Siehe hierzu Williamson, 1988, S. 77

142 Vgl. Klein, Crawford, Alchian, 1978, S. 297 ff.

143 Für die zusammenfassende Betrachtung des Zusammenhangs zwischen Transaktionskosten und Faktorspezifität wird auf die Literatur verwiesen. Siehe Williamson, 1984, S. 213; Williamson, 1989, S. 150 ff.

144 Vgl. Ouchi, 1980

145 Vgl. Williamson, 1991

OUCHI zeigt, unter welchen Rahmenbedingungen intermediäre Koordinationsformen gegenüber dem Markt sowie der Hierarchie transaktionskosteneffizienter sind.[146] Liegen der Transaktion eindeutige Leistungsinhalte zugrunde, bei denen die Partner einen starken Opportunismus und nicht übereinstimmende Ziele tolerieren können, ist der Markt der geeignete Koordinationsmechanismus. Somit läßt sich schlußfolgern, daß die Extremform Markt für die mit Immobilien-Management-Leistungen in Zusammenhang stehenden Transaktionen als Möglichkeit nicht in Betracht kommt. Bei mittleren Unsicherheiten hinsichtlich der Leistungsinhalte und gegensätzlichen Zielen sind Transaktionen hierarchisch abzuwickeln.[147] Auch diese Ausprägung des anderen Endes des Kontinuums kommt als Koordinationsform für den vorliegenden Fall nicht in Frage, da die Dienstleistung Immobilien-Management für ein effizientes und effektives Erbringen der Leistung keine Gegensätze verträgt. Sind die Unsicherheiten über die Leistungsinhalte hoch, ist eine Koordinationsform angezeigt, die sich durch eine "*organische Solidarität*", ein gemeinsames Wertesystem und eine hohe Zielkongruenz auszeichnet.[148] Kooperative Arrangements sind mit Hilfe der folgend dargestellten dreiteiligen Vertragstypologie zu koordinieren.[149]

Abb. II-5: Vertragstypologie

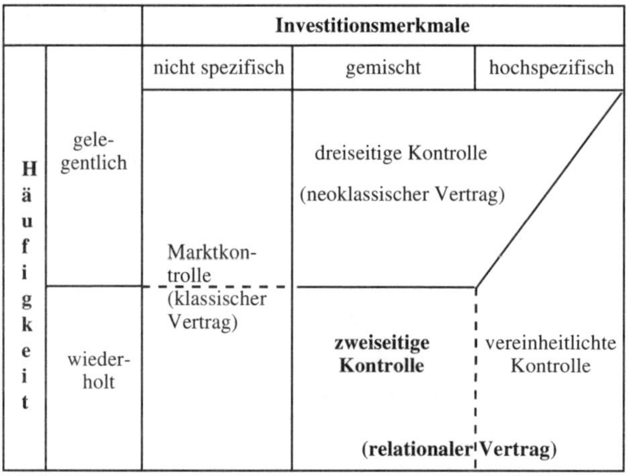

---

[146] Vgl. Ouchi, 1980

[147] Vgl. Ouchi, 1980, S. 135

[148] Ouchi bezeichnet diese Organisationsform als "*Clan*", die er jedoch weniger auf Transaktions- als auf Verhaltensmerkmale zurückführt. Vgl. Ouchi, 1980, S. 135 f.

[149] In Anlehnung an das Schema von MacNeil entwickelte Williamson die dargestellte dreiteilige Vertragstypologie. Vgl. MacNeil, 1978, S. 862 - 898; Richter; Furubotn, 1996, S. 183; Williamson, 1985, S. 79

Können Leistung und Gegenleistung nicht in neoklassischen Vereinbarungen festgelegt werden, da wiederholte Transaktionen vorliegen, sind relationale Verträge zu wählen. In diesen werden gegenseitige Pflichten in einer dauerhaft administrativen Partnerschaft laufend ermittelt. Hierbei lassen sich zwei Formen unterscheiden. Einerseits können im Rahmen sogenannter zweiseitiger Systeme die Transaktionen, die den Dienstleistungen des Immobilien-Managements zugrunde liegen, sich durch gemischte Spezifität und relativ hohe Wiederholungsfrequenz auszeichnen, andererseits durch Kooperationsvereinbarungen unter Wahrung der rechtlichen Selbständigkeit koordiniert werden.[150] Diese Beziehungen sind durch glaubhafte Bedingungen charakterisiert, die in Form von Sicherungen einen Anreiz für eine gute Vertragserfüllung darstellen sollen. Andererseits werden hochspezifische Transaktionen mit gelegentlicher bzw. wiederkehrender Häufigkeit dem Markt entzogen und unternehmensintern in Hierarchiebeziehung organisiert.[151] In Abgrenzung zur Hierarchie weisen Immobilien-Management-Dienstleistungen eine wesentlich höhere Anreizintensität, eine geringere administrative Kontrolle und eine höhere Anpassung auf.[152]

2.3 Informationsökonomie und Principal-Agent-Ansatz

In den vorigen Abschnitten wurden mit Hilfe des Transaktionskostenansatzes die Marktstrukturen des Immobilienanlagemarktes theoretisch fundiert betrachtet. Ziel der folgenden Erläuterungen ist es, mit dem Instrument des Principal-Agent-Ansatzes aus der Analyse der bisherigen Verhältnisse zwischen Marktpartnern Schlüsse für die spätere Gestaltung der Beziehung zwischen Immobilien-Intermediär und institutionellen Investoren abzuleiten. Eingebettet ist der Principal-Agent-Ansatz in die Informationsökonomie auf die hier kurz eingegangen werden soll.

Die Informationsökonomie hat insgesamt einen stark deskriptiven Charakter. Darüber hinaus besitzt sie jedoch auch eine normative Ausrichtung, da sie Gestaltungshinweise für den Umgang mit Informationen liefert. Die Verbindung zwischen Informations- und Neuer Institutionenökonomie bietet sich an, da sich beide Theorien in den Annahmen über die Informationsverteilung, die Existenz von Kosten und die Möglichkeiten des Screening und Signaling zwischen Marktteilnehmern im Einklang befinden.[153] Gerade bei einer Dienstleistung, die zu einem großen Teil aus Informationen

---

150 Vgl. Williamson, 1985, S. 75

151 Vgl. Williamson, 1985, S. 78

152 Zur Vertiefung der hybriden Koordinationsformen siehe Williamson, 1991, S. 278 ff.

153 Vgl. Kaas, 1990, 540 ff.; Meyer, 1990, S. 109 ff. Zur engen Verknüpfung von Informationsökonomie und Principal-Agent-Ansatz siehe Kiener, 1990 oder Kleinaltenkamp, 1992. Zur Diskussion der Integration oder Trennung beider Theorien siehe Hartmann-Wendels, 1989, S. 714 ff.; Richter, 1990, S. 587; Richter, 1991, S. 396

besteht oder deren Ergebnisse sich auf den Einfluß von Informationen zurückführen lassen, ist es wesentlich, Bedeutung und Auswirkungen von Informationen und ihrer Verteilung zu erkennen.

2.3.1 Informationsökonomie als Grundlage

Die Informationsökonomie gehört zu einem Theoriezweig, der bereits vor der ökonomischen Auseinandersetzung mit dem engeren Feld der Neuen Institutionenlehre Beachtung gefunden hat.[154] Prägend für die Entwicklung dieses Zweiges ist die Sichtweise von Informationen. Im Gegensatz zur traditionellen Auffassung wird die Information nicht als freies, sondern als knappes und teures Gut[155] betrachtet. Die geringe Zugänglichkeit von relevanten Informationen für Akteure auf dem Immobilienanlagemarkt macht dies deutlich. Ist die erstmalige Produktion von Informationen oft kostenintensiv, gestaltet sich die anschließende Distribution im Vergleich eher kostengünstig. Aus ökonomischer Sicht ergeben sich zwei grundsätzliche Schwierigkeiten im Umgang mit Informationen:

1. Informationen stellen einen wichtigen Produktionsfaktor dar. PICOT weist beispielsweise darauf hin, daß in einem Industriebetrieb allein 50% der Gesamtkosten auf das Wirtschaften mit Informationen entfallen.[156] Um einiges höher ist dieser Prozentsatz in Branchen, deren Produkte im Dienstleistungsbereich aus einem hohen Anteil an Informationen bestehen.[157]

2. Informationen besitzen den Charakter eines quasi-öffentlichen Gutes mit einer leichten "Flüchtigkeit"[158]. Für Anbieter kann dies zur Konsequenz haben, daß die Generierung von Informationen vom Markt nicht adäquat vergütet wird.

---

154 Offenbar erstmalig findet sich der Begriff der Informationsökonomie 1954 bei Marschak. Vgl. Marschak, 1954, S. 187 ff.

155 Vgl. Meyer, 1990, S. 104

156 Vgl. Baur, 1990, S. 46, der Picot zitiert.

157 Das Interesse liegt hier weniger auf der Bestimmung oder der Kenntnis einer exakten Zahl, deren Ermittlung eine Frage der begrifflichen Abgrenzung ist, sondern auf dem allgemeinen Ausmaß des Informationsanteils an wirtschaftlichen Prozessen, dessen Höhe auf den ersten Blick überrascht.

158 Vgl. Meyer, 1990, S. 110

Gerade in Märkten, in denen nicht alle Marktteilnehmer den gleichen Informationsstand aufweisen, spielen diese Eigenschaften eine besondere Rolle. Die Informationsökonomie - wie auch später die Neue Institutionenökonomie - sprechen in diesem Zusammenhang von asymmetrischer Information.[159]

Die Informationsasymmetrie hat in Verbindung mit der Annahme unvollkommener Information der Wirtschaftssubjekte einschneidende Konsequenzen für ihr wirtschaftliches Handeln. Sie bewirkt, daß ein Entscheider bei seinen Dispositionen Unsicherheit realisiert und vor der Frage steht, ob er diese Unsicherheit durch den Einsatz seiner eigenen ohnehin knappen Resourcen reduziert, er sich die zur Behebung der Unsicherheit notwendigen Informationen über einen Intermediär zugänglich macht, oder ob er die nicht vorhandenen Informationen als nicht so entscheidungsrelevant hält, um sich für eine der ersten beiden Möglichkeiten zu entscheiden. Die hiermit verbundenen Probleme betreffen sowohl die volks- als auch die betriebswirtschaftliche Ebene. Gesamtwirtschaftlich drohen durch unvollkommene und ungleich verteilte Informationen Wohlfahrtsverluste. Auf Unternehmensebene stellen diese Schwierigkeiten einen Teil des unternehmerischen Risikos dar. Untersucht man nun die mit asymmetrischer Informationsverteilung in Verbindung stehenden Probleme näher, so zeigt sich die Bedeutung einer informationsökonomischen Fundierung zur Analyse von intermediären Märkten.

2.3.2 Grundlagen der Principal-Agent-Theorie

Die Ursprünge der Principal-Agent-Theorie reichen in das Jahr 1973 zurück.[160] Im Zentrum der Betrachtungen der Principal-Agent-Theorie stehen die "*Analyse und Gestaltung von Austauschbeziehungen*".[161] Gegenüber der Transaktionskostentheorie, die stärkeres Gewicht auf die Betonung dauerhafter, transaktionsspezifischer Institutionen legt, ist der Agency-Ansatz in der Lage, die Effizienz nicht-marktwirtschaftlicher Arrangements mit asymmetrischer Informationsverteilung darzustellen.[162] Gegenstand der Principal-Agent-Theorie sind Situationen, in denen ein Wirtschaftssubjekt (Agent) beauftragt wird, im Interesse von einem oder einer Gruppe anderer Wirtschaftssubjekte (Principal) Entscheidungen zu treffen und Handlungen durchzuführen.

---

159 Ohne auf die zahlreichen Beispiele in der Literatur einzugehen, kann festgehalten werden, daß eine asymmetrische Informationsverteilung bei der Abwicklung von Transaktionen im wirtschaftlichen Handeln den Regelfall darstellt. Vgl. Spremann, 1988, S. 613; Spremann 1990, S. 562. Der Immobilienmarkt stellt aufgrund seiner gewachsenen Struktur ein gutes Beispiel dar.

160 Im Jahr 1973 veröffentlichte Ross seine grundlegende Arbeit zur Principal-Agent-Theorie. Vgl. Ross, 1973, S. 134 ff.

161 Vgl. Elschen, 1991, S. 1004

162 Vgl. Ehrmann, 1989, S. 25

Die Ergebnisse dieser Handlungen beeinflussen die Vermögenssituation oder das Wohlergehen des Principals. Ziel des Principals muß es somit sein, einen Anreiz zu finden, der den Agent veranlaßt, Handlungen vorzunehmen, die für den Principal zu den gewünschten Ergebnissen führen.[163]

Genau dieses Verhältnis liegt bei institutionellen Anlegern und Immobilien- Intermediären vor. Ist die Notwendigkeit eines Principal-Agent-Modells mit den Unvollkommenheiten des Marktes zu begründen, liegen gute Gründe für die Etablierung eines Intermediärs vor, um diese Unvollkommenheiten zu beseitigen.[164] Hinsichtlich der Entwicklung der Principal-Agent-Theorie lassen sich zwei grundsätzliche Zweige unterscheiden:[165]

1. Den zu Zwecken dieser Arbeit relevante Ast stellt die positive Agency-Theorie dar. Sie hat die Beschreibung und Erklärung von Auftragsbeziehungen zum Inhalt und orientiert sich primär an beobachteten bzw. beobachtbaren Merkmalen der Realität.
2. Die Principal-Agent-Theorie i.e.S. bildet den normativen Theoriezweig. Merkmal ist eine stark mathematisch ausgerichtete Fundierung der Aussagen. Wenngleich dieser Ast in erster Linie Gestaltungsaussagen trifft, weist er auch deskriptiven und erklärenden Charakter auf.

Lange Zeit konzentrierte sich die Literatur zur Principal-Agent-Theorie zu einem Großteil auf Beziehungen innerhalb von Institutionen[166] und war demnach eher hierarchisch orientiert. Daß die Principal-Agent-Beziehungen aber nicht alleinig auf Innenbeziehungen beschränkt sind, wurde bereits früh erkannt.[167] Im Rahmen dieser Arbeit soll die Anwendung der Agency-Theorie auf die Innenbeziehung einer Organisation ausgeklammert werden. Das Interesse gilt einer interorganisationalen Betrachtung von Principal-Agent-Beziehungen.

---

163 Vgl. Schmidt, Theilen, 1995, S. 483

164 Zu Vertiefung des Themas Agency-Costs und Marktineffizienzen siehe Graff, Webb, 1997, S. 32

165 Zur Trennung siehe unter anderem Wenger, Terberger, 1988, S. 506; Elschen, 1991, S. 1006

166 Vgl. Picot, 1991b, S. 150

167 Um einen detaillierten Überblick über die Anwendungsfelder des Principal-Agent-Ansatzes zu bekommen siehe z.B. Kiener, 1990, S. 20 ff.

2.3.3 Principal-Agent-Beziehungen

Für die Principal-Agent-Theorie ist das Ziel prägend, vertragliche Regelungen innerhalb von Kooperationsbeziehungen zu analysieren und optimal zu gestalten.[168] Grund für die Gestaltung sind die im Folgenden dargestellten Verhaltensunsicherheiten:

1. Agency-Probleme entstehen meist dann, wenn zeitlich befristete oder dauerhafte Informationsasymmetrien zwischen Principal und Agent vorliegen. Einfache Modelle gehen von einem Informationsvorsprung des Agenten im Hinblick auf die konkrete Problemstellung des Principals aus.[169]
2. Der Informationsvorsprung des Agenten sorgt dafür, daß der Principal ihn mit der Erfüllung der Aufgabe beauftragt.[170] Derartigen Auftraggeber-Auftragnehmer-Beziehungen kommt gerade in der Immobilienbranche große Bedeutung zu.
3. Aus der Beauftragung des Agenten ergeben sich Transaktionsprobleme. Die Aktionen des Agenten sind vom Principal nicht vollständig beobachtbar. Er kann nicht in jedem Fall erkennen, ob das Leistungsergebnis durch das Verhalten des Agenten oder durch den Eintritt günstiger Rahmenbedingungen eingetroffen ist.[171] Ebenso bleiben für ihn Informationen verborgen, über die der Agent bereits vor der Beauftragung verfügt hat.[172] Auf Basis dieser unterschiedlichen Wissensstände sowie häufig divergierender Interessen zwischen Principal und Agent besteht die grundsätzliche Gefahr des eigennützigen Handelns seitens des Agenten. Aufgrund der schwierigen Kontrolle des Agenten und der nicht möglichen Determinierung seines Verhaltens, muß der Principal Entscheidungs- und Handlungsspielräume des Agenten akzeptieren.

---

168 Vgl. Kiener, 1990, S. 4 f.

169 Vgl. Laux, 1990, S. 14 f. In diesem Zusammenhang sei darauf hingewiesen, daß nicht allein Wissens- bzw. Informationsdefizite des Principals, sondern auch Kosten- und Zeitaspekte Agency-Beziehungen begründen können. Vgl. Kaas, 1992a, S. 888

170 Vgl. Wenger, Terberger, 1988, S. 506

171 Vgl. Arrow, 1985, S. 37 ff.

172 In der Literatur werden hierfür die Begriffe "hidden information" bzw. "adverse selection" verwendet. Vgl. Arrow, 1985, S. 38 ff.; Kiener, 1990, S. 24

4. Da der Agent Entscheidungen trifft, die nicht nur sein eigenes Wohlergehen, sondern auch das des Principals betreffen,[173] stellt sich für diesen die Frage, wie er den Agenten mit Hilfe eines Anreizsystems zu einem Verhalten bewegen kann, das dem Interesse beider Seiten dient.[174] Zu dokumentieren ist, daß das Kooperationsergebnis nicht allein durch die Handlungen des Agenten bestimmt wird, sondern durch die Kooperation beider Akteure in Verbindung mit den herrschenden Rahmenbedingungen.[175]
5. Effizienzmaßstab für die optimale Gestaltung der Kooperationsbeziehung sind in erster Linie Kostengrößen. Zu den minimierenden Agency-Kosten zählen u.a. Monitoring-Costs,[176] die dem Principal bei der Beobachtung des Agenten entstehen, Bonding-Costs, die dem Agenten durch seinerseits eingegangene Bindungen entstehen, sowie entstehende Opportunitätskosten.

Mit zunehmendem Grad der Interessendivergenz steigen die Agency-Costs beider Transaktionspartner. Die Agency-Theorie geht in ihrer engen Interpretation davon aus, daß die Transaktionsprobleme im Zuge der Vertragsgestaltung gelöst werden und im weiteren Verlauf der Kooperation keine Rolle mehr spielen.[177] Demzufolge ist sie ex ante-orientiert und unterstellt eine problemlose Durchsetzung vertraglicher Forderungen. Diese realitätsferne Annahme läßt sich bei der Betrachtung des Verhältnisses zwischen institutionellen Anlegern und Intermediären nicht aufrechterhalten. Gerade die in der Informationsökonomie wichtigen Erfahrungs- und Vertrauenseigenschaften sind nicht mit der Vertragsgestaltung gelöst, sondern bedürfen in jeder Transaktionssituation eines neuen Beweises. Ebenso spricht die im Transaktionskostenansatz dargestellte relationale Vertragstypologie dagegen. Transaktionsbeziehungen, deren Leistungen physisch nicht zu prüfen sind, deren Güte auf Erfahrungen und Vertrauen beruht und deren Leistungsinhalte nicht detailliert vertraglich niedergelegt werden können, beginnen erst mit der Vertragsdurchführung. Die Zeit und die jeweilige Einflußnahme der Vertragspartner zeigt, ob die Transaktionsprobleme gelöst sind oder zu opportunistischem Verhalten führen.

---

173 Vgl. Arrow, 1985, S. 37; Wenger, Terberger, 1988, S. 558

174 Die Anreize müssen sich hierbei nicht ausschließlich auf die Leistungserbringung beziehen, sondern können auch eine wahrheitsgemäße Informationsübermittlung oder eine beiden Interessen entsprechende Risikoteilung zum Ziel haben.

175 Vgl. Arrow, 1985, S. 37; Kaas, 1992a, S. 888

176 Vgl. Jensen, Meckling, 1976, S. 308; Picot, 1991b, S. 150

177 Zur detaillierten Darstellung vgl. Picot, 1991b, S. 153 ff.; Laux, 1990, S. 12 ff.; Kaas, 1992b, S. 40

3 Die praktische Bedeutung

Neben der theoretischen Notwendigkeit stellt die praktische Herleitung die zweite Säule der Begründung für die Etablierung eines Immobilien-Intermediärs dar. Die Ergebnisse der im zweiten Kapitel anhand theoretischer Kriterien untersuchten Marktstruktur des deutschen Immobilienanlagemarktes wird im Folgenden durch den intensiven und interaktiven Kontakt mit der Praxis erweitert. Somit wird der in der Problemstellung (Kapitel I.1.1) bereits aufgezeigte Zusammenhang der unterschiedlichen, die Veränderungen auf dem Immobilienanlagemarkt fördernden Determinanten hergestellt.

Über die quantitative und qualitative Beschreibung der Immobilienanlagemarkt-Strukturen (Kapitel II.3.1) und die Begründung eines notwendigen Perspektivenwechsels in der Betrachtungsweise der Immobilie (Kapitel II.3.2) wird im Kapitel II.3.3 mit einer Gegenüberstellung des Kapital- und Immobilienanlagemarktes ein Ausblick auf die möglichen Entwicklungsrichtungen gegeben.

3.1 Immobilienmarkt

3.1.1 Historische Entwicklung

Anfang der 90er Jahre ist das bis dahin ausbalancierte Zusammenspiel von Angebot und Nachfrage auf dem deutschen Immobilienmarkt[178] durch das sprunghafte Ansteigen des Angebots nachhaltig aus dem stabilen Ungleichgewicht[179] gekommen. Die zur Verfügung stehenden investiven Mittel, ein niedriges Zinsniveau sowie die Aussicht auf hohe Gewinne innerhalb vergleichsweise kürzer werdenden Zeitintervallen waren wesentliche Treiber für die starken Aktivitäten auf der Angebotsseite. Die Wiedervereinigung Deutschlands und vor allem die mit ihr einhergehenden politischen und wirtschaftlichen Wunschvorstellungen führten zu einer Fehleinschätzung der tatsächlichen wirtschaftlichen Situation in der Bundesrepublik Deutschland.

178 Auf die verschiedenen Immobilienbegriffe und die unterschiedlichen Teilmärkte des Immobilienmarktes soll im Rahmen dieser Arbeit nicht eingegangen werden. Zu den Immobilienbegriffen siehe Bone-Winkel, 1994, S. 20 ff. und die dort angegebene Literatur. Zu der Unterscheidung der räumlichen, zeitlichen und sachlichen Immobilien-Teilmärkte siehe Tieke, 1992, S. 50 ff. und Baumberger, 1996, S. 1 ff. Die Charakteristika der Immobilie im allgemeinen und der Immobilie als Investmentmedium sind bei Thomas, 1997, S. 22 ff. und Schulte, 1998, S. 15 ff. ausführlich dargestellt.

179 Prinzip von marktwirtschaftlichen Grundordnungen ist ein Ungleichgewicht zwischen Angebot und Nachfrage, ein sogenanntes stabiles Ungleichgewicht. Wenn dieses stabile Ungleichgewicht aus der Ordnung gerät, können sich die Folgen durchaus negativ auf die wirtschaftliche Lage auswirken.

Fazit war ein vom Optimismus und der Spekulation getragener Bauboom,[180] der einem Wettlauf gleichkam. Die in der Branche traditionelle Verkäufermarktorientierung verführte dazu, am Markt vorbeizuproduzieren. Die Immobilienwirtschaft ignorierte die ersten Zeichen der Konjunkturabschwächung und verpaßte den darauf folgenden Wechsel zum Käufermarkt. Die Nachfrage brach ein, die geplanten Mieten waren nicht durchzusetzen, die Werte der kalkulierten Finanzierungen und Renditeberechnungen waren nicht mehr zu erzielen und mußten angepaßt werden. Die Anlage "Immobilie" erfuhr zum ersten Mal eine bisher nicht gekannte Volatilität. Banken, Fonds, Versicherungen und Pensionskassen[181] mußten erstmalig in größerem Umfang Wertberichtigungen in ihren Immobilien-Portfolios durchführen. Die Zeiten, in denen sich Anleger auf das automatische Wertsteigerungspotential der Kapitalanlage "Immobilie" verlassen konnten, gehören somit zukünftig der Vergangenheit an.[182] Es ist zu erwarten, daß als Kompensat für die steigende Volatilität der Immobilie[183] zukünftig die Renditeforderungen der Anleger in die Höhe gehen werden.

Neben dieser konjunkturell bedingten Entwicklung weist der deutsche Immobilienmarkt auch strukturelle Schwächen auf, die in erster Linie in der bereits beschriebenen Intransparenz des Marktes liegen.[184] Ein weiterer Rückgang der Nachfrage nach konventioneller Bürofläche, aufgrund der sich revolutionierenden Arbeitswelt, und kürzer werdende Mietvertragslaufzeiten, die dem Wunsch der Mieter nach mehr Flexibilität Rechnung tragen, werden zu weiteren Strukturveränderungen führen. Aufgrund sich wandelnder Nutzungsanforderungen sinken die Flächenhalbwertszeiten, was sich auch auf die Haltedauern der Immobilien auswirken wird. Als weitere wich-

---

180 Ein Marktteilnehmer charakterisierte die Situation folgendermaßen: "Bis zum Jahr 2003 sind in Deutschland alle bis dahin benötigten Flächen bereits jetzt vorhanden." Offen bleibt, ob es die benötigten Flächen hinsichtlich Lage, Qualität und Preis sind. Dies ist durchaus umstritten. Wahrscheinlich ist eine sektorale Erholung des Immobilienmarktes, während Entwicklungen auf der "Grünen-Wiese" zunehmend an Marktbedeutung verlieren werden. Expertengespräche.

181 Diese stellen die wichtigsten Vertreter der institutionellen Investoren dar. Zur begrifflichen Abgrenzung der institutionellen Investoren siehe Kapitel I.2.1

182 Die Wertsteigerung wird vielmehr durch die Erhöhung der Erträge erzielt, statt durch eine Automatik. Vgl. Schorer, 1994, S. 58

183 Die eingezahlten Beiträge oder Prämien bei Versicherungen und Pensionskassen sollten idealerweise zu ihrem Auszahlungszeitpunkt der aktuellen Kaufkraft entsprechen. Die Inflation muß daher ausgeglichen werden. Hierfür benötigt man Vermögenswerte, deren Realwert langfristig gesichert ist und erhalten bleibt. Daß dieses Ziel über längere Zeitperioden von 10 bis 30 Jahren im Falle wachsender Volkswirtschaften nur mit Sachwerten (Immobilien, Aktien) und nicht mit Nominalwerten (Obligationen, Festgelder) erreicht werden kann ist empirisch wie theoretisch abgesichert. Vgl. Zenger, 1991, S. 1. Womit die Attraktivität der Immobilie als Anlage grundsätzlich auf der Hand liegt. Dieser Gedanke steht allerdings im Gegensatz zur Immobilienmarktentwicklung der letzten Jahre, da bisherige stetige Wertsteigerungen ausgeblieben sind. Diese Entwicklung ist unter anderem eine Erklärung für die seit Jahren kontinuierlich sinkenden prozentualen Immobilienanteile bei Versicherungen.

184 Auf dem Immobilienanlagemarkt für private Investoren haben sich - um der Intransparenz entgegenzuwirken - mit den Immobilienfonds Intermediäre gebildet.

tige Veränderung ist der Rückzug der aus- und inländischen institutionellen Investoren vom deutschen Immobilienmarkt zu konstatieren.[185]

Grundsätzlich unterliegen Immobilienanlagen, wie andere Anlageformen, Wirtschaftszyklen. Die Immobilienkonjunktur folgt allerdings der allgemeinen Entwicklung mit einer zeitlichen Verzögerung, die sich mit den langen Planungs- und Produktionszeiten von Immobilien erklären läßt. Immobilien unterstehen ebenso den Gesetzen der Geldmengenentwicklung, der Inflation,[186] des Zinsniveaus und ganz generell den Gesetzen von Angebot und Nachfrage. Diesen Zusammenhang zwischen Wirtschaftszyklen und Preisänderungen verdeutlicht die folgende Abbildung.[187]

Abb. II-6: Zusammenhang zwischen Wirtschafts- und Preiszyklen

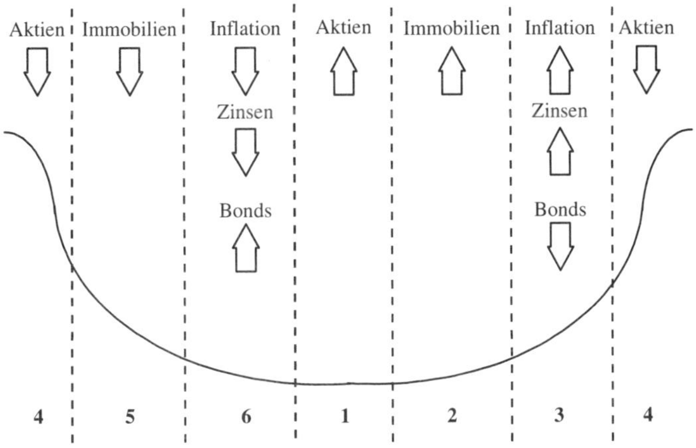

185 Expertengespräch

186 Auf die Inflation reagieren Immobilien nur sehr schwach. Vgl. Barber, Robertson, Scott, 1997, S. 59

187 Vgl. Gnos, 1995, S. 64. Zum Zusammenhang zwischen fundamentalen makroökonomischen Daten bzw. ökonomischen Risikofaktoren und der Entwicklung von Immobilienerträgen siehe Ling, Naranjo, 1997, S. 283 - 307.

3.1.2 Quantitative Entwicklung

Die Darstellung der quantitativen Entwicklung des Marktes der institutionellen Immobilienvermögen in Deutschland gestaltet sich schwierig, weil

- viele der institutionellen Investoren ihre Vermögen nicht veröffentlichen;[188]
- die institutionellen Investoren eine ausgeprägte Scheu besitzen, Daten über das von ihnen gehaltene Vermögen herauszugeben;
- die Immobilienvermögen zu Buchwerten bilanziert sind und damit eine Ermittlung der Verkehrswerte über eine grobe Schätzung nicht hinauskommt;
- die Werte eigengenutzter Immobilien jeweiligen Marktkonditionen angepaßt werden müßten;
- aufgrund des erst kürzlich verabschiedeten 3. Finanzmarktförderungsgesetzes,[189] das Immobilienvolumen des Altersvorsorge-Sondervermögen nur geschätzt werden kann;
- eine Lockerung der Anlagevorschriften für Pensionskassen vorausgesagt wird, was sich positiv auf den Immobilienanteil am Vermögen der Pensionskassen auswirken könnte.

Grundsätzlich existieren für institutionelle Investoren zwei Möglichkeiten der Kapitalanlage in Immobilien:[190] Die direkte objektorientierte Investition auf der einen und die indirekte produkt- oder fondsorientierte Anlage auf der anderen Seite.

Direkte Anlage

Bei der direkten Anlage handelt es sich um von den Institutionellen auf eigene Rechnung erworbene Immobilien, die in der Bilanz unter den Kapitalanlagen in der Position "Grundstücke und grundstücksgleiche Rechte" ausgewiesen werden. In absoluten Zahlen stellt sich das Immobilienvermögen institutioneller Anleger wie folgt dar:[191]

---

188 Hierzu zählen vor allem die Kirchen, Stiftungen und private Investoren.

189 Vgl. Bundesministerium der Finanzen, 1997

190 Zu den Rahmenbedingungen siehe Versicherungsaufsichtsgesetz (VAG) § 54; Farny, 1989; Tieke, 1992, S. 19 ff.; Benölken, Honsel, 1991, S. 353; Schwebler, 1991, S. 35

191 Expertengespräche; Bone-Winkel, 1996, S. 672; Kandlbinder, 1997a, S. 3; Deutsche Bundesbank, Statistische Beihefte, Kapitalmarktstatistik, 1998a, S. 52

Abb. II-7: Immobilienvermögen institutioneller Investoren in Verkehrswerten

Institutionelle Investoren	Verkehrswerte in Mrd. DM	Anteile (in %)
Versicherungen und Pensionskassen	100	28,6
Immobilien-Leasinggesellschaften	92	26,3
Geschlossene Immobilienfonds	90	25,7
Offene Immobilienfonds	36	10,3
Ausländische Investoren	20	5,7
Immobilien-Aktiengesellschaften	7	2,0
Immobilien-Spezialfonds	5	1,4
SUMME	**350**	**100**

Das zunehmend zurückhaltende Engagement der Institutionellen bei Immobilienanlagen führt zu einem geringen Wachstum der absoluten Volumina und zu einer abnehmenden Bedeutung relativ zu den Gesamtanlagen.[192] Am Beispiel der europäischen Lebensversicherer stellt sich das relative Immobilienanlagevermögen folgendermaßen dar:[193]

Abb. II-8: Immobilienanlagen europäischer Lebensversicherungen

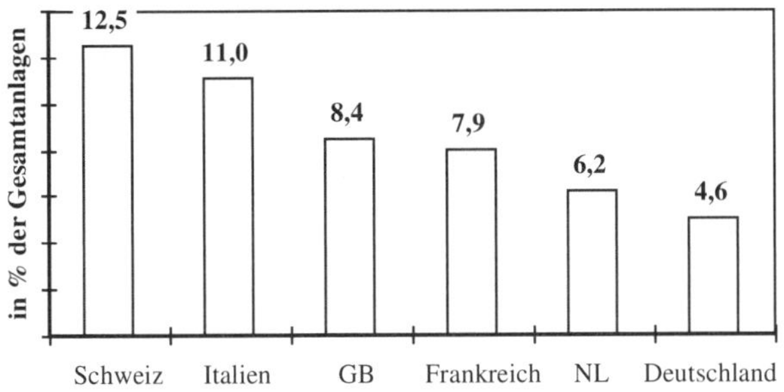

192 Von 9,8% (1980) fiel der Anteil der Immobilien am Bestand der Kapitalanlagen der deutschen Versicherungswirtschaft auf 4,4 % (1996). Der Anteil der Immobilienanlageinvestitionen an den jährlichen Kapitalgesamtinvestitionen fiel von 4,31% (1980) auf 1,28% (1996). Funk, 1998, S. 27 f. Der weitere Rückgang wird mit den geringen Renditeerwartungen bezüglich der Immobilienanlage begründet. Vgl. GDV, 1997, S. 54

193 Vgl. GDV, 1996, S. 105. Die Angaben beziehen sich auf eine Analyse der Buchwerte.

Deutsche Pensionskassen liegen mit einem durchschnittlichen Immobilienanlagevolumen von 6,5%[194] über dem der Lebensversicherer (4,6%). Deutsche Pensionsfonds hatten, prozentual betrachtet, 1995 11% ihrer Gesamtanlagen in Immobilien investiert. Hier liegt im internationalen Vergleich die Schweiz mit 16% an der Spitze. Nationen wie Großbritannien und die Vereinigen Staaten, in denen die Immobilienanlage eine längere Tradition besitzt, liegen mit 6% und 4% weiter hinten.[195]

Indirekte Anlage

Die indirekte Anlage[196] erfolgt meist über Fondszertifikate oder andere verbriefte Immobilienanlageprodukte,[197] die in der Bilanz unter den Kapitalanlagen in der Position „Investmentzertifikate" geführt werden. Die indirekte Anlage wird dominiert von Immobilien-Spezialfonds.[198] Hierbei handelt es sich um speziell auf die Gruppe der Institutionellen zugeschnittene Fondskonstruktionen.[199] Die bei offenen Immobilienfonds übliche Anteilsrücknahmeverpflichtung[200] und der Wunsch der Institutionellen nach Beteiligung am Entscheidungsprozeß führte zur Konstruktion der Immobilien-Spezialfonds.[201] Spezialfonds haben den vom Staat gesetzten ordnungspolitischen Rahmen als Basis.

---

194 Vgl. Geschäftsbericht des Bundesaufsichtsamtes für das Versicherungswesen, 1995b, Teil B, S. A 24

195 Strenger, 1996, S. B 15. Eine umfangreichere Analyse hat Davis 1994 vorgenommen. Vgl. Davis, 1994, S. 157 - 165. Amman stellt 1996 in einer Untersuchung über das Anlageverhalten von Pensionskassen eine abweichende Verteilung zu Strenger fest. Demnach investieren Pensionskassen in der Schweiz 15 - 25%, die USA 0 - 5% und Großbritannien 5 - 10% in Immobilien. Vgl. Amman, 1996, S. 3. Das Immobilien-Investitionsverhalten der angelsächsischen Nationen ist im Zusammenhang mit ihren hohen Aktienanlagen zu sehen.

196 Indirekte Immobilieninvestments zeigen im Profil deutliche Vorteile gegenüber direkten Investments. Nachteil sind die zur Zeit wenigen verfügbaren Produkte, die dem Idealprofil nahe kommen. Vgl. Schnurr, 1998, S. 19

197 Siehe Kapitel II.3.3.3

198 Die Immobilien-Spezialfonds sind eine spezifische Spezialfondsart. Neben Immobilien-Spezialfonds existieren Geldmarkt-, Wertpapier- und Beteiligungs-Spezialfonds. Siehe hierzu vertiefend Angermayer, 1996, S. 683. Das Volumen der Spezialfonds belief sich Ende 9/1997 auf mehr als 525 Mrd. DM. Es ist damit nach wie vor größer, als jenes der Publikumsfonds (knapp 500 Mrd. DM). Die häufig überdurchschnittlichen Wertzuwächse haben bei den Investoren dazu geführt, daß das Vertrauen in die professionellen Vermögensverwalter gestiegen ist. Vgl. Zeyer, 1998, S. 25

199 Vgl. Kandlbinder, 1985, S. 6 f.

200 Diese Bedingung verpflichtet die Fonds jederzeit, die Anteile zurückzunehmen. Bei den hohen Volumina, die Institutionelle investieren, ist es nicht möglich, eine entsprechend hohe Liquiditätsvorsorge zu kalkulieren.

201 Mit dem Aachener Grund-Fonds wurde 1974 der erste Immobilien-Spezialfonds für einen institutionellen Investor aufgelegt. Vgl. Baur, 1985, S. 75

Neben den allgemeinen privat- und öffentlich-rechtlichen Bedingungen sind darüber hinaus Aspekte des Spezialfonds als Finanzmarkt-Akteur zu beachten.[202] Die Gesetzesnovelle 1990 definiert den Spezialfonds erstmals ausdrücklich in § 1 Abs. 2 KAGG.[203] Die "Sozialbindung" des Anlagekapitals fällt weg. Zusätzlich wird eine inländische Domizilierung des Spezialfonds als Erfordernis formuliert. Ergebnis ist die Öffnung für internationale institutionelle Anleger. Zugelassen sind nur noch juristische Personen und Personengesellschaften, wobei die Zahl der Anteilseigner 10 nicht überschreiten darf. Durch diese Restriktion ist der Sprung im Jahr 1990 in der Statistik zustandegekommen (siehe Abb. II-9), da alle Fonds mit mehr als 10 Anteilseignern herausgefallen sind. Die Zäsur bei zehn Anteilsinhabern erfolgte willkürlich und lediglich aufgrund der pragmatischen Überlegung, daß die Durchsetzung von gleichgerichteten Anlegerinteressen mit wachsender Zahl schwierig werde.[204]

Wichtig im Zusammenhang mit der Diskussion über Intermediärsfunktionen ist die Tatsache, daß es sich beim Instrument des Spezialfonds um ein für die Kapitalanlagegesellschaft[205] sehr restriktives Instrument handelt.[206] In der nachstehenden Graphik werden die Immobilien-Spezialfonds unter dem Fokus des Anlageproduktes für Institutionelle betrachtet und nicht als Investoren.[207]

---

202 Zur Vertiefung wird an dieser Stelle auf die Literatur verwiesen. Die wesentlichen Regelungen werden im Gesetz für Kapitalanlagegesellschaften (KAGG) und im Kreditwesengesetz (KWG) getroffen. Zur geschichtlichen Entwicklung des KAGG und seiner Auslegung siehe Maurer, 1996, S. 44 ff. Neben diesen Rechtsgrundlagen ist der Spezialfonds im Versicherungsaufsichtsgesetz (VAG) § 54a Abs. 2 Ziffer 6 und 11 im Katalog für deckungsstockfähige Kapitalanlagen verankert. Zu den Anlagerestriktionen des VAG siehe Maurer, 1996, S. 346 f. Die rechtliche Vertragsgestaltung ist durch das Bundesaufsichtsamt für das Kreditwesen (BAK) genormt. Vgl. Kandlbinder, 1991, S. 60 ff. Über das Bundesaufsichtsamt für das Versicherungswesen (BAV) werden die Institutionellen zur Aktivität in den Anlageausschüssen der Spezialfonds aufgefordert. Vgl. Rundschreiben des BAV R 2/75. Darüber hinaus darf ein Institutioneller im Anlageausschuß nicht überstimmt werden. Vgl. Pflaum, 1992, S. 91

203 KAGG: Gesetz über Kapitalanlagegesellschaften, 1990

204 Vgl. Kandlbinder 1991, S. 35 f. Darüber hinaus weist er darauf hin, daß mit § 1 Abs. 2 Satz 2 KAGG eine faktische Vinkulierung der Spezialfondsanteile vorgenommen worden ist. Ziel war es, mögliche Umgehungsversuche der Anlegerbegrenzung zu verhindern.

205 Zu Recht moniert Maurer, daß die Namensgebung der Kapitalanlagegesellschaft (KAG) betriebswirtschaftlich unglücklich gewählt ist, da das Kapital generell auf der Passivseite der Bilanz ausgewiesen wird und somit nicht zur Anlage zur Verfügung steht. "Kapital beschafft man und legt es nicht an." Konsequenterweise müßte es sich somit um Vermögensanlagegesellschaften handeln. Diese Umbenennung entspricht dem Grundgedanken der in der vorliegenden Arbeit beschriebenen Dienstleistung. Vgl. Maurer, 1996, S. 42

206 Siehe hierzu Kandlbinder, 1991, S. 34

207 In der weiteren Arbeit werden die Immobilien-Spezialfonds als Anlageprodukte behandelt und nicht als institutionelle Investoren. Siehe Abgrenzung der institutionellen Investoren Kapitel I.2.1

Abb. II-9: Entwicklung des Immobilien-Spezialfondsvolumens[208]

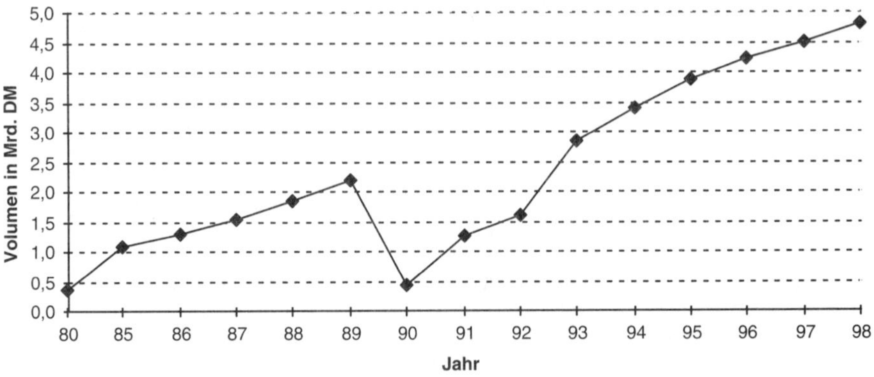

Steigende Anlagevolumina bei Immobilien-Spezialfonds ergeben sich aus der Notwendigkeit, daß deutsche Versicherer verstärkt der Konkurrenz ausländischer Mitbewerber ausgesetzt sind. Grundsätzlich läßt eine Erhöhung der Spezialfondsanteile die Anteile der direkten Immobilienanlagen von Institutionellen am Gesamtanlagevermögen sinken, da Spezialfondsanteile bilanziell zu den Investmentanteilen und nicht zu den Immobilienanlagen gerechnet werden.

Im Jahr 1996 wuchs in Deutschland weniger das Volumen als die Zahl der Immobilien-Spezialfonds. Drei neue Fonds wurden aufgelegt, was einem Wachstum von 30% entsprach.[209] Das Fondsvolumen stieg von 3.866 Mio. DM Ende des Jahres 1995 um 327 Mio. DM auf 4.193 Mio. DM zum Ende des Jahres 1996 an.[210]

Der Nettomittelzufluß 1996 hingegen war mit 342 Mio. DM um 15% geringer als im Vorjahr.[211] Er war jedoch höher als im Durchschnitt der Jahre vor dem Boomjahr 1993. Bemerkenswert ist hierbei, daß 1996 wieder ausländische Investoren über 100 Mio. DM investierten, was 30% des Gesamtaufkommens entspricht. Die restlichen 70% entfielen fast hälftig auf Versicherungsunternehmen[212] und private Organisationen ohne Erwerbszweck.[213]

---

208 Vgl. Deutsche Bundesbank, Statistische Beihefte, Kapitalmarktstatistik, 1998a, S. 58

209 Anfang des Jahres 1996 betrug die Fondsanzahl 10; am Ende des Jahres 13.

210 Vgl. Kandlbinder, 1997a, S. 4

211 Auch wenn der Mittelzufluß geringer war, entwickelten sich die Immobilien-Spezialfonds aufgrund zurückgehender Verbindlichkeiten weiter positiv. Vgl. Kandlbinder, Rossig, 1995, S. 435

212 Versicherungsunternehmen einschließlich Pensionskassen und berufsständischen Versorgungswerken.

213 Z.B. kirchliche Institutionen

Die Analyse der Zusammensetzung des Spezialfonds-Vermögens für 1996 ergibt folgendes Bild: Vom gesamten Netto-Fondsvermögen sind 84,3% in bebaute Grundstücke investiert. Die restlichen 10,6% sind in unbebauten bzw. in derzeit in der Bebauung befindlichen Grundstücken angelegt.[214]

Kennzeichnend für die augenblickliche Situation am Markt ist der beschränkte Anbieterkreis. Im Immobilien-Spezialfonds-Segment existieren, wie im Folgenden dargestellt, zur Zeit lediglich fünf Anbieter.[215]

Abb. II-10: Angebotsstruktur des Marktes für Immobilien-Spezialfonds

Kapitalanlagegesellschaft	**Anzahl Fonds**	**Fondsvermögen (in Mio. DM)**	**Marktanteile (in %)**
Oppenheim Immobilien KAG	6	2.273	54
Aachener Grundvermögen	2	978	23
DIFA	2	620	15
DEFO	2	176	4
Despa	1	146	4
SUMME	**13**	**4.193**	**100**

Ein Anbieter (Oppenheim) bearbeitet den Markt aktiv. Ein weiterer (Despa) strebt mittelfristig eine Expansion und verstärkte Aktivitäten an. Die anderen Teilnehmer wollen sich zurückziehen (DIFA), in ihrem Segment bleiben (Aachener Grundvermögen),[216] oder haben keine weiteren Aktivitäten (DEFO - Deutsche Fonds für Immobilienvermögen GmbH) geplant. Mit der Despa gibt es neben Oppenheim nur einen Anbieter, der zur Zeit Überlegungen anstellt, den Markt ebenfalls aktiv zu bearbeiten.[217] Dieser angebotsseitigen Entwicklung steht ein stetig steigendes Marktvolumen und eine zunehmende Handlungsnotwendigkeit für institutionelle Investoren gegenüber.

Die Abbildung II-11 zeigt die Inhaber-Struktur der Immobilien-Spezialfonds in der Systematik der Deutschen Bundesbank. Die stärkste Investorengruppe mit 48% kommt aus der institutionalisierten Altersversorgung und den Versicherungen gefolgt

214 Vgl. Kandlbinder, 1997b, S. 427 ff.

215 Im ersten Halbjahr 1997 sind bereits weitere Fonds aufgelegt worden. Die DEFO besitzt einen weiteren Immobilien-Spezialfonds, der aufgrund von mehr als 10 Anteilseignern rechtlich nicht mehr zu den Spezialfonds gezählt wird. Das Volumen dieses Fonds beträgt 1.820 Mio. DM. Vgl. Kandlbinder, 1997a, S. 3

216 Expertengespräch: Aachener Grundvermögen betreut ausschließlich kirchliches Vermögen.

217 Expertengespräche

von den ausländischen Investoren mit gut 30%.[218] Bei der Struktur der Inhaber der Immobilien-Spezialfonds haben sich einige entscheidende Verschiebungen ergeben. Trotz eines Wachstums in absoluten Zahlen ging der Anteil der ausländischen Investoren leicht zurück. Ebenso rückläufig war der Anteil der Versicherungsunternehmen. Gestiegen dagegen ist der Anteil der "Sonstigen zulässigen Spezialfondsinhaber". Hierunter fallen insbesondere die kirchlichen Institutionen. Keine wesentlichen Veränderungen fanden im Segment "Institutionelle Altersversorgung" statt.

Abb. II-11: Nachfragestruktur des Marktes für Immobilien-Spezialfonds

Nachfrager	**Fondsvermögen (in Mio. DM)**	**Marktanteile (in %)**
Versicherungsunternehmen (inkl. Pensionskassen und Versorgungswerke)	2.032	71,0
Private Organisationen ohne Erwerbszweck (z.B. Kirchen, Parteien, Gewerkschaften, Vereine)	833	29,0
Inländer gesamt	2.866	67,6
Ausländer gesamt	1.372	32,4
SUMME	**4.238**	**100**

Bei der Analyse der Struktur der Spezialfonds-Inhaber Anfang 1998 ist bemerkenswert, daß der Anteil der ausländischen Investoren mit 23,7% vom Gesamtaufkommen im Gegensatz zu Ende 1996 (30%) wieder etwas abgenommen hat. Jedoch ist nicht nur der relative Anteil gesunken, sondern mit fast 9% auch das absolute Volumen.[219] Der Rest verteilt sich im Verhältnis 3 zu 1 auf die Rubriken Versicherungsunternehmen einerseits und private Organisationen ohne Erwerbszweck andererseits. Damit hat sich im Gegensatz zu 1996 das Verhältnis in Richtung der institutionalisierten Altersversorgung verschoben. Wie aus der nachfolgenden Graphik[220] ersichtlich ist, sind die Marktanteile der fünf Anbieter von Immobilien-Spezialfonds 1996 stabil geblieben. Zwei Gesellschaften wiesen ein überdurchschnittliches Wachstum[221] des Volumens auf.

218 In einer Umfrage präzisierte Kandlbinder diese Aufteilung noch. Ergebnis war, daß Versicherungen innerhalb ihrer Rubrik lediglich 10% des Volumens der Immobilien-Spezialfonds halten. Vgl. Kandlbinder, 1997b, S. 427 f.

219 Vgl. Deutsche Bundesbank Kapitalmarktstatistik 1996, S. 53 f., S. 57; 1998, S. 52, S. 58

220 Vgl. Kandlbinder, 1997b, S. 427

221 Überdurchschnittlich im Jahr 1996 bedeutet ein Wachstum über 8,5%.

Abb. II-12: Wachstum des Vermögensvolumens einzelner Spezialfondsanbieter

Anbieter	**Volumenwachstum 1996 (in %)**
DEFO	+47,9
Despa	+13,2
Aachener Grundvermögen	+7,5
Oppenheim Immobilien KAG	+7,4
DIFA	+4,9

Grundsätzlich lassen sich drei positive Signale für die Entwicklung der Spezialfonds-Investments von Versicherungsunternehmen ableiten:[222]

- Einführung der Verordnung über die Rechnungslegung von Versicherungsunternehmen (RechVersV),
- Notwendigkeit und Trend verstärkt im Ausland zu investieren und
- Entwicklung parallel zu der der Wertpapier-Spezialfonds von vor rund 30 Jahren.[223]

Vor dem Wirksamwerden der RechVersV hat sich das Informationsinteresse von Finanzmanagern der Versicherungen und Pensionskassen an Grundstücks-Sondervermögen deutlich erhöht.[224] Dies deutet auf einen möglichen Einstellungswandel gegenüber diesem indirekten Anlageinstrument hin.

Ex lege sind die Grundstücks-Sondervermögen schon immer mit Verkehrswerten bilanziert worden. Gerade aus diesem Grund stieß diese Anlageform stets auf das Mißtrauen der Anlagemanager bei den Institutionellen. Oberstes Ziel war es bisher, mit der Kapitalanlage Immobilie stille Reserven[225] zu bilden. Mit der Pflicht zur Veröffentlichung von Zeitwerten ab dem Geschäftsjahr 1999 entfallen diese Vorbehalte nun per Gesetz. Eine Umschichtung der Anlagen in Grundstücks-Sondervermögen gewinnt an Attraktivität. Gemäß § 55 RechVersV fällt bei einer Anlage in Grundstücks-Sondervermögen die iterative Bewertung direkt gehaltener Immobilien weg, da der Kurs der Zertifikate den Zeitwert offenbart. Die bilanzierten Verkehrswerte schlagen jedoch nicht eins zu eins auf die Kurswerte der Inhaber durch. Gerade die Thesaurie-

222 Vgl. Kandlbinder, 1997b, S. 430

223 Vgl. Kandlbinder, 1997b, S. 429

224 Expertengespräch; Vgl. Kandlbinder, 1997b, S. 429

225 Im Französischen heißen stille Reserven: "Réserve occulte", womit ihre Bedeutung und die Einstellung vieler Finanzmanager viel besser umschrieben wird als im Deutschen.

rung von Gewinnen birgt Chancen, eine Wertsteigerung des Grundstücks-Sondervermögens nicht direkt bei den Inhabern nachvollziehen zu müssen.

Die Entwicklungen und Trends, die Immobilien-Investments im Ausland attraktiv machen, werden nicht nur für eine Belebung des Instrumentes Spezialfonds sorgen. Institutionelle werden versuchen, die für sie nach wie vor wesentlichen Direktanlagen zukünftig genauso vorteilhaft managen zu lassen, wie ihre Wertpapierbestände. Gerade Institutionelle entdecken zunehmend, wie aufwendig es ist, ein räumlich diversifiziertes Portfolio in Eigenregie gewinnbringend zu "verwalten".[226] Über den Immobilien-Spezialfonds kann sich der Institutionelle auf seine eigentlichen Tätigkeiten konzentrieren und trotzdem an den Vorteilen in Form eines günstigen Rendite-Risiko-Verhältnisses partizipieren. Das Renditeverhalten der Direktanlage ist in der folgenden Abbildung den Immobilien-Spezialfonds gegenübergestellt.

Abb. II-13: Renditevergleich Direktanlage vs. Spezialfonds[227]

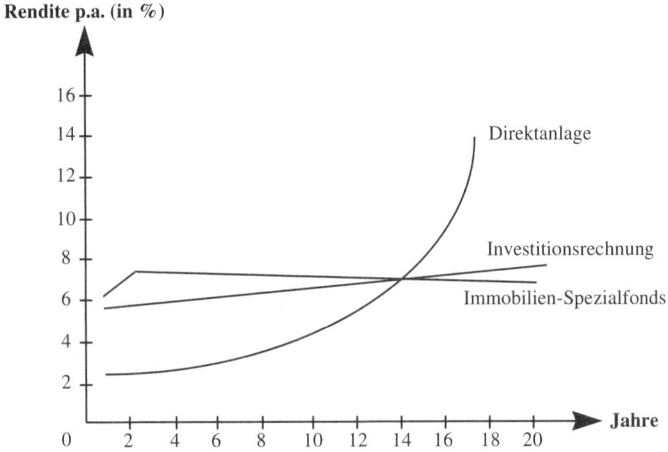

Während sich die Wachstumsraten der Position "Grundstücke und grundstücksgleiche Rechte", unter der die Grundstücks-Sondervermögen in den Bilanzen stehen, in den letzten Jahren verlangsamt haben, sind die Zuwachsraten des Grundstücks-Sondervermögens in den letzten drei Jahren durchweg zweistellig. Dieser Frühindikator zeigte sich vor rund 30 Jahren bei der Entwicklung der Wertpapier-Spezialfonds

---

226 Das ist die zur Zeit noch existierende Paradoxie. Auf der einen Seite ist man sich des Aufwandes bewußt und investiert gerne in räumlich zum Stammsitz nah gelegene Objekte. Auf der anderen Seite bemängelt man die geringen Renditen, die durch eine mangelnde räumliche Diversifizierung und eine verwaltende Haltung entstehen. Expertengespräch

227 Vgl. Kandlbinder, 1997a, S. 12

in ähnlicher Weise. Inzwischen sind mehr als ein Drittel (34,2%) der fondsfähigen Wertpapierpositionen der Institutionellen in Wertpapier-Sondervermögen investiert.[228] Im Gegensatz hierzu waren lediglich 2,7% der Immobilienanlagen der Gruppe der Versicherungen Ende 1995 in Grundstücks-Sondervermögen angelegt.[229]

Abschließend soll das potentielle Marktvolumen (siehe Abb. II-14) für den propagierten Immobilien-Intermediär bestimmt werden, da nicht nur die theoretische Notwendigkeit, sondern gerade die quantitativen Entwicklungen eines Marktes für den Erfolg einer zu etablierenden Dienstleistung entscheidend sind.

Abb. II-14: Geschätztes jährliches Marktvolumen für Immobilien-Management-Dienstleistungen

Nachfrage	Volumina (in Mrd. DM)
Immobilien-Spezialfonds[230]	5
Immobilien-Direktanlagen[231]	345
Altersvorsorge-Sondervermögen[232]	156
SUMME	**506**

Dieses Marktvolumen ist konservativ und vorsichtig geschätzt. Die befragten Experten ließen in ihre Schätzungen für die Verkehrswerte die augenblickliche Verfassung des Immobilienmarktes einfließen und neigten eher zu niedrigeren Werten.[233] Da das Immobilienvermögen von Stiftungen, Kirchen, Vermögensverwaltungsgesellschaften und weiteren institutionellen Investoren, welches nicht in Immobilien-Spezialfonds liegt, aufgrund der nicht vorhandenen Publizitätspflicht nicht zu ermitteln ist, wird das tatsächliche Marktvolumen um einiges höher sein.

228 Vgl. Kandlbinder, 1997b, S. 431

229 Vgl. Kandlbinder, 1997b, S. 429

230 Vgl. Deutsche Bundesbank, 1998a, S. 52. Der Wert wurde angesichts der Größenordnung gerundet. Der exakte Wert beträgt 4.892 Mio. DM.

231 Vgl. Bone-Winkel, 1996, S. 672; Schätzungen Expertengespräche. Aus den Direktanlagen wurde unter der Position Offene Immobilienfonds die Immobilien-Spezialfonds herausgerechnet, um die Bedeutung dieser Anlage deutlich zu machen.

232 Vgl. O.V., 1998a, S. 5

233 Expertengespräche

3.1.3 Strukturelle Entwicklung

Angebot von Immobilien-Management-Dienstleistungen

Das Angebot von Immobilien-Management-Dienstleistungen ist im allgemeinen auf Immobilienbestände von Unternehmen ausgerichtet, deren Hauptzweck in der Produktion von Waren und Dienstleistungen besteht. In einer Typologie stellt sich das Bild wie folgt dar:[234]

Abb. II-15: Typologie der im Immobilien-Management tätigen Unternehmen

Type of Entity / Functions	Traditional Real Estate Organization	Real Estate Equity Fund	Real Estate Lender/ Mortgage Fund	Traditional Corporation
Strategy	Developer/Owner/ Syndicator	Portfolio-Manager	Portfolio-Manager	Sr. Management/ CFO/Treasurer/ VP Finance
Management and Control	Asset Manager/ Supervisory Property Manager	Asset Manager/ Supervisory Property Manager	Asset-Manager	CRE-Director/ Manager/ Executive
Operations	Property Manager/ and On-Site Staff .... Services	Property Manager/ and On-Site Staff .... Services	Debtor	Facilities Manager/ Property Admin. Staff

Aufgrund der relativ niedrigen Markteintrittsbarrieren zum deutschen Immobilienmarkt versuchen neue Anbieter, wie Banken, Versicherungen, aber auch Anbieter aus dem operativen Segment des Immobilien-Managements, wie z.B. Lufthansa TKT Krantz, via vertikaler Integration im Markt Fuß zu fassen.

[234] Vgl. Brown et al., 1993, S. 4

Großunternehmen gliedern ihre Immobilienabteilungen aus, reichern sie durch weitere Leistungsmodule an und bauen diese zu Immobilien-Management-Unternehmen aus.[235] Diese Entwicklungen haben bereits zu einer zunehmenden Wettbewerbsintensität im Markt geführt und werden, aufgrund steigender Anforderungen der Nachfrager an die Dienstleistung Immobilien-Management, zu einem weiteren Anstieg der Intensität führen. Etablierte Marktpartner, wie beispielsweise Makler, nicht auf das Immobiliengeschäft spezialisierte Banken, nicht auf die Besonderheiten der Immobilie spezialisierte Wirtschaftsprüfer, werden in Zukunft verstärkt mit einem Wettbewerb konfrontiert, der darauf ausgerichtet ist, den gesamten immobilienwirtschaftlichen Beratungsbedarf des Klienten aus einer Hand abzudecken.

In der Vergangenheit wurden Immobilien-Dienstleistungen häufig standardisiert ausgeführt. Die gestiegene Wettbewerbsintensität und vor allem die gewachsenen Kundenbedürfnisse führen zu einer inhaltlichen Erweiterung der Projektaufträge.[236] Der Kunde ist preis- und leistungssensibler geworden.

Initiiert von den Marktveränderungen und den Kunden findet im Immobilien-Dienstleistungsmarkt eine Entwicklung zum "project enrichment" und "project enlargement" statt. In der folgenden Graphik (siehe Abb. II-16) ist die am Markt angebotene Leistung bezüglich des gesamten Wertschöpfungsprozesses der Immobilien-Management-Dienstleistung dargestellt. Eingeordnet sind die Dienstleistungsanbieter anhand zweier für die institutionellen Investoren wichtiger Kriterien: Dem Know-how bezüglich der Vermögensverwaltung und der Immobilie. Die Darstellung beschränkt sich auf das Angebot für institutionelle Investoren.[237]

---

235 Für diesen Prozeß stehen beispielhaft: Die Deutsche Telekom (DeTe Immobilien), die Veba (Veba Immobilien), die Ruhrkohle AG (RAG Immobilien AG), Thyssen AG (Thyssen Immobilien GmbH - unter der GmbH werden die operativen Aktivitäten der Thyssen Immobiliendienste/der Thyssen Handelsunion und der Thyssen Industrie AG gebündelt), das Bankhaus Plump (Immobiliengesellschaft Bankhaus C.F. Plump), der Zusammenschluß der Westdeutschen-, Südwestdeutschen- und Rheinland Pfalz- Landesbank zur Westdeutschen ImmobilienBank, hier wiederum die Ausgründung der PortfolioInvest mit der Beteiligung der Bankiers Hauck und dem Projektentwickler Hanseatica. Darüber hinaus werden diese Beispiele gestützt von der Neuorganisation vieler Immobilienbereiche in den Banken. Hierzu gehört die Neuordnung der Immobilienaktivitäten der Deutschen Bank (Zusammenschluß von Centralbodenkredit AG und Frankfurter Hypothekenbank AG zur Frankfurter Hypothekenbank Centralboden AG). Gleichzeitig werden hierunter die Anlagegeschäfte der Deutsche Grundbesitz-Investmentgesellschaft (DGI), der Deutsche Immobilien-Anlagegesellschaft (DIA) und der Debeko Immobilien GmbH zum Geschäftsbereich "Gewerbliche Immobilien" (GBI) zusammengefaßt. Vgl. O.V., 1996a, S. 23; O.V., 1996b, S. 11; O.V., 1996c, S. 6; O.V., 1997, S. 5; Gop, 1996, S. 20 ff.; Expertengespräche

236 Beispielsweise sind reine Standortanalysen nicht mehr zu verkaufen. Hier hat eine inhaltliche Erweiterung in Richtung Standortentwicklung, Projektierung, Investorensuche bis hin zur Umsetzung stattgefunden.

237 Im Sinne der in Kapitel I.2.1 getroffenen Abgrenzung werden hier die geschlossenen und offenen Immobilienfonds nicht berücksichtigt.

Die Einteilung in die verschiedenen Wertigkeiten fand aus der Kenntnis der bisherigen Geschäftsfelder statt.[238]

Abb. II-16: Einordnung der Anbieter von Immobilien-Dienstleistungen

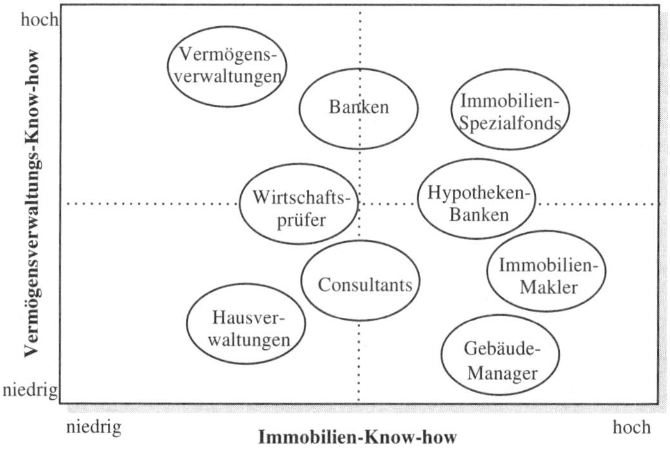

Nachfrage nach Immobilien-Management-Dienstleistungen

Seitens der Nachfrage nach kurzfristig verfügbarem, externem Know-how öffnen sich gerade im Segment der institutionellen Anleger neue Märkte. Den im Mittelpunkt dieser Arbeit stehenden, institutionellen Anlegern, die bereits mit einem Bewußtseinsänderungsprozeß begonnen haben, werden andere Investorengruppen kurz- bis mittelfristig folgen. Zu nennen sind hier vor allem vermögende private Investoren, Stiftungen, kirchliche Vermögen, Vermögensverwaltungsgesellschaften, öffentliche Haushalte und Verbände. Darüber hinaus ergeben sich auf der Nachfrageseite neue oder neu definierte Problemstellungen.[239]

---

238 Die Einteilung schließt nicht aus, daß einzelne Anbieter am Markt der jeweiligen Gruppeneinteilung nicht entsprechen. Der klassische Immobilien-Makler strebt zunehmend in den Consulting-Bereich. Vgl. Westrup, 1997, S. 20 ff. Diese Entwicklung ist mit großer Vorsicht zu beobachten, da aufgrund ihres angestammten Geschäftes die Makler immer mit dem "Makel" der Interessenkonflikte konfrontiert werden. Der Rat der Umschichtung eines Kundenportfolios kann den unterschiedlichsten Motivationen entspringen. Banken und Versicherungen sehen sich ebenso wie die Makler Interessenkonflikten zwischen verschiedenen Kunden sowie ihrer eigenen Anlage ausgesetzt. Siehe hierzu O.V., 1996d, S. 3. Darüber hinaus kommt die Immobilien-Dienstleistung meist durch cross-selling zustande, da der Klient grundsätzlich lieber bestehende Beziehungen ausweitet, als neue einzugehen. Vgl. Christopher, 1996, S. 10. Auch in den USA ist der Markt im Umbruch: Inzwischen sind mehr als 90% der 25 Top-Management-Services national tätig (übertragen würde es europaweit bedeuten), viele Anbieter fusionieren und die Vergütungsstruktur differiert um bis zu 300%. Vgl. Fitzpatrick, 1994, S. 18

239 Z.B. Outsourcing, Portfolio-Management, Aufbau von Anreizsystemen und Strategieentwicklung

Gerade durch das bisher nicht ausreichende Angebot, ist die nachgefragte Dienstleistungsqualität der institutionellen Investoren hoch. Neben der Zunahme der Konsultationsreife,[240] der Preissensitivität der nachfragenden Unternehmen und einer verstärkten Prozeß- und Umsetzungsorientierung, die aus dem klassischen Beratungsmarkt übertragen wird, zeichnet sich für die Mitarbeiter bisheriger Intermediäre ein Qualifikationsdruck, sowohl hinsichtlich einer funktionalen als auch einer funktionsübergreifenden generalistischen Spezialisierung ab. Darüber hinaus steigen die Ansprüche an die regionale und objekttypenspezifische Qualifikation und die Vernetzung und Komplexität der Projekte sowie die internationale Ausrichtung der Fragestellungen werden zunehmen.

3.2 Perspektivenwechsel in der Immobilienbetrachtung

Die aufgezeigten Entwicklungen und Tendenzen führen zur Zeit über ein vermehrtes und intensiveres Auseinandersetzen mit den Immobilienanlagen zu einem allmählichen Bewußtseinswandel.[241] Voraussetzung eines Perspektivenwechsels ist, daß die primär objekt- und transaktionsbezogene Sichtweise des traditionellen Immobilien-Managements zugunsten einer integrierten Anlageplanung im Rahmen der strategischen finanziellen Führung der Institutionellen aufgegeben wird. Die Grundlage für einen Paradigmenwechsel bilden sowohl externe Markteinflüsse[242] als auch interne unternehmensindividuelle Notwendigkeiten.[243] Die Veränderung interner Sicht- und Denkweisen sind für einen Bewußtseinswandel unerläßlich. Interne Ursachen für die bisherige mangelnde Einbeziehung der Immobilienanlagen in das strategische Anlagemanagement sind folgend dargestellt:

240 Die Zunahme der Konsultationsreife führt zu einem steigenden Wettbewerb bei der Akquisition von institutionellen Vermögen und Projekten. Die Dauer der Akquisition eines institutionellen Vermögens dauert zwischen ein bis drei Jahren. Oft gelingt der Einstieg nur über die Übernahme kleinerer Dienstleistungen oder die Durchführung kleinerer Projekte, um das Vertrauen des Investors zu gewinnen. Expertengespräch

241 In den USA hat dieser Prozeß bereits vor fünf bis sieben Jahren begonnen, als die Investoren anfingen, verstärkt Wert auf fundierte Due diligence Prüfungen zu legen. Adler, 1994, S. 68

242 Siehe hierzu Kapitel I.1.1, II.3.1.2 und II.3.1.3 in denen auf die Veränderungen des Immobilienmarktes eingegangen worden ist.

243 Siehe auch Kapitel I.1.1

Abb. II-17: Interdependente Problemfelder Transparenz-Organisation-Konzeption[244]

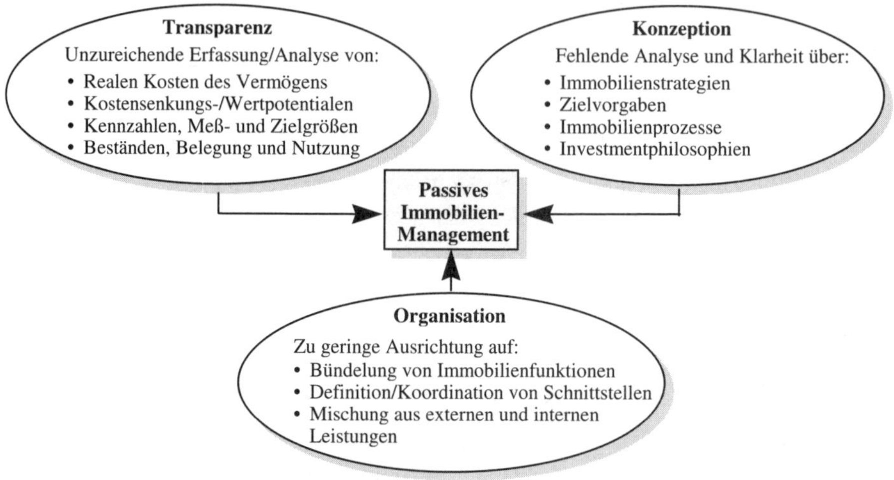

Immobilien als Kapitalanlagen zählen in der Regel nicht zum Kerngeschäft der Institutionellen.[245] Die Immobilienpositionen bestehen in der Mehrzahl aus Bestandspositionen, die strukturell gewachsen sind.[246] Sie dienen in erster Linie der Absicherung der Kapitalanlagen gegen inflationäre Tendenzen, tragen oft aber nur marginal zur Rendite der gesamten Kapitalanlagen bei. Infolgedessen ist die Auseinandersetzung mit immobilienspezifischen Fragestellungen nicht institutionalisiert. Somit wird dem Immobilienvermögen eine vergleichbar geringere Aufmerksamkeit der Unternehmensführung zuteil.[247] Der strategische Umgang mit dem Immobilien-Portfolio wird von den wenigsten Institutionellen anhand eines Konzeptes oder eines Leitfadens durchgeführt.

---

244 Der Begriff Investmentphilosophien entspricht, auch wenn es in der Finanzdienstleistungsbranche ein gebräuchlicher Begriff ist, nicht der eigentlichen Bedeutung. Die Philosophie ist die Lehre von der Weisheit und hat in diesem Zusammenhang keinen inhaltlichen Bezug zu Investments bzw. Anlagen. Treffender ist der Begriff der Investment-Leitlinien, da inhaltlich ausgedrückt werden soll, welchen übergeordneten Vorgaben folgend investiert wird. Diesem Gedanken wird in der weiteren Arbeit gefolgt.

245 Von einigen Praktikern wird die Kapitalanlage zum Kerngeschäft der Institutionellen gezählt. Siehe hierzu Beeker, Fopp, 1997, S. 16. Eine andere Meinung vertritt Hinsche, 1994, S. 55. Über die Vermögensanlage und die Sach-/Kapitalversicherungen sind die Versicherungen mit der Immobilienanlage verbunden. Darüber hinaus ist die Kapitalanlage in § 54 Abs. 1 VAG mit Ziel und Zweck geregelt. Es wird jedoch nirgends vorgeschrieben, daß Versicherungen die Kapitalanlage mit eigenen Resourcen betreuen müssen. Genauso wie sie ihre Wertpapierbestände von Banken verwalten lassen, könnten sie die Immobilienanlage externalisieren und sich auf die Steuerung und Kontrolle ihrer Interessen konzentrieren.

246 Expertengespräch

247 Vgl. Hamer, 1993, S. 31 f.; Expertengespräch

Die mit dem Immobilien-Management befaßten Stellen und Abteilungen werden nur selten in den Strategie-Prozeß involviert.[248] Daher dominieren reaktive, meist auf einzelne Objekte und Transaktionen beschränkte Umschichtungen die Immobilien-Verwaltung.[249] Innerhalb der Strategiefindung werden die möglichen Handlungsalternativen und deren Konsequenzen für das Immobilien-Portfolio unzureichend berücksichtigt. Dies führt zum Ergebnis, daß sich nur bei wenigen Institutionellen ein strategisch orientiertes Immobilien-Management etabliert hat. Somit werden die Aufgaben rund um die Immobilie in erster Linie als Verwaltungs- und Abwicklungsaufgaben verstanden.[250]

Nach wie vor werden Immobilien hauptsächlich als Bauwerke gesehen, in denen Produktion und Verwaltung untergebracht sind.[251] Damit fallen sie in die technisch ausgerichteten Fachgebiete der Architekten und Bauingenieure und bleiben bei betriebswirtschaftlichen Analysen unberücksichtigt.[252]

Zusätzlich ist das Bewußtsein für die Kosten-/Ertrags- und Vermögenswirksamkeit auf der einen und die Struktur- und Wertwirksamkeit auf der anderen Seite relativ gering ausgeprägt. Die mit der Flächennutzung verbundenen Kosten werden meist nicht erhoben und analysiert. Erschwerend kommt hinzu, daß in vielen Unternehmen die kostenrechnerischen Voraussetzungen fehlen, um diese Erhebungen durchzuführen. Kennzahlen und Bezugsgrößen sind unzureichend definiert und auf zu hohem Niveau aggregiert.[253] Infolgedessen ist eine differenzierte Analyse der immobilienspezifischen Kosten beispielsweise bezüglich der Lage, Qualität oder Nutzungsart der Objekte nicht durchführbar.[254] Für Rendite- und Wertentwicklungen werden häufig bilanzielle Buchwerte als Bezugsgröße herangezogen, die für eine realitätsnahe Betrachtung nicht geeignet sind.[255] Diese Art des Umgangs mit dem Immobilienvermögen führt zu Fehlentscheidungen, einer Fehlallokation der Anlagemittel und zur Akkumulation von Risiken.[256] Darüber hinaus fördert es die Entstehung von bürokratischen Strukturen und Verhaltensweisen.

---

248 Vgl. Avis et al., 1993, S. 86; Expertengespräch

249 Vgl. Gibson 1994, S. 11

250 Expertengespräch; Bergsman, 1993, S. 32

251 Expertengespräch

252 Vgl. Brittinger, 1992, S. 1

253 Expertengespräch

254 Vgl. Schäfers, 1996, S. 6

255 Expertengespräch

256 Hiermit sind Risiken gemeint, die spezifisch bei Immobilien-Portfolios auftreten können. Im Einzelnen können die folgenden Risiken einzeln oder auch in Kombination für den gesamten Bestand oder auch objektspezifisch auftreten. Bestandsrisiken: Objektalter, Mieterbranchen, Objektgrößen, Investitionsvolumen, Immobilientypen, Makrostandorte, Mikrostandorte. Objektrisiken: Mieterbranchen (Bonität), Flächenaufteilung, Nutzungskombinationen, Vertragslaufzeiten (Mieter, Finanzierungen). Vgl. Bone-Winkel, 1995a, S. 41, 1995b

Die dezentrale Anordnung von Organisationseinheiten, im unternehmensinternen Immobilien-Management, führt zu Informationsdefiziten und damit zu fehlerhaften Entscheidungsgrundlagen. Nicht selten befassen sich mehrere Vorstandsbereiche in unterschiedlichsten Instanzen und Stellen mit immobilienspezifischen Fragen. Ergebnis sind Mehrfacherfassungen von Sachverhalten, ein enormer Koordinierungsaufwand,[257] Kompetenzstreitigkeiten und eine mangelnde Aktualität der Daten.[258]

Schließlich weisen die mit Immobilienfragen befaßten Mitarbeiter häufig eine nicht immobilienspezifische Ausbildung und Qualifikation auf. Nicht selten haben betriebliche Notwendigkeiten zur Besetzung der Positionen geführt.[259] Hier ist den Unternehmen jedoch kein unmittelbarer Vorwurf zu machen, da die Immobilienökonomie als Wissenschaftszweig in Deutschland noch sehr jung ist und entsprechende Ausbildungen und Weiterbildungen erst seit relativ kurzer Zeit zur Verfügung stehen.[260] Ein weiteres Hindernis stellt das traditionell negative Image der Immobilienbranche dar, das eine ernsthafte Auseinandersetzung mit den Problemen nicht besonders attraktiv macht.[261]

Die hier beschriebenen Gründe machen deutlich, daß neben konjunkturellen Schwankungen und strukturellen Verkrustungen des Marktes ein enormes Veränderungspotential innerhalb der institutionellen Investoren besteht. Um diesen Wandel vollziehen zu können, ist es notwendig, Chancen darzustellen und Defizite aufzuzeigen. Gefordert ist eine Sichtweise und Aktivität, die der alternativer Kapitalanlagen auf dem Kapitalmarkt entspricht.

---

257 Wird durch den Stille-Post-Effekt noch verstärkt.

258 Expertengespräch

259 Expertengespräch

260 Der Stiftungslehrstuhl für Immobilienökonomie besteht an der European Business School seit 04. März 1994.

261 Das Unverständnis, sich mit dieser "unseriösen" Branche zu beschäftigen, ist dem Verfasser selbst entgegengebracht worden. Da die immobilienwirtschaftliche Forschung im deutschsprachigen Raum sich erst in den letzten Jahren entwickelt hat, wird noch von vielen Praktikern die Notwendigkeit und der Sinn einer Immobilienökonomie bezweifelt. Deshalb wird es wohl noch einige Jahre dauern, bis sich dieser Wissenschaftszweig durchgesetzt hat.

Abb. II-18: Perspektivenwechsel des Immobilien-Investments

Heutige Sicht	In der Zukunft
• Objekt-/Transaktionsorientierung • Buy and Hold-Strategie • Kein konkreter Planungshorizont • Orientierung an rein monetären Größen • Passive Immobilienverwaltung • Reaktiv • keine klare Erfolgsorientierung	• Portfolioorientierung • Portfolioumschichtung • Konkrete kurz- bis mittelfristige Planung • Orientierung an Rendite und Erfolgspotentialen • Aktives Immobilien-Management • Proaktiv • Klare Erfolgsorientierung

3.3 Kapitalmarkt vs. Immobilienanlagemarkt

Eine wesentliche Komponente jeden Immobilien-Investments sind die im Vergleich zu alternativen Anlageformen hohen Transaktionskosten. Sie entstehen unter anderem durch die bei Immobilien aufwendigen Eigentumsübertragungen und eine geringe Markttransparenz. Die hohen Investitionsvolumina in Kombination mit den hohen Transaktionskosten sind ausschlaggebend für ein geringes Transaktionsvolumen, die Langfristigkeit des Investitionshorizontes und die eingeschränkte Fungibilität. Eine geringe Markttransparenz muß als Folge hingenommen werden.

Die bis zu diesem Kapitel beschriebenen Formen der Veränderungen und das Postulat eines notwendigen Bewußtseinswandels erfahren in diesem Kapitel mit der Gegenüberstellung des Kapital- mit dem Immobilienanlagemarkt eine Ergänzung. Die Ergänzung hat zum Ziel, übertragbare Mechanismen des Kapitalmarktes auf den Immobilienanlagemarkt aufzuzeigen und neue Tendenzen in der Betrachtung von Immobilien-Investments zu beschreiben.

3.3.1 Besonderheiten des Immobilienanlagemarktes

In der Finanzmarkttheorie wird von der Annahme "vollkommener Kapitalmärkte" ausgegangen. Ein Kapitalmarkt ist definitionsgemäß dann vollkommen, wenn die Märkte friktionslos funktionieren, keine Transaktionskosten existieren, es keine Steuern und keine regulatorischen Einschränkungen gibt und wenn die Güter des Marktes unbeschränkt handelbar sowie beliebig teilbar sind.[262]

---

262 Copeland, Weston, 1988, S. 331

Auf den Güter- und Kapitalmärkten herrscht vollkommene Konkurrenz. Die Märkte sind informationseffizient, d.h. die Information steht allen Marktteilnehmern kostenlos und zeitgleich zur Verfügung. In der Realität jedoch sind solche vollkommenen Märkte in den seltensten Fällen zu finden. Vielmehr lassen sich die existierenden Märkte und ihre Segmente anhand des Ausmaßes ihrer Unvollkommenheit unterscheiden. Besonders ausgeprägt sind die Unvollkommenheiten auf den Immobilienanlagemärkten.[263]

Die relative Intransparenz des Immobilienmarktes ist für den Investor mit hohen Such- und Analysekosten verbunden. Die aus dem Such- und Analyseprozeß resultierenden Ergebnisse sind individueller und privater Natur, da sie weder kostenlos noch gleichzeitig anderen Marktteilnehmern zur Verfügung stehen. Aus diesem Grund kann von einem hohen Ausmaß an asymmetrischer Information im Immobilienanlagemarkt gesprochen werden.[264] Das Resultat asymmetrischer Informationsverteilung sind unterschiedliche Erwartungen der Marktteilnehmer bezüglich des Risikos und des Ertrages der einzelnen Immobilienanlage.

Die beschriebenen Charakteristika treffen keineswegs lediglich auf den Immobilienanlagemarkt zu. Mehr oder weniger ausgeprägt sind auf allen Kapitalmärkten Unvollkommenheiten auszumachen.[265] Spezifisch für den Immobilienanlagemarkt ist das Ausmaß der Unvollkommenheit, was auf die bisherige Marktstruktur und das bisherige Investitionsverhalten zurückzuführen ist. Da der Institutionelle mit einer Immobilieninvestition ein langfristiges Engagement eingeht, erwartet er zunehmend eine Betreuung über die rein monetäre Beziehung hinaus. Damit spielen Wert und Preis von Zusatzleistungen über die eigentliche Preisverhandlung hinaus eine wesentliche Rolle.

3.3.2 Immobilien als Asset-Klasse

Die charakteristischen Eigenschaften einer Immobilie, die sie von alternativen Investments unterscheidet, ist ihre feste Bindung an den Grund und Boden, das über Jahrzehnte erworbene Image des Inflationsschutzes und der kontinuierlichen Wertsteigerung sowie die über Jahrhunderte tiefe emotionale Bindung an "Haus und Hof". Die damit einhergehende Immobilität des Investments hat in den Köpfen der Eigentümer, Anleger oder Investoren bezüglich der Verwaltung der Anlage ebenfalls zu ei-

---

263 Die spezifischen Eigenschaften des Immobilienmarktes entstehen durch die Charakteristiken der Immobilie als Anlagegut sowie dem Mechanismus des Marktes, auf dem immobilienbezogene Güter und Dienstleistungen ausgetauscht werden. Vgl. Jaffe, Austin, Sirmans, 1995, S. 68

264 Siehe Kapitel II.2.3

265 Für die Theorie der effizienten Märkte siehe Elton, Gruber, 1987, Kapitel 15 und die dort angegebene Literatur.

ner gewissen Immobilität geführt. Die Besonderheiten der Immobilie und ihre Eigenschaften in Abgrenzung zu anderen Anlagemedien sind im Folgenden dargestellt:[266]

Abb. II-19: Besonderheiten der Immobilie

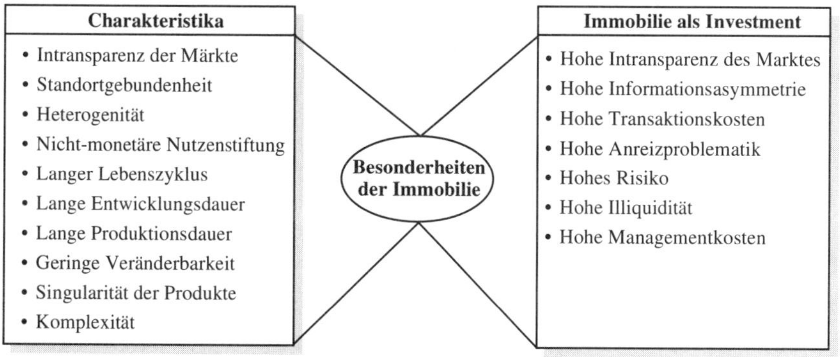

Als Konsequenz aus den Besonderheiten der Immobilienanlage ergibt sich die Notwendigkeit eines Aktiven Immobilien-Managements, in dessen Rahmen die systematische Investitionsplanung und die umfassende Analyse der Investitionsobjekte entscheidende Erfolgsfaktoren darstellen.[267]

Auch wenn der Immobilienanlagemarkt dem Aktien- und Bondmarkt zeitlich um Jahrhunderte voraus ist, ist die Betrachtung von Immobilien im Gesamtportfoliokontext, d.h. als Asset-Klasse, eine noch ungewohnte Betrachtungsweise, denn die integrierte Darstellung von Rendite und Risikoprofilen wurde bisher im Immobilienanlagemarkt vernachlässigt. Transaktionen erfolgten auf dem Immobilienanlagemarkt häufig nach rein objektorientierten Gesichtspunkten, ohne daß ein Rendite-Risiko-Zusammenhang zwischen einzelnen Objekten und dem Immobilien-Portfolio sowie dem Gesamtanlage-Portfolio hergestellt und berücksichtigt wurde.[268]

In der Literatur werden die Asset-Klassen in traditionelle (standardisierte) und in nicht-traditionelle (nicht-standardisierte) eingeteilt. Die Abgrenzung der nicht-traditionellen Anlagen ist aufgrund der in der Praxis vielfältigen Erscheinungsformen der einzelnen Titel relativ schwierig. Zu den nicht-traditionellen Anlagen zählen vor-

266 Vgl. Thomas, 1997, S. 22 ff.

267 Expertengespräch

268 Zisler, 1990, S. 1. Da aber zukünftig dieselben Instrumente und Methoden für das Management der Immobilien herangezogen werden, wie für die klassischen Kapitalmarktanlagen, spricht genau dieses Argument für die Sicht der Immobilie als Asset-Klasse. Vgl. DeCoster, 1993, S. 24; Etter, 1993, S. 11 f.

rangig: Real Estate, Private Equity, Hedge Funds, Entertainment, Rohstoffe[269] und Wertgegenstände.[270] Die Heterogenität, die i.d.R. schwach ausgeprägte Standardisierung und die Intransparenz der Anlagemärkte lassen den Anlagestil und die Fähigkeiten des Portfolio-Managers sowie die Organisation und Abwicklung der Portfolio-Management-Firma in den Vordergrund rücken. Das Management nicht-traditioneller Anlagen ist in besonderer Weise "skill-based". Als weitere charakteristische Merkmale sind die niedrigen Korrelationen zu traditionellen Anlagen, sowie die Ineffizienz der jeweiligen Kapitalmarktsegmente zu bezeichnen.[271] Letzteres ermöglicht erst die Erzielung von überdurchschnittlichen Renditen aufgrund von Know-how, Erfahrung in der Beurteilung von Märkten und der Abwicklung des Geschäftes.

SHARPE definiert drei theoretische Kriterien, welche von Anlagen erfüllt werden müssen, um als eigene Kategorie akzeptiert zu werden.[272] Erstens müssen sich Anlagekategorien gegenseitig ausschließen, d.h. eine Anlage darf nicht in mehreren Anlagekategorien gleichzeitig auftauchen. Als zweites muß eine Anlagekategorie umfassend sein. Sie muß eine große Anzahl Einzelanlagen beinhalten und dadurch die Diversifikation innerhalb der Anlagekategorie ermöglichen. Und drittens müssen die Erträge der Anlagekategorie sich von den Erträgen anderer Anlagekategorien unterscheiden. Das bedeutet, daß die Renditen entweder eine niedrige Korrelation oder, bei hoher Korrelation, mindestens unterschiedliche Standardabweichungen aufweisen müssen.

Gemäß dieser theoretischen Betrachtungsweise von SHARPE können Immobilien durchaus als eigenständige Anlagekategorie verstanden werden. Da Immobilien bisher überwiegend Beteiligungen an nicht kotierten Einzelobjekten[273] beinhaltet, ist gewährleistet, daß diese Beteiligungen nicht gleichzeitig in Anlagekategorien für kotierte Wertschriften auftauchen. Umfassend ist die Immobilienanlage praktisch dadurch, daß in den meisten Ländern Immobilienfonds in ein entsprechend Vielfaches an Immobilien investieren.

---

269 Hierzu zählen auch Edelmetalle.

270 Unter Wertgegenständen lassen sich Kunstobjekte, Antiquitäten, Autos, Luxusartikel, etc. subsumieren.

271 Gnos, der Hoesli zitiert, weist Korrelationen der Immobilie zu Aktien von 0,39 und zu Obligationen von 0,62 aus. Vgl. Hoesli, 1993 in Gnos, 1995, S. 57. Maurer weist in seiner Studie negative Korrelationen zwischen Immobilien und Aktien bzw. Renten aus. Vgl. Maurer, 1997, S. 5; An einem praktischen Beispiel macht dies Becker deutlich. Seine Fallstudie weist keine bzw. niedrige Korrelationen zwischen Immobilien und den alternativen Anlageformen aus. Vgl. Becker, 1997, S. 2 f. Darüber hinaus siehe Webb, 1990, S. 80 f. Gemein ist jedoch allen Studien ein positiver Diversifikationseffekt, der aufgrund der verschiedenen Annahmen unterschiedlich hoch ausfällt.

272 Vgl. Sharpe, 1992, S. 68 - 80

273 Die in Immobilien-Spezialfonds angelegten Volumina sind im Verhältnis zu direkten Immobilien-Investments zur Zeit gering (siehe Kapitel II.3.1.2). Die Einordnung von Immobilienaktien in diesem Zusammenhang ist schwierig. Aus dem Blickwinkel eines institutionellen Investors stellen sie zur Zeit in Deutschland keine relevante Anlageform dar. Darüber hinaus existiert bis zum heutigen Zeitpunkt keine reine Immobilienaktie, wie sie in den USA bereits üblich ist.

Es läßt sich effektiv nachweisen, daß sich durch die Beimischung von Immobilien die Rendite-Risiko-Relation eines Portfolios verbessern läßt (Abb. II-20).[274] Die Immobilienanlage zeichnet sich durch relativ geringe Volatilität und durch niedrige Korrelationen zu anderen Anlagekategorien aus. Somit läßt sich unter dem Gesichtspunkt der sich von alternativen Anlageformen unterscheidenden Erträge eine eigene Anlagekategorie für Immobilienanlagen[275] rechtfertigen.

Abb. II-20: Diversifikationseffekt von Immobilien-Investments

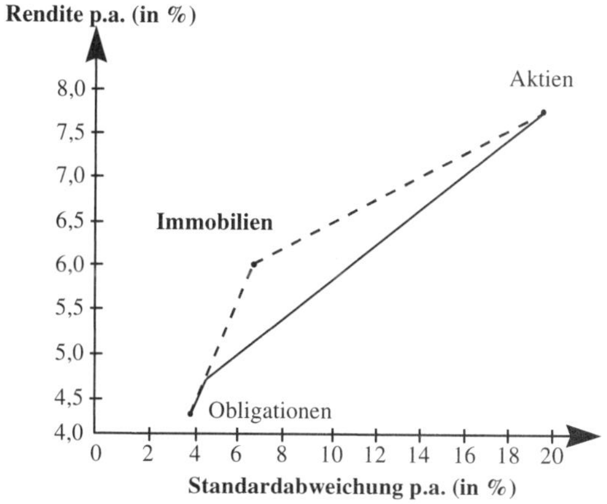

Der Wertverlauf wird stark von objektabhängigen Faktoren beeinflußt. Immobilien verfügen über nur eine geringe Liquidität und sind damit zur Realisierung der Erträge auf dieselben Exit-Märkte angewiesen.[276]

Damit sich eine Anlage als eigene Anlagekategorie durchsetzen kann, müssen für den institutionellen Investor neben den genannten theoretischen auch einige praktische Kriterien erfüllt sein: Erstens sollte sich die Gesamtanzahl der Anlagekategorien auf ein vernünftiges Ausmaß beschränken. Vernünftig bezieht sich hier auf einen genügend großen Anteil, den jede Anlagekategorie am Gesamtportfolio umfassen sollte.

274 Vgl. Hoesli, 1993 zitiert in Gnos, 1995, S. 57. Für Hoesli liegt das optimale Portfolio bei einer Aufteilung 20% Aktien, 53% Obligationen und 27% Immobilien. Die geringe Markttransparenz und die fehlende Liquidität wurden mit einer Prämie von 0,5% berücksichtigt. Vgl. Hoesli, 1995, S. 52 f.; Hoesli, 1996, S. 54; Aldrich, Eastman, Waltch, 1991, S. 20

275 Zur Begründung einer eigenen Asset-Klasse für Immobilien siehe auch Goetzmann, Ibbotson, 1990, S. 65 - 76

276 Eine Untersuchung über den Einfluß von asymmetrischer Information und Marktliquidität bei Pfandbriefen haben Glaeser und Kallal durchgeführt. Weisen Pfandbriefe eine hohe Varianz auf, verhalten sie sich wie Anlagen, bei denen ein hohes Informationsniveau der Marktteilnehmer zu einer Reduzierung der Marktliquidität führt. Vgl. Glaeser, Kallal, 1997, S. 64 - 86

Zweitens sollten sich die Anlagen innerhalb einer Anlagekategorie so zusammensetzen, daß die Managementtechnik einheitlich ist. Darüber hinaus muß sich drittens die Allokation der Anlage im Laufe der Zeit einem veränderten Risikoprofil des Investors anpassen lassen. Daraus folgt, daß die Anlagen einer Anlagekategorie sich möglichst jederzeit kaufen oder verkaufen lassen müssen,[277] um über genügend Liquidität im Portfolio zu verfügen. Viertens muß die Performance der Anlagekategorie meßbar sein. Hierzu ist eine fortlaufende Bewertung mit einheitlichen Bewertungskonventionen erforderlich. Schließlich will der institutionelle Investor innerhalb einer Anlagekategorie die eigene Performance mit der Performance anderer Investoren vergleichen, so daß eine anerkannte Benchmark oder ein Vergleichsindex benötigt wird.[278]

Für die Berücksichtigung der Immobilie als Asset-Klasse spricht nicht nur die hohe volkswirtschaftliche Bedeutung der Immobilien und das Ausmaß des von institutionellen Investoren in Immobilien gebundenen Kapitals, sondern auch der dargestellte Diversifikationsaspekt der Immobilienanlage. Bezüglich des Verhaltens der Immobilienanlage existieren im Gegensatz zu anderen nicht-traditionellen Asset-Klassen eine große Anzahl empirischer Studien.[279] Eine große Anzahl der Studien arbeitet mit öffentlich verfügbaren Performancedaten, die jedoch meist auf Approximationen basieren. Approximierte Renditedaten reagieren aber sehr langsam auf sich ändernde Rahmenbedingungen, so daß eine hohe positive Korrelation besteht. Um dieses Problem zu umgehen, werden Immobilienfonds gerne als Näherung für den Markt genommen. Der Gefahr, daß sich Immobilienfonds aufgrund ihres hohen Liquiditätsanteils eher wie Aktien verhalten kann hierbei kaum entgangen werden.

Mangelnde Liquidität respektive der durchschnittliche Anlagehorizont von über 15 Jahren, dürften neben der Ertragsvolatilität ein Hauptgrund für die bisherige geringe Bedeutung der Anlagekategorie Immobilien sein. Vor aller Kritik an der Illiquidität, sollte jedoch in Betracht gezogen werden, daß gerade diese Illiquidität die langfristig hohen Renditeprämien rechtfertigt.

---

277 Dieses Kriterium ist bei der Anlage Immobilie nicht in der Form gegeben. Dem Kriterium würde jedoch Genüge getan, wenn innerhalb eines Immobilien-Portfolios ein Umschichtungsplan mit den entsprechenden Käufen und Verkäufen in einem Zeitraum existiert. Da sich die Entwicklung einer Immobilie ja nicht plötzlich vollzieht, wäre eine Parallele zu alternativen Kapitalanlagen gegeben.

278 Mit dem Deutschen Immobilien Index (DIX) ist in naher Zukunft ein Instrument im Markt etabliert, welches die Vergleichsanforderungen der Institutionellen erfüllen kann. Durch die konstruktive Nähe zum englischen IPD-Index (Investment Property Databank), der bereits in mehreren europäischen Ländern verbreitet ist, wird mittelfristig auch eine internationale Vergleichsmöglichkeit zur Verfügung stehen. Expertengespräch. Die Aussagekraft des DIX ist jedoch aufgrund des Datenmaterials der teilnehmenden Unternehmen eingeschränkt.

279 Siehe Fußnote 271. Darüber hinaus Blum, 1997, S. 330 ff.; Zisler, 1990, Kap. 10; NCREIF Report, 1984; Fogler, 1984, S. 6 - 13; Ibbotson, Siegel, 1984, S. 219 - 242; Brueggemann, Chen, Thibodeau, 1984, S. 333 - 354; Bruns, Epley, 1982, S. 37 - 42; Davidson, Palmer, 1978, S. 35 - 39; Smith, 1980, S. 426 - 444; McMahan, 1981; Byrne, Lee, 1995, S. 64 ff.; Aldrich, Eastman, Waltch, 1991, S. 12

Somit wird der Investor über den Anlagehorizont für die Illiquidität entschädigt. Ein stufenweiser Aufbau des Portfolios bezüglich der Risikofaktoren, Alter der Objekte, Nutzungsarten und Standorte sorgen für eine Glättung der Zahlungsströme. Neben den quantitativen Zielen Rendite und Wert eines Immobilien-Portfolios sollten die qualitativen Ziele,[280] Risikostreuung, Autarkie und Stetigkeit verfolgt werden. Über die Reinvestition in das Immobilien-Portfolio oder in eine andere Anlagekategorie kann dann jeweils neu entschieden werden.[281] Der Nachteil der Illiquidität der Immobilie kann bei den beschriebenen Vorteilen kein Anlaß für institutionelle Investoren sein, auf die Anlagekategorie Immobilie zu verzichten.

Mit den anstehenden und bereits vorgenommenen Veränderungen des Marktes, sowie der weiter zunehmenden Entwicklung von Immobilienanlageprodukten, wird es nicht mehr lange dauern, bis sich die Anlagekategorie Immobilie als eigene Asset-Klasse etabliert hat.[282]

3.3.3 Vergleich der Anleger- und Produktstrukturen

In diesem Kapitel werden die Anleger- und Produktstrukturen des klassischen Kapitalmarktes und des Immobilienanlagemarktes gegenüber gestellt. Bestätigte These ist, daß sich der Immobilienanlagemarkt erst in seinen Strukturen und dann folgend in seiner Produktstruktur dem klassischen Kapitalmarkt annähern wird.[283] In der folgende Graphik (Abb. II-21) werden Parallelen zwischen dem Kapitalmarkt und dem Immobilienanlagemarkt aufgezeigt.

---

280 Unter dem qualitativen Begriff des Risikos werden hier die bereits in Kapitel II.3.2 genannten Bestands- und Objektrisiken verstanden. Mit dem Begriff Autarkie wird die Fähigkeit eines Portfolios beschrieben, notwendige Umschichtungen aus sich selbst heraus zu leisten. Unter Stetigkeit wird die kontinuierlich positive Entwicklung des Portfolios verstanden.

281 Um diese Entscheidung optimal fällen zu können, sind einige immobilienspezifische Daten wichtig: Die erwarteten Erträge und die Varianz der Immobilienerträge im Vergleich zu alternativen Anlagen sowie die Covarianz zwischen den Erträgen aus Immobilienanlagen und alternativen Anlagen. Vgl. Booth, 1997, S. 307 f.

282 Booth führt an, daß, aufgrund ihrer Heterogenität, Immobilienanlagen so unterschiedliche Ausprägungen besitzen, daß sie schwerlich in eine Asset-Klasse zu fassen sind. Vgl. Booth, 1997, S. 309

283 Expertengespräche; Ein schwache nichtlineare Verbindung zwischen Aktien- und Immobilienmarkt weisen Okunev und Wilson nach. Vgl. Okunev, Wilson, 1997, S. 487 - 503

Abb. II-21: Parallelen zum klassischen Kapitalmarkt

Klassischer Kapitalmarkt

- Zunehmender Margendruck im originären Geschäft (Aktien/Renten)
- Wachsende Bedeutung von Research
- Portfolio-Management als attraktives Geschäftsfeld
- Zielkundenorientierung
- Relationship-Orientierung wandelt sich zur Performance-Orientierung

Immobilienanlagemarkt

- Zunehmender Margendruck im Finanzierungsgeschäft
- Stärker werdendes Verlangen nach Transparenz im Immobiliengeschäft
- Überdurchschnittliches Wachstum von Fondsprodukten
- Zunehmendes Angebot einzelner Dienstleistungen
- Individuelle Gewichtung der Faktoren Risiko, Liquidität und Rendite gewinnt an Bedeutung

Ableitbare Thesen

- Trend zu innovativen/komplexen Produkten
- Analyse, Markt-Know-how und Researchleistungen werden zu Erfolgsfaktoren
- Trend zum Outsourcing von Immobilien-Management-Leistungen
- Maßgeschneiderte Produkte für institutionelle Investoren
- Kundenorientierung als logische Konsequenz
- Zunehmende Performance-Orientierung

Trends und Gesetzmäßigkeiten, die aus den Entwicklungen des allgemeinen Kapitalmarktes abgeleitet werden können, lassen sich auf den Immobilienanlagemarkt übertragen.[284] Auf beiden Märkten ist das Anlageverhalten in Abhängigkeit vom Anlegertypus geprägt durch unterschiedliche Risikobereitschaft sowie unterschiedliche Renditeerwartungen. Diese Kriterien sollen im Folgenden als Segmentierungskriterien für die Anleger- und Produkteinordnung herangezogen werden.

284 Die betriebswirtschaftliche Forschung hat zwei grundsätzlich verschiedene Ansätze des Portfolio-Managements entwickelt. Erstens den auf Markowitz zurückgehenden kapitalmarkttheoretischen Ansatz der "Portfeuille-Theorie". Markowitz, 1952, S. 77 ff. und 1959. Eine Weiterentwicklung erfolgte in den 60er Jahren durch Sharpe, 1963, S. 277 ff.; siehe auch Hax, Hartmann-Wendels, v. Hinten, 1988, S. 696 f. Zweitens das aus der Planungslehre entwickelte Portfolio-Modell. Siehe hierzu Szyperski, Winand, 1978, S. 123; Hahn, 1990, S. 225 ff.; Elbling, Kreuzer, 1994, S. 97 ff.; Hax, Majluf, 1988, Teil 1. Schwierigkeiten bereitet zur Zeit die Übertragung des kapitalmarkttheoretischen Portfeuille-Modells auf die Immobilienwirtschaft. In Deutschland sind bisher zwei wesentliche Aufsätze zu dem Thema erschienen. Anderson, Hoesli, 1991, S. 39 ff. und Flößer, 1989, S. 299 ff. Im anglo-amerikanischen Sprachraum wird dagegen seit Mitte der 70er Jahre daran geforscht, das Modell der Portfolio-Selektion auch auf die Optimierung von Immobilienbeständen zu übertragen. Siehe Bruce, 1991, S. 3 ff.; Firstenberg, Ross, Zisler, 1987, S. 22 ff. und Pyhrr, Cooper, et al., 1989, S. 625 ff.

Abb. II-22: Anleger-Matrix

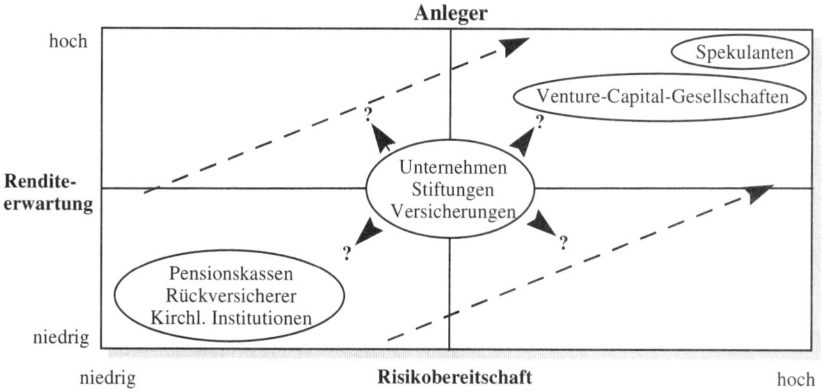

Häufig erfolgt die Finanzierung von Immobilien durch eine Kombination aus Eigen- und langfristigem Fremdkapital,[285] weshalb es sich bei Immobilien-Investments um ein hybrides Anlageprodukt handelt.[286] Grob lassen sich Immobilien-Investments in eigenkapital- und fremdkapitalbezogene Formen einteilen, wobei zwischen den Extremen eine Reihe von Mischformen existieren. Grundsätzlich läßt sich die gesamte Palette der Kapitalmarktinstrumente auf den Immobilienanlagemarkt übertragen, wie in der folgenden Abbildung veranschaulicht wird.[287]

Abb. II-23: Kapitalmarktprodukte vs. Äquivalente auf dem Immobilienanlagemarkt

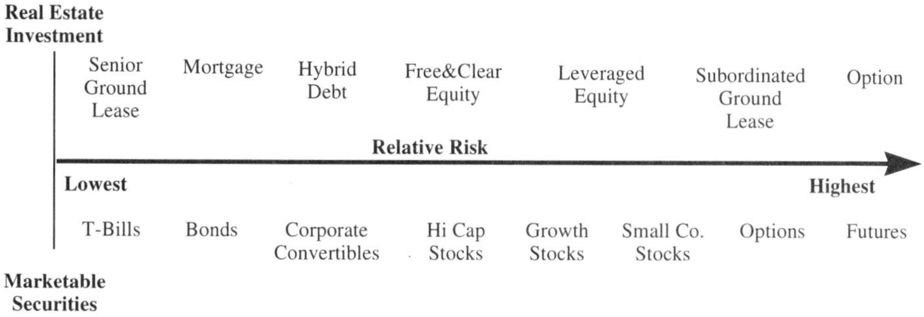

285 Vgl. Appraisal Institute, 1992, S. 99

286 Als klassische Möglichkeit der Immobilien-Fremdfinanzierung gelten grundpfandrechtlich gesicherte Kredite in Form von variablen oder festen Hypotheken unterschiedlicher Laufzeiten. Für kommerzielle Immobiliengesellschaften besteht die Möglichkeit der öffentlichen Kapitalaufnahme durch Obligationsanleihen. Vgl. Suter, 1995, S. 56

287 Thurber, 1991, S. 124

Im Rahmen der vorliegenden Arbeit stehen jedoch ausschließlich die eigenkapitalbezogenen Möglichkeiten des Immobilien-Investments im Vordergrund. Mögliche Steuereffekte als Motivation für die Fremdfinanzierung von Immobilienanlagen sind bei der Anlagenauswahl institutioneller Investoren nicht entscheidend.[288]

Nimmt man die in Abbildung II-22 angewendeten Kriterien Rendite und Risiko zu Hilfe, so lassen sich die verschiedenen Produkte auf dem Kapitalmarkt und dem Immobilienanlagemarkt in eine Matrix einordnen (Abb. II-24). Wie sich zeigt, ist die 100-prozentige Entsprechung der Produkte beider Märkte noch nicht gegeben. Die eingezeichneten Diagonalen verdeutlichen, daß sich die Produkte auf dem klassischen Kapitalmarkt am Anlageverhalten der Investoren orientieren. So lassen sich die Anleger ohne weiteres den Produkten des klassischen Kapitalmarktes entlang der Diagonalen zuordnen. Zum Beispiel investiert die Gruppe der Pensionskassen, Rückversicherer und kirchlichen Institutionen aufgrund ihrer Risikoaversion und der damit einhergehenden geringen Renditeerwartung auf dem klassischen Kapitalmarkt hauptsächlich in risikoarme und renditeschwache festverzinsliche Papiere wie Pfandbriefe und Obligationen.

Abb. II-24: Kapitalanlagemarkt-Immobilienanlagemarkt-Matrizen

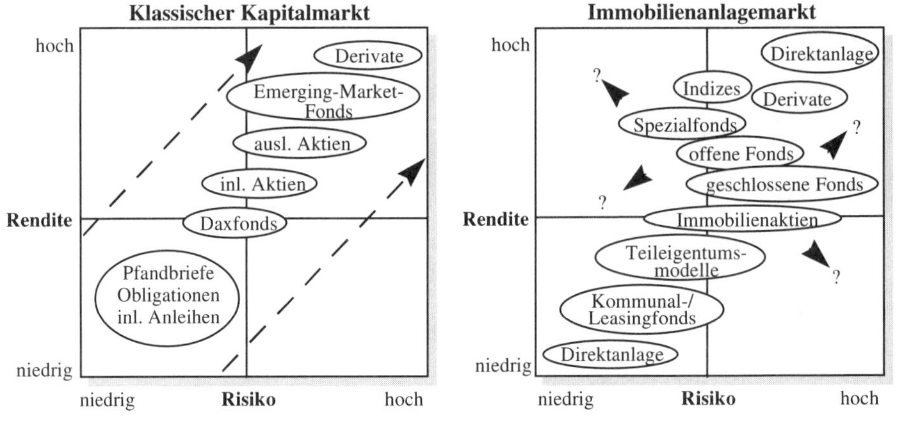

Im Gegensatz zum Kapitalmarkt stellt sich der Immobilienanlagemarkt uneinheitlicher dar. Ähnlich dem Kapitalmarkt lassen sich die Immobilienanlageprodukte in eine Diagonale einordnen, die jedoch noch nicht so ausgeprägt genutzt wird. Der Immobilienanlagemarkt ist bisher primär ein Risikogeschäft und zu wenig am Anlageverhal-

[288] Expertengespräch. Anders sieht dies jedoch bei vermögenden privaten Investoren aus. Hier spielen steuerliche Gesichtspunkte sehr wohl eine wichtige Rolle.

ten der Investoren ausgerichtet.[289] Zum Beispiel bergen die von Pensionskassen, Rückversicherern und kirchlichen Institutionen sowie auch Versicherungen bevorzugten Direktanlagen in Immobilien unter Umständen hohe Risiken. Ebenso wie die Direktanlage stellen sich auch Immobilienfonds je nach Investitionsverhalten sehr unterschiedlich im Rendite-Risiko-Profil dar. Der wesentliche Unterschied zwischen Kapital- und Immobilienanlagemarkt liegt in der nicht eindeutig zielgruppenorientierten Konstruktion und Nutzung der Produkte im Immobilienanlagemarkt.[290] Hier existieren auf der Produktseite Freiräume für Immobilienanlageinnovationen,[291] die eine "maßgeschneiderte" Ansprache der Investoren zulassen.[292] Mit der Entwicklung und Etablierung solcher Produkte ließe sich eine größere Nähe des Immobilienanlagemarktes zum Kapitalmarkt erzielen. Ein mögliches Vorgehen ist in der folgenden Abbildung dargestellt.

Abb. II-25: Produktentwicklungs-Matrix

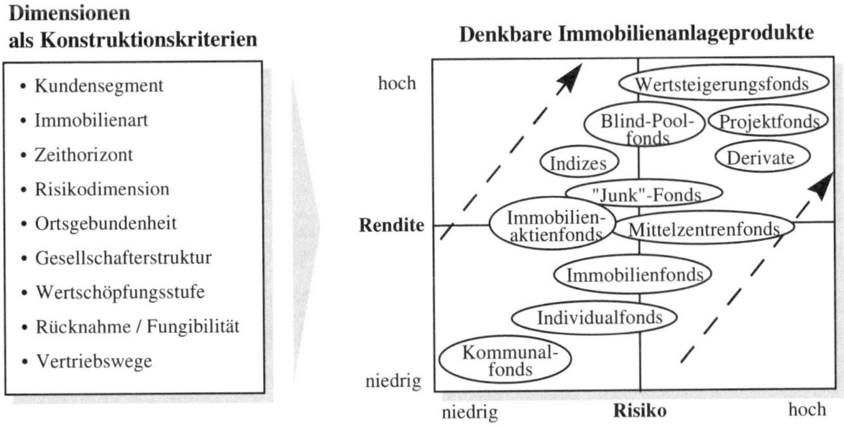

---

289 Expertengespräch

290 Expertengespräche

291 Bereits 1989 hat Schwebler allgemein darauf hingewiesen, daß das sich ändernde Umfeld für Versicherungen eine wachsende Dynamik in der Anlagepolitik zur Folge haben muß. Vgl. Schwebler, 1989, S. 382

292 Unterstützt werden diese Veränderungsprozesse von der Einführung der Währungsunion. Nach Ansicht der Bundesbank verschärft sich der Wettbewerb unter Anlegern, Emittenten und Intermediären und ruft neue Produkte und Markttechniken hervor. Wesentliche Nutznießer dieser Entwicklung werden die institutionellen Anleger sein. Vgl. Deutsche Bundesbank, 1998b, S. 1

Betrachtet man die derzeitigen Immobilien-Spezialfonds und deren Ableger als Übergangsphase, könnten am Ende der Entwicklung Derivate auf Immobilienanlageprodukte stehen.[293] Ziel sollte es sein, diese Entwicklung zu nutzen, um einerseits bei bestehenden Kunden neue Anlagesegmente zu entdecken und andererseits neue Kunden zu gewinnen. Bezüglich neuer Fondsprodukte[294] gelingt dies, wie das untenstehende Beispiel[295] zeigt, durch die Kombination unterschiedlicher Produkteigenschaften.

Abb. II-26: Beispiel für eine Produktentwicklung

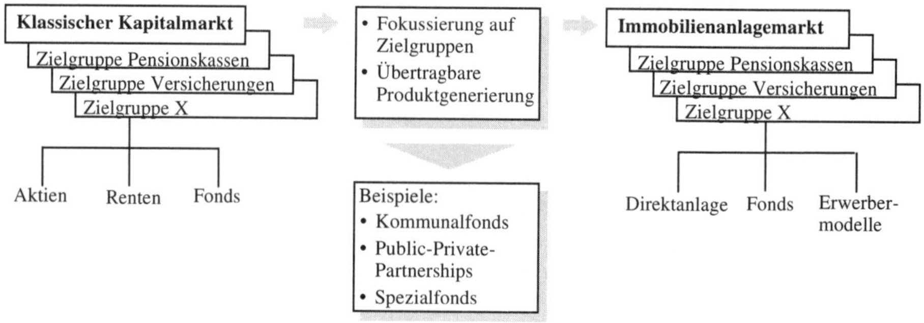

293 Immobilienderivate sind Finanzprodukte, bei denen nur ein indirekter Zusammenhang mit Immobilien besteht. Hierbei wird mit Forderungen und Verbindlichkeiten gehandelt, die auf der Entwicklung eines Immobilienindexes basieren. Damit können Transaktionskosten am Grundstücksmarkt umgangen werden. Beispiele hierfür sind die von der Barclays de Zoete Wedd Investment Management Ltd. (BZW) 1994 emittierten 150 Mio. Pfund Zertifikate auf den IPD-Index. Die Vorteile liegen in niedrigen Transaktionskosten, die 1% des Subskriptionspreises betragen und der im Vergleich zu direkten Investments erreichten höheren Fungibilität, bei gleichzeitiger Anbindung an die Entwicklung des Immobilienmarktes. 1990 wurde in London der Handel mit Futures und Optionen auf vier verschiedenen Indizes aufgenommen: IPD Growth Index, IPD Rental Growth Index, Nationwide Anglia House Price Index und der The FOX Mortgage Interest Rate. Darüber hinaus wurde 1996 von BZW ein Future Property Index Future (Pif) emittiert. Clarke, 1997, S. 45; Schulte, 1998, S. 75 f. In Deutschland wurde im Juni 1998 der European Property Stock Index (Epix), ein Index für europäische Immobilienaktien, aufgelegt. Bankhaus Ellwanger & Geiger, 1998, S. 15. Die Oppenheim Immobilien-Kapitalanlagegesellschaft hat mit der Begebung von Genußscheinen auf geschlossene Immobilienfonds die Immobilienanlage liquidisiert. Oppenheim Immobilien-Kapitalanlagegesellschaft, 1998, S. 7.

294 Zum Beispiel die Etablierung einer deutschen Aktiengesellschaft als Instrument eines Europafonds für Immobilien. Vgl. Schelnberger, Jagdfeld, 1990, S. 24

295 Z.B. der Kommunalfonds, der sich an den typischen Pfandbriefanleger am Kapitalmarkt wendet.

Darüber hinaus sollte angestrebt werden, durch innovative, auf den Kunden ausgerichtete Immobilienanlageprodukte, den Bewußtseinswandel in der Betrachtung der Immobilienanlage zu unterstützen. Je breiter die Palette der Investmentmöglichkeiten[296] ist, desto leichter kann man sich von der bisher starren Mechanik des Direkt-Investments lösen, ohne auf die Vorteile von Immobilieninvestitionen verzichten zu müssen.

Zusammenfassend lassen sich zukünftige Immobilien-Anlagestrategien in vier Dimensionen darstellen. Die Immobilienart und die Wahl des Immobilienmarktes legen das grundsätzliche Risiko fest.[297] Der geographische Standort kann sich auf eine bestimmte Region oder ein bestimmtes Land beschränken. Die Standortbetrachtung kann weiter verfeinert werden, indem innerhalb einer Region die Standorte nach Stadtzentrum, Stadtrand und Land unterteilt werden. Die dritte Dimension bezieht sich auf das Anlageinstrument, mit dem die Nähe der Anlage zum Immobilienmarkt gesteuert werden kann. Konzentriert sich die Anlage auf Derivate oder Aktien, verwässern die Eigenschaften der Immobilie. Eine vierte Dimension stellt die Wertschöpfungsstufe der Immobilie dar. Hier kommt die Unterscheidung in unbebaute Grundstücke (mit/ohne Baurecht), im Bau befindliche Grundstücke und in fertige Gebäude (unvermietet, teil-, vollvermietet) in Betracht. Durch die Kombination der vier Dimensionen (siehe Abb. II-27)[298] lassen sich ganz unterschiedliche Anlagestrategien mit verschiedenen Rendite-Risiko-Profilen erzielen.[299]

---

296 Mit der Breite der Palette an Immobilienanlagemöglichkeiten steigen auch die Informationskosten der Investoren. Vgl. Wittrock, 1996, S. 719

297 Die Streuung der Immobilienanlage in verschiedene internationale Märkte trägt mehr zu einer Diversifikation bei, als die nationale Streuung in unterschiedliche Immobilienarten. Das liegt darin begründet, daß der nationale konjunkturelle Einfluß stärker ist, als die Diversifikation in verschiedene Immobilienarten. Siehe hierzu Roche, 1996, S. B 13; De Taurines, Vrensen, 1996, S. B 12; Zitzewitz, 1998; Eichholtz, Hoesli, 1995, S. 43 ff.; Eichholtz, 1997, S. 52 ff.

298 In der Abb. II-27 sind aus Darstellungsgründen lediglich drei der vier Dimensionen eingezeichnet.

299 Darstellung in Anlehnung an Blum, 1997, S. 85

Abb. II-27: Immobilien-Anlagestrategien

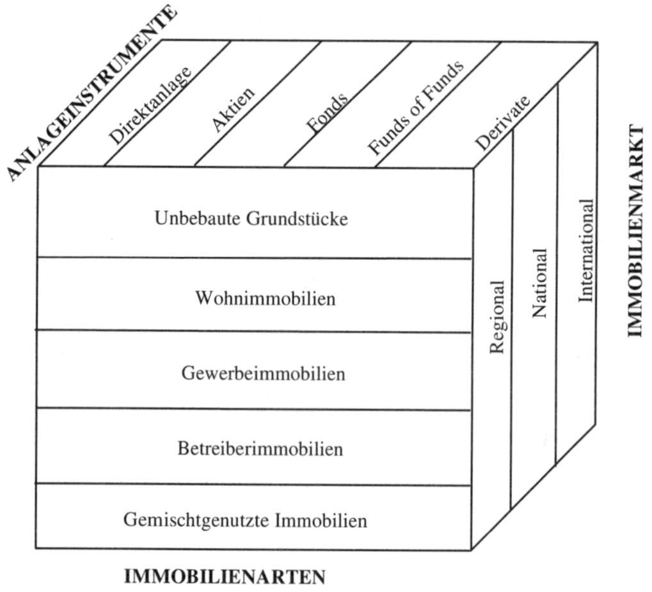

4 Die Immobilien-Intermediation als Antwort

Die Immobilien-Intermediation als Lösungsansatz für die im vorangegangenen Kapitel beschriebenen Marktunvollkommenheiten und Marktentwicklungen ist Gegenstand der folgenden Abschnitte. An dieser Stelle wird mit der Einordnung der Intermediation in das dargestellte Umfeld, mit der Definition des Begriffes, der Beschreibung der Aufgaben, sowie der Herstellung des Bezuges zwischen der praktischen Umsetzung und dem unter II.2 dargestellten theoretischen Gerüst die Grundlage für das Kapitel IV gelegt. Aus Sicht des institutionellen Investors bietet sich der unter II.2.2 erläuterte Transaktionskostenansatz an, bezüglich der Immobilien-Management-Leistungen die grundsätzliche Frage des Eigen- oder Fremdbezuges zu analysieren. Hierauf wird in Abschnitt 4.5 im Rahmen eines kurzen Exkurses eingegangen.

4.1 Immobilien-Intermediation und ihr Umfeld

Sowohl aus der theoretischen Notwendigkeit (Kapitel II.2), als auch aus der praktischen Begründung (Kapitel II.3) wird deutlich, daß der die Intermediation überflüssig machende perfekte Kapital- bzw. Immobilienanlagemarkt nicht existiert. HELLWIG[300] und ILLING[301] weisen darauf hin, daß im walrasianischen Paradigma[302] der perfekten Märkte kein Platz für Intermediäre ist. Alle Institutionen müßten im Hinblick auf den Preis für die Mittelbeschaffung und -anlage zum gleichen Ergebnis kommen, womit Vergleiche hinfällig werden würden. Diese Folgerung basiert auf der Annahme effizienter Informationsmärkte, in denen Informationen ausnahmslos ein öffentliches Gut darstellen und somit für jedermann zugänglich sind. Diese Annahme wurde bereits unter Kapitel II.2.3.1 verworfen. Insofern ist die Existenz von Immobilien-Intermediären nur mit unvollkommenen Märkten zu erklären.[303] Die für die unvollkommenen Märkte charakteristischen Informationsunvollkommenheiten sind die wesentliche Ursache für die mangelnde Transparenz auf dem Immobilienanlagemarkt. Ein perfekter Immobilienanlagemarkt würde sich durch einen gleichen Informationsstand aller Akteure auszeichnen, der jederzeit gewährleistet sein muß. Daß dieser

---

300 Vgl. Hellwig, 1990, S. 2

301 Vgl. Illing, 1985, S. 116

302 Walras hat ein Konzept der ökonomischen Wissenschaft vertreten, in dem er ausdrücklich unmittelbare Person-Person-Beziehungen (bzw. Institutionen, Walras gebraucht die Begriffe synonym) ausschließt. Vgl. Elsner, 1987, S. 7. In der Realität sollte den am Wirtschaftsprozeß Beteiligten bewußt sein, daß Person-Person-Beziehungen keineswegs ausschließlich Gegenstand ethischer Überlegungen sind, sondern gerade in ökonomischen Wirkungsgefügen eine zentrale Rolle spielen.

303 Grundsätzlich stehen Geld- und Kapitalmärkte in direkter Konkurrenz zu der Funktion von Intermediären. Vgl. McLeod, 1984, S. 76

ideale Zustand in der Realität nicht anzutreffen ist, ist eher trivial.[304] In der nachstehenden Graphik[305] sind die Marktbeziehungen exemplarisch dargestellt.

Abb. II-28: Beziehungen und Funktionen im Immobilienanlagemarkt

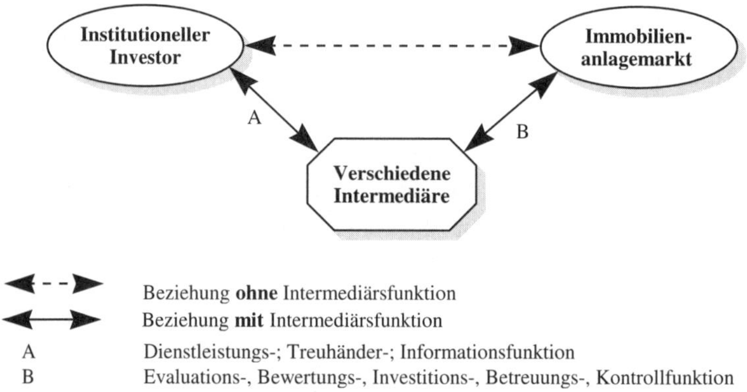

Auf dem Immobilienanlagemarkt existiert - ähnlich dem Kapitalmarkt - von Beginn an ein Informationsgefälle zwischen Investor und Markt. Angesichts des beschränkten menschlichen Aufnahmevermögens können einzelne Anleger und Marktteilnehmer nicht zur gleichen Zeit dieselbe Idee verfolgen. Die psychologische Wahrnehmungsforschung kommt zu dem Ergebnis, daß Informationen dann besonders schnell aufgenommen werden, wenn sie im menschlichen Gehirn auf bereits vorliegende kongruente Einstellungen treffen.[306] Die Informationswahrnehmung, -beurteilung und -speicherung sind als kognitive Prozesse einzustufen. Dabei ist die Verarbeitung von Informationen durch den Verstand angesprochen. Maßgeblich für die Anlageentscheidung von Marktteilnehmern sind Erlebnisse und Erfahrungen.[307]

Individuen besitzen auf der einen Seite einen ausgeprägten Spieltrieb und auf der anderen Seite das Streben nach Sicherheit.[308] In der Kapitalmarkttheorie wird jedoch da-

---

304 Eine andere Meinung vertritt Gau, der argumentiert, daß ein Markt perfekt ist, solange sich Unvollkommenheiten und wertbeeinflussende Informationen in den Preisen niederschlagen. Vgl. Gau, 1987, S. 6

305 In Anlehnung an Bader, 1996, S. 16

306 Vgl. Langfeldt, 1993, S. 21 ff.; Bruns, Meyer-Bullerdiek, 1996, S. 73

307 Die junge wissenschaftliche Karriere der Immobilie, die wenig standardisierte Ausbildung, die traditionell mit der Immobilie verbundene große Emotionalität und die Tatsache, daß "Jeder" bereits eigene Erfahrungen mit Immobilien besitzt erschwert die primäre Auseinandersetzung auf der Sachebene. Vgl. auch Shiller, Pound, 1989, S. 47 ff. und Lakonishok, Shleifer, Vishny, 1991. Beide Studien stellten fest, daß von einer starken gegenseitigen Beeinflussung der Marktteilnehmer untereinander ausgegangen werden muß. Zum Vergleich der verschiedenen Ausbildungen in der Immobilienökonomie siehe Schulte, 1998, S. 81 ff.

308 Zum Streben des Individuums nach Sicherheit und dem Verhältnis zum Risiko siehe von Cube, 1990, der eine verhaltensbiologische Betrachtung vornimmt. Zur Erweiterung dieses Themas siehe Goleman, 1996.

von ausgegangen, daß Anlageentscheidungen von Investoren ausschließlich mit der Kenntnis der ihnen bekannten Nutzenfunktion getroffen werden. Dies ist als Annahme für den Immobilienanlagemarkt jedoch schwierig.[309] Die Existenz des Spieltriebes und das Vorhandensein einer besonderen Gefühlslage bei dem Engagement in Immobilien als eigentliche Motivation für ein Investment wird oftmals nicht hinreichend berücksichtigt. Wie Untersuchungen zeigen, empfinden es Investoren als befriedigend, eigene Entscheidungen hinsichtlich der Immobilienauswahl zu treffen.[310] Es ist deshalb denkbar und naheliegend, daß ein Teil der Investoren seine Entscheidungen hinsichtlich der Objektauswahl nicht auf der Basis von Informationen trifft, die mit dem fundamentalen Wert eines Objektes im Zusammenhang stehen.[311]

Alle involvierten Parteien sind bestrebt, unabhängig voneinander ihren eigenen Nutzen zu maximieren. Da sie jedoch auf unterschiedliche Art und Weise in der Anlage eingebunden sind, stimmen ihre nutzenmaximierenden Strategien nicht überein. Während auf vollkommenen Märkten von exogen vorgegebenen Risiko- / Ertragsstrukturen ausgegangen werden kann, sind im Immobilienanlagegeschäft sowohl der erwartete Ertrag als auch die Varianz des Ertrages von den Aktionen und Maßnahmen der involvierten Parteien abhängig. Die beschriebene individuelle Nutzenmaximierung führt daher zu Interessendivergenzen und Anreizproblemen. Diese Schwierigkeiten scheinen leicht auflösbar, in dem der Markt, beispielsweise in Form des Intermediärs,[312] dem Investor die gewünschten Informationen wertungsfrei zur Verfügung stellen würde. In Wirklichkeit sind die Intermediäre jedoch bestrebt, die eigene Position in einem möglichst günstigen Licht erscheinen zu lassen, dem Investor Fragen, die nicht gestellt werden, auch nicht zu beantworten und die Marktverfassung der eigenen Interessenlage gemäß zu erklären.[313] Da die Situation und die Handlungen der Intermediäre vom Investor nicht einsehbar sind, besitzt er lediglich einen diskretionären Handlungsspielraum.[314] Um Handlungen und Leistungen von Intermediären beurteilen zu können, bietet sich die fundierte Analyse der Eigenschaften von Leistungen vor dem Hintergrund unvollkommener Informationen an.[315] Traditionell erfolgt diese Analyse anhand der Qualitäts-Kriterien "search", "experience" und "credence".[316]

---

309 Expertengespräch

310 Vgl. Shiller, 1988, S. 62 f. und die dort angegebene Literatur für die Aktienanlage. Für die Immobilienanlage wurde dieser Sachverhalt durch Expertengespräche bestätigt.

311 Dieser Sachverhalt stellt für den Immobilien-Intermediär als Dienstleister in der Gestaltung seines Verhältnisses zum Investor eine besondere Herausforderung dar.

312 Z.B. Makler, Banken, die bisher lediglich als Vermittler tätig sind.

313 Expertengespräch

314 Vgl. Spremann, 1988, S. 615

315 Diese fundierte Analyse ist ein wesentlicher Vorteil der Informationsökonomie. Siehe Kapitel II.2.3.1

316 Siehe hierzu vertiefend Lehmann, 1995, S. 4 f. sowie Nelson, 1970 und Darby, Karni, 1973, die bei Freiling, 1995, S. 136 zitiert werden.

Wesentliches Merkmal der Search Qualities ist die Beurteilung einer Leistung bereits vor dem Kauf. Für die Beurteilung der Immobilien-Management-Dienstleistungen eines Immobilien-Intermediärs kann dies z.B. die Höhe des unter Management gehaltenen Vermögens sein, oder die in der Vergangenheit durchschnittlich erzielte Rendite. Mit steigendem Umfang der Sucheigenschaften können Kaufrisiken reduziert und damit Informationskosten gesenkt werden. Tendenziell sind die Search Qualities bei physischen Produkten ausgeprägter als bei Dienstleistungen. Bei Dienstleistungen, sogenannten Kontraktgütern, kommt den Experience Qualities eine hohe Bedeutung zu. Hierbei handelt es sich um Erfahrungseigenschaften des institutionellen Investors, deren Beurteilung zum Zeitpunkt der Auftragsvergabe nicht möglich ist. Die Güte der Leistung wird sich erst bei ihrer intensiven Nutzung herausstellen. Letztendlich geht es hier um den Vergleich des dokumentierten Anspruches eines Dienstleisters mit seiner tatsächlichen Leistungsfähigkeit.

Schwierig abzugrenzen sind diese Erfahrungseigenschaften von dem dritten Kriterium, den Credence Qualities. Die Güte dieser Vertrauenseigenschaften stellen sich erst während einer längeren Phase der Zusammenarbeit heraus. Auch nach dem Vertragsabschluß mit einem Dienstleister ist der Institutionelle nicht in der Lage, die Qualität der beauftragten Leistung zu beurteilen, weil ihm wesentliche Informationen fehlen. Er ist darauf angewiesen, dem Anbieter nach gründlicher und gewissenhafter Auswahl, sein Vertrauen zu schenken, hoffend, daß dieser in seinem Sinne handelt. Ob der Dienstleister das ihm entgegengebrachte Vertrauen rechtfertigt, zeigt sich erst im Zeitablauf.

Gerade im Falle einer längeren Geschäftsbeziehung zwischen Dienstleister und Institutionellem sind die Erfahrungs- und Vertrauenseigenschaften besonders stark ausgeprägt. So kann der Institutionelle auf Basis seiner Erfahrungen mit dem Dienstleister auf die Fähigkeit seines Partners schließen, ein konkretes Problem zu lösen. Analog hierzu wird auch der Dienstleister seine Erfahrungen aus der Vergangenheit nutzen. Anhand der gewonnenen Eindrücke ist er in der Lage zu beurteilen, in welcher Form künftige Kooperationsprojekte ablaufen werden. An dieser Stelle wird deutlich, daß es sich nicht um eine einseitige Leistung des Dienstleisters handelt. Beide Marktpartner sind bei der Beurteilung einer konkreten Transaktionssituation in der Lage, die durch die Informationsqualitäten der Leistung bestehenden Informationsdefizite zu verringern.[317] Trotzdem werden im Einzelfall Restrisiken bestehen bleiben, deren Ursache in den Verhaltensunsicherheiten zu sehen ist, die unmittelbar aus den Informationsqualitäten einer Leistung resultieren (siehe Abb. II-30).[318]

---

317 Vgl. zu dieser Argumentation Kleinaltenkamp, 1992, S. 820

318 Zu Transaktionstypen und Spielarten des Opportunismus siehe Kaas, 1995, S. 25 ff.

Die in den jeweiligen Transaktionssituationen bestehenden Verhaltensunsicherheiten können den generellen Vertragsabschluß zwischen institutionellem Anleger und Dienstleister hemmen oder ein bereits bestehendes Verhältnis in einer konkreten Situation nachhaltig stören. Wenn aber diese Barrieren faktisch bestehen, bleibt die Frage, wie sie beseitigt werden können. Ziel muß es sein, durch den Abbau von Informationsasymmetrien die Transaktionssituation ex ante konstruktiver zu gestalten. Signale der jeweils besser informierten Marktseite können diese Aufgabe wahrnehmen. Zu derartigen Signalen zählen Informationen i.e.S., wie Garantien und der Einsatz der Reputation.[319]

Zur Veranschaulichung der bei der Vermögensanlage entstehenden Transaktionskosten wählen wir als beteiligte Personen den Anleger A und den Immobilien-Intermediär I. Ausgangspunkt der Analyse ist die Frage, welche Probleme zwischen den potentiellen Transaktionspartnern entstünden, falls in einer sonst hochentwickelten Wirtschaft[320] keinerlei oder ineffiziente Intermediäre vorhanden wären. Die folgende Darstellung[321] zerlegt die Transaktionsbeziehung zwischen den Parteien A und I in ein dreiphasiges Schema und ordnet jeder Phase die dazugehörigen Aktivitäten, die dabei entstehenden Risiken und die resultierenden Transaktionskosten aus Sicht des A zu.

Abb. II-29: Transaktionsphasen, -risiken und -kosten der Vermögensüberlassung

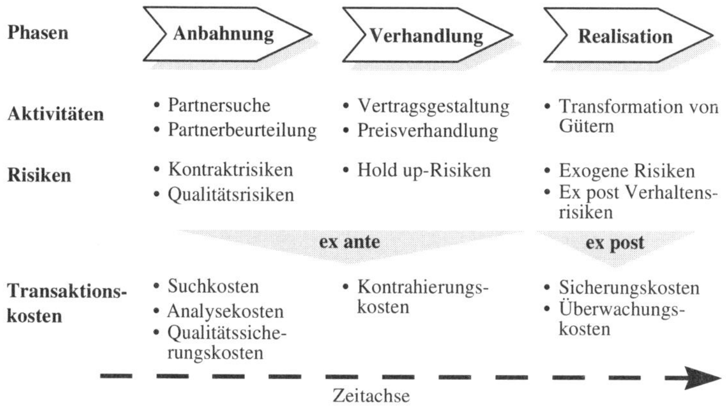

319 Vgl. Spremann, 1988; Kleinaltenkamp, 1992, S. 817 ff. Zum Begriff der Reputation, - i.S. des Rufes bzw. des Vertrauenskapitals eines Unternehmens - vgl. auch Allen, 1984, S. 311 ff.

320 Dies bedeutet, daß von existierenden Gesetzen und Verordnungen ausgegangen werden kann. Es bestehen Rechtssicherheit und Instanzen, die im Streitfalle Entscheidungen herbeiführen.

321 Vgl. Maurer, 1996, S. 10

Die Wahrscheinlichkeit, in einem intransparenten Markt durch eigenständige Suche einen geeigneten Partner zu finden, ist relativ gering. Bis ein solcher gefunden ist, fallen Such- und Analysekosten an. Vor dem eigentlichen Vertragsschluß mit dem potentiellen Partner ergeben sich für beide Parteien Schwierigkeiten aus der asymmetrischen Verteilung der Information über das Verhalten der Gegenseite (Ex ante-Verhaltensrisiken). Wegen des ex ante bestehenden Informationsproblems tendiert der potentielle Investor dazu, risikoreichere und risikoärmere Investitionen zu egalisieren. Der Grund hierfür ist darin zu suchen, daß sowohl der Intermediär eines risikoarmen wie auch der eines risikoreichen Objektes bemüht sein wird, durch Informationsverschleierung den Preis für die Investition optimal zu gestalten. Aufgrund Adverser Selektion[322] werden schlechte Objekte zu überhöhten Preisen gehandelt und verdrängen somit Objekte mit einem guten Preis-Leistungsverhältnis.

Ein weiteres Verhaltensrisiko besteht in der Qualitätsunsicherheit über die persönlichen Eigenschaften der Gegenseite.[323] In unserem Fall ist A dem Risiko ausgesetzt, nicht zu wissen, daß I schon zum Zeitpunkt des Vertrages aufgrund mangelnder charakterlicher Integrität, aufgrund mangelnder unternehmerischer Fähigkeiten oder aufgrund von Betrugsrisiken ein ungeeigneter Geschäftspartner ist. Um sich gegen diese, aus den Qualitätsunsicherheiten resultierenden Risiken zu schützen, kann A die Stellung von Sicherheiten,[324] z.B. in Form von Bank-Bürgschaften, anstreben und/oder durch externe Auskünfte, beispielsweise durch Einholung von Gutachten, zusätzliche Informationen über die Qualität des Geschäftspartners I sammeln. Alle aufgezählten Möglichkeiten sind mit dem Entstehen von Kosten verbunden.

---

322 Die moderne theoretische Behandlung der Adversen Selektion begann 1970 mit Akerlof und seiner Arbeit über „The Market of Lemons". Akerlof, 1970, S. 488 - 500. Das Zitronen-Problem ist ein Spezialfall der Adversen Selektion, bei dem auf einem Markt die schlechte Ware die gute verdrängt und der Markt zusammenbricht. Grundsätzlich läßt sich der Marktzusammenbruch durch vertrauensbildende Maßnahmen verhindern.

323 Zur Adversen Selektion siehe Akerlof, 1970, S. 488 - 500. Hier zeigt Akerlof, wie durch diese Problematik ineffiziente Marktergebnisse entstehen können.

324 Es werden finanziell verwertbare und nicht verwertbare Sicherheiten unterschieden. Eine typische finanziell nicht verwertbare Sicherheit ist die Reputation von I. Verhält sich I nicht vertragsgemäß, kann A die Reputation des I durch berechtigte schlechte Nachrede beeinträchtigen, ohne allerdings dabei besser gestellt zu sein. Der Nutzen der Reputation ist folglich, daß A droht, diese bei unfairem Verhalten von I massiv zu schädigen. Vgl. Spremann, 1988, S. 618 - 620

Ist I besser informiert als A, besteht für A die Gefahr, daß ihn I überredet, einen Vertrag einzugehen, der nicht in seinem Interesse liegt - sei es durch Marketingmaßnahmen oder durch bewußten ex ante-Opportunismus.[325] Die beim Entwurf und der Prüfung des Vertrages entstehenden Kosten sind Bestandteil der Verhandlungskosten der Transaktion.

Neben den Kosten, die zum Abschluß von Verträgen führen, sind darüber hinaus die Kosten, die nach dem Abschluß entstehen, zu berücksichtigen (ex post-Transaktionskosten).[326] Wesentliche Verursachungsquelle dieser Kosten sind, neben einer Vielzahl von nicht auf persönliche Eigenschaften zurückführbaren exogenen Zufalls-Risiken, ex post-Verhaltensrisiken des I.[327]

Ist das Verhalten des I für A ex post beobachtbar spricht man von "Hold up".[328] Bezeichnend für "Hold up"-Situationen ist das opportunistische Ausnutzen von juristischen Vertragsfreiräumen: In der Realität kommt es vor, daß in einem Vertrag nicht alle Entwicklungen und Eventualitäten durch präzise Fallunterscheidungen und die sich daraus ergebenden Rechte und Pflichten festgelegt worden sind.[329] Wie die Reaktion und Leistung des Gegenübers in einem solchen Fall aussieht, liegt weitgehend in seinem Ermessen, wobei er sich "fair" oder "unfair" verhalten kann.[330]

Ist das Verhalten nicht oder nur unter erheblichen Kosten beobachtbar, spricht man von "Moral Hazard".[331] "Moral Hazard"-Situationen sind dadurch gekennzeichnet, daß ex post nicht getrennt werden kann zwischen der Realisierung von Zufalls- und Verhaltensrisiken der anderen Vertragsseite. Aus dieser Konstellation ergibt sich die Gefahr, daß sich I entgegengesetzt seinem ex ante kommunizierten Verhalten verhält und so gegen die Interessen der anderen Vertragspartei verstößt.[332] Zusammenfassend stellt die folgende Abbildung die Informationsasymmetrien dar.[333]

---

325 Vgl. Williamson, 1990b, S. 54 f., S. 73 - 76. Williamson charakterisiert Opportunismus durch die bewußt unvollständige oder verzerrte Weitergabe von Informationen mit dem Ziel, den Vertragspartner irrezuführen, zu täuschen oder gar zu betrügen. Der Fall des Ex post-Opportunismus ist durch opportunistisches Verhalten in der Realisationsphase gekennzeichnet. Vgl. Spremann, 1988, 1990

326 Zwischen ex ante- und ex post-Transaktionskosten bestehen Trade-off-Beziehungen. So kann man grundsätzlich davon ausgehen, daß zum Beispiel Anpassungs- und Schlichtungskosten um so geringer ausfallen, je sorgfältiger und umfassender die Verträge ausgehandelt worden sind.

327 Vgl. Spremann, 1990, S. 564

328 Vgl. Spremann, 1990, S. 566, 568 - 570

329 Vgl. Spremann, 1990, S. 569; Williamson, 1990b, S. 22 f., S. 77 - 81

330 Vgl. Spremann, 1988, S. 615

331 Vgl. Spremann, 1990, S. 566

332 Vgl. Pauly, 1968, S. 531 - 537 und Thakor, 1989, S. 39. Siehe hierzu auch Spremann, 1991, S. 621 - 643: Hiernach ist Moral Hazard nicht einmal ex post zu beobachten. Es liegt in der Natur des Immobiliengeschäftes, daß die bisher tätigen Intermediäre einen Anreiz haben, Informationen über sich oder den Markt zu verheimlichen bzw. zu verschleiern, um so durch die Transaktion ihren Vorteil zu wahren.

333 In Anlehnung an Spremann, 1990, S. 572; Spremann, 1997, S. 8. Einen Überblick über die Typen der asymmetrischen Informationsverteilung gibt auch Breid, 1995, S. 824

Abb. II-30: Formen der Informationsasymmetrie

Form	Qualitätsunsicherheit	Moral Hazard Principal-Agent-Theorie	Hold up
Merkmal	Intermediär kann Qualität nicht beeinflussen, kennt sie aber genauer als institutioneller Anleger	Intermediär kann Qualität steuern; institutioneller Anleger kann diese auch ex post nicht überprüfen	Intermediär kann Qualität steuern; institutioneller Anleger bemerkt dies, und spricht von Unfairneß
Ursachen	Informationsineffizienz	Resourcenelastizität	Sunk costs
Interpretation	Qualifikation	Anstrengung	Fairneß
Folgen und Prävention	Adverse Selektion; Marktzusammenbruch; Signalisation; Selbstwahl-Schemata	hoher Kontrollaufwand (Monitoring) des Principals verbietet Kooperation/Incentives	Kooperationen stellen Erfolgsbeteiligung in Frage-vertikale Integration
Verhalten des Intermediärs	exogen gegeben; wird institutionellem Anleger ex post bekannt	willensabhängig; bleibt institutionellem Anleger auch ex post verborgen	willensabhängig; wird institutionellem Anleger ex post bekannt
Kooperation	Offenbarung	Anreizsysteme	Autorität
Beispiele	Track-record; Qualifikation von Mitarbeitern	Marktinformation; Motivation; Interessenkonflikte	Unsichere Zukunft verbietet Regelung (Kontingenzvertrag); De-/Investitionszeitpunkte; "Prospekt"-Versprechen

Wenn es nicht gelingt, durch Ex ante-Anreize diese Verhaltensrisiken zu kontrollieren, müssen Kontrollmaßnahmen durch die Etablierung von geeigneten Sicherungs- und Überwachungseinrichtungen ergriffen werden. Im Hinblick auf ein umfassendes Aufgabenfeld der Immobilien-Intermediation wird neben dem Beobachten und Kontrollieren des Agents das Suchen und Analysieren von Investitionsmöglichkeiten zusätzlich in die Definition aufgenommen.[334] Die Kosten für diese Einrichtungen entsprechen den oben bereits erwähnten Ex post-Transaktionskosten.

Zur Reduktion einiger der genannten Risiken können Verträge eingesetzt werden.[335] Bei Existenz sorgfältig gestalteter Verträge könnten für alle denkbaren Umweltsituationen die Aktionen des Intermediärs fixiert sowie für jede zukünftige Transaktion die Vergütung festgelegt werden. Die Kontrolle des Intermediärs würde sich in diesem Fall auf die Überprüfung der Vertragseinhaltung beschränken. Die Konstruktion, Durchsetzung und Kontrolle verschiedener Verträge verursacht Kosten. Der Investor ist i.d.R. nicht auf die Konstruktion, Durchsetzung und Kontrolle solcher Verträge spezialisiert und benötigte bisher für die Verwaltung und Bewirtschaftung seines Immobilien-Portfolios zahlreiche Intermediäre.

---

334 Vgl. Bader, 1996, S. 28 ff. Diese Definition wird auch verwendet von: Jensen, Meckling, 1976, S. 305 - 360

335 Siehe zum theoretischen Hintergrund Abb. II - 4

So bestehen durch den Einsatz eines einzigen Immobilien-Intermediärs, der die gesamten Immobilien-Management-Aktivitäten übernimmt, zwei Ansatzpunkte zur Kostenreduktion: Erstens resultiert aus der Spezialisierung auf solche Vertragskonstruktionen ein Lernkurveneffekt. Die Vertragskosten des spezialisierten Immobilien-Intermediärs sind daher geringer als diejenigen, die bei Vergabe an mehrere nicht spezialisierte Dienstleister, oder durch eine in-House-Lösung des Investors entstehen. Zweitens mußte der Investor bisher mit jedem Intermediär einen Vertrag abschließen. Durch Einschalten des Immobilien-Intermediärs kann die Anzahl der Verträge auf einen reduziert werden. Aufgrund der schwer im Detail zu beschreibenden Leistung bietet es sich aus der Sicht des Immobilien-Intermediärs an, eine Art "Standardvertrag" zu entwerfen, der in der Grundform für alle zu betreuenden institutionellen Kunden gleich ist. Folglich reduzieren sich die Kosten für den einzelnen Investor, da der Vertrag nicht komplett neu zu entwerfen ist. Aus den entstehenden Beziehungen resultieren jedoch für den Immobilien-Intermediär zusätzliche Vertragskosten. Aus Sicht des Immobilien-Intermediärs muß die Summe der für ihn entstehenden Kosten, seien es interne oder externe, niedriger sein als die Summe der bisherigen internen und externen Transaktionskosten des Investors. In der folgenden Abbildung[336] ist der beschriebene Sachverhalt noch einmal vereinfacht dargestellt:

Abb. II-31: Transaktionsbeziehungen mit und ohne Immobilien-Intermediation

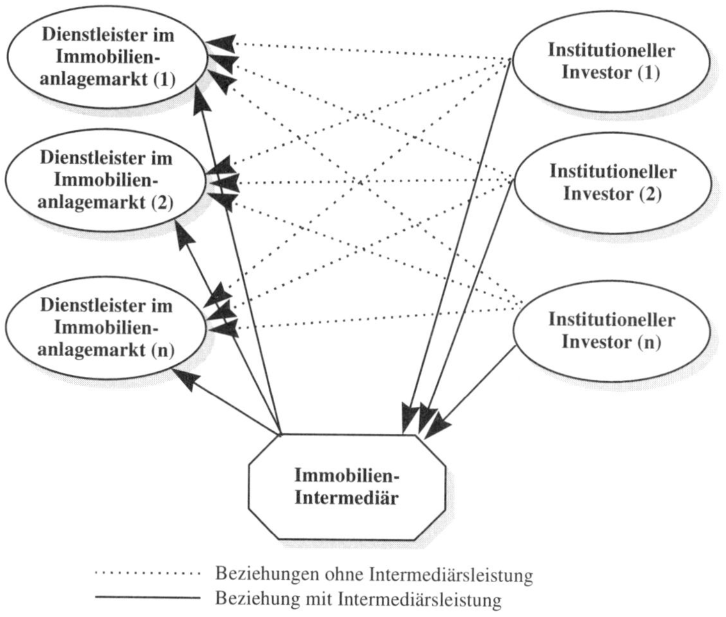

336 In Anlehnung an Bader, 1996, S. 26

Die Kostenvorteile für den Immobilien-Intermediär sind um so größer, je höher die Zahl der bisher eingesetzten Intermediäre war. Dem Immobilien-Intermediär fällt die Konstruktion, Durchsetzung und Kontrolle der Verträge aufgrund seiner Spezialisierung, seiner Erfahrung, seiner Reputation und seines eingespielten Managements leichter als dem institutionellen Investor. Das Ziel des Immobilien-Intermediärs muß es also sein, die Vertragskosten zwischen sich und dem institutionellen Investor und zwischen sich und den Dienstleistern zu minimieren. Obwohl es in der Praxis nicht möglich ist, perfekte Verträge zu schließen, da nicht alle denkbaren Entwicklungen und Verhaltensweisen der Vertragspartner zu antizipieren und ex ante zu regeln sind, hat der Einsatz eines Immobilien-Intermediärs seine ökonomische Berechtigung.

Faßt man die bisher gemachten Aussagen zusammen, sind es im wesentlichen zwei Faktoren, die über die Sinnhaftigkeit eines Intermediärs in einem Markt entscheiden: Die Höhe des Transaktionsvolumens sowie dessen Heterogenität bzw. die Irreversibilität der Kontrakte. Dieser Zusammenhang ist nachfolgend graphisch dargestellt.[337]

Abb. II-32: Intermediation als Funktion von Transaktionsvolumina und Heterogenität

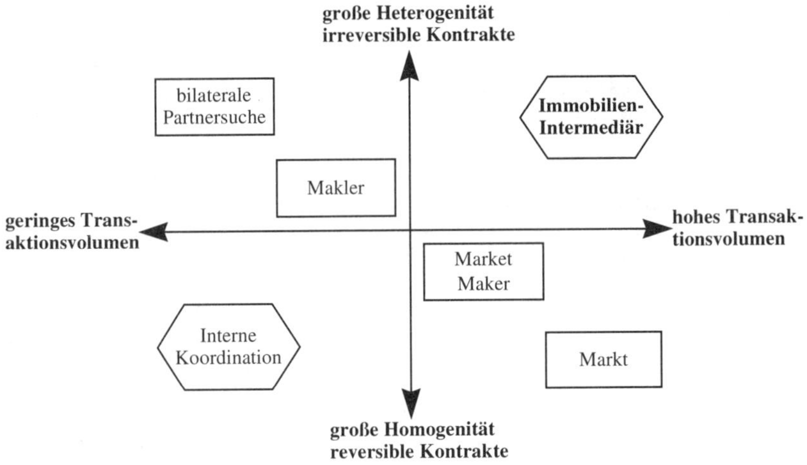

Die bilaterale Partnersuche ist gekennzeichnet durch eine fallweise Beauftragung eines Intermediärs. Beispielhaft steht hierfür die Inanspruchnahme von verschiedenen Maklern für die Betreuung eines überregionalen Immobilien-Portfolios. Bei der bilateralen Partnersuche kann die Aufgabe des Intermediärs wechseln. Somit ist diese Intermediationsform für sehr heterogene Transaktionen geeignet. Eine zentrale Koordi-

337 Vgl. Spremann, 1997, S. 21

nationsstelle ist nicht nötig.[338] Der alleinbeauftragte Makler dagegen hat eine eng definierte Aufgabe mit Informations-Lagerungsfunktion, womit ihm eine gewisse Monopolstellung zukommt. Er ist der betreuende Intermediär bei Kauf, Verkauf und Vermietungen von Immobilien. Um für diese Transaktionen das notwendige Vertrauen aufzubauen, sollte der Reputationsaufbau Priorität genießen.[339] Die beiden nächstgenannten Intermediäre in der Diagonalen, der Market Maker[340] und der Markt, sind auf dem Immobilienanlagemarkt aufgrund seiner noch geringen Reife nicht ausgeprägt. Die für den Market Maker charakteristischen Instrumente, wie z.B. Derivate sind erst im Entstehen. Heterogene Verträge sind in dieser Intermediationsform nicht möglich. Gegen eine ausgeprägte Position des Marktes spricht die nicht vorhandene Homogenität sowie das Vorhandensein von irreversiblen Kontrakten. Darüber hinaus ist die Höhe des Transaktionsvolumens im Verhältnis zu den Kapitalmärkten eher gering. Die aufgrund der Spezifität der Immobilienanlage hohe Heterogenität und die beschriebenen Veränderungen lassen die Etablierung eines Immobilien-Intermediärs sinnvoll erscheinen.

4.2 Aufgaben des Immobilien-Intermediärs

Grundsätzlich ist unter dem Begriff Intermediation eine Vermittlungstätigkeit zu verstehen. Ohne an dieser Stelle auf die Darstellung verschiedener Übertragungsmechanismen näher einzugehen, soll Intermediation als ein Prozeß definiert werden, bei welchem der Intermediär sich als Dritter durch das Angebot verschiedener Intermediationsleistungen zwischen den Tauschprozeß von Gütern[341] zweier Wirtschaftssubjekte schaltet.[342] Der Intermediär ist somit ein Substitut für den Markt an den Stellen, an denen letzterer nicht funktioniert. Er muß geeignet sein, beiden Marktseiten glaubhaft und kompetent gegenüber aufzutreten. Bei Institutionen, die liquide Mittel in illiquide Mittel transformieren, handelt es sich um Finanzintermediäre im engeren Sin-

338 Vgl. Spremann, 1997, S. 13

339 Die Realitäten auf dem Immobilienanlagemarkt bestätigen dies leider nicht. Expertengespräch

340 Wird auch als Broker bezeichnet. Vgl. Ahlander, 1990, S. 46 ff.

341 Der An- und Verkauf von Finanzgütern ist der wesentliche Bestandteil der Vermögensanlage. Zu betonen ist, daß die Finanzgüter keinen direkten Konsumnutzen stiften. Sie dienen dazu, den persönlichen Lebenskonsum von Realgütern oder Dienstleistungen in die Gegenwart oder Zukunft zu verschieben. Vgl. Benston, Smith, 1976, S. 217. In der Regel werden auch materielle Vermögensobjekte zu den Finanzgütern gerechnet, sofern der Eigentümer nicht einen Konsumnutzen aus diesen Gegenständen ziehen möchte. Immobilien hingegen werden zu den Gegenständen gerechnet, aus denen ein Konsumnutzen gezogen werden kann. Vgl. Maurer, 1996, S. 9. In der vorliegenden Arbeit wird die Sichtweise der Immobilie als Kapitalanlage propagiert, was den Konsum durch den Investor ausschließt. Infolgedessen werden Immobilien hier zu den Finanzgütern gezählt.

342 Vgl. Breuer, 1993, S. 15

ne.[343] Teilaspekte dieser Leistungen sind die Fristen-, Losgrößen-, Informations- und Risikotransformation sowie die Transaktionskostensenkung.[344] Innerhalb der Intermediärsbetrachtung konzentriert sich diese Arbeit auf Aufgaben im Rahmen des Immobilienvermögens-Managements.

Vier wesentliche Aspekte bestimmen den Aufgabenkreis eines Intermediärs: Erstens die Funktion des Searchings. Hier stehen Fragen der Kombination von Anbietern und Abnehmern sowie deren Ansprache im Vordergrund. Die zweite Funktion, das Guaranteeing, hat die Vergabe von Gütesiegeln (Qualitätszeichen) und Ratings zum Inhalt. Drittens zählt das Treffen von Selektionsentscheidungen zu den Aufgaben eines Intermediärs. Ihm obliegt die Aufgabe, attraktive Anlagealternativen auszuwählen und einem potentiellen Investor zu präsentieren. Als vierte Funktion zählt das Monitoring, in dessen Mittelpunkt das Management der Anlagen und der Zahlungsströme steht, zum Aufgabenkreis des Immobilien-Intermediärs.[345] Eine umfassende Definition gibt SPULBER:[346] " *Intermediaries seek out suppliers, find and encourage buyers, select buy and sell prices, define the terms of transactions, manage the payments and record keeping for transactions, and hold inventories to provide liquidity or availability of goods and services.*"

Grundsätzlich existiert die Schwierigkeit der Abgrenzung von Produzent und Intermediär. Charakteristisch für den Produzenten ist die Konzentration auf nur eine Marktseite, nämlich den Käufer. Der Intermediär hingegen ist auf beide Marktseiten ausgerichtet. Somit nimmt der Intermediär nicht nur Allokationsfunktionen wahr, sondern übernimmt über die Produktion hinaus die anschließende Betreuung. Die Anbahnung und der Abschluß der bloßen Transaktion allein ist für die Existenz eines Intermediärs, wie z.B. den klassischen Immobilienmakler, im Zuge der massiven Marktveränderungen nicht mehr ausreichend. Bei dem zu etablierenden Immobilien-Intermediär handelt es sich aufgrund der umfassenden Dienstleistung um mehr als einen reinen Intermediär. Bezogen auf seine Position im Markt kommen ihm bei der Ausgestaltung der obigen Funktion folgende Aufgaben zu:

1. Suche und Selektion von Käufern und Mietern für Objekte des Immobilien-Portfolios (Searching and Selection).
2. Bestimmung der "terms of transaction". Das heißt Bewertung der Objekte, Vertragsgestaltung, Begebung von Garantien (Guaranteeing).

343 Die bereits am Immobilienanlagemarkt tätigen Kapitalanlagegesellschaften sind ebenfalls den Intermediären zuzuordnen. Vgl. Bitz, 1989, S. 430; Maurer, 1996, S. 14; Ahlander, 1990, S. 48

344 Vgl. Bitz, 1989, S. 433 f. und Goacher et al., 1987, S. 16

345 Vgl. Spremann, 1997, S. 10

346 Spulber, 1996, S. 135

3. Durchführung von Transformationen, wie Management des Portfolios, Informationsgenerierung, Management der Zahlungsströme,[347] Führen der Bücher und die Liquiditätserzeugung (Monitoring).

Der Intermediär sollte nicht als bloßer Broker der Information auftreten, der die Parteien lediglich zusammenbringt, was bisher die klassische Aufgabe des Maklers war und die bestehenden Informationsasymmetrien nicht beseitigt. Ziel muß die bilanzwirksame Durchführung der Anlage für den Investor sein.[348] Somit sind die Grenzen zwischen der reinen Vermittlung (Broker) und dem Intermediär eindeutig zu ziehen. Aufgrund dieser Aufgabenvielfalt handelt es sich, in Abgrenzung zu der am Anfang gewählten Definition des Vermittlers, eher um ein Unternehmen, als um einen Intermediär, der lediglich die bisher beschriebenen Transformationsleistungen zwischen zwei Marktpartnern erbringt. Der Immobilien-Intermediär bietet das Immobilien-Management als Full-Service-Dienstleistung an. Darüber hinaus dient er als Kapitalsammelstelle, die ein spezielles Produkt - den Immobilien-Spezialfonds - entwickelt, vertreibt und managt. Da die eigentliche Intermediärsleistung heutzutage nicht mehr ausreicht, erfährt der Begriff des Intermediärs eine Erweiterung. Die in Kapiteln IV zu beschreibende Dienstleistung hat ihren Ursprung somit in den Grundlagen der Entstehung von Unternehmen.[349] Hier schließt sich der Kreis zu der in Kapitel II.2.3 eingeführten Informationsökonomie und der Information als Wettbewerbsfaktor.

Durch Intermediationsleistungen wird der Übertragungsprozeß des Geldes vom Investor zum Verkäufer um einen zusätzlichen Schritt erweitert. Ceteris paribus verursacht dieser zusätzliche Schritt Transaktionskosten.[350] Grundsätzlich werden institutionelle Investoren solange bereit sein, Intermediäre zwischenzuschalten, solange sie sicher sind, daß die dadurch erzielten Transaktionskosteneinsparungen höher sind, als die Vergütungen des Intermediärs.

---

347 Hiermit ist vor allem die Synchronisation von Zahlungsströmen gemeint, der je nach Portfoliostruktur aufgrund von Instandhaltungsstaus und vorzunehmenden Umschichtungen eine große Bedeutung für die Liquidität des Portfolios zukommt.

348 Vgl. Ahlander, 1990, S. 46 ff.

349 Für die Organisation und die Aufgabenzuordnung der zu entwickelnden intermediären Dienstleistung wird auf das Kapitel IV verwiesen. Grundsätzlich jedoch kann die zu erbringende Leistung von mehreren Gesellschaften erbracht werden. Wichtig für den institutionellen Kunden ist der Full-Service, womit das Prinzip des "One Point of Contract" verwirklicht wird.

350 "*Any proposition that intermediated finance is more advantageous than direct finance must therefore be based on a view that the presumed gains from intermediation are more than enough to compensate for the increased transaction costs*". Hellwig, 1990, S. 7

4.3 Transaktionskosten bei Intermediationsleistungen

Die Eigenschaften und Rahmenbedingungen sind bei den einzelnen Teilaufgaben im Immobilien-Management unterschiedlich ausgeprägt. Damit unterscheiden sich auch die Transaktionskosten. Angesichts der volatiler werdenden Immobilienanlagemärkte und erschwerter Prognosen über Preis- und Wertentwicklungen stellt sich die Frage, wie die externen und internen Transaktionskosten minimiert werden können.[351] Im Folgenden werden die Transaktionskosten bisheriger Intermediationen aufgezeigt und beispielhaft dargestellt, welche internen Transaktionskosten sich bei einem institutionellen Anleger ergeben würden.

4.3.1 Transaktionskosten bisheriger Intermediationen

Die Transaktionskosten traditioneller Intermediationen sind teilweise über die Kosten für die Grunderwerbssteuer und die Notar- und Grundbuchkosten gesetzlich geregelt, womit sie als Block zu den nicht vermeidbaren Kosten zählen. Steuerbar dagegen sind Transaktionskosten in Form von Verkaufs- und Verwaltungskosten. Zur Zeit ist die Provisionsregelung bei Immobilienverkäufen in Deutschland frei aushandelbar. Damit sind der Kreativität wechselseitiger Provisionsansprüche keine Grenzen gesetzt. *"Alle möglichen Verteilungsvarianten bei Provisionen sind am Markt zu finden."*[352] Hiermit dokumentiert sich ein offensichtliches Mißverhältnis zwischen Leistung und Entlohnung, das Teilursache für das schlechte Image der Makler und des Marktes ist. In der nachstehenden Abbildung sind die Transaktionskosten auf einigen ausgesuchten Immobilienmärkten dargestellt.

Abb. II-33: Transaktionskosten auf den Immobilienmärkten[353]

Kostenverursacher	Deutschland	Großbritannien	Frankreich	USA
Grunderwerbssteuer	3,5	1,0	18,5	1,0 - 2,0
Notar- und Grundbuchkosten	1,0 - 1,5	0,5 - 1,0	1,5	1,0 - 1,5
Makler	3,0 +16 % MwSt	1,0 - 2,5 +17,5 % MwSt	1,0 - 7,0 +20,6 % MwSt	2,0 - 10 +6,5 - 10% MwSt[354]

351 In einer Umfrage bei institutionellen Anlegern zu den Nachteilen von Immobilien-Investments wurden die hohen Nebenkosten mit 55% hinter der fehlenden Liquidität an zweiter Stelle genannt. Vgl. Schnurr, 1998, S. 18

352 Zitat: Expertengespräch; Unterreiner, 1997, S. 22 ff.

353 Angaben in Prozent des Investitionsvolumens. Vgl. Deutsche Grundbesitz Management, Jones Lang Wootton, 1997, S. 50; Pfruender, 1998, S. 12. Expertengespräch

354 Da die Mehrwertsteuer in der USA zwischen den einzelnen Bundesstaaten differiert, wird hier eine Spanne von 6,5 % (Virginia, New Jersey) bis 10 % (New York) angenommen. Expertengespräch

Bezieht man diese Transaktionskosten auf ein Portfolio mit einem Verkehrswert von 1 Mrd. DM, welches über 100 Objekte verfügt und in dem jährlich zehn Umschichtungen vorgenommen werden, fallen alleine an nicht vermeidbaren Transaktionskosten 4,75 Mio. DM an. Hinzu kommen 3 Mio. DM an Maklergebühren. Auf die jährlichen Umschichtungen bezogen ergibt sich ein Betrag von 7,75 Mio. DM an Trans-aktionskosten, oder 7,75% der Investitionssumme.

Bei kleineren und mittleren Institutionellen[355] verursacht die Immobilienverwaltung Kosten von ca. 6 - 8% der Jahres-Sollmiete.[356] Der wirkliche Prozentsatz wird wahrscheinlich noch höher liegen, da viele indirekten Leistungen, wie z.B. Rechtsabteilung, Wirtschaftsprüfer u.a., den Immobilienleistungen nicht zugeordnet werden können. Hebel für den Immobilien-Intermediär zur Senkung der Transaktionskosten liegen in erster Linie im Provisionsanteil des Maklers und in den Verwaltungskosten.[357]

---

355 Die Größe der kleineren und mittleren Institutionellen definiert sich über die Buchwerte des gehaltenen Vermögens in Immobilien. Als „kleinere" Institutionelle sollen im Sinne der Arbeit Anleger gelten, die ein in Immobilien investiertes Vermögen von 50 Mio. DM bis 100 Mio. DM verwalten. „Mittlere" Institutionelle verwalten ein in Immobilien investiertes Vermögen von 100 Mio. DM bis 800 Mio. DM. In Anlehnung an De Wit, 1996, S. 133; Expertengespräch

356 Expertengespräch

357 Siehe Kapitel IV.4.5

4.3.2 Transaktionskosten von Teilaufgaben des Immobilien-Managements

Auf einen institutionellen Anleger angewendet, der über ein Immobilienvermögen von 1 Mrd. DM verfügt und die Verwaltung[358] seines Vermögens intern vornimmt, kommen die nachstehenden Kosten zu:

Abb. II-34: Beispielrechnung Transaktionskosten

Determinanten	Kosten
Vermögen	1 Mrd. DM (in Verkehrswerten)
Anzahl der Objekte	100
Anzahl Mitarbeiter[359]	25 (+50)
Personalkosten	3,50 Mio. DM (+ 5 Mio. DM)
Software	0,20 Mio. DM
Raumkosten/Ausstattung	0,12 Mio. DM
Sonstiges	0,10 Mio. DM
Transaktionskosten	7,75 Mio. DM
SUMME	**11,67 Mio. DM (16,67 Mio. DM)**

Ausgangspunkt für diese Beispielrechnung ist die Annahme, daß das gesamte Immobilienvermögen in Direktanlagen gehalten wird. Wird ein Teil des Immobilien-Portfolios in indirekter Anlage - z.B. in Form von Immobilien-Spezialfonds - gehalten, wird üblicherweise bei der Ausgabe der Anteile ein Ausgabeaufschlag von 3 - 6% berechnet.[360] Bei großvolumigen Anlagen reduziert sich dieser Aufschlag entsprechend. Sinn dieses Aufschlages ist in erster Linie die Deckung der Kosten, die durch die Vermittlung der Anteile[361] entstanden sind. Darüber hinaus sollen die unmittelbaren Ausgabekosten, wie die Tätigkeit der Depotbank beim Druck und der Ausgabe der Anteilscheine, gedeckt werden. Da bei Immobilien-Spezialfonds, im Gegensatz zu

358 Für die Verwaltung eines Vermögens von 1 Mrd. DM in festverzinslichen Wertpapieren und Aktien reicht i.d.R. 1 Mitarbeiter aus. Bei offenen Immobilienfonds betreuen ca. 10 Angestellte ein Immobilienvermögen von weniger als 1 Mrd. DM. Vgl. DTZ Zadelhoff, 1996, S. 409

359 Bei den 25 Mitarbeitern handelt es sich um kaufmännische und technische Objektmanager sowie um Mitarbeiter der allgemeinen Verwaltung, wie Buchhaltung, Sekretariat, Empfang, usw. Es wird von einem jährlichen Gehalt inklusive Nebenkosten von 140 TDM ausgegangen. Bei dem Klammerwert handelt es sich um 50 festangestellte Hauswarte, die pro Person mit einer Lohnsumme inkl. Nebenkosten von 100 TDM in die Rechnung eingehen.

360 Baur, 1985, S. 104

361 Vor allem durch Kreditinstitute oder selbständige Vermittler.

den Publikumsfonds, die Akquisition oft einen einmaligen Vorgang darstellt, wird mitunter auf den Ausgabeaufschlag verzichtet.

Bei den allgemein als Kosten der Verwaltung bezeichneten Positionen ist zwischen der Vergütung der Depotbank und der Kapitalanlagegesellschaft zu unterscheiden. Die Kosten der Depotbank liegen zwischen 0,25‰ und 0,25% p.a. des Wertes des Sondervermögens.[362] Bei dem Höchstsatz handelt es sich um eine bis-zu-Regelung, die aufgrund besonderer Vereinbarungen mit der Depotbank je nach Umfang des Fondsvermögens gestaffelt ist.

Die verwaltende Gesellschaft erhält, in Anlehnung an die Regelungen bei Publikumsfonds, eine Vergütung für ihre Tätigkeit von bis zu 1% des Wertes des Sondervermögens, die unterjährig oder ganzjährig erhoben wird. Darüber hinaus werden Fremdkapital- und Bewirtschaftungskosten[363] separat berechnet. Berechnungsgrundlage für die Bewirtschaftungskosten sind die Netto-Sollmieten, z.B. 5,5% der Netto-Sollmieten bei gemischt genutzten und 5% bei rein gewerblich genutzten Immobilien.[364] Möglich ist auch eine Vereinbarung, die Verwaltungskosten nach dem Prinzip der Kostendeckung zu berechnen. Insbesondere Kosten, die nicht auf die Mieter umlagefähig sind, wie Versicherungen, Grundsteuer, Hausmeister und EDV-Anwendungen sowie Rechtsverfolgungskosten werden gesondert in Rechnung gestellt. Weitere anfallende Kosten sind die Kosten für die Tätigkeit des Sachverständigenausschusses, für den Druck, Versand und die Veröffentlichung von Rechenschafts- und Zwischenberichten sowie die Prüfungskosten für das Sondervermögen. Beim Ankauf von Liegenschaften sowie Bau- oder Umbaumaßnahmen, besteht die Möglichkeit, eine einmalige Vergütung bis zur Höhe von 1% des Ankaufpreises bzw. der Baukosten in Rechnung zu stellen.

Bei Fondsvolumina über 1 Mrd. DM entwickeln sich die Kosten degressiv, womit sie durchaus unter 1% des Fondsvermögens fallen können.[365] Der Fondsertrag vermindert sich um 1,2 bis 1,6% p.a. durch externe und interne Kosten.[366] Wichtig ist die Unterscheidung in einmalig anfallende Kosten,[367] Kosten, welche die Immobilienanlage[368] generell verursacht, und Kosten, die durch die eigentliche Fondsverwaltung entstehen.

---

362 Baur, 1985, S. 104

363 Bewirtschaftungskosten: Verwaltungs-, Reparatur-/Instandhaltungs-, Betriebs- und Rechtsverfolgungskosten.

364 Baur, 1985, S. 105

365 Expertengespräch

366 Abweichend kommt Volger zu der Auffassung, daß die Kosten eines Spezialfonds bei 0,75% des Fondsvermögens liegen; Vgl. Volger, 1995, S. 653

367 Z.B. die Ausgabekosten

368 Bewirtschaftungskosten, die bei einer Direktanlage ebenso anfallen und durch den Investor getragen werden.

Bei der Anlage der liquiden Mittel des Fonds sind unter Umständen Kontoführungs- und Depotgebühren zu entrichten, sofern diese nicht von vornherein in der Depotbankvergütung enthalten sind. Für alle anderen Formen der indirekten Immobilienanlage (siehe II.3.3.3) können vereinfachend die Kosten für Wertpapiere angenommen werden.[369]

Sowohl bei der Direktanlage als auch bei der indirekten Anlage über Immobilien-Spezialfonds wird deutlich, daß Gestaltungsmöglichkeiten existieren, die dem institutionellen Investor wesentliche Einsparungen gegenüber bisherigen Lösungen ermöglichen, wenn als Lösung eine performanceorientierte Vergütung in Anlehnung an die klassische Vermögensverwaltung angestrebt wird.[370]

4.4 Intermediationsleistungen im Rahmen des Principal-Agent-Ansatzes

Wäre für alle Beteiligten eine vollständige und kostenlose Informationsbeschaffung möglich, gäbe es keine Probleme und Interessenkonflikte zwischen Principal und Agent. Da gerade im Immobilienanlagemarkt - wie bereits eingehend beschrieben - erhebliche Abweichungen vom Idealzustand auftreten, kommt der Entstehung von Interessenkonflikten und ihrer Vermeidung eine große Bedeutung zu.

4.4.1 Gründe für das Entstehen von Interessenkonflikten

Im Folgenden werden mögliche Gründe[371] für das Entstehen von Agency-Problemen und -Kosten in der Beziehung zwischen institutionellem Anleger und Immobilien-Manager aufgezeigt. Im allgemeinen liegt es im Interesse der institutionellen Investoren, sich den höchsten Ertrag für ihre Vermögenswerte bei einem akzeptablen Risikoniveau zu sichern. Wenn die grundsätzliche Entscheidung beim Anleger gefallen ist, Teile eines Portfolios oder das gesamte Portfolio-Management an Dritte zu vergeben, entsteht das Problem der Klärung von Verantwortlichkeiten und Zuständigkeiten zwischen der Immobilien-Management-Gesellschaft und dem Anleger.

---

369 Bei einem Immobilienvermögen von 1 Mrd. DM wird dieser Betrag um die 100 Mio. DM liegen. Die Gesamtkosten für das Management eines Spezialfonds in dieser Höhe liegen zwischen 0,4 - 0,6% p.a. oder 500 TDM. Siehe hierzu vertiefend Benke, 1995, S. 716 ff.

370 Besonders deutlich wird der Gestaltungsspielraum, wenn bisherige Marktangebote betrachtet werden. Mit dem Anspruch einer "neuen" Dienstleistung Immobilien-Management werden dem Kunden z.B. Maklerprovisionen (1,5%) für den erfolgreichen Abschluß von Mietverträgen in Rechnung gestellt. Ist hierzu die Hilfe eines zusätzlichen Maklers notwendig, erhöht sich die Provision auf 3%. Hinzu kommen Provisionen bei Verkäufen. Expertengespräch. Diese Situation wird treffend im Ausspruch von Michael Lutton, CEO of PM Realty Group, charakterisiert: "*If you control the product, you control the fee.*" Zitiert in Fitzpatrick, 1994, S. 14

371 Vgl. hierzu Lakonishok et al., 1992, S. 341 ff. und S. 572 ff. sowie Ellis, 1985, S. 147

Grundsätzlich ist die Vergütung von Portfolio-Managern aus dem Wertpapierbereich gekoppelt an die Höhe der verwalteten Anlagemittel. Diese Strukturen werden in ihren Grundzügen auch bei der Immobilienanlage abgebildet. Die sich daraus ergebenden Schwierigkeiten liegen in dem starken Anreiz für den Vermögens-Manager, die Vergütungen über die Zahl der Umschichtungen zu erhöhen. Darüber hinaus ist die unterschiedliche Informationsverteilung zwischen Management-Gesellschaft und Anleger Ursache für Interessenkonflikte.

Der Informationsvorsprung der Management-Gesellschaft und deren Darstellung kann zum Vorteil der Management-Gesellschaft und zum Nachteil des Anlegers genutzt werden. Grundsätzlich wird die Management-Gesellschaft versuchen, überlegene Renditen nachzuweisen, um zusätzliche Anlagemittel anzuwerben.

Wie auf jedem wettbewerbsintensiven Markt ist es im Interesse der Anbieter, den Konkurrenzdruck durch Produkt-Differenzierungen zu mindern, um so eine geeignete Markt-Segmentierung vornehmen zu können.[372] Zusätzlich zur Gestaltung von Attributen, die nicht im Zusammenhang mit dem Anlageergebnis stehen, wird auch das Anlageverhalten verändert, um die Segmentierung zu unterstützen. Einige dieser Veränderungen können als direkte Anwort auf die Kontrollen der Anleger angesehen werden. So wird Vermögens-Managern unterstellt, daß zum Jahresende sogenanntes "window dressing" beim Portfolio betrieben wird.[373] Möglichkeiten hierzu bestehen bei Immobilien in der Verlagerung von Instandhaltungs-, Modernisierungs- und Sanierungsmaßnahmen sowie in der Verschiebung von (Des)-Investitionen.

Eine andere Form der Verzerrung des Anlageergebnisses besteht in der sogenannten "lock-in"-Strategie. Diese Strategie ist eine direkte Antwort auf den Vergleich von Anlageergebnissen mit Indizes bei der Bewertung von Portfolio-Managern. Gewinne werden, wenn sie über dem Vergleichsmaßstab liegen, "eingefroren".

Dadurch können überdurchschnittliche Anlageergebnisse, die frühzeitig erzielt wurden, bis ans Ende der Bewertungsperiode gesichert werden. Umgekehrt werden Vermögens-Manager ihr Risiko erhöhen, wenn das bisherige Ergebnis unter dem Vergleichsmaßstab liegt. Wie "window-dressing" ist die "lock-in"-Strategie eine natürliche Reaktion auf bestehende Bewertungspraktiken und ein Umfeld starken Wettbewerbs.[374]

Zum großen Teil ist also für das Entstehen von Agency-Problemen der Wunsch der Anleger, überdurchschnittliche Renditen durch Vermögens-Management bei unvollkommener Information zu erzielen, und der Konkurrenzkampf unter den Vermögens-

---

372 Vgl. Light, Perold, 1987, S. 106

373 Vgl. Shiller, 1991, S. 76 f.

374 Vgl. Lakonishok, et al., 1992, S. 377 ff.

Managern um die Mittel der Anleger verantwortlich. Darüber hinaus steht der Immobilien-Manager noch im Wettbewerb mit den Anlageabteilungen der institutionellen Anleger. Jedes Jahr werden aufgrund der letztjährigen Anlageergebnisse Anlagemittel neu vergeben. Auf die Anlageformen mit der höchsten Rendite im vorgegebenen Risiko-Rendite-Profil entfallen die größten Neuanlagevolumina.

4.4.2 Möglichkeiten zur Vermeidung von Interessenkonflikten

Grundsätzlich stehen zur Vermeidung und Minderung von Interessenkonflikten und Agency-Kosten Lösungen zur Verfügung, die für das Verhältnis des institutionellen Investors und der Immobilien-Management-Gesellschaft relevant sind:[375]

1. Ein institutioneller Anleger kann versuchen, durch von ihm festgelegte, explizite Verhaltensnormen, wie Verträge und Rollenbeschreibungen, alle beobachtbaren Handlungen des Agenten zu regeln. Dies ist eine ziemlich aufwendige Prozedur, die nicht das gesamte Verhaltensrepertoire des Agenten erfassen kann.
2. Über eine klare und realistische Artikulation der eigenen Interessen und Ziele kann der Anleger die Grundvoraussetzungen für deren Verfolgung auch durch einen externen Dritten schaffen. Die Kosten sind selbst unter Einbezug eines externen Beraters überschaubar.
3. Über ein geeignetes Vergütungssystem kann der Agent indirekt motiviert werden, die Interessen des Anlegers zu verfolgen, bzw. sie zu seinen eigenen zu machen. Der Immobilien-Manager wird beispielsweise durch eine Beteiligung am Anlageergebnis versuchen, dieses zu maximieren. Über Anreize ist es möglich, zwischen Principal und Agent eine Art von Interessenkonvergenz zu erzielen. Die Kosten für den Principal hängen von der Ausgestaltung des Vergütungssystems ab.[376]
4. Eine vorsichtige Auswahl der Immobilien-Management-Gesellschaft kann später auftretende Überraschungen verhindern, das Vertrauen erhöhen und damit die aus Verhaltensunsicherheit und opportunistischem Verhalten resultierenden Kosten senken.
5. Häufig kann der Anleger den Erfolg des Immobilien-Managers nicht unmittelbar und kostenlos beobachten. Es ist ihm jedoch möglich, einige der Schlüsselinformationen, die er erhält, zu überprüfen. Denkbar sind in diesem Zusammenhang eigene Prüfungshandlungen des Principals oder die Einholung von Gutachten bei neutralen Dritten. Wichtig ist in diesem Zusammenhang die Höhe der entstehenden Informationskosten, die mit den jeweiligen Prüfungshandlungen verbunden sind.

---

375 Vgl. Spremann, 1988, S. 617 ff.

376 Hinweis auf Kapitel IV.4

Im rechtlichen Rahmen des Immobilien-Spezialfonds-Segments kommt dem ersten Punkt lediglich in einigen Fällen ein kostengünstiger Gestaltungsspielraum zu. Für das Management des Direktgeschäfts ist jedoch die gesamte Aufzählung von Bedeutung.

4.5 Make-or-Buy-Entscheidung der Immobilien-Management-Dienstleistung

Die in Kapitel II.2.2.2 erwähnte Definition des Begriffes Transaktion erfährt in der Literatur häufig eine sinnvolle Erweiterung, in dem auch Prozesse "der Klärung und Vereinbarung eines Leistungstausches"[377] hierunter subsummiert werden.

Transaktionen können auf unterschiedliche Weise koordiniert werden. Betrachtet man die Extremformen, so findet die Koordination einerseits über den Preismechanismus des Marktes und andererseits durch die Hierarchie zwischen und innerhalb von Unternehmen statt.[378] Daneben existieren zahlreiche alternative Formen der Koordination.[379] Die Transaktionskostentheorie kann einen Beitrag zur Erklärung und zur Beurteilung der relativen Vorteilhaftigkeit alternativer Organisationsformen hinsichtlich ihrer Effizienz leisten.

Bei der Make-or-Buy-Entscheidung müssen grundsätzlich neben den Kosten der Eigenerbringung bzw. des Fremdbezuges, die sich mit Hilfe der traditionellen Kostenrechnung erfassen lassen, die mit der jeweiligen Koordinationsform anfallenden Transaktionskosten berücksichtigt werden.[380] Eine solche Gesamtkostenrechnung würde eine exakte Messung der Transaktionskosten voraussetzen, die jedoch aufgrund der mangelnden Schärfe der Begriffsabgrenzung und des Opportunitätskostencharakters der Transaktionskosten, wenn überhaupt, nur unter unverhältnismäßig hohem Aufwand möglich ist.[381] Die Annahme konstanter, von der Koordinationsform unabhängiger Produktions- und Beschaffungskosten erleichtert den Vergleich von Transaktionskosten. Unter diesen Voraussetzungen kann der am Effizienzziel orientierte Entscheidungsträger die Wahl der Koordinationsform anhand eines ordinalen Vergleichs der Transaktionskostenhöhe treffen, wofür eine Abschätzung der Transaktionskostenhöhe ausreicht. In einem zweiten Schritt kann dann die transaktions-

---

377 Picot, 1982, S. 269

378 Vgl. Williamson, 1990a, S. 17 - 18; Williamson, 1990b, S. 61 - 71; Picot, Dietl, 1990, S. 178 ff.

379 Vgl. zum Markt: Coase, 1987, S. 72 - 85; 1992, S. 713 - 719; zum Unternehmen: Schoppe, et al., 1995, S. 234 - 280

380 Für eine detaillierte Darstellung der Berücksichtigung von Transaktions- und Koordinationskosten in Entscheidungsmodellen für Make-or-Buy-Probleme siehe Knolmayer, 1994, S. 316 - 332; Fischer, 1994b, S. 291 - 315

381 Vgl. Baur, 1990, S. 46

kostensenkende Koordinationsform abgeleitet werden.[382] Zu den Voraussetzungen einer fundierten Vergabe der Immobilien-Management-Dienstleistungen zählt die kritische Analyse des bestehenden Immobilien-Managements. Die Vorgehensweise ist in der folgenden Abbildung beschrieben.[383]

Abb. II-35: Bedarfs-/Angebotsanalysen im Vorfeld der Make-or-Buy-Entscheidung

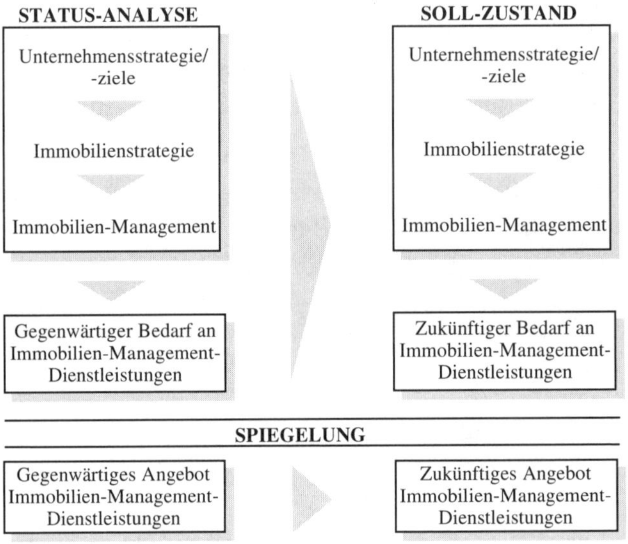

Neben quantitativen Ansätzen zur Entscheidungsfindung werden häufig qualitative Instrumente eingesetzt. Argumentenbilanzen basieren beispielsweise auf einer geordneten Gegenüberstellung der Vor- und Nachteile der Fremdvergabe, die dem Betrachter die Abwägung der Vorteilhaftigkeit erleichtern soll. In der folgenden Abbildung ist eine Argumentenbilanz, wie sie ein institutioneller Investor entwerfen könnte, dargestellt.[384]

---

382 Vgl. Gerhardt; Nippa; Picot, 1992, S. 136 ff.

383 In Anlehnung an: Nippa, Sedran, 1992, S. 8 f.

384 Vgl. Jicha, 1993, S. 212 ff. und Knolmayer, 1992, S. 359

Abb. II-36: Argumentenbilanz zur Make-or-Buy-Entscheidung

PRO	CONTRA
Strategie	**Strategie**
• Konzentration auf das Kerngeschäft • Konzentration auf strategisches Portfolio-Management • Kooperation statt Hierarchie • Flexibilität • Risikotransfer • Andere Sichtweisen, neue Ideen	• Entstehung irreversibler Abhängigkeiten • Unterschiedliche Unternehmenskulturen • Störung zusammenhängender Kernprozesse • Risiko der Zusammenarbeit • Monopolbeziehung bei Individuallösung • Verlust von Wettbewerbsvorteilen
Leistung	**Leistung**
• Stets aktualisierter Wissensstand • Spezialwissen des Dienstleisters • Track-record des Dienstleisters • Klar definierte Leistungen und Verantwortlichkeiten • Starke Serviceorientierung • Schnelle Verfügbarkeiten von Kapazitäten • Einsatz neuer Techniken	• Übervorteilung durch Informationsasymmetrien • Mittelfristiger Know-how Verlust • Überwindung räumlicher Distanzen • Problem der Qualitätsprüfung
Kosten	**Kosten**
• Ausschöpfen von "Economies of Scale" • Variable statt fixe Kosten • Bessere Planbarkeit • Erhöhte Kostentransparenz • Vermeidung von Leerkosten • Keine Vorhaltekosten für Resourcen	• Zunehmende Transaktionskosten • Switching Costs • Bezugsgrößenbestimmung für Vergütung • Weniger informelle Kommunikation • Steigende Kommunikationskosten
Personal	**Personal**
• Kostensenkung durch Personalabbau • Zugang zu Spezialisten • Einsparung von internen Personalentwicklungs- und Weiterbildungsmaßnahmen • Stärkung des Kostenbewußtseins	• Schwierigkeiten beim Personalabbau • Motivation der im Unternehmen verbliebenden Mitarbeiter • Probleme beim Anwerben qualifizierter Mitarbeiter/Attraktivitätsverlust des Unternehmens
Finanzen	
• Geringere Kapitalbindung • Positive Auswirkung auf Bilanz und GuV	

5 Das Zwischenfazit

Die Veränderungen des Immobilienanlagemarktes hinsichtlich seiner Struktur und seines Volumens in den vergangenen Jahren haben insbesondere auf das Gros der institutionellen Investoren bedeutende Auswirkungen und legen nahe, das bisherige Anlageverhalten und angestammte Denkmuster im Umgang mit der Immobilie zu überprüfen. Darüber hinaus wirken mit der neuen Solvabilitätsrichtlinie und der Offenlegungspflicht der stillen Reserven Veränderungen im Kernmarkt der institutionellen Anleger auf ihre zukünftige Kapitalanlagepolitik. Das Volumen des von deutschen Institutionellen zur Zeit eher passiv verwaltet als aktiv gestaltete Immobilienvermögen von ca. 350 Mrd. DM,[385] ist ein weiteres Argument für einen Bewußtseinswandel hinsichtlich der Einstellung zur Kapitalanlage Immobilie. Der Aufbau eigener Resourcen ist jedoch langwierig, know-how- und kapitalintensiv, so daß viele kleinere und mittlere Investoren nicht die kritische Masse erreichen, um mit einer solchen Lösung eine optimale Rendite mit ihren Immobilienanlagen zu erzielen. Des Weiteren werden durch den Aufbau eigener Resourcen grundsätzliche Hemmnisse des Marktes, wie Intransparenz, Fragmentierung und Informationsineffizienz, nicht abgebaut.

Die Antwort auf die Frage nach der zukünftigen Organisation des Marktes wurde mit Hilfe der Neuen Institutionenökonomie und ihrer Instrumente Transaktionskostenanalyse und Principal-Agent-Ansatz abgeleitet. Aufgrund der heterogenen und undurchsichtigen Struktur des Immobilienanlagemarktes sind die einzelnen Kostenarten der bisher anfallenden Transaktionskosten für die institutionellen Investoren hoch, wozu die einzelnen Kostendeterminanten wesentlich beitragen. Ausgeprägte primäre und sekundäre Unsicherheiten ergeben sich durch die komplexen Strukturen und die dynamischen Veränderungen des Marktes, sowie durch den unzureichenden Informationsaustausch der Marktpartner. Das Transaktionsmerkmal Spezifität ist aufgrund der Individualität der Immobilienanlage, der hohen Kapitalbindung, der notwendigen personalintensiven Betreuung, fehlender Marktpreise, den bisherigen Schwierigkeiten bei der Leistungsbeschreibung für die Dienstleistung Aktives Immobilien-Management als ausgeprägt zu bezeichnen. Verstärkt wird die Spezifität durch eine eingeschränkte Transaktionshäufigkeit, die Fixkostendegressionen, Lernkurven und Economy of Scale-Effekten entgegen steht. Darüber hinaus sind aufgrund der beschriebenen Marktstruktur die Verhaltensunsicherheiten im Rahmen des Principal-Agent-Ansatzes auffällig.

Praktische Bedeutung und Aktualität erhält das dargestellte Problem durch die derzeitige rezessive Verfassung des deutschen Immobilienanlagemarktes. Die Kapital-

385 Summe der Direktanlagen und des Immobilien-Spezialfondsvermögens. Siehe Abb. II-7

anlage Immobilie erfuhr in den letzten Jahren eine bisher nicht gekannte Volatilität, die bei einer großen Anzahl von institutionellen Anlegern zu Wertberichtigungen führte. Auf den wesentlichen Renditefaktor der Immobilie, die sichere Wertsteigerung, kann sich somit zukünftig nicht mehr verlassen werden.

Auch die quantitative Entwicklung der Immobilienanlage unterstützt die Veränderung von Marktstrukturen. Die direkten Immobilienanlagen deutscher Institutioneller sind im internationalen Vergleich unterrepräsentiert und sinken in der prozentualen Betrachtung an den Gesamtanlagen. Die Entwicklung der Immobilien-Spezialfonds, als indirekte Anlageform, weist dagegen ein stetiges Wachstum auf. Als Indikator für weiter steigende Volumina der Immobilien-Spezialfonds kann die jahrelange Zurückhaltung der Institutionellen bei Immobilien-Direktinvestments gewertet werden. Stagnieren die direkten Investitionen oder sind sie gar rückläufig, verzeichnen die Immobilien-Spezialfonds hohe Zuwachsraten.

Alle beschriebenen Entwicklungen weisen deutlich auf die Notwendigkeit eines veränderten Immobilien-Managements hin. Aufgrund eines bisher fehlenden integrativen Angebotes auf dem Dienstleistungsmarkt für institutionelle Investoren besteht eine mögliche Lösung der dargestellten Schwierigkeiten in der Etablierung eines Immobilien-Intermediärs, mit Hilfe dessen gleichzeitig den gestiegenen Anforderungen der institutionellen Anleger Rechnung getragen werden kann. Für die Etablierung eines Immobilien-Intermediärs im Markt sprechen darüber hinaus die Verabschiedung des 3. Finanzmarktförderungsgesetzes, das zukünftige Immobilien-Investments erleichtert, der Trend Immobilien-Investments verstärkt im Ausland vorzunehmen, die guten Diversifikationseigenschaften der Immobilie in einem Gesamtportfolio, die Betrachtung der Immobilie als eigene Asset-Klasse und die fortschreitende Entwicklung innovativer Immobilienanlageprodukte.

Vorteile des propagierten Immobilien-Intermediärs gegenüber anderen Koordinationsformen liegen durch die Erbringung der Leistung für mehrere Marktteilnehmer in Economy of Scale-Effekten, durch die Konzentration auf das Kerngeschäft Aktives Immobilien-Management in Economy of Scope- und Lernkurveneffekten sowie in Differenzierungsvorteilen gegenüber bisherigen Intermediären durch eine konsequent umgesetzte Kundenorientierung.

Liegen bisherige Transaktionskosten der Immobilienverwaltung institutioneller Anleger bei 7 - 8% der Jahres-Sollmieten, sind Kostensenkungen von 2 - 3% möglich. Hebel für den Immobilien-Intermediär liegen hier vor allem in reduzierbaren Transaktionskosten, wie z.B. bei Maklerprovisionen, im Bereich der Verwaltungskosten, in effizienteren Prozeßabläufen und Economie of scale-Effekten, die sich durch das Management mehrerer Immobilien-Portfolios ergeben.

III STRATEGISCHER ANSATZ EINES AKTIVEN IMMOBILIEN-MANAGEMENTS

Wurde in den ersten beiden Kapiteln das Augenmerk auf die Situation der Marktkombination institutioneller Anleger in Verbindung mit dem Immobilienanlagemarkt gelegt, um die Notwendigkeit der Etablierung eines Immobilien-Intermediärs zu begründen, liegt das Ziel dieses Kapitels in der Darstellung der strategischen Grundlagen für den Markteintritt des Immobilien-Intermediärs. Somit schlägt dieses Kapitel den Bogen von Kapitel II zu Kapitel IV. Bereits bekannte Begriffe werden wieder aufgegriffen und zum strategischen Ansatz in Beziehung gesetzt. Im Mittelpunkt dieses Kapitels stehen die Gestaltung eines integrativen strategischen Ansatzes zur Entwicklung des Aktiven Immobilien-Managements sowie die Beschreibung der kritischen Erfolgsfaktoren.

Die Entwicklung des Strategieansatzes beginnt in Kapitel III.1, mit der Darstellung der strategischen Grundlagen. In Kapitel III.1.1 wird der Bezug zwischen Informationsökonomie (siehe Kapitel II. 2.3) und der Information als wesentlichen Wettbewerbsfaktor hergestellt. In den folgenden Kapiteln III.1.2 und III.1.3 werden mit dem Market Based View und dem Resource Based View zwei strategische Ansätze pointiert gegenübergestellt, die es ermöglichen, sowohl die Markt- als auch die Resourcensicht zu berücksichtigen. Wesentliche Komponente eines integrativen Ansatzes ist die Kundenorientierung (Kapitel III.2.3). Die Synthese der zu berücksichtigenden Aspekte erfolgt mit Hilfe des Leistungssystem-Ansatzes in Kapitel III.2.4. Abgeleitet aus der Vorarbeit und den Experteninterviews werden in Kapitel III.3 die kritischen Erfolgsfaktoren der Dienstleistung Aktives Immobilien-Management dargestellt.

Abb. III-1: Aufbau des Kapitels III

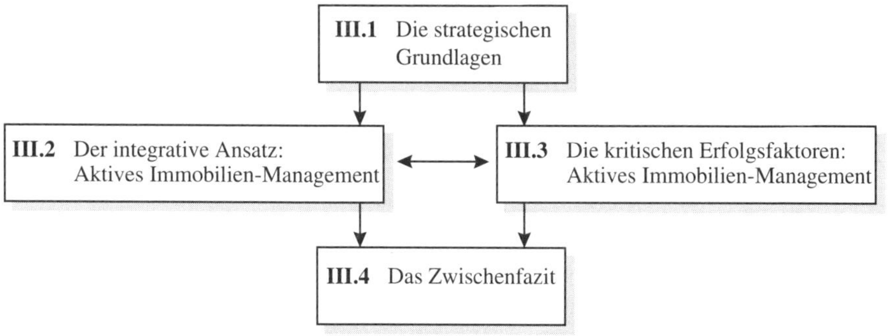

1 Die strategischen Grundlagen

In der Praxis wurde bisher bei der Strategiediskussion bezüglich der Immobilien-Management-Dienstleistungen lediglich funktional vorgegangen.[386] Fragestellungen institutioneller Anleger bei der Gründung einer Immobilien-Management-Abteilung, in Form eines Profit[387]- bzw. Cost-Centers oder einer eigenen Tochterfirma, konzentrieren sich in erster Linie auf die Analyse der Funktionen und Dienstleistungen im eigenen Haus. Vorhandene Funktionen und Dienstleistungen wurden in "neue" Organisationen eingebunden und am Markt angeboten. Somit ist das augenblickliche Angebot von Immobilien-Management-Dienstleistungen weniger am Kundenbedarf und einer hiermit korrespondierenden Resourcenstrategie ausgerichtet, sondern primär an gewachsenen eigenen Strukturen. Hieraus ergibt sich die Notwendigkeit, einen veränderten Strategieansatz zu entwickeln, um sich langfristig erfolgreich in einem sich stark verändernden Markt[388] positionieren zu können.[389]

Entlastet man den Begriff Strategie von spezifischen inhaltlichen Festlegungen (wie z.B. Differenzierungs-, Akquisitions-, Investitions-, u.s.w.), dann lassen sich Strate gien ganz allgemein als generelle Weg-(Ziel-)Beschreibungen charakterisieren. Sie repräsentieren die Politik bzw. die Maximen des Unternehmens. Strategien bringen Handlungsorientierungen bzw. Intentionen von Gruppen bzw. von einzelnen Akteuren zum Ausdruck. Hierbei spielt es keine Rolle, ob es sich um explizit formulierte und schriftlich niedergelegte Strategien handelt oder um Handlungspläne, die sich lediglich in den Köpfen von Mitgliedern des Unternehmens befinden. Nicht jeder Handlungsplan läßt sich aber als Strategie bezeichnen, da ein wesentliches Merkmal der Strategie in der Schaffung von Voraussetzungen für zukünftiges Handeln[390] des Unternehmens besteht.

Die Strategietheorie kann aus verschiedenen Perspektiven betrachtet werden (siehe Abb. III-2). Im Laufe der Zeit entstand eine große Anzahl verschiedener Theorien und Ansätze.[391] Im Vordergrund der heutigen Strategietheorie steht die Aufgabe, Erklärungsmuster zu entwickeln, wie ein Unternehmen über einen längeren Zeitraum einen überdurchschnittlichen Erfolg erzielen kann. Der überdurchschnittliche Erfolg wird auf das Vorhandensein nachhaltig verteidigungsfähiger Wettbewerbsvorteile zurück-

---

386 Expertengespräche

387 Als Beispiel kann hier die Einordnung der Allianz Grundstücks-GmbH in den Mutterkonzern dienen. Vgl. Fink, 1996, S. 19

388 Siehe Kapitel II

389 Hierzu müssen Immobilien-Dienstleister das Geschäft ihrer Klienten verstehen. Vgl. Christopher, 1996, S. 8 f.

390 Vgl. Bohn, 1993, S. 219

391 Zur Entwicklung der Strategieansätze siehe Gomez, 1993, S. 167

geführt. Wählt man diese beiden Kriterien als Ordnungskriterium, gliedern sich einzelne Ansätze wie in Abbildung III-2 dargestellt.

Abb. III-2: Strukturierung der Strategietheorie[392]

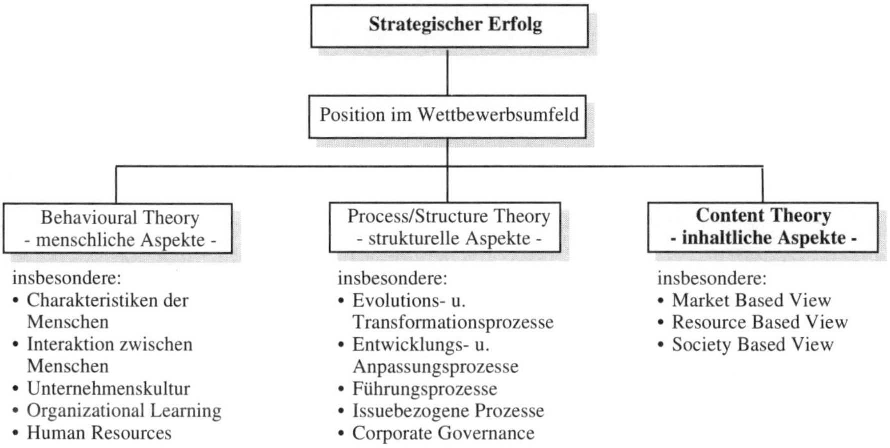

Die bereits in der Strategielehre entwickelten Theorien und Konzepte enthalten für die Entwicklung eines strategischen Ansatzes des Aktiven Immobilien-Managements wertvolle Anhaltspunkte. Relevant für die vorliegende Arbeit sind die inhaltlichen Erklärungsaspekte der Content Theory.[393] Hier werden zwei Perspektiven der Strategielehre, die des Market Based View und die des Resource Based View herangezogen.[394] Diese ursprünglich gegensätzlichen Positionen der Strategielehre, werden als theoretischer Bezugsrahmen zur Entwicklung eines Ansatzes für das Aktive Immobilien-Management miteinander verbunden.

---

[392] Vgl. Sachs, 1995, S. 247

[393] Die Content Theory erklärt auf Basis der nachhaltig verteidigungsfähigen Wettbewerbsposition den strategischen Erfolg. Annahme ist, daß Unternehmen, die gleiche Rahmenbedingungen besitzen, sich aber aufgrund verschiedener Strategieinhalte unterschiedlich entwickeln. Vgl. Sachs, 1995, S. 249

[394] Der dritte Erklärungsaspekt, der Society Based View, legt den Akzent auf die Tatsache, daß Unternehmen nicht nur ein Teil des Wirtschafts-, sondern auch des Gesellschafts- und Ökosystems sind. Siehe hierzu vertiefend Wood, 1991, S. 671 - 718

Abb. III-3: Theoretischer Bezugsrahmen des Aktiven Immobilien-Managements

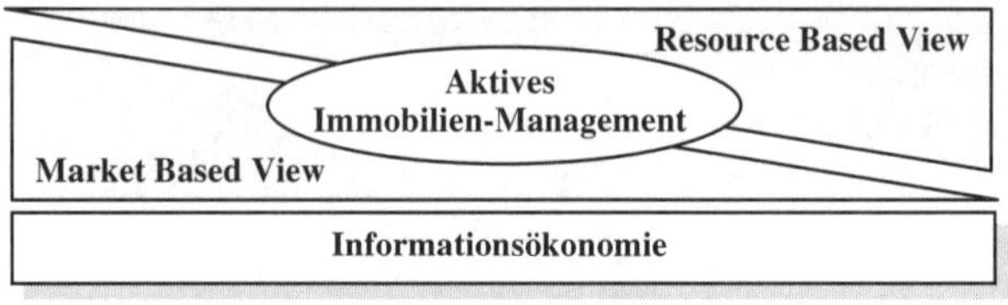

Seit den sechziger Jahren erfreut sich der Ansatz des Market Based View in der Strategielehre zunehmender Akzeptanz.[395] Unter Berücksichtigung der Stärken und Schwächen eines Unternehmens, richtet er sich auf den Wettbewerb bzw. den Markt aus und ist somit outside-in-orientiert. In den achtziger und neunziger Jahren gewann dann der inside-out-orientierte Ansatz des Resource Based View an Popularität. Dieser stützt sich auf das Phänomen der Heterogenität von Unternehmen und erklärt den strategischen Erfolg mit der unterschiedlichen Resourcen-Ausstattung der Unternehmen, die sich unternehmens-individuell verknüpft und ausgeprägt in strategischen Erfolgspotentialen darstellen.[396]

Voraussetzung für das Erzielen von Wettbewerbsvorteilen sind aber nicht nur die Gegebenheiten der Märkte (Market Based View) und die eigenen Stärken und Schwächen, sondern auch das Wissen und Können (Resource Based View) sowie die verfügbaren Informationen über den Markt innerhalb des eigenen Unternehmens. Wettbewerbsvorteile basieren damit nicht ausschließlich auf finanziellen und technologischen Potentialen, sondern - gerade in Dienstleistungsmärkten - vor allem auf der Ungleichverteilung von Informationen, Wissen und Können der verschiedenen Unternehmen.[397] Besonders unter sich verändernden Rahmen- und Wettbewerbsbedingungen gilt es, Wissens- und Informationsasymmetrien systematisch zu erkennen und aufzubauen, um daraus vorteilhafte Produkt-Markt-Beziehungen generieren und wirtschaftlich auswerten zu können. Im Fall des Immobilien-Intermediärs kann dies durch

395 Wegweisend waren hier Arbeiten von Chandler, 1962; Ansoff, 1965 und Andrews et al., 1965. Einer der namhaftesten Vertreter ist Porter, der die Position und den Erfolg in Absatzmärkten mit Differenzierungs- oder Kostenvorteilen erklärt. Vgl. Porter, 1991, S. 95 - 117

396 Vgl. Pümpin, 1989, S. 51. Neben den strategischen Erfolgspotentialen steht der Begriff der Kernkompetenzen. Die Kernkompetenzperspektive wurde von den Autoren Prahalad, Hamel in die Diskussion um das strategische Management eingebracht. Statt des vorherrschenden Blickwinkels der Produkt-Markt-Kombinationen und des damit verbundenen Portfolio-Managements propagieren sie das Denken in Kompetenzen auf der Unternehmensebene. Auch wenn dieser Grundgedanke nicht neu ist, wurde der ursprüngliche Resource Based Ansatz von Prahalad, Hamel weiterentwickelt und wieder in die Strategiediskussion eingeführt. Siehe Prahalad, Hamel, 1990, 1991; Der Gedanke, daß unternehmensindividuelle Resourcen und Fähigkeiten bzw. Kompetenzen oder deren einzigartige Kombination erheblichen Einfluß auf den Erfolg eines Unternehmens haben, geht auf Selznick, 1957, zurück und wurde von Penrose, 1959, weiterentwickelt. Zum Begriff der Kernkompetenzen im Resource Based Ansatz siehe Knyphausen, 1993, S. 772 ff.

397 Vgl. Picot, Maier, 1993, S. 32

die neuartige Kombinationen von Resourcen zur Lösung von Kundenproblemen, durch neue Produkte und Dienstleistungen, aber auch durch die Veränderung von Prozessen und organisatorischen Abläufen erfolgen.

Im nachfolgenden Kapitel wird zunächst auf den Wettbewerbsfaktor Information im Zusammenhang mit der Strategieentwicklung für einen Immobilien-Intermediär eingegangen, bevor die strategischen Ansätze des Market Based und Resource Based View eingehender betrachtet werden.

1.1 Wettbewerbsfaktor Information

1.1.1 Informationsökonomie und Wettbewerb

Eine besondere Bedeutung hinsichtlich der Aufteilung wirtschaftlicher Aktivitäten zwischen Markt und Unternehmen, aber auch zwischen zwei Unternehmen, kommt der Informationsverteilung zu. HAYEK sah in der ungleichen Informationsverteilung und der Aufwendigkeit der Informationsbeschaffung das Grundproblem wirtschaftlicher Aktivitäten, welches grundsätzlich für alle Koordinations- und Organisationsformen gilt.[398] Die Ursachen für die hiermit in Zusammenhang stehende zunehmende Auflösung der Unternehmensgrenzen hat COASE bereits 1937 untersucht.[399]

Die Grundaufgabe einer Wettbewerbs- und Erfolgsanalyse besteht auf Seiten des Unternehmens im Erkennen von wirtschaftlich relevanten Informationen als Wissensvorsprünge und der praktischen Ausnutzbarkeit der Divergenzen.[400] Die Analyse des Wettbewerbs wird häufig auf die Identifikation der derzeitigen Wettbewerber reduziert. Gerade in sich stark verändernden oder neu entstehenden Märkten sind dies jedoch selten die Wettbewerber von morgen. HAYEK definiert Wettbewerb als permanentes Entdeckungsverfahren nach erfolgversprechenden Arbitragebeziehungen. Wettbewerb ist in diesem Kontext ein dynamischer Prozeß und damit zum Teil auch ein Entmachtungs-Verfahren.[401] Je schneller sich jedoch Informationen verbreiten, desto weniger geschützt sind Arbitragebeziehungen, die auf diesen Informationsasymmetrien beruhen. Überlegene Information im Sinne von schneller Präsenz und größerer Tiefe der Information wirkt quasi als Beschleuniger in der permanenten Entdekkung und Zerstörung von erfolgversprechenden Arbitragebeziehungen. Genau dieser Prozeß ist seit einigen Jahren auf dem Immobilienanlagemarkt in Gang und wird

398 Hayek, 1968

399 Vgl. Coase, 1937. Zur detaillierteren Darstellung des Zusammenhangs zwischen Transaktions- und Informationskosten sowie der möglichen Koordinationsmechanismen siehe Kapitel II.2.2 und die dort angegebene Literatur.

400 Vgl. Picot, Reichwald, Wigand, 1996, S. 33

401 Vgl. Hayek, 1968, S. 212; Kirzner, 1978, S. 7 ff.

durch weitere Veränderungen, wie zum Beispiel durch die Etablierung von Immobilien-Intermediären sowie weiterer Marktkonzentrationen, auch in den nächsten Jahren weiter an Brisanz zunehmen.[402]

Im Zusammenhang von Information und Wettbewerb würde eine Gleichverteilung von Informationen es in keinem Markt den Handelnden erlauben, eine Rendite über dem Kapitalmarktdurchschnitt zu erwirtschaften. Die sich hier an HAYEK orientierende Auffassung von Wettbewerb führt dazu, daß bestehende Informationsdefizite und Asymmetrien permanent überwunden werden müssen, um im gleichen Zuge neue Informationsdefizite und Asymmetrien entstehen zu lassen. Der Abbau alter Informationsasymmetrien wird durch die Etablierung eines Immobilien-Intermediärs erreicht. Er entspricht einer entstehenden neuen Marktstruktur und einem sich zusehends ändernden Kundenverhalten. Die Struktur, die Organisation und die Prozesse der Leistungen des Immobilien-Intermediärs sind darauf auszurichten, die Fähigkeiten und Resourcen in einer Art und Weise zu bündeln, daß sie für den Immobilien-Intermediär einen nachhaltigen Wettbewerbsvorteil darstellen. Aus der unternehmerischen Perspektive des Immobilien-Intermediärs haben Informationsdefizite vor allem drei Folgen:[403]

1. Will der Immobilien-Intermediär erfolgreich im Immobilienanlagemarkt operieren, muß er sich die zu seinen Gunsten bestehenden Informationsasymmetrien sichern, um das Erwirtschaften einer überdurchschnittlichen Rendite zu ermöglichen.

2. Der Intermediär wird bestrebt sein, den Informationsvorsprung anderer Unternehmen abzubauen. Ziel dieses Abbaus ist es, einen Teil der Rendite anderer Marktteilnehmer abzuschöpfen.

3. Die Sicherung der eigenen Wettbewerbsposition kann nur gelingen, wenn neue Informationsasymmetrien aufgebaut werden. Dies kann z.B. durch die neue Kombination der Fähigkeiten und Resourcen erfolgen. Möglich ist auch die Entdeckung aktueller Zusammenhänge, woraus sich ein Informations- und damit ein Wettbewerbsvorsprung ergibt.

Die Information über sich in der Entwicklung befindende Märkte ist i.d.R. wenig strukturiert. Aus diesem Grund ist es für den Immobilien-Intermediär nicht klar und äußerst schwierig, eine abschließende Definition des Marktes vorzunehmen. Aus die-

---

[402] Auf die Relevanz von Informationsdefiziten und -asymmetrien wurde schon in den Kapiteln II.2.3 und II.4.4 ausführlich eingegangen.

[403] Vgl. Siegert, 1997, S. 128

ser Situation ergibt sich der Vorteil, Wettbewerbsvorteile bereits durch den Abbau geringer Informationsdefizite erzielen zu können.[404]

1.1.2 Wettbewerbsvorteile und Information

Für die Analyse und damit die Messung des Zusammenhangs zwischen Wettbewerbsvorteilen und Informationen existiert bis heute keine anerkannte Methode. Damit läßt sich keine wissenschaftlich gesicherte Antwort auf die Frage geben, ob ein Unternehmen lediglich für einen bestimmten Zeitraum schneller und profitabler wachsen sollte als die Wettbewerber, oder ob es die Marktführerschaft in einem - wie auch immer spezifizierten Produkt-Markt-Segment erreichen bzw. halten muß, um als besonders wettbewerbsfähig zu gelten.[405] Darüber hinaus existiert bisher keine eindeutige Beziehung zwischen dem Informationsmanagement auf der einen und dem Wettbewerbserfolg auf der anderen Seite. Um diese Ursache-Wirkungskette kausal zwingend aufstellen zu können, fehlt es noch an einigen Gliedern. Ziel dieses Abschnitts kann es deshalb nicht sein, eine vollständige Lösung des Problems zu bieten, sondern für die Etablierung des Immobilien-Intermediärs im Institutionellen-Immobilien-anlagemarkt einen Zusammenhang zwischen Information und Wettbewerbsvorteilen aufzuzeigen.[406]

Zum Zusammenhang zwischen Information und Wettbewerbsvorteilen stellt DRETSKE fest: "*Information is a commodity capable of yielding knowledge, and what information a signal carries is what we can learn from it*"[407]. NONAKA und TAKEUCHI[408] betrachten die Information als Grundlage für die Wirkungskette zur Erzielung von Wettbewerbsvorteilen. Von der Information in Form von Daten, Fakten, Aussagen und Überzeugungen als Ausgangspunkt gelangt man über die Interpretation der Information zu einer persönlichen Perspektive bzw. einer Handlung. In den Schritten sind sowohl die Gegebenheiten des Marktes als auch die unternehmensindividuellen Resourcenkombinationen enthalten, die aufgrund der Erfahrungen und der eigenen Fähigkeiten im Idealfall zu einem Wettbewerbsvorteil führen. Gerade im Aktiven Immobilien-Management stellt die Information einen wesentlichen Wettbe-

404 Die Herausforderung ist jedoch, den Abbau von Informationsdefiziten so zu gestalten, daß er von den Klienten als wahrnehmbarer Nutzen empfunden wird. Auch wenn die institutionellen Investoren der Forderung nach Abbau der Informationsdefizite immer wieder Ausdruck verleihen, ist dies ein erster Schritt, dem die Umsetzung am Markt noch folgen muß. Hierzu ist ein weiterer Bewußtseinswandel auf Seiten der Institutionellen nötig. Bündeln die Versicherer auf der einen Seite zunehmend ihre Kapitalanlagen und betonen, wie wichtig die professionelle Verwaltung derselben ist, werden die Immobilienanlagen auf der anderen Seite hiervon immer noch ausgespart. Vgl. O.V., 1998b, S. 13

405 Vgl. Hoch, 1997, S. 8

406 Darüber hinaus stellt die Analyse dieser Zusammenhänge eine Brücke zu der in Kapitel II.2.3 dargestellten theoretischen Begründung dar.

407 Dretske, 1981, zitiert in Hoch, 1997, S. 9

408 Nonaka, Takeuchi, 1995

werbsfaktor dar. Informationen können hier zu Wettbewerbsvorteilen werden, wenn es gelingt, mehr über regionale und / oder internationale Märkte, die Bedürfnisse der institutionellen Anleger sowie die eigenen Stärken und Schwächen herauszufinden.[409] Im Mittelpunkt des Interesses liegen Informationen über den Kunden und die Fähigkeiten und Resourcen des eigenen Unternehmens.[410]

1.2 Market Based View

Die Dominanz des Market Based View für die Entwicklung von Strategien in den letzten 20 Jahren ist vor allem durch die Arbeiten von PORTER zu erklären.[411] Anfang der 80er Jahre griff PORTER das Structure-Conduct-Performance-Schema (siehe Abb. III-4) im Rahmen seiner Branchenstrukturanalyse auf und wendete es auf seine Theorie der Erzeugung und Verteidigung von Wettbewerbsvorteilen an.[412]

Abb. III-4: Das Structure-Conduct-Performance-Schema[413]

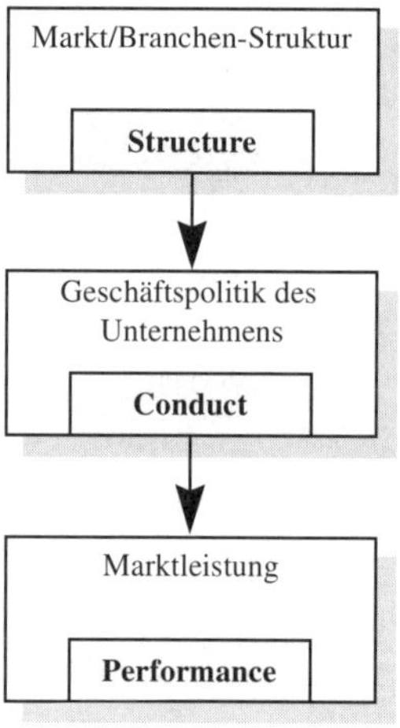

409 Weiterführend geht es um die Ermittlung der maßgeblichen technischen Trends, um Erkenntnisse über die Nachfragestruktur für die eigenen Leistungen und um Analysen regulatorischer Rahmenbedingungen, insbesondere der Dynamik auf dem Markt, die von Änderungen dieser Regulatorien ausgehen kann, zu beleuchten.

410 Dieses Ziel mag trivial klingen, in Anbetracht der unter II.3 beschriebenen momentanen Marktsituation, der Expertengespräche und eigener Projekterfahrungen, zeigt sich, was für ein hoher Aufwand notwendig ist, um hier zu klaren Ergebnissen und damit zu einer folgerichtigen Positionierung im Markt zu kommen.

411 Porter, 1980, 1985. Basierend auf dem Structure-Conduct-Performance-Schema der Industrial Organization (IO)-Forschung wurden das PIMS-Programm und Porters Wettbewerbsmodell entwickelt. Der IO-Ansatz geht auf Mason zurück. Dessen Schüler Bain war es, der den Marktstrukturansatz zum Industrieansatz weiterentwickelte und damit die Industrie bzw. die Branche in den Mittelpunkt der Betrachtungen rückte. Vgl. Binder, Kantowsky, 1996, S. 22 sowie die dort angegebene Literatur.

412 Vgl. Porter, 1992, S. 22 ff.

413 Vgl. Schreyögg, 1984, S. 52

PORTER[414] verfolgt im Gegensatz zur IO-Forschung[415] in seinen Arbeiten ein anderes Ziel: Ein Unternehmen soll durch eine sorgfältige Analyse eine Strategie wählen. Die relevanten Analysefelder hierfür sind die Struktur der Branche, die strategischen Gruppen innerhalb der Branche sowie die aus den Stärken und Schwächen resultierende Position des Unternehmens innerhalb der strategischen Gruppe.[416] Anhand der Wertkette folgt die funktional ausgerichtete Unternehmensanalyse, welche auf Unternehmensebene Informationen über strategisch relevante Tätigkeiten, Kostenverhalten und potentielle Differenzierungsquellen liefert.[417] Wendet man PORTERS Strukturanalyse auf das Aktive Immobilien-Management an, ergibt sich folgendes Bild:[418]

Abb. III-5: Branchenstrukturanalyse am Beispiel Aktives Immobilien-Management

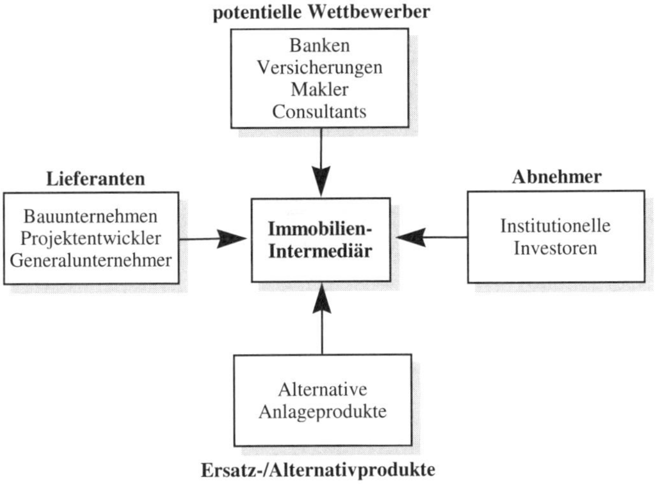

Aufbauend auf die Untersuchung der Umwelt in Form einer Branchenstrukturanalyse, deren Ergebnis die Auswahl eines attraktiven Marktes bzw. einer attraktiven Branche ist, werden die als vorteilhaft betrachteten Strategiemuster für den Brancheneintritt und das Agieren innerhalb des ausgewählten Marktes untersucht. Folgend werden Re-

414 Siehe hierzu Porter, 1980

415 Die grundlegende Idee zum Structure-Conduct-Performance-Schema, wie es vor allem von der "Positioning School" vertreten wird, entstammt der IO-Forschungstradition, die folgende Argumentationkette untersucht: (1) Bildet sich die Marktstruktur aufgrund von sogenannten "basic conditions" wird (2) das Verhalten von Unternehmen bestimmt, was schließlich (3) zur unterschiedlichen Effizienz verschiedener Branchen führt.

416 Jeschke, 1992, S. 183

417 Vgl. Porter, 1992, S. 59 ff.

418 Vgl. Porter, 1992, S. 23

sourcen und Fähigkeiten des Unternehmens analysiert und je nach Erfordernissen aktiviert oder ergänzt. Wie die Zusammenhänge innerhalb des Structure-Conduct-Performance-Schemas ausgelegt werden, ist abhängig von der Forschungsperspektive. Die orthodoxe Forschung geht von einer Abhängigkeit der Marktleistung (Performance) von der Unternehmensführung (Conduct) aus, welche wiederum von der Struktur des Marktes determiniert wird. Dieser strukturalistische Ansatz interpretiert die Verhaltensweise des Unternehmens am Markt als abhängige Variable der Markt- bzw. Branchenstruktur.[419] Diese Gedankenführung ist eher passiv und entspricht weitgehend der Argumentation der Anbieter auf dem Immobilienanlagemarkt.[420] Übersehen wird hierbei, daß die Struktur eines Marktes wesentlich von den Kunden geprägt wird. Wird von Kundenseite also eine Veränderung der Marktstruktur gefordert und stellenweise auch schon gefördert, sollte auch in der orthodoxen Wirkungskette über die Markt- bzw. Branchenstruktur eine Veränderung im Verhalten der Unternehmensführung entstehen. Darüber hinaus bestimmt PORTER die relative Wettbewerbsposition innerhalb der Branche und analysiert mit dem Werkzeug der Wertkette die Quellen der Wettbewerbsvorteile.[421]

Resourcen betrachtet der Market Based View als Einsatzfaktoren, die kurzfristig verfügbar, problemlos zu kaufen und beliebig transferierbar sind. Es werden also vollkommene Faktormärkte unterstellt, die eine effiziente Beschaffung von Resourcen zum Marktpreis ermöglichen, womit die Resourcenallokation innerhalb des Market Based View keinen Engpaß darstellt. Im Ergebnis besitzen Resourcen keinen Einfluß auf strategische Entscheidungen und begründen keine Wettbewerbsvorteile.

1.3 Resource Based View

Gegenwärtig ist in der Forschung des strategischen Managements eine verstärkte Hinwendung zu unternehmensinternen Faktoren erkennbar.[422] Während noch bis vor wenigen Jahren vor allem die Markt- und Marketingorientierung sowie das Denken in Produkt-Markt-Kombinationen als Garant zur Erreichung von Wettbewerbsvorteilen galt, zeichnet sich zur Zeit ein Umkehrtrend ab. Es steht nicht mehr nur das traditionelle Portfolio-Management und die Erschließung von Absatzmärkten im Vorder-

---

419 Vgl. Schreyögg, 1984, S. 52

420 Expertengespräche

421 Nach Porter lassen sich Wettbewerbsvorteile erst verstehen, wenn man die einzelnen Tätigkeiten des Unternehmens untersucht. Den generischen Wettbewerbsstrategien entsprechend können zwei Grundtypen von Wettbewerbsvorteilen unterschieden werden. Zum einen handelt es sich um die komparativen Kostenvorteile und zum anderen um Differenzierungsvorteile gegenüber dem Wettbewerb. Vgl. Porter, 1992, S. 59 ff.

422 Vgl. Collis, Montgomery, 1995, S. 118 f.

grund, sondern zunehmend die Resourcen und Fähigkeiten eines Unternehmens.[423] Gerade auf den sich schnell entwickelnden und wandelnden Dienstleistungsmärkten ist dieser Faktor von besonderer Bedeutung. Der resourcenorientierte Ansatz[424] soll sowohl das Entstehen als auch die Beständigkeit von Wettbewersbsvorteilen erklären. Darüber hinaus ist der Ansatz mit den Hauptströmungen der allgemeinen Strategieforschung, wie auch mit der institutionellen Ökonomie, kompatibel bzw. hierzu komplementär.

Im Gegensatz zum Market Based View, der sich primär aus der Industrial Organization Forschung entwickelt hat, stützt sich der Resource Based View auf empirische Untersuchungen von Einzelfällen.[425] Der Schwerpunkt der Betrachtung des resourcenorientierten Ansatzes liegt bei der unternehmensspezifischen Resourcenausstatung. Begründet wird die Einnahme dieser Perspektive mit der oft nicht ausreichenden Erklärung der unterschiedlichen Profitabilität von Unternehmen durch industrieökonomische Modelle.[426]

Die Heterogenität mit der der Unternehmenserfolg erklärt wird, ist in der wissenschaftlichen Literatur durch unterschiedliche Begriffe beschrieben.[427] Allen gemeinsam ist, daß die Differenzierung des Unternehmens gegenüber dem Wettbewerb über unternehmensindividuelle einzigartige Resourcen und Fähigkeiten erfolgt. Diese ermöglichen es dem Unternehmen, bestimmte Aktivitäten, Prozesse effizienter und effektiver durchzuführen, um so das Ziel eines überdurchschnittlichen Ergebnisses erreichen zu können. Quellen von Wettbewerbsvorteilen sind Resourcen und Fähigkeiten bzw. Kompetenzen sowie deren einmalige Kombination.[428] Wird diese Betrachtung auf Gesamtunternehmensebene angestellt, dient der Resource Based View als Instrument zur strategischen Unternehmensführung.

---

423 Nach Binder, Kantowsky sind Resourcen materiell, haben einen Markt, sind lokalisier- bzw. isolierbar und sind Objekte; Fähigkeiten sind immateriell, haben keinen Markt und sind Aktivitäten. Vgl. Binder, Kantowsky, 1996, S. 62. Dieser Ansatz wird zur Zeit intensiv in der englischen Literatur diskutiert und seit kurzem auch im deutschen Sprachraum aufgegriffen. Vgl. hierzu Knyphausen, 1993; Rasche, Wolfrum, 1994; Buchholz, Olemotz, 1995. In Ergänzung zu Binder, Kantowsky sind hier mit Fähigkeiten vor allem Menschen gemeint, die durchaus einen Markt haben, aber keine Aktivitäten darstellen. Vgl. Hill, et al., 1995, S. 67

424 Als Begründerin dieses Ansatzes gilt Edith Penrose mit ihrem 1959 vorgelegten Buch "The Theory of the growth of the firm". Sie hat sich bei der Entwicklung ihrer Wachstumstheorie von den unternehmensexternen Faktoren mit der Begründung abgewendet, daß diese bereits ausführlich diskutiert wurden und eine Untersuchung unternehmensinterner Gründe für Wachstum vernachlässigt wurde. Vgl. Penrose, 1959, S. 65

425 Osterloh, Grand, 1994, S. 278

426 Zur Vertiefung des Resource Based View siehe Peteraf, 1993, S. 186

427 Zu den häufigsten Begriffen gehören Kernkompetenzen, Fähigkeiten und Strategische Erfolgsposition. Zur detaillierten Abgrenzung siehe Grant, 1991; Pümpin, 1992; Stalk, Evans, Shulman, 1992

428 Vgl. Binder, Kantowsky, 1996, S. 27 f.

Die Vertreter des Resource Based View haben ein sehr breites Verständnis von Resourcen entwickelt, welches nicht nur materielle, finanzielle und humane Aktiva umfaßt, sondern auch weiche Faktoren beinhaltet. So werden Know-how, Reputation, die Kultur eines Unternehmens oder auch die Qualifikation und Motivation der Mitarbeiter als Resource verstanden.[429] Gerade diese Erweiterung des Resourcenbegriffs ist für Dienstleistungen wesentlich, da hier nicht einfach nach "harten" Produktfakten unterschieden werden kann, sondern meist weiche Faktoren den relevanten Produktunterschied ausmachen.

Da die Betrachtung vom Unternehmen selbst ausgeht - also inside-out - konstituieren die Resourcen eines Unternehmens und deren Kombination die Quellen von Wettbewerbsvorteilen. Ausgangspunkt zur Erklärung der Entstehung und Erhaltung von Wettbewerbsvorteilen ist eine im Ursprung ökonomische Argumentationslogik,[430] bei der nicht alle Resourcen als kurzfristig zukaufbar, transferier- oder imitierbar gesehen werden. Die Übertragung einzigartiger Resourcen ist in diesem Verständnis nur schwer bzw. mit zeitlicher Verzögerung möglich. Darüber hinaus handelt es sich oftmals um "invisible" bzw. "intangible assets" eines Unternehmens, welche einen relevanten Einfluß auf die Wettbewerbsvorteile besitzen.[431] Obwohl die Vertreter des Resource Based View ihren Ausführungen unterschiedliche Resourcenbegriffe zugrunde legen,[432] sehen sie die Entstehung von Wettbewerbsvorteilen einheitlich. Zum einen durch die Annahme von Faktormarktunvollkommenheiten und zum anderen der Voraussetzung, daß nicht von der vollkommenen Handelbarkeit aller Resourcen ausgegangen werden kann.[433] Die personen- und organisationsgebundenen Fähigkeiten, die sich in der Tiefenstruktur eines Unternehmens befinden, können nicht oder nur sehr schwer gehandelt und damit übertragen werden. Somit stellen gerade immaterielle Resourcen eine wesentliche Quelle für Wettbewerbsvorteile dar. Nach der Entwicklung von Wettbewerbsvorteilen ist deren langfristige Aufrechterhaltung bzw. Verteidigung von entscheidender Bedeutung. Je mehr der folgenden Punkte gegeben sind desto sicherer sind die Wettbewerbsvorteile:

---

429 Vgl. Wernerfelt, 1984, S. 172; Barney, 1986, S. 656 ff.

430 Vgl. Collis, 1991, S. 65 - 66; Knyphausen, 1993, S. 775

431 Vgl. Barney, 1986, S. 658 f.

432 Siehe hierzu Binder, Kantowsky, 1996 und die dort angegebene Literatur.

433 Faktormarktunvollkommenheiten können etwa darin bestehen, daß kein einheitlicher Preis für eine Resource besteht oder keine Transparenz dahingehend existiert, welchen Nutzen bzw. Ertrag eine Resource bringen kann. Hierdurch entstehen Asymmetrien, die einzelne Unternehmen in Wettbewerbsvorteile umsetzen können. Die Annahme der Nichthandelbarkeit bestimmter Resourcen läßt sich anhand von Fähigkeiten verdeutlichen. Es wird davon ausgegangen, daß eine problemlose Transferierbarkeit lediglich bei explizitem und gleichzeitig dokumentiertem Wissen, wie etwa einem Patent möglich ist. Vgl. Knyphausen, 1993, S. 776 f.

- Knappheit der Resourcen,
- schlechte Imitierbarkeit,
- begrenzte Substituierbarkeit,
- Immobilität der Resourcen,
- Wertigkeit der Resourcen (Verbesserung von Effektivität und Effizienz),
- Dauerhaftigkeit der Resourcenheterogenität und
- Einmaligkeit der Kombination von Resourcen.

Bei der Entwicklung und Erhaltung von Wettbewerbsvorteilen im Dienstleistungssektor spielen die Punkte Wertigkeit, Einmaligkeit in der Kombination und die schlechte Imitierbarkeit die wichtigste Rolle.

2 Der integrative Ansatz: Aktives Immobilien-Management

In den beiden vorangegangenen Kapiteln wurden der Market Based und der Resource Based View der strategischen Unternehmensführung diskutiert. Nun gilt es beide Ansätze in ihrer wesentlichen Aussagefähigkeit für das Aktive Immobilien-Management miteinander zu verbinden. Ziel ist es, nachhaltige Wettbewerbsvorteile[434] zu generieren und die Grundlage für Kapitel III.3 zur Ableitung der kritischen Erfolgsfaktoren zu legen.

2.1 Synthese der strategischen Ansätze

Die Kombination beider strategischer Ansätze hat, über ein wissenschaftliches Interesse[435] hinaus, auch praktische Relevanz in der vorliegenden Arbeit. Die Funktion des Intermediärs erfordert ex definitione[436] eine Berücksichtigung beider Marktseiten. Da das eigentliche Produkt des Immobilien-Intermediärs nicht einmalig ist und von einer Reihe Anbietern in verschiedenen Ausprägungen offeriert werden kann, muß auf der einen Seite die Resourcenkombination eine bestimmte Einmaligkeit besitzen, und auf der anderen Seite eine konsequente Kundenorientierung die Entwicklung nachhaltiger Wettbewerbsvorteile unterstützen.

Die pointierte Gegenüberstellung von Market Based View und Resource Based View wird im Folgenden durch eine Synthese beider Ansätze ersetzt, um die Entwicklung einer Strategie für ein Aktives Immobilien-Management mit Hilfe des Leistungssystem-Ansatzes vorzunehmen. Schon bei der Diskussion der beiden Ansätze Market und Resource Based View wurde deutlich, daß beide Denkansätze ihre jeweilige Perspektive eher einseitig beleuchten.

Richten die Vertreter des Market Based View ihren Fokus auf unternehmensexterne Faktoren, wie die Branchenattraktivität und die Produkt-Markt-Positionierungen,[437]

434 Wettbewerbsvorteile wurden bisher vor allem aus dem Outside-in-Ansatz abgeleitet. Notwendig ist jedoch, die Inside-out-Betrachtung bei der Ableitung von Wettbewerbsvorteilen zu integrieren. Der wesentliche Unterschied zur bisherigen Literatur, die sich auf die klassische Definition von Porter stützt, liegt in der Sichtweise: Der Dienstleistungsmarkt ist im Vergleich zu den anderen Märkten weniger produktgestützt, sondern vielmehr resourcengestützt (z.B. Know-how, Research, Menschen).

435 Für die Entwicklung des strategischen Managements und die Verbindung von Market und Resource Based View mit Hilfe des potentialorientierten Managements siehe Binder, Kantowsky sowie die dort angegebene Literatur. Binder, Kantowsky, 1996

436 Siehe Kapitel II.4.2

437 Hieraus können Wettbewerbsstrategien, wie beispielsweise die Differenzierung oder Kostenführerschaft abgeleitet werden. Eine erfolgreiche Strategie, die sich jedoch hauptsächlich auf externe Faktoren konzentriert, verpaßt wesentliche Chancen durch die fehlende Wahrnehmung unternehmensinterner Faktoren. Vgl. Ansoff, 1987, S. 108 ff.

bevorzugen die Repräsentanten des Resource Based View eine Konzentration auf die interne Unternehmenssicht.

In der jüngeren Vergangenheit wurde am Market Based View kritisiert, daß Unternehmensresourcen zwar als Ursache von Wettbewerbsvorteilen analysiert, deren Herkunft, Dauerhaftigkeit, Nicht-Imitierbarkeit und Nicht-Substituierbarkeit aber nicht berücksichtigt werden.[438] Die Berücksichtigung jedoch genau dieser Faktoren beinhaltet den Zusammenhang zum Auf- bzw. Abbau sowie der Kombination unternehmensinterner Resourcen und Fähigkeiten. Darüber hinaus wird im Market Based View die Heterogenität einzelner Unternehmen nicht berücksichtigt, sondern lediglich durch die Festlegung von Positionen, die besser oder schlechter sind als die des Wettbewerbs, konstituiert. Mittlerweile hat sich der Market Based View jedoch gewandelt, so daß vermehrt das einzelne Unternehmen mit seiner spezifischen Kompetenzstruktur in den Fokus der Betrachtung gerät.

Gleichermaßen beinhaltet der Resource Based View Aspekte des Market Based View, die sich vor allem in der Fähigkeit zur Nutzenstiftung am Markt als Charakteristikum erfolgspotentialgenerierender Resourcen manifestieren. Darüber hinaus lassen sich eine Reihe von Ansatzpunkten des Market Based View integrieren und nutzen. Der Wert der Fähigkeiten hängt beispielsweise vom Kontext der Branchenstruktur und vom Zeitpunkt des Einsatzes ab. Das hat zur Folge, daß in einer anderen Branchenstruktur, in einem anderen Kontext und zu einem anderen Zeitpunkt unterschiedliche Fähigkeiten und Resourcen zu nachhaltigen Wettbewerbsvorteilen führen. Eine Kompetenzstruktur kann folglich nicht ohne Bezug zur Branchenstruktur zur Entwicklung von Strategien herangezogen werden, da sich die Hebel für einen Wettbewerbsvorteil innerhalb einer Branche unterscheiden.[439] In der Definition des Resource Based View sind die Kernkompetenzen dadurch gekennzeichnet, daß sie einen überlegenen vom Kunden wahrgenommenen Kundennutzen stiften und nicht ohne weiteres imitiert oder substituiert werden können. Auf diese Weise können Wettbewerbsvorteile nicht nur erreicht, sondern vor allem gehalten werden.

Durch die Synthese der Ansätze wird es möglich, unternehmensexterne und -interne Einflußfaktoren in einem auf den Kunden ausgerichteten Leistungssystem abzubilden und auf diese Art und Weise den vorher dargestellten theoretischen Bezugsrahmen (siehe Abb. III-3) mit der praktischen Anwendung zu verknüpfen (siehe Abb. III-6).

---

438 Beispielsweise bezieht sich Porter in seinen Werken "Competitive Strategy" und "Competitive Advantage" lediglich auf beobachtbare, vorhandene Stärken und Schwächen, um die Resourcen und Fähigkeiten eines Unternehmens zu beschreiben. Zur weiteren Kritik siehe Man, 1993, S. 7. In empirischen Untersuchungen konnte nachgewiesen werden, daß eine einseitige Konzentration auf den Markt zu Erfolgseinbußen führt. Vgl. Fritz, 1992, S. 444 ff.

439 Vgl. Collis, 1994, S. 150; Verdin, Williamson, 1994, S. 11

Abb. III-6: Integrativer strategischer Ansatz

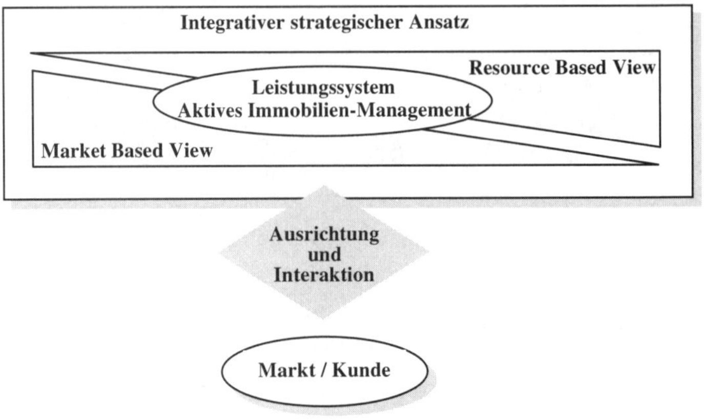

2.2 Strategische Erfolgspositionen und Wettbewerbsvorteile

Die Bestimmung von Strategischen Erfolgspositionen (SEPs) hat zum Ziel, das Unternehmen im Verhältnis zum Wettbewerb so zu positionieren, daß es in der Lage ist, die Bedürfnisse des Marktes besser und umfassender abzudecken als Mitbewerber. Leitidee ist die Erzielung nachhaltiger Wettbewerbsvorteile. Somit legen Strategische Erfolgspositionen eine strategische Richtung fest und setzen für die zukunftsgerichtete Positionierung des Unternehmens unter besonderer Berücksichtigung der Wettbewerbsposition die Vorgaben. PÜMPIN definiert die Strategische Erfolgsposition als eine "*.....in einer Unternehmung durch den Aufbau von wichtigen dominierenden Fähigkeiten bewußt geschaffene Voraussetzung, die es der Unternehmung erlaubt, im Vergleich zur Konkurrenz langfristig überdurchschnittliche Ergebnisse zu erzielen.*"[440]

Bestimmt werden die strategischen Erfolgspositionen aus identifizierten Potentialen.[441] Diese Identifizierung umfaßt zwei Bewertungsinhalte. Zum einen muß das Verhältnis des Potentials zum Wettbewerb festgelegt werden, zum anderen sind unterschiedliche Attraktivitätskriterien für die Potentiale zu prüfen. Hierzu sind sie an

---

440 Vgl. Pümpin, 1986, S. 34 und Pümpin, Geilinger, 1988, S. 11

441 Das lateinische Wort "potentia" bildet die etymologische Herkunft des Begriffs Potential und kann sinngebend mit Vermögen, Kraft, Macht übersetzt werden. Das hierzu verwandte Verb "posse" (können) kennzeichnet die Möglichkeiten eines Sachverhaltes. Folglich läßt sich der Begriff des Potentials mit der grundsätzlichen Fähigkeit zur Leistung beschreiben. Zur ausführlichen Diskussion des Potentialbegriffs siehe Binder, Kantowsky, 1996, S. 43 ff. sowie die dort angegebene Literatur. Zur Übersicht über mögliche Potentiale siehe Dresse, 1997, S. 89. Anknüpfungspunkte zu einer Integration strategischer Denkansätze weisen darüber hinaus verschiedene Ansätze des potentialorientierten Managements auf. Vgl. Wolfrum, 1993, S. 58 ff.

den Bedürfnissen und Erwartungen der Anspruchsgruppen zu spiegeln und abzugleichen.[442] Die Verbindung des Potentialbegriffs mit dem strategischen Management läßt im wesentlichen drei Begriffe in den Mittelpunkt rücken: die Strategischen Erfolgspotentiale, die Strategischen Erfolgspositionen und die Nutzenpotentiale.[443]

Abb. III-7: Abgrenzung von Potentialen und Strategischen Erfolgspositionen[444]

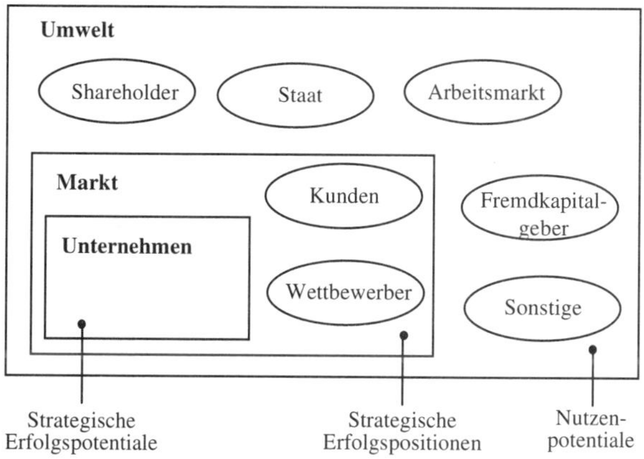

Bei der Beurteilung der Potentiale ist anzumerken, daß ein besonderes Augenmerk auf die Potentiale gelegt werden sollte, deren Neuigkeitsgrad hoch ist. Gerade Fähigkeiten oder Kombinationen aus Resourcen und Fähigkeiten, die momentan unerreichbar oder als nicht realistisch angesehen werden, können häufig durch ehrgeizige Zielsetzungen und kreative Lösungen realisiert werden. PRAHALAD / HAMEL sprechen in diesem Zusammenhang von einem Leverage-Effekt.[445] Das bewußte Überdimensionieren von Aufgaben für einen Mitarbeiterkreis, der genügend Freiheiten hat, kann nachhaltige Leistungssprünge bewirken und dem Unternehmen eine anhaltende Dynamik verleihen.

---

442 Vgl. Pümpin, 1992, S. 109 ff. Pümpin führt diese Bewertung in zwei Schritten durch. Mit Hilfe der Attraktivitätskriterien bewertet er identifizierte Nutzenpotentiale. Anschließend diskutiert er die als attraktiv erscheinenden Nutzenpotentiale anhand kritischer Erfolgsfaktoren. Hieraus ergeben sich die strategischen Erfolgspositionen. Zur Verbindung der Ansätze und Begriffe siehe Abbildung III-9.

443 An dieser Stelle wird die Begriffs- und Definitionsvielfalt beschränkt und sich auf die Terminologie der St. Galler Managementliteratur konzentriert. Vgl. Pümpin, 1986, 1989, 1992 und Pümpin, Geilinger, 1988. Den Begriff des Erfolgspotentials hat Gälweiler eingeführt. Zur Entstehung siehe Gälweiler, 1986, S. 152 f. und 1987, S. 26. Der Begriff des Nutzenpotentials stammt von Pümpin und wird wie folgt definiert: "*Als ein Nutzenpotential ist eine in der Umwelt, im Markt oder in der Unternehmung latent oder effektiv vorhandene Konstellation zu bezeichnen, die durch Aktivitäten des Unternehmens zum Vorteil aller Bezugsgruppen gelöst werden kann.*" Pümpin, 1989, S. 47. Konstituiert werden sie durch den Ausgleich der Forderungen aller Bezugsgruppen nach Nutzenstiftung. Vgl. Bleicher, 1992, S. 334

444 Vgl. Binder, Kantowsky, 1995, S. 10

445 Vgl. Prahalad, Hamel, 1995, S. 231 ff.

Resourcen und Fähigkeiten verleihen einem Unternehmen vor allem auf der operativen Ebene die notwendige Kompetenz zur Leistungserbringung.[446] Die Bündelung auf der strategischen Ebene ermöglicht die Besetzung von Strategischen Erfolgspositionen im Vergleich zum Wettbewerb. Bedingungen für das langfristige und nachhaltige Besetzen überlegener Wettbewerbspositionen sind die Einmaligkeit, Dauerhaftigkeit und Knappheit der spezifischen Resourcen und Fähigkeiten, die einem Unternehmen zur Verfügung stehen. Die Resourcen und Fähigkeiten sind in einer Art und Weise zu kombinieren, daß regelmäßig und zuverlässig spezifische Leistungen erbracht werden können, die einen einzigartigen Kundennutzen stiften und so einen Vorsprung vor Mitbewerbern erlauben.

Wesentliche Gefahren für die Nachhaltigkeit dieses Wettbewerbsvorsprungs sind gerade bei Dienstleistern die Imitation und die Substitution der Resourcen und Fähigkeiten durch aktuelle oder potentielle Mitbewerber. Imitation bezieht sich in diesem Zusammenhang auf den Aufbau gleicher oder ähnlicher Resourcen und Fähigkeiten oder deren Kombinationen. Zugleich werden diese auf dieselben Nutzenpotentiale ausgerichtet wie die des eigenen Unternehmens. Entsprechend soll unter Substitution die Erschließung derselben Nutzenpotentiale durch grundsätzlich verschiedenartige Resourcen und Fähigkeiten verstanden werden. Um zu prüfen, mit welchen Leistungen das Unternehmen im Verhältnis zum Wettbewerb positioniert ist, gibt die folgende Graphik eine einfache schematische Anleitung.[447]

Abb. III-8: Prüfung nachhaltiger Wettbewerbsvorteile

Ist die Leistung....

von hohem Kundennutzen	einzigartig	schwierig zu imitieren	ohne Substitute	Implikationen auf die Stellung im Wettbewerb
NEIN				Wettbewerbsnachteil
JA	NEIN			Wettbewerbsgleichheit
JA	JA	NEIN		temporärer Wettbewerbsvorteil
JA	JA	JA	NEIN	Wettbewerbsvorteil
JA	JA	JA	JA	nachhaltiger Wettbewerbsvorteil

446 Vgl. Bleicher, 1997, S. 9

447 Eisenring, 1997, S. 202

Um die eigene Resourcen- und Fähigkeitenbasis vor Imitation und Substitution zu schützen und die eigenen Wettbewerbsvorteile zu verteidigen, sind Maßnahmen wie z.B. der Know-how-Schutz[448] gerade bei Dienstleistungen[449] von untergeordneter Bedeutung. Eine Möglichkeit des Schutzes vor Imitation bieten Unternehmensfähigkeiten, die nur teilweise oder gar nicht auf explizitem und damit grundsätzlich nicht portablem Wissen beruhen, sondern in nicht bewußtem Wissen ("tacit knowledge") und in nicht bewußt ablaufenden Routinen und Prozessen gründen. Meist handelt es sich hierbei um Kombinationen von Menschen und deren einzigartigem Zusammenwirken.[450] Derartige Fähigkeiten und Resourcen sind nicht oder nur sehr schwierig übertragbar, und können nur in langfristigen Prozessen aufgebaut werden.

Eine weitere Möglichkeit liegt in der Verdichtung der spezifischen Resourcen und Fähigkeiten zu Strategischen Erfolgspotentialen. Diese stellen eine einzigartige Kombination vernetzter Resourcen und Fähigkeiten dar, die es einem Unternehmen erlauben, bezogen auf gewählte Nutzenpotentiale eine überlegene Problemlösung zu erbringen.[451] Strategische Erfolgspotentiale bündeln Synergien durch die Integration verschiedener komplementärer und spezialisierter Resourcen und Fähigkeiten. Strategische Erfolgspotentiale sind immateriell, nicht meßbar und nicht übertragbar. Auf diese Weise kann die wahre Ursache für bestimmte Wettbewerbsvorteile verborgen werden. Wettbewerber können gewissermaßen nur die "Spitze des Eisberges" wahrnehmen, also bestimmte herausragende Resourcen und/oder Fähigkeiten, die direkt "sichtbar" sind. Die Imitation oder Substitution dieser einzelnen "strategic assets" ist jedoch i.d.R. nicht ausreichend, um den durch das integrierte Resourcen- und Fähigkeitenbündel begründeten Wettbewerbsvorteil zu neutralisieren.

Die nachstehende Graphik verdeutlicht noch einmal den bisher beschriebenen Sachverhalt und stellt im Vorgriff die Verbindung zum integrierten Ansatz des Leistungssystems sowie der Kundenorientierung her (Kapitel III.2.4).

---

448 Wie durch Patente oder Geheimhaltung.

449 Sofern es sich nicht um Software handelt.

450 Hierbei kann es sich um Fälle handeln, in denen langjährige Erfahrung und / oder gute Kombinationen aus Wissen und Erfahrungen mehrerer Parteien in ihrer Summe mehr ergeben als die Addition ihrer einzelnen Fähigkeiten.

451 Vgl. Binder, Kantowsky, 1996, S. 82

Abb. III-9: Bezug von Potentialen und Positionen zum integrativen Ansatz

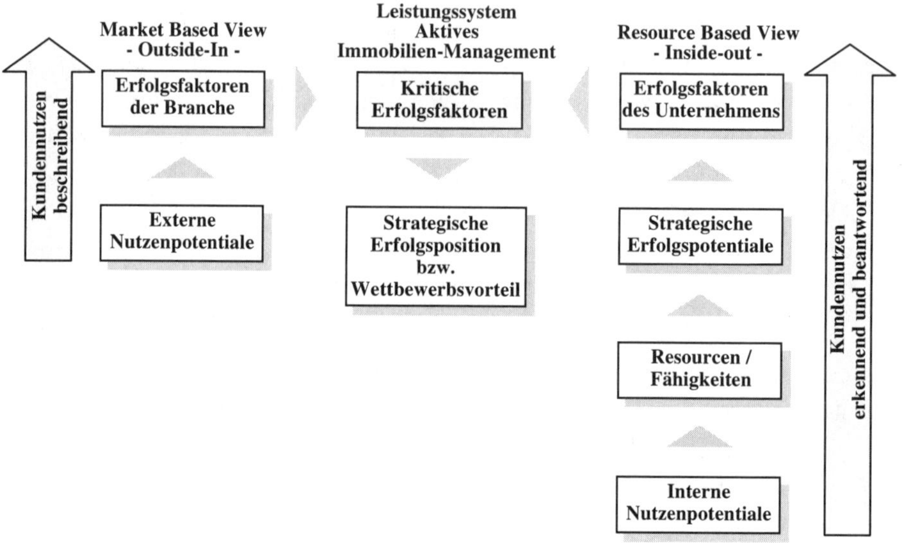

2.3 Kundenorientierung im Aktiven Immobilien-Management

Betrachtet man das Kundenverhalten der institutionellen Investoren, so läßt sich eine Veränderung hin zu mehr Performancebewußtsein, Preis- und Leistungssensibilität sowie eine abnehmende Loyalität gegenüber bestehenden Immobilien-Dienstleistungsbeziehungen konstatieren.[452] Bisher wird der Institutionelle mit Produkten und Dienstleistungen bedient, welche nicht konkret an seinen Bedürfnissen ausgerichtet sind. Hier liegt die große Chance für einen zukünftigen Immobilien-Intermediär, seine Leistungen verstärkt auf die Kundenbedürfnisse auszurichten. Um eine Maximierung der Bedürfnisbefriedigung zu erzielen, ist es notwendig, das eigene strategische Denken und Handeln - und somit alle unternehmerischen Aktivitäten - auf die individuellen Kundenbedürfnisse auszurichten. Dies trifft den Inhalt des Begriffs Kundenorientierung, der den Kunden mit seiner individuellen Anlagesituation in den Mittelpunkt stellt. In diesem Zusammenhang bekommen "Produkte" sekundäre Bedeutung, da der Kunde eine ganzheitliche Problemlösung anstrebt. Stehen bei der reinen Produktorientierung die Anlagealternativen im Vordergrund, so werden bei der Kundenorientierung die verschiedenen Leistungselemente, die von bestimmten Teil-

452 Expertengespräche

gruppen der institutionellen Investoren nachgefragt werden, gebündelt angeboten. Das Konzept des Leistungssystems[453] setzt genau an dieser Stelle an.

Im Rahmen einer derart verstandenen Kundenorientierung stellt sich die Frage der Make-or-Buy-Strategie für den Immobilien-Intermediär, denn das Problemlösungsangebot besteht in seiner Breite aus einer Vielzahl einzelner Produkte, die Kombinationen von Produkten einzelner Immobilien-Dienstleister enthalten.[454] Insbesondere die Gewährleistung einer hohen Beratungs- und Servicequalität, die sich an den Wünschen und Bedürfnissen der Kunden orientiert, sowie die Fähigkeit, der individuellen Kundenansprache, stellt einen wesentlichen Erfolgsfaktor zukünftiger Immobilien-Management-Dienstleistungen dar.

2.3.1 Kundenbedürfnisse und Erwartungen

Kundenbedürfnisse beziehen sich im allgemeinen auf Qualitäts-, Preis- und Zeitaspekte. Der Kunde will eine Leistung mit den entsprechenden Eigenschaften zu einem - aus seiner Warte - fairen Preis zum richtigen Zeitpunkt. Der Zeitpunkt für den Eintritt der Leistung und der Preis lassen sich relativ leicht ermitteln. Die dritte Komponente, die Qualität, ist dagegen äußerst komplex und spiegelt sich in vielerlei Erwartungen des Kunden wieder. Grundsätzlich ist der Kunde dann zufrieden, wenn die Marktleistung seine Erwartungen umfassend erfüllt. Damit dieser Idealfall eintreten kann, sind beide, sowohl die Anbieter als auch die Kunden, gefordert. Um die Bedürfnisse des Kunden erfüllen zu können, müssen sie dem Anbieter bekannt sein. Dazu allerdings muß der Kunde in der Lage sein, seine spezifischen Bedürfnisse zu artikulieren.[455] Da sich bisher im Vergleich zu einem Immobilien-Intermediär im eigenen Haus häufig nicht in vergleichbarer Tiefe mit dem Immobilien-Management beschäftigt wurde, sind die Anforderungen teilweise diffus und die Erwartungen an die Problemlösung oft nicht vollständig zu beschreiben.[456]

Das Know-how des Kunden bezüglich des Immobilien-Managements kann ausschlaggebend sein, inwieweit Kundenerwartungen und -bedürfnisse übereinstimmen. Es ist Aufgabe des Anbieters gemeinsam mit dem Kunden dessen bestehende Erwar-

453 In Kapitel III.2.4 wird detailliert das Leistungssystem Aktives Immobilien-Management beschrieben.

454 Vgl. Benölken, Greipel, 1994, S. 68

455 Dies fällt institutionellen Investoren nicht immer leicht. Expertengespräch

456 Expertengespräche. Besonders deutlich werden die unterschiedlichen Bedürfnisse z.B. bezüglich der erwarteten Rendite. Um hier Klarheit zu erlangen, werden Kundenbedürfnisse und Kundenerwartungen unterschieden. Unter Kundenerwartungen werden diejenigen Bedürfnisse verstanden, die dem Kunden bekannt sind und die er gegenüber dem Anbieter artikulieren kann. Sie stellen eine Teilmenge der Kundenbedürfnisse dar. Der Begriff der Kundenbedürfnisse ist weiter gefaßt. Hierunter fallen auch latent vorhandene und durch den Kunden nicht zu beschreibende Bedürfnisse.

tungen zu ergänzen, so daß im Ergebnis die latenten und bisher nicht zu artikulierenden Bedürfnisse in der Problemlösung erfüllt werden (siehe Abb. III-10)[457].

Abb. III-10: Verhältnis von Kundenerwartungen und Kundenbedürfnissen

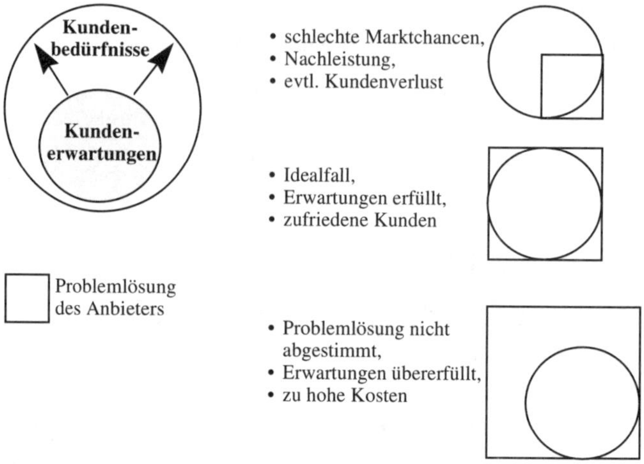

Übertrifft der Anbieter die Erwartungen des Kunden, wirkt sich dies positiv auf dessen Zufriedenheit aus.[458] Im Idealfall stimmen die Kundenbedürfnisse und die Problemlösung überein. Werden die Kundenerwartungen dagegen nur zum Teil erfüllt, besteht die Möglichkeit einer Nachbesserung. Gleichzeitig schwebt der Anbieter in der Gefahr, daß der unzufriedene Kunde das Verhältnis beendet. Gerade bei sensiblen Leistungen, wie dem Immobilien-Management ist diese Gefahr groß.[459]

2.3.2 Strukturierung der Kundenbedürfnisse

Die Bedürfnisse der institutionellen Investoren bezüglich ihrer Immobilienanlagen sind noch nicht erforscht. Grundsätzlich können die Bedürfnisse der Institutionellen bezüglich Immobilien-Management-Leistungen, wie Abb. III-11 zeigt, in vier Kategorien unterteilt werden. Die erste Kategorie bezieht sich auf die Basisbedürfnisse, die für alle institutionellen Kunden weitestgehend gleich sind und sich allenfalls in der Ausprägung unterscheiden. Unter dem Oberbegriff der Individuellen Bedürfnisse

---

457 In Anlehnung an Teboul, 1991, in Seghezzi, 1996, S. 61 - 62

458 Die übererfüllten Leistungen werden meist nicht honoriert. Gerade bei qualitativen Aspekten von Problemlösungen tritt dieser Fall aufgrund der schwierigen Meßbarkeit der Leistungen ein.

459 Gerade aufgrund der Sensibilität der Leistung und des hohen Abhängigkeitsverhältnisses existiert auf Seiten der Institutionellen eine gewisse Kompromißlosigkeit bezüglich der Güte der Leistung, da sich Minder- oder Schlechtleistung i.d.R. in einer geringeren Rendite auswirkt. Expertengespräch

sind drei Kategorien zusammengefaßt. Es werden Anlage- und Service-Bedürfnisse sowie Emotionale-Bedürfnisse voneinander abgegrenzt.[460] Die Anlage-Bedürfnisse beziehen sich auf finanzmarkttheoretische Bedürfnisse wie zum Beispiel das individuelle Risikoprofil und führen im Ergebnis zu verschiedenen Formen der Asset Allocation. Mindestens ebenso heterogen wie die Anlage- sind auch die Service-Bedürfnisse[461] und Emotionalen-Bedürfnisse.

Abb. III-11: Bedürfniskategorien bezüglich Immobilien-Management-Leistungen

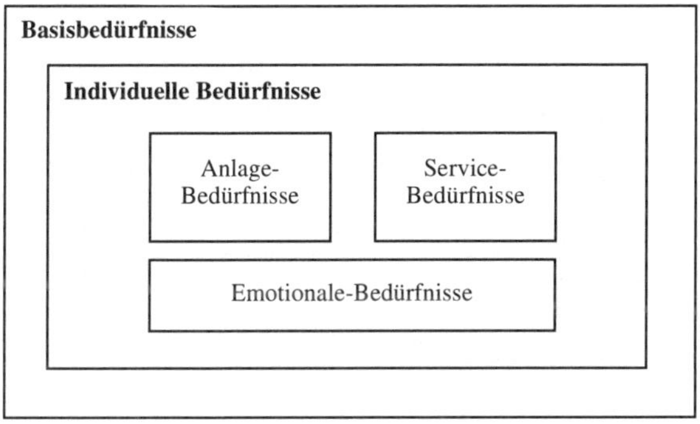

Basisbedürfnisse

Die institutionellen Kunden sind bezüglich ihrer Basisbedürfnisse homogen, da sie für alle Immobilien-Management-Kunden von grundlegender Wichtigkeit sind. Hier stehen Bedürfnisse wie Diskretion, Reputation/Image[462] des Immobilien-Intermediärs sowie die fachliche Kompetenz und der meßbare Erfolg im Mittelpunkt.[463]

Darüber hinaus beziehen sich Basisbedürfnisse auf die Komponenten Zeit und Preis. Obwohl beide Komponenten exakt meßbar sind, haben sie einen starken individuellen Charakter.

460 Die eindeutige Abgrenzung ist schwierig, da die emotionalen Bedürfnisse nicht nur Grundlage weiterer Bedürfnisse sind, sondern die Wahrnehmung der Erfüllung der einzelnen Bedürfnisse auf Kundenseite beeinflussen.

461 Vermögenden Privatkunden und institutionellen Investoren werden heterogene Bedürfnisse bescheinigt. Expertengespräche; Blum, 1997, S. 173. Verwilghen vertritt eine gegensätzliche Meinung, indem er die Servicebedürfnisse im Zusammenhang mit vermögenden Privatkunden als homogen bezeichnet. Vgl. Verwilghen, 1997, S. 15.

462 Wichtig im Zusammenhang mit einer neuen Dienstleistung am Markt ist u.a. der "Track-record" des Anbieters, der Einfluß auf seine Reputation hat. Mit dem "Track-record" ist der bereits erzielte Erfolg in ähnlichen Projekten gemeint, der als Entscheidungshilfe für den institutionellen Investor eine wichtige Rolle spielt. Expertengespräch

463 Bezogen auf Dienstleistungen einer Bank wird dem Kriterium Image der Bank noch vor der Leistungskompetenz die größte Bedeutung beigemessen. Vgl. Cramer, 1995, S. 20

Die zum vereinbarten Zeitpunkt erbrachte Leistung zum vereinbarten Preis steht hier nicht zur Diskussion.

Die zeitliche Erreichbarkeit des Immobilien-Managers sowie die Gestaltung des Preis-Leistungsverhältnisses ist jedoch stark von der individuellen Wahrnehmung und damit von den spezifischen Präferenzen des einzelnen Kunden abhängig.

In der Ableitung bedeutet dies für das Angebot des Immobilien-Intermediärs, die in einer Bandbreite notwendige individuelle Gestaltung der Basisbedürfnisse. Determinanten die hierauf Einfluß nehmen sind: die Länge und die Intensität der Kundenbeziehung, die Höhe des zu managenden Immobilienvolumens und der Umfang der in Anspruch genommenen Leistungen.

Emotionale-Bedürfnisse

Die Emotionalen-Bedürfnisse sind die Grundlage für die Anlage-Management- und Servicebedürfnisse und besitzen je nach institutionellem Anleger unterschiedliche Ausprägungen. Basis der Emotionalen-Bedürfnisse ist die Gestaltung der Relationship-Beziehung zwischen Immobilien-Intermediär und institutionellem Anleger. Wesentlich geprägt wird das Relationship-Bedürfnis von den Erwartungen des Kunden an die menschliche Beziehung zu seinem Dienstleister. Gerade die Sensibilität des Vermögens-Managements bei institutionellen Investoren stellt hohe Anforderungen an die soziale Kompetenz[464] des Immobilien-Managers. Eigenschaften die großen Einfluß auf den Grad der sozialen Kompetenz haben sind:

- Vertrauenswürdigkeit,
- Attraktion,[465]
- Seriosität,
- Verantwortungsbewußtsein,
- Teamfähigkeit,
- Kooperationsfähigkeit,

464 Der Grad der sozialen Kompetenz ist gerade bei der Akquisition ein entscheidender Faktor. Der Auffassung von Volk, daß z.B. anfängliche Interaktionsschwierigkeiten vom Kunden nicht überbewertet werden sollen, kann hier nicht gefolgt werden. Expertengespräch; Volk, 1988, S. 252

465 Der wissenschaftliche Begriff der "Attraktion" wurde von den Interviewpartnern mit "Chemie stimmt oder stimmt nicht" umschrieben.

- Kommunikationsfähigkeit,
- Konfliktbewältigungsfähigkeit sowie
- Umgangsformen und Auftreten.

Inhaltlich geprägt ist die Beziehung von der Ausprägung der Bedürfnisse Delegation, Beratung und Transaktion. Hat der institutionelle Investor ein Delegationsbedürfnis, überträgt er die Anlagekompetenz an den Immobilien-Intermediär. Dieser erhält die Kompetenz, auf Rechnung des Institutionellen und nach zuvor vereinbarten Vorgaben, das Immobilienvermögen zu managen. Das Beratungs-Bedürfnis kann entweder auf Anfrage des Institutionellen oder auf Initiative des Immobilien-Intermediärs erfolgen. Hierbei können die unterschiedlichsten Leistungsfelder des Immobilien-Managements bzw. die verschiedenen Lebenszyklusphasen der Immobilienanlage angesprochen werden. Die Palette kann sich über Fragen der Anlagestrategie bis zu Kostenanalysen in der Bewirtschaftung erstrecken. Steht beim institutionellen Anleger das Transaktionsbedürfnis im Vordergrund, so bezieht sich die Leistung des Immobilien-Intermediärs auf den Kern der Portfolioumschichtung mit seinen vor- und nachgelagerten Phasen der Bewertung sowie der Umsetzung.[466] Folglich bestimmen die Relationship-Bedürfnisse den Kundentyp:

- den Immobilien-Management- oder Vermögens-Management-Kunden, der ein professionelles Management seines Immobilienvermögens sucht;
- den Beratungskunden, der in einem fest definierten oder auch allgemeinen Segment eine professionelle Beratung will und
- den Transaktionskunden, der in einem fest definierten Bereich die Dienste des Immobilien-Intermediärs als Ausführungsinstanz in Anspruch nimmt.[467]

---

466 Siehe hierzu Kapitel IV.1.2

467 Beispielhaft sind hier Vermarktungsaufträge, Kauf/Verkaufaufträge, Auswahl Gebäude-Management-Dienstleister oder Immobilienbewertungen zu nennen. Kennzeichnend für Transaktionskunden ist, daß sie die Entscheidungen ihr Immobilien-Portfolio betreffend in der eigenen Hand behalten.

Anlage-Bedürfnisse

Das primäre Anlage-Bedürfnis ist die Investition in Immobilienanlagen. Eingeordnet ist die Immobilienanlage in eine unternehmensbezogene Asset Allocation. Im Rahmen dieser Asset Allocation werden mit der Immobilienanlage die Anlage-Bedürfnisse erfüllt. Diese bestimmen auch die Anlageziele des institutionellen Anlegers hinsichtlich seines Immobilienvermögens. Die unterschiedlichen Kundenbedürfnisse sind im Hinblick auf die spezifische Kundensituation und die persönlichen Präferenzen des Kunden zu analysieren, da sie weitreichende Konsequenzen für die Immobilienanlagepolitik haben und den Kern des Immobilien-Managements bilden. Ziele lassen sich durch die Unterscheidung von drei Zieldimensionen operationalisieren. Dabei handelt es sich um den "Inhalt", das angestrebte "Ausmaß" sowie den "zeitlichen Bezug".[468] Angewendet auf die Kapitalanlage sind die am häufigsten genannten Ziele Sicherheit (Vermögenserhaltung), Rentabilität (Vermögensmehrung) und Liquidität (Realisierbarkeit der Vermögenswerte).[469] Durch den Strukturwandel der Kapitalanlage hat sich dieses Dreieck der Kapitalanlage zu einem Vieleck gewandelt. Letztendlich wird das relevante Vieleck durch die Präferenzstruktur des institutionellen Anlegers bestimmt. Die Analyse des Zielsystems umfaßt neben der Erforschung der Bedürfnisse und Präferenzen des institutionellen Anlegers auch die Formulierung von Restriktionen, da die Neutralität des Anlegers gegenüber Anlagen meist nicht gegeben ist. Die Restriktionen sind bei der Definition des Anlagespektrums zu berücksichtigen, da das Universum möglicher Anlagen durch Prestigeüberlegungen und ethische Anforderungen eingeschränkt wird. Neben den individuellen sind es auch allgemeine Rahmenbedingungen, wie die Steuergesetzgebung, die volkswirtschaftliche Entwicklung, die politische und geldpolitische Stabilität sowie die Transaktionskosten, die Einfluß auf die Gebühren der Anlage und den Zugang zu anderen Märkten haben. Die folgende Abbildung verdeutlicht das Spannungsfeld, in dem die Ziele der Immobilienanlage stehen.[470]

---

468 Vgl. Heinen, 1976, S. 59 ff. und 82 ff.

469 Vgl. Verwilghen, 1997, S. 13

470 In Anlehnung an Lottenbach, 1995, S. 11; Blum, 1997, S. 184 ff. Zu Anlageentscheidung und Zielen institutioneller Investoren siehe auch Gerlach et al., 1988, S. 98 ff.

Abb. III-12: Anlageziele institutioneller Investoren

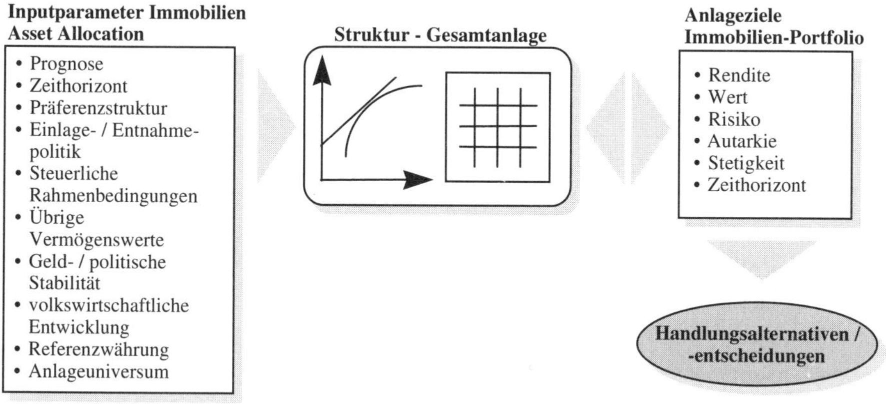

Die Ausprägungen bzgl. der Rendite, der Werte, des Risikos,[471] der Liquidität und des Zeithorizontes werden zwischen institutionellem Investor und Immobilien-Intermediär vereinbart und stellen für das Management des Portfolios die Vorgaben dar.[472] Unter dem Ziel der Stetigkeit wird die Synchronisation der Zahlungsströme innerhalb des Immobilien-Portfolios verstanden. Die Autarkie betrifft den Mittelbedarf des Portfolios. Ziel sollte es sein, bezüglich des Mittelbedarfs das Portfolio unabhängig von der Mittelzuführung von außen zu halten. Darüber hinaus ist die Befriedigung des Integrations-Bedürfnisses des institutionellen Anlegers sehr wichtig.[473] Aufgrund der hohen emotionalen Besetzung der Immobilienanlage ist es die Erfahrung von Immobilien-Spezialfonds-Anbietern, daß bei Kauf und Verkauf-Entscheidungen der im Anlageausschuß vertretene Anleger auf Ortsbesichtigungen mit seiner Anwesenheit dringt und unmittelbar auf die Einzelentscheidung Einfluß nehmen möchte worin sein "High involvement"[474] zum Ausdruck kommt.

---

471 Auf die Diskussion des Begriffes Risiko wird hier nicht weiter eingegangen, sondern auf Blum, 1997, S. 175 ff. und die dort angegebene Literatur verwiesen. Für den Begriff des immobilienwirtschaftlichen Risikos wird auf Kapitel II.3.2 verwiesen.

472 Siehe hierzu Kapitel IV.5

473 Expertengespräch

474 Zur Detaillierung des Involvement eines Kunden siehe Kroeber-Riel, 1992, S. 347, 375 ff.

Service-Bedürfnisse

Der Servicebegriff wird in der Literatur, mehr noch aber im allgemeinen Sprachgebrauch, mit unterschiedlichsten Begriffsinhalten verwendet.[475] Bezogen auf die Immobilien-Management-Dienstleistung soll Service als kundenindividuelle Dienstleistung verstanden werden, die die Service-Bedürfnisse der institutionellen Anleger über die Grundleistung hinaus erfüllt. Die Befriedigung der Service-Bedürfnisse zielt darauf ab, den Kunden dauerhaft zufrieden zu stellen, um damit die Präferenzbildung des Kunden zu beeinflussen.[476] Gleichzeitig stellen die Serviceleistungen die für den Kunden entscheidenden Faktor bei der Entscheidung für oder gegen ein Leistungsangebot dar. Der institutionelle Anleger wird bei der Wahl des Immobilien-Intermediärs jenes Unternehmen bevorzugen, das seine Bedürfnisse individuell berücksichtigt.[477] Je stärker Leistungen durch die Interaktion mit dem Kunden geprägt sind, desto stärker ist der Service zu individualisieren. Die Sensibilität der Vermögensanlage und das hohe Involvement des Anlegers sprechen in diesem Punkt für eine starke Individualisierung des Dienstleistungsangebotes. Serviceleistungen des Immobilien-Managements, die in die beschriebenen Anforderungen passen, sind beispielsweise die Berichterstattung (Reporting) und das Monitoring des Marktes im Sinne des institutionellen Kunden. Die Berücksichtigung sowohl der Basis- als auch der individuellen Bedürfnisse sind bei der Kundenorientierung des Immobilien-Intermediärs unerläßlich. Durch ein Leistungssystem können alle vier Bedürfniskategorien gleichermaßen berücksichtigt werden, indem pro Bedürfniskategorie unterschiedliche, nutzenstiftende Leistungen angeboten werden.[478]

2.3.3 Kriterien für die Inanspruchnahme der Leistung

Die Kundenbedürfnisse im Immobilien-Dienstleistungsmarkt lassen sich weiter in Muß- und Kann-Kriterien unterscheiden (siehe Abb. III-13). Diese beiden Kriterien werden parallel zu den oben beschriebenen Bedürfnis-Kategorien herangezogen, um die wichtigen Kundenbedürfnisse aus Kundensicht priorisieren zu können.

Muß- und Kann-Kriterien hängen von zwei Faktoren ab. Zum einen ist die Bedeutung des Bedürfnisses für den Kunden ausschlaggebend. Zum anderen beeinflußt das Angebot des Wettbewerbs die Unterteilung. Erfüllt ein Wettbewerber einzelne Kunden-

---

475 Es werden z.B. Gesundheitsleistungen der Ärzte, die Kontoführung von Banken, der Rohrreinigungsservice oder die Freundlichkeit des Verkaufspersonals dazugezählt. Vgl. Holst, 1994, S. 106

476 Vgl. Hinsche, 1994, S. 10

477 Vgl. Davidow, 1991, S. 18

478 Siehe hierzu Kapitel III.2.3; Abb. III-14

bedürfnisse, die dem Kunden wichtig sind, ergibt sich hieraus ein Muß-Kriterium für den Immobilien-Intermediär, diese ebenfalls in vollem Umfang zu erfüllen.[479]

Muß-Kriterien sind diejenigen Kundenbedürfnisse, die von der Problemlösung unbedingt abgedeckt werden müssen. Ist dies nicht der Fall, wird sich der institutionelle Anleger nicht für das Leistungspaket entscheiden. Die Muß-Kriterien beschreiben diejenigen Minimalleistungen, die bei einem Markteintritt oder für den Verbleib im Markt erfüllt sein müssen, womit es sich um Kriterien "conditio sine qua non" handelt.[480] Diese Kriterien werden vom Kunden als selbstverständlich vorhanden vorausgesetzt und stellen folglich kein Verkaufsargument für die Problemlösung dar. Hierbei handelt es sich bezüglich der Leistungssysteme um den Produktkern bzw. das Produktsystem. Hinsichtlich Immobilien-Management-Dienstleistungen kann es sich beispielsweise um Portfolioumschichtungen handeln, d.h. den Kauf und Verkauf von Immobilienanlagen.

Erfüllt ein Anbieter lediglich die Muß-Kriterien, kann er sich im Wettbewerb meist nur über den Preis differenzieren, da die Wettbewerber diese Bedürfnisse ebenfalls erfüllen. Die Differenzierungsmöglichkeiten des Anbieters liegen in den Kann-Kriterien.

Abb. III-13: Kriterien für die Inanspruchnahme der Leistung[481]

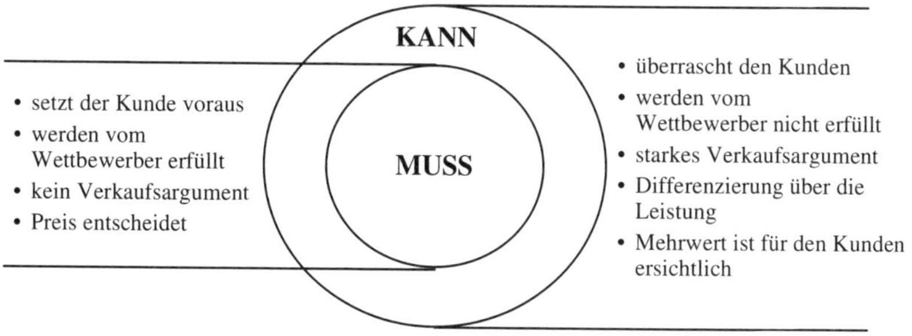

Im Gegensatz zu den oben beschriebenen conditio sine qua non-Kriterien, handelt es sich bei den Kann-Kriterien um Bedürfnisse, deren Befriedigung vom Kunden explizit wahrgenommen werden, aber an der Grundleistung selbst nichts ändern. In diesen Kriterien liegt das eigentliche Differenzierungspotential und Verkaufsargument des Anbieters. Durch die individuelle Ausgestaltung der Kann-Kriterien ist es dem Anbieter möglich, eine entsprechend höhere Kundenzufriedenheit und auch bessere Prei-

479 Vgl. dazu Gehrig, 1995, S. 19 ff., der in diesem Zusammenhang von Killer- bzw. Winner-Kriterien spricht.

480 Vgl. Grosse-Oetringhaus, 1994, S. 62

481 Groos, 1997, S. 32

se zu erzielen als der Wettbewerb. Letztendlich wird sich der institutionelle Kunde für den Anbieter entscheiden, der die Muß-Kriterien umfassend erfüllt, der, aufgrund zusätzlicher Kann-Kriterien, das beste Preis-Leistungs-Verhältnis besitzt und er sich am Besten aufgehoben fühlt. In den kundenspezifischen Problemlösungen sind grundsätzlich Muß- und Kann-Kriterien enthalten. Je weiter man sich vom Produktkern des Leistungssystems entfernt, desto eher handelt es sich um Kann-Kriterien.

2.4 Leistungssystem des Aktiven Immobilien-Managements

Ziel des folgenden Abschnittes ist es, den bereits in der Kapiteleinleitung eingeführten Begriff des Leistungssystems als Verbindungsglied zwischen Market und Resource Based View zu entwickeln. Im Folgenden wird für das Aktive Immobilien-Management ein Leistungssystem entworfen (Kapitel 2.4.2). Mit Hilfe der in Kapitel III.3 abgeleiteten Erfolgsfaktoren wird dann im Folgenden Kapitel IV die Konzeption der Dienstleistung Aktives Immobilien-Management näher beschrieben.

Leistungssysteme sind die Antwort auf die zunehmende Angleichung von Produkten und Dienstleistungen, auf die wachsenden Anforderungen der Kundenbedürfnisse und auf den dynamischeren Wettbewerb in einem komplexer werdenden Immobilienmarkt. Ziel ist es, die vielfach vorhandenen Einzelleistungen zu bündeln, um somit ein aktiv auf die Marktveränderungen zugeschnittenes und auf die Kunden ausgerichtetes Leistungssystem am Markt zu etablieren.

2.4.1 Grundstruktur von Leistungssystemen

Das Leistungssystem ist das Bindeglied zwischen dem Immobilien-Intermediär und dem institutionellen Investor. Leistungssysteme setzen am Leistungs-/Marktentscheid von Unternehmen an. Ziel der Systeme ist es, für den Kunden Leistungs-/Markt-Kombinationen zu entwickeln, mit denen es zum einen gelingt, dem Kunden einen Mehrwert zu schaffen und zum anderen, eine Differenzierung gegenüber dem eigenen Wettbewerb zu erreichen.[482] Im Unterschied zu Investitionsgüter- oder Konsumgütermärkten steht als Kernprodukt des Immobilienanlagemarktes eine Dienstleistung im Mittelpunkt der Leistungs-/Marktkombinationen. Die Entscheidung darüber, welche Leistungen dem einzelnen Kunden angeboten werden sollen, hängt von seinen Bedürfnissen ab.[483]

482 Vgl. Belz, 1996a, S. 60

483 Die Bedürfnisse können von PK zu VU und auch innerhalb der VU unterschiedliche sein. Darüber hinaus sind die Bedürfnisse auch vom unterschiedlichen Professionalisierungsgrad der Investoren abhängig. So hat ein professioneller Investor, im Gegensatz zu einem weniger professionellen Investor, einen geringeren allgemeinen Beratungsbedarf, dafür aber einen höheren speziellen Anlageproduktbedarf.

Hierzu bedarf es einer Strukturierung des Kernproduktes und der um das Kernprodukt angeordneten Dienstleistungen. Bisher getrennte Teilleistungen - ob im eigenen Unternehmen oder auch im Markt - werden zu kundenindividuellen Leistungspaketen gebündelt. Vor allem sind Leistungen zu identifizieren und zu bündeln, die von Wettbewerbern relativ schlecht erfüllt werden, respektive von den institutionellen Investoren häufig gefordert werden. Für den Kunden entstehen auf diese Art und Weise transparente Lösungsmöglichkeiten. Die flexible Systemarchitektur von Leistungssystemen ermöglicht es, standardisierte und individuelle Leistungen zu kombinieren.[484]

Die verschiedenen Leistungen werden in Schalen um das Kernprodukt angeordnet. Abbildung III-14 zeigt die Erweiterung von Leistungen zu einem umfassenden Leistungssystem für Kunden, wobei die Individualisierung zunimmt, je mehr sich das Leistungssystem vom Produktkern entfernt. Darüber hinaus nimmt auch die Intensität der Kundenbeziehung mit steigendem Abstand zum Kernprodukt zu. Je nachdem, welche Zielgruppe der Immobilien-Intermediär anspricht, ist das Leistungsspektrum zu variieren.[485]

Abb. III-14: Leistungssystem[486]

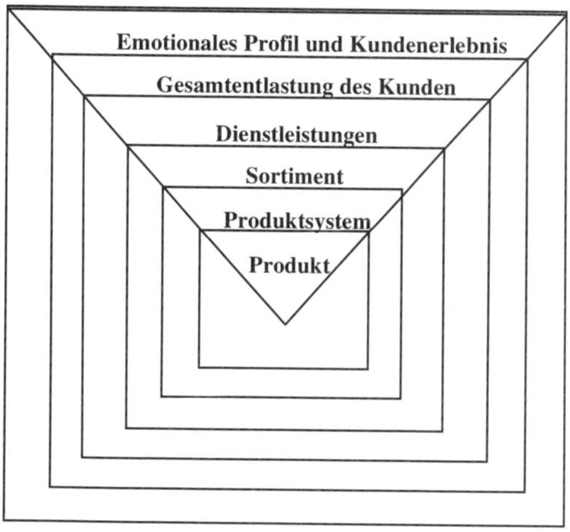

484 Vgl. Belz, et al., 1997, S. 28

485 Zur Marktsegmentierung siehe Belz, 1995, S. 9; 1996b, S. 98 ff.

486 Belz, 1991, S. 37; Belz, et al., 1997, S. 21

Gerade im Finanzdienstleistungsmarkt gilt es, Leistungssysteme schnell umzusetzen, da die Gefahr besteht, daß Leistungen, die sich heute noch vom Wettbewerb wohltuend unterscheiden, morgen bereits selbstverständlich und vom Markt adaptiert sind.[487] Das Know- und Do-how über die Gestaltung der Zusammenarbeit mit dem Kunden ist hier oft wichtiger als das Produkt selbst.

Um ein Leistungssystem erfolgreich umsetzen zu können, sind die Diagnose der Markt- und Kundenprobleme die wichtigste Grundlage. Werden die Kunden nicht befragt, intensiv analysiert und begleitet, lassen sich wichtige und kommerziell interessante Dienstleistungen nicht plazieren. Folglich werden am Markt Leistungen angeboten, die nicht die Erwartungshaltung der Kunden widerspiegeln. Aus diesem Grund ist es elementar, die Bedürfnisse und die Vorbehalte der Kunden ernst zu nehmen, da sonst auch vermeintlich gute Lösungen scheitern. Die folgende Abbildung zeigt mögliche Vor- und Nachteile eines Leistungssystems Aktives Immobilien-Management aus Kundensicht.[488]

Abb. III-15: Vor- / Nachteile des Leistungssystems

Vorteile	Nachteile
• Problembezogene Zusammenarbeit / Kommunikation • Mehrwert und Systemlösung ohne Schnittstellenfriktionen • umfassende Dienstleistung • Differenzierte und maßgeschneiderte Problemlösung • Qualitäts- /Wirtschaftlichkeitssteigerung • Know-how Gewinn • Beschränkung auf einen Dienstleister • Entlastung	• Investitionen in den Dienstleister • Vergütung wenig relevanter Zusatzleistungen • indirekte Mitfinanzierung von Leistungen, die selbst nicht abgenommen werden • Intransparenz von Leistungen und Preisen • höhere Preise • Know-how Verlust • Abhängigkeit durch einen Dienstleister

487 Vgl. Lehmann, 1995, S. 417. Dagegen spricht für den Immobilienanlagemarkt im Augenblick, daß sich hier erst verkrustete Strukturen lösen müssen, bevor sich der Markt ähnlich schnell wie andere Dienstleistungsmärkte wandelt.

488 Vgl. Belz, et al., 1997, S. 19

2.4.2 Konstruktion des Leistungssystems

Entscheidend für den Erfolg eines Leistungssystems ist nicht nur, wie die Leistungsebenen inhaltlich gestaltet werden, und daß die einzelnen Leistungen kundengerecht bezeichnet werden. Gerade im sensiblen Bereich der Kapitalanlage von institutionellen Investoren ist die Leistungsausführung erfolgskritisch. Dies stellt enorme Anforderungen an den Leistungsprozeß des Immobilien-Intermediärs und vor allem an die Mitarbeiter des Unternehmens. Um in diesem Umfeld aus Einzelleistungen ein wirkliches Leistungssystem erfolgreich entwickeln und realisieren zu können, müssen die folgenden sechs Anforderungen erfüllt sein:[489]

- **Prinzip der Integration**
  Da bei Leistungssystemen erzielbare Synergien einen Schlüsselfaktor darstellen, ist darauf zu achten, daß, bei der Konstruktion eines Leistungssystems, Leistungen nicht einfach addiert werden, sondern eine wirkliche Integration vorgenommen wird.

- **Prinzip der Verrechnung**

  Es gilt, die Leistungen in ein für den Kunden transparentes Preis- / Leistungsverhältnis zu fügen. Definierte Mehrleistungen sollten verrechenbar sein. Eine andere Möglichkeit besteht darin, über das Angebot der Gesamtleistung einen höheren Preis zu erzielen.

- **Prinzip der Partizipation**
  Es gelingt nur über die Einbindung des Kunden, neue Problemlösungen zu erkennen und zu realisieren.

- **Prinzip der Evolution**
  Da sich die Märkte zunehmend schneller bewegen, ist es entscheidend, Leistungssysteme dynamisch zu gestalten, ständig zu verbessern und erfolgreich gegenüber dem Wettbewerb abzugrenzen.

- **Prinzip der Langfristigkeit**
  Nur über einen langfristigen Zeithorizont lassen sich Leistungssysteme aufbauen und erhalten. Zugeständnisse bzgl. Leistungen und deren Ausgestaltung an den Markt bzw. an den Kunden bedürfen keines Systems.

- **Prinzip der Relevanz**
  Die Gestaltung des Leistungssystems ist auf die für den Kunden relevanten Bereiche auszurichten.

---

489 Vgl. Belz, et al., 1997, S. 22 - 23; Haedrich, Tomczak, 1996

Die Grundlage für ein Leistungssystem Aktives Immobilien-Management wird determiniert durch inhaltliche Felder, welche die Gesamtleistung rund um die Immobilie betreffen. Gegenüber anderen Ansätzen wird hier funktional vorgegangen, um in einem zweiten Schritt die Leistungen prozeßorientiert darzustellen.[490] Die zu berücksichtigenden Elemente sind in der folgenden Graphik dargestellt.

Abb. III-16: Elemente des Leistungssystems Aktives Immobilien-Management

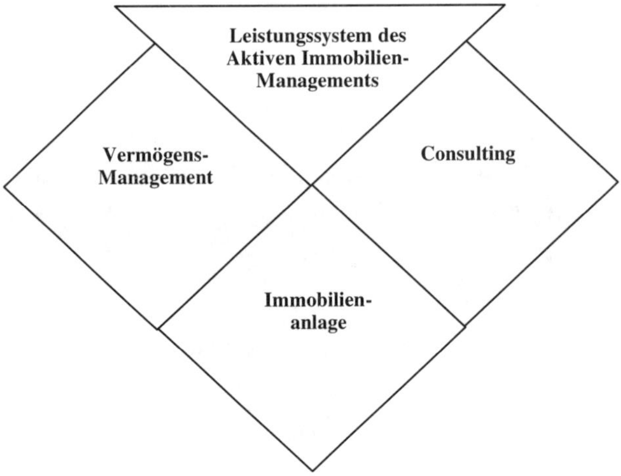

Unter Berücksichtigung der oben genannten Prinzipien und der Elemente eines Leistungssystems Aktives Immobilien-Management, lassen sich die einzelnen Leistungen, ausgehend vom Dienstleistungskern, zu einem umfassenden Leistungssystem gestalten. Der Sinn des folgenden Beispiels liegt in der Verdeutlichung des Prinzips. Für den Immobilien-Intermediär könnte ein Leistungssystem wie folgt aussehen:[491]

1. Dienstleistungskern

Die Dienstleistung ist der Kern des Leistungssystems und stellt die generische Leistung dar: Im Beispiel des Immobilien-Intermediärs handelt es sich um die Immobilienanlage.

2. Dienstleistungssystem

Dienstleistungssysteme erweitern das Angebot und decken weitere Kundenbedürfnisse durch abgestimmte Leistungen ab. Im Idealfall wird die Kerndienstleistung um weitere Module zu einem Baukasten erweitert: Bei der Immobilienanlage kann dies durch die Erweiterung der Leistung um das Immobilien-Management im Sinne eines

490 Vgl. Suter, 1997, S. 299. Zur Prozeßdarstellung siehe Abb. IV-3.

491 Die Grundstruktur orientiert sich an Belz, et al., 1997, S. 23 f.

Portfolio- und / oder Gebäude-Managements geschehen. Weitere denkbare Dienstleistungssysteme sind das Vermögens-Management oder das Consulting (siehe Abb. III-16).

3. Sortiment

Das Sortiment stimmt die möglichen Dienstleistungssysteme für den Kunden ab: Je nach Wahl und Ausrichtung auf den Kunden, kommen andere Dienstleistungssysteme für die Kombination im Sortiment in Frage (siehe 2. Dienstleistungssystem).

4. Weitere Dienstleistungen

Flankierende Dienstleistungen ergänzen das Sortiment und gehen über die originäre Dienstleistung hinaus. Sie beziehen sich nicht ausschließlich auf das Produkt, sondern unterstützen auch die Vorbereitung des eigentlichen Dienstleistungseinsatzes: Hierzu können im Beispiel Vergleiche mit alternativen Anlagen, Seminare, erste Analysen des Kundenportfolios und Investmentberatungen gehören. Hierbei sind Gratisleistungen von den Leistungen zu unterscheiden, die honoriert werden. Investmentberatungen und erste Analysen des Kundenportfolios werden vom Kunden als Kompetenzbeweis und Vertrauenstest gesehen, der durch eine spätere Mandatsvergabe honoriert wird. Voraussetzung ist jedoch, daß die Leistungen für den Kunden einen Mehrwert bringen.[492]

5. Gesamtentlastung des Kunden

Hier kommen alle verfügbaren Leistungen des Immobilien-Intermediärs rund um die Kerndienstleistung zum Einsatz. Als gesamtes System ist das Leistungssystem auf die kundenindividuelle Fragestellung ausgerichtet: Die Leistungen des Immobilien-Managements, des Vermögens-Managements und des Consulting greifen ineinander. Über Fragen der Anlagestrategie bis zur operativen Abwicklung von Mietverträgen, Sanierungen und der Einstellung von Objektmanagern übernimmt der Immobilien-Intermediär die kompletten Leistungen.

6. Emotionales Profil und Kundenerlebnis

Auf der äußersten Schale des Leistungssystems finden sich stark subjektive Leistungen, die durch die Reputation und die Fähigkeit zum Beziehungsmanagement des Immobilien-Intermediärs einerseits, und das Vertrauen und das Gefühl der Sicherheit des Klienten andererseits, zum Ausdruck kommen: Pflegt der Immobilien-Intermediär einen engen Kontakt zum Klienten, in dem er eine proaktive Kommunikationspolitik betreibt, regelmäßige Meetings zur Information anregt, aktiv und von sich aus über Marktlage und -trends informiert, sowie den Klienten nicht nur auf der reinen Sach-

---

492 Sollen einmal kostenlos angebotene Leistungen in das Honorarsystem zurückgezogen werden, empfiehlt sich eine Staffelung der Leistung. Zum Beispiel sind Basisresearchleistungen weiterhin kostenlos. Spezielle marktbezogene Researchleistungen können dann kostenpflichtig angeboten werden. Siehe hierzu auch Kaiser, 1990, S. 344 f.

ebene trifft, kann für den Klienten ein sich differenzierendes Kundenerlebnis geschaffen werden.

Bei aller positiven Konzentration auf den Kunden und seine Bedürfnisse darf natürlich die Weiter- bzw. Neuentwicklung der Kerndienstleistungen nicht vernachlässigt werden. Schließlich ist das Bindeglied für die Kundenbeziehung die Kerndienstleistung.[493]

In der folgenden Abbildung ist die Verbindung eines denkbaren Leistungs- und Kundensystems für das Aktive Immobilien-Management dargestellt. Die Schalen 1-3 beziehen sich auf Anlagebedürfnisse, die Schalen 4-5 auf die Servicebedürfnisse und die Schale 6 auf die Emotionalen Bedürfnisse. Die Ausgestaltung des Leistungssystems erfolgt in Abhängigkeit des Kundentyps und des Individualisierungsgrades. Bei der Entscheidung, wie hoch der Serviceleistungsgrad pro Kundentyp ausfallen soll, um sich im Wettbewerb differenzieren zu können, ist eine Priorisierung der einzelnen Serviceleistungen hinsichtlich ihrer Wichtigkeit unerläßlich.

493 Auch wenn die reine Sachleistung und das Know-how des Immobilien-Intermediärs vom Klienten als selbstverständlich vorausgesetzt wird, orientiert sich die Beurteilung der Leistung an vereinbarten meßbaren Zielgrößen.

Abb. III-17: Leistungs- und Kundensystem Aktives Immobilien-Management

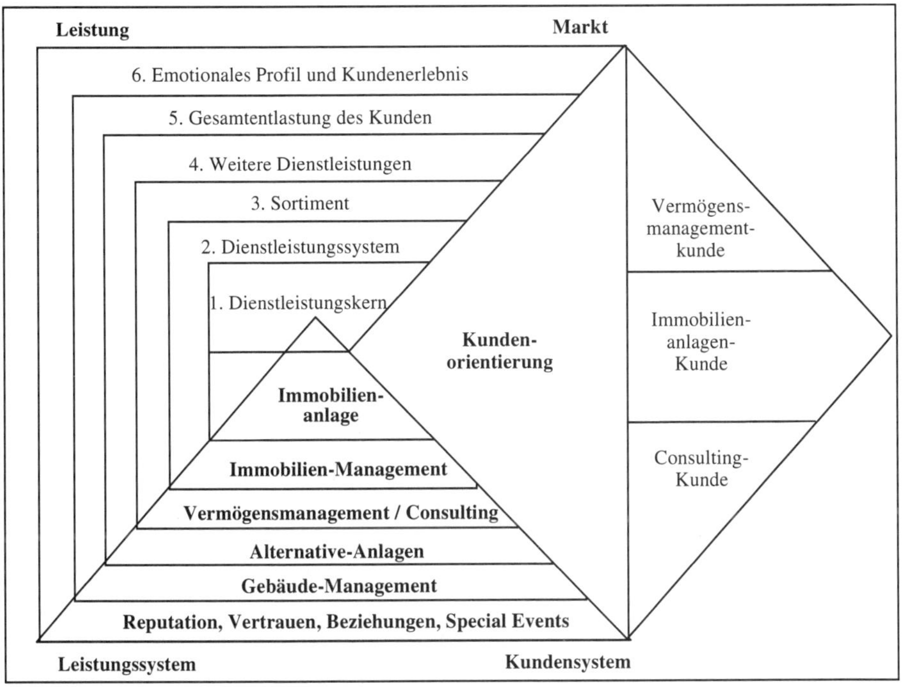

Zur Festlegung und Formulierung einer Strategie für den Immobilien-Intermediär bietet sich eine Verknüpfung der Komponenten des Leistungs- und Kundensystems mit einer erweiterten Produkt-Markt-Matrix an (siehe Abb. III-18).[494] Bei der Anwendung beider Modelle stehen zwei Fragestellungen im Mittelpunkt, die in ihrem Ursprung auf den Market- und den Resource Based View zurückgehen. Zum einen die Frage, welche Leistungskomponenten welche Nachfrage haben.

494 Vgl. Belz, 1997a, S. 21; Blum, 1997, S. 171. Der Hauptteil des Katalogs stammt von Pümpin und erfuhr folgende Veränderungen: Die Produktprogrammstrategien von Bleicher ersetzen die Breitenstrategien Pümpins. Die Konkurrenzverhaltensstrategien wurden mit den Dimensionen Bleichers gefüllt. Die Ressourcenstrategien wurden als weitere Verhaltensweise ergänzt. Die Aktivitätsstrategien wurden in der einen Achse in die Kooperationsstrategien integriert bzw. finden sich in den Produkt- / Marktstrategien wieder. Schließlich wurden noch die Integrationsstrategien um die Strategie "vertikale Integration" ergänzt. Für die erweiterte Ansoff-Matrix siehe Dresse, 1997, S. 94. Zur Vertiefung der Differenzierungsstrategien siehe Bohn, 1993

Hier geht es vor allem um Leistungen, die der Immobilien-Intermediär bisher noch nicht in seinem Leistungsangebot hat. Und zum anderen die Frage, welche der gegenwärtigen Leistungskomponenten bei welchem Kunden plaziert werden können.[495]

Abb. III-18: Strategieformulierung

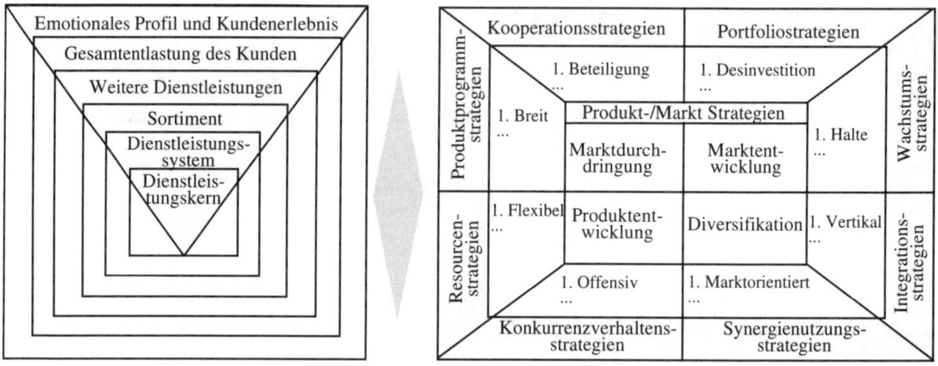

Die verschiedenen Komponenten des Leistungssystems stellen somit den Leistungsumfang dar, der potentiell auf dem Markt nachgefragt werden wird. Hieraus ist jedoch nicht abzuleiten, daß dieser Leistungsumfang von einem einzigen Unternehmen erbracht werden muß. Je nach Struktur, Resourcen und Fähigkeiten kann der Immobilien-Intermediär zur Erbringung bestimmter Leistungen ebenfalls auf Dienstleister zurückgreifen. Wichtig in diesem Zusammenhang ist, daß der Intermediär für die gesamte angebotene und erbrachte Leistung gegenüber dem Klienten verantwortlich ist.[496]

495 Die augenblickliche Schwierigkeit am Immobilienanlagemarkt besteht darin, daß die potentiellen Klienten aus Unsicherheit zur Zeit lediglich bereit sind, die operativen Leistungen, wie z.B. das Gebäude-Management, zu vergeben. Zeigt der Immobilien-Intermediär die vereinbarte und gewünschte Leistung, ist man bereit, darüber nachzudenken, ob das eigentliche Dienstleistungssystem Immobilien-Management auch vergeben werden kann. Aufgrund schlechter Erfahrungen und einem fehlenden emotionalen Profil sind die institutionellen Investoren vorsichtig. Im Ergebnis verläuft die Vergabepriorität des Klienten momentan umgekehrt zum Aufbau des Leistungssystems. Diese Tatsache sollte jedoch nicht dazu verleiten, das entsprechende Leistungssystem zu verändern.

496 Siehe Kapitel IV.3. Auf die Fehler, die im Zusammenhang mit der Konstruktion von Leistungssystemen gemacht werden, weisen Belz, Tomczak explizit hin. Vgl. Belz, Tomczak, 1992, S. 24 ff.

2.4.3 Kundenbeziehungen im Leistungssystem

Immobilien-Intermediäre, die Kundennähe umsetzen, zeichnen sich durch das Angebot maßgeschneiderter Problemlösungen und die Übernahme unternehmerischer Mitverantwortung[497] aus, um so den Kundennutzen zu steigern und langfristige Kundenbeziehungen zu generieren. Durch diesen aktiven Umgang mit dem Kunden wird die strukturelle Marktveränderung des Immobilienanlagemarktes unterstützt.[498] Der Intermediär, der seine Dienstleistungen weiterhin auf dem bisherigen Niveau und in den gewohnten Strukturen erbringt, wird künftig Schwierigkeiten haben, seine Leistungen zu plazieren. Der Wandel zum Anbieter eines integrierten Leistungssystems aus Produkten und Dienstleistungen schafft die notwendigen Voraussetzungen für die erforderliche Kundenorientierung. Um diesen Wandel vollziehen zu können, bieten sich zwei Ansätze zum Dienstleistungsmanagement an, die mit Hilfe des Kriteriums der Kundennähe beschrieben werden können (Abb. III-19).

Abb. III-19: Struktur- und Angebotswandel zur Realisierung der Kundennähe

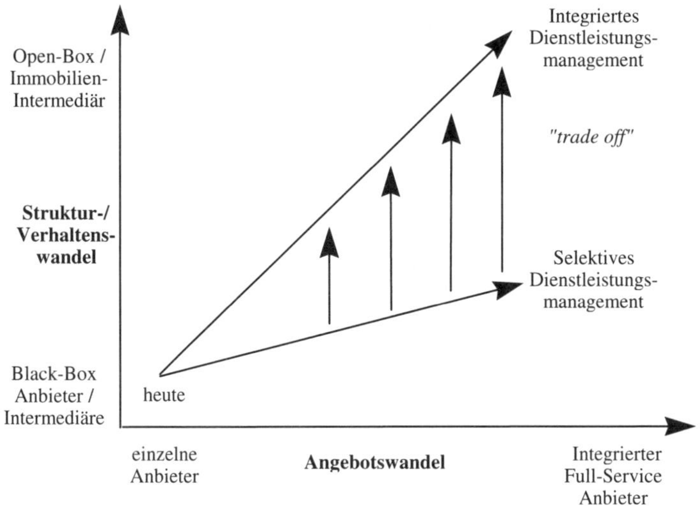

---

497 Ein Einstieg in die unternehmerische Mitverantwortung ist z.B. bei der Immobilien-Projektentwicklung für Kunden denkbar. Die Mitverantwortung stellt sicher, daß der Dienstleister engagiert arbeitet, besser kontrollierbar ist und das Risiko ebenso mitträgt wie er mitverdient.

498 Siehe Kapitel II.3.1. Sowohl über die beratende Tätigkeit als auch über Entwicklungskonzepte in der Immobilienwertschöpfungskette bieten sich - sofern es der Kundenwunsch ist - zahlreiche Gelegenheiten der unternehmerischen Beteiligung.

Der Fokus des selektiven Dienstleistungsmanagements liegt auf der Professionalisierung bereits bestehender Dienstleistungen. Diese erfahren eine inhaltliche Erweiterung und vor allem eine Verbesserung der Ausführung. Auf diese Art und Weise wird die Problemlösung für den Kunden abgerundet. Der Kunde wird nur ansatzweise integriert. Die eigentliche Leistungserbringung bleibt für ihn weiterhin eher eine "Black-Box". Mit der Beschreitung dieses Weges werden die Angebotsstrukturen des Marktes nicht wirklich aufgebrochen. Auch wenn es eine Entwicklung in die richtige Richtung ist, wird ein echter Verhaltenswandel nicht vollzogen.

Dagegen stellt das integrierte Dienstleistungsmanagement einen Ansatz zur Unternehmensentwicklung dar, in dem der Immobilien-Intermediär nicht nur einen Angebotswandel, sondern vor allem einen Struktur- und Verhaltenswandel vollzieht. Der ehemalige "Black-Box"-Anbieter wird zu einem "Open-Box-Anbieter", der die externen Kundenanforderungen mit seinen Resourcen abstimmt. Im integrierten Dienstleistungsmanagement stellt sich die Leistung für den Kunden transparent dar. Im Rahmen des Leistungsprozesses gestaltet, entwickelt und realisiert der Immobilien-Intermediär gemeinsam mit dem Kunden die individuelle Problemlösung. In diesem Ansatz werden die Dienstleistungen nicht selektiv professionalisiert, sondern die gesamte Kundenproblemlösung steht im Fokus der Betrachtung. So gesehen, stellt das selektive Dienstleistungsmanagement lediglich einen Zwischenschritt auf dem Weg zum integrierten Dienstleistungsmanagement dar. Der Markt wird sich jedoch nicht vollständig hin zum integrierten Dienstleistungsmanagement entwickeln. Es wird immer Nischen geben, in denen ein selektives Dienstleistungsmanagement auf den entsprechenden Kunden trifft. Schwierigkeit des integrierten Ansatzes bleibt die Gefahr, die eigene Kerndienstleistung aus dem Auge zu verlieren.

Ein transparentes und integriertes Dienstleistungsmanagement ist Voraussetzung, um die Kundenorientierung dem institutionellen Klienten glaubhaft zu kommunizieren. Gerade beim Aktiven Immobilien-Management werden Transaktionen von der persönlichen Beziehung zum Kunden nicht nur begleitet, sondern entscheidend bestimmt. Die Kundenorientierung schlägt sich nicht nur im Leistungsangebot nieder, sondern auch in der Berücksichtigung der Kundenbedürfnisse in der persönlichen Beziehung zum Kunden.[499] Das Management der Kundenbeziehung darf sich zukünftig nicht nur auf einzelne Episoden - z.B. den Kauf bzw. Verkauf einer Immobilie - konzentrieren, sondern muß eine langfristige Begleitung des Kunden zum Ziel haben.

---

499 Siehe Kapitel III.2.3

In der Praxis sind bei Immobilien-Dienstleistern hierzu bisher kaum überzeugende Strategien und Programme vorhanden, wie Beziehungen zu Kunden zu gestalten sind[500] Gerade für einen zukünftigen Immobilien-Intermediär sollte Beziehungsmanagement vielmehr der Versuch sein, "*durch sorgfältige Analyse der Beziehungsstrukturen, -profile und -perspektiven mit verschiedensten Partnern aus dem gesamten Umfeld des Unternehmens eine strategisch orientierte, auf spezifische Beziehungsziele hin ausgerichtete Politik zu entwerfen, die u.U. sogar Wettbewerbsvorteile durch größere Nähe zu Partnern und Teilhabern am gesamten Netzwerk verschafft.*"[501]

Die folgende Abbildung (III-20) zeigt den Zusammenhang zwischen Leistung und Beziehung.[502] Geschäfte lassen sich nur mit einer Kombination aus Kompetenz und Sympathie betreiben. Die jeweilig einseitige Ausprägung führt nicht zum Erfolg.[503]

Abb. III-20: Beziehungs- und Leistungsmanagement

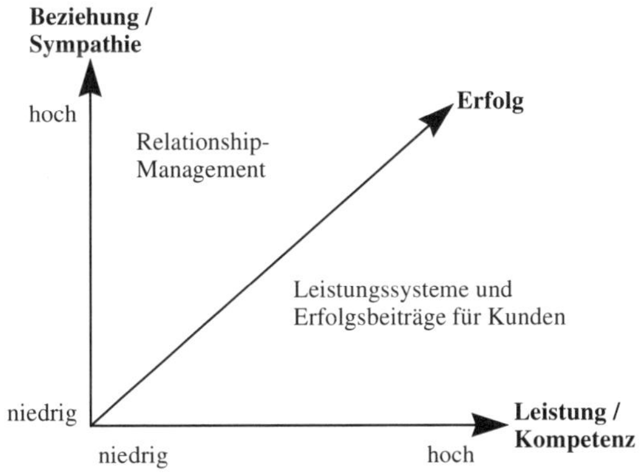

500 Expertengespräch

501 Diller, 1994, S.2

502 Vgl. Belz, 1997b, S. 123

503 Zur Vertiefung des Beziehungsmanagements siehe, Belz, 1997b; Belz, et al., 1998

3 Die kritischen Erfolgsfaktoren des Aktiven Immobilien-Managements

3.1 Konzept der kritischen Erfolgsfaktoren

In Ergänzung zur Begriffsbestimmung der kritischen Erfolgsfaktoren (KEF) in Kapitel I.2.3 ist es kennzeichnend für den Erfolg, daß er aus einer langfristigen Perspektive betrachtet wird. Dies um so mehr, weil gerade bei einer sensiblen Dienstleistung wie dem Vermögens-Management, bei der Kundenakquisition neben der Überzeugungsarbeit dem Kunden die Möglichkeit und die Zeit eines Bewußtseinswandels eingeräumt werden muß. Aus diesem Grund sind kurzfristige Erfolge weder wahrscheinlich, noch anzustreben. In Ergänzung zur Definition des Erfolges in Kapitel I.2.3 ergibt sich für den Immobilien-Intermediär der Erfolg als: "*Success is the ability of a company to secure its long term survival. Success implies profitable growth, which can be attained by a company´s active and positive coping with ist environment.*"[504]

Die Unterscheidung der strategischen Erfolgsposition und der kritischen Erfolgsfaktoren ist vor allem im Rahmen der reinen Strategieplanung sinnvoll.[505] Um die Konzeption eines Immobilien-Intermediärs zu charakterisieren und darzustellen, sind insbesondere die Vorgaben darüber entscheidend, welche Fähigkeiten und Eigenschaften auf der Ebene des Gesamtunternehmens erfolgsbestimmend sind. Die vorliegende Arbeit schließt sich dem angelsächsischen Begriffsverständnis an und definiert alle kritischen Merkmale, auch die auf der Stufe des Gesamtunternehmens, als kritische Erfolgsfaktoren.[506] Hierbei ist wichtig hinzuzufügen, daβ kritische Erfolgsfaktoren weder Ziele (z.B. Erhöhung der Termintreue), noch Aufgaben oder Funktionen (z.B. Kauf/Verkauf) sind. Es handelt sich stets um Determinanten der Branche, Fähigkeiten oder Resourcen.

504 Mutscheller, 1992, S. 32

505 Vgl. Adrian, 1989, S. 22 ff.

506 Vgl. Rockart, 1979; Martin, Leben, 1989, S. 183 ff. zitiert in Mende, 1995, S. 39

3.2 Quellen und Verfahren zur Ermittlung von kritischen Erfolgsfaktoren

Kritische Erfolgsfaktoren können auf unterschiedlichen Ebenen betrachtet werden. Von der Branchenebene über die Gesamtunternehmensebene, die Ebene der Geschäftsbereiche, die Abteilungsebene bis zur Ebene des einzelnen Mitarbeiters können die KEFs aufgefächert werden.[507] Bei der Bestimmung von KEFs sind eine Reihe von Quellen und Einflüssen zu berücksichtigen. Nach ADRIAN lassen sich die folgenden Typen von kritischen Erfolgsfaktoren unterscheiden:[508]

- Externe und Interne Faktoren: Faktoren, die von außen auf das Unternehmen einwirken, wie z.B. Kundenzufriedenheit und solche Faktoren, die innerhalb des Unternehmens angesiedelt sind und auf den Erfolg wirken, wie z.B. Ablauf der Geschäftsprozesse.
- Harte und Weiche Faktoren: Faktoren, die gut quantifizierbar (z.B. "Track-record"[509] eines Vermögensmanagers) bzw. schlecht quantifizierbar (z.B. Reputation) sind.
- Erfolgsfaktoren für die Sicherung bestehender Positionen und Produkte sowie Faktoren für den Aufbau neuer Positionen und Produkte.
- Dauerhafte Erfolgsfaktoren, die den langfristigen Erfolg sichern (z.B. Qualität der erbrachten Leistung, Kostenniveau) sowie kurzfristige Faktoren, die aus einer vorübergehenden Situation (z.B. Einführung einer neuen Dienstleistung) entstehen.

In der folgenden Abbildung (Abb. III-21) sind mögliche Quellen für die oben beschriebenen kritischen Erfolgsfaktoren dargestellt.

---

507 Gerade in Finanzdienstleistungsunternehmen spielt die Qualifikation der Mitarbeiter eine wesentliche Rolle. Das Unternehmen kann sich entscheiden, die Qualifikation extern - durch Anwerben bereits ausreichend qualifizierter Mitarbeiter - oder durch interne Personalentwicklung aufzubauen, um auf diese Art und Weise die Mitarbeiter langfristiger an das Unternehmen zu binden und das Know-how für das Unternehmen zu sichern. Für die Personalabteilungen lassen sich mehrere Faktoren ableiten, z.B. die Wirksamkeit von Weiterbildungsmaßnahmen oder des Anreizsystems. Für die Abteilungs- und Projektleiter bzw. den Immobilien-Manager stellt das Know-how ihrer Mitarbeiter einen entscheidenden Erfolgsfaktor dar

508 Vgl. Adrian, 1989, S. 40 ff.

509 Hat das Unternehmen bereits Erfahrung auf dem angebotenen Gebiet und welche Performance kann es vorweisen? - Bezogen auf den Immobilien-Intermediär stellen sich hier die Fragen nach dem Volumen des bereits verwalteten Immobilienvermögens und die Performance des Managements.

Abb. III-21: Mögliche Quellen für kritische Erfolgsfaktoren

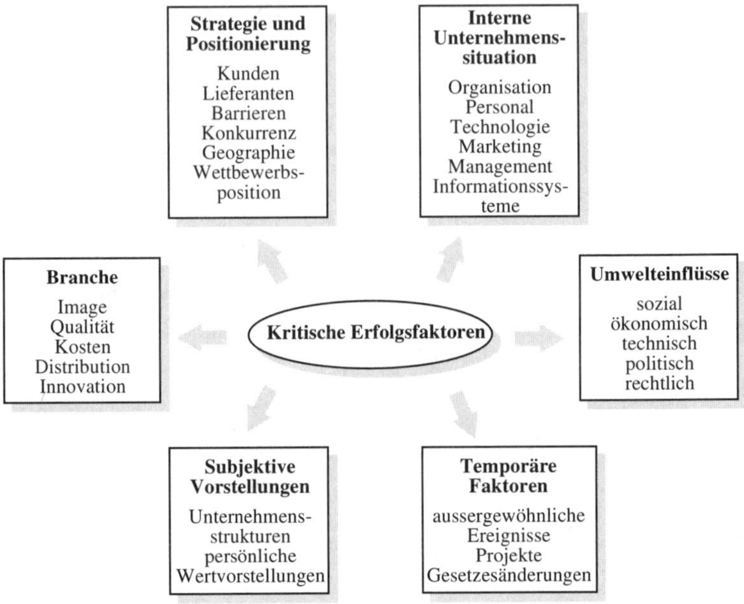

Zur Analyse der oben aufgeführten Quellen bezüglich möglicher Erfolgsfaktoren, lassen sich drei Verfahrensweisen unterscheiden:

1. Theoretische Herleitung

Bei der theoretischen Herleitung werden vor einer empirischen Untersuchung mögliche Erfolgsfaktoren entweder aus der Theorie oder der Erfahrung hergeleitet und anschließend analysiert.[510] Neben Ergebnissen der Experteninterviews werden darüber hinaus Literaturquellen berücksichtigt. Die Literaturquellen sind den eigenen Befragungsergebnissen hinzugefügt worden, um auch Erfolgsfaktoren zu berücksichtigen, die sich erst im Laufe der Interviews bzw. im Laufe der gesamten Untersuchung herauskristallisiert haben.

510 Ein mögliches Vorgehen in der Analyse schildert Adrian. Er schlägt ein Vier-Phasenschema vor: Vorbereitung, Orientierung, Einzelinterviews und Konsolidierung. Phase zwei und vier finden jeweils als Gruppensitzung statt. Hauptsächliche Technik dieser Methode sind Interviews, die teilweise anhand von Fragebögen strukturiert werden. Vgl. Adrian, 1989, S. 139 ff. und S. 259 ff. Ähnliche aber weniger detaillierte Vorgehensweisen finden sich bei Klotz, Strauch, 1990, S. 41 ff.; Martin, Leben, 1989, S. 196 ff.

2. **Statistische Analysen**
   In statistischen Analysen werden finanzielle Kennzahlen und deren gegenseitige Abhängigkeiten analysiert.

3. **Fallstudien**
   In Fallstudien kann schließlich untersucht werden, wodurch sich erfolgreiche von weniger erfolgreichen Unternehmen unterscheiden.[511]

In dieser Arbeit liegt der Fokus auf der theoretischen Herleitung. Eine Erfolgsbeurteilung nationaler und internationaler Anbieter von Immobilien-Management-Leistungen kann durch externe Betrachter kaum vorgenommen werden, da die Unternehmen aufgrund ihrer gesellschaftsrechtlichen Formen nicht publikationspflichtig und in aller Regel auch publizitätsscheu sind. Diese Tatsache erklärt auch das wenige verfügbare Datenmaterial über den Immobilien-Management-Markt. Aus diesem Grund wird auf die unter III.3.2 dargestellte Vorgehensweise zurückgegriffen. Die anschließend in Kapitel IV beschriebene Fallstudie dient lediglich dazu, die Konzeption des Aktiven Immobilien-Managements darzustellen und nicht, weitere Erfolgsfaktoren zu untersuchen.

3.3 Darstellung der kritischen Erfolgsfaktoren des Aktiven Immobilien-Managements

Bei der Analyse und der Darstellung der kritischen Erfolgsfaktoren lassen sich sog. Erfolgsdeterminanten, d.h. Faktoren, die den Erfolg beeinflussen und deren Ausgestaltung wesentlichen Einfluß auf die Höhe des Erfolges hat, von Erfolgskomponenten unterscheiden, die den Erfolg ausdrücken, d.h. Faktoren anhand derer die Ausprägung des Erfolges meßbar wird.[512] Die Erfolgsdeterminanten stellen hierbei die unabhängige Variable dar, die auf die abhängige Variable - die Erfolgskomponenten - einwirken und so ihre Ausprägung bestimmen. Auch die Erfolgskomponenten untereinander sind interdependent. So haben die Performance in Kombination mit der Gestaltung des Pricing Einfluß auf die Kundenzufriedenheit.

511 Vgl. Mutscheller, 1992, S. 3 f.

512 Vgl. Mächtel, 1996, S. 207 f. Mächtel aggregiert die von ihm analysierten Erfolgsfaktoren auf einem sehr hohen Niveau, um sein Modell möglichst offen zu gestalten. Die in der vorliegenden Arbeit analysierten kritischen Erfolgsfaktoren sollen Einfluß auf die Gestaltung der Konzeption der Real Estate Advisory Company (REAC) besitzen.

Für die Ableitung der KEF ist es wichtig zu wissen, wie potentielle KEF aufeinander wirken. Als relevante KEF kommen nur diejenigen Faktoren in Betracht, die von vielen Seiten beeinflußt werden und selbst vielseitigen Einfluß ausüben.[513] Darüber hinaus ist es von großer Bedeutung, die Zahl der kritischen Erfolgsfaktoren zu beschränken, da bei einer größeren Zahl das Ziel des KEF-Konzeptes - die Konzentration auf das Wesentliche - konterkariert wird.[514] Nachstehend sind die kritischen Erfolgsfaktoren des Aktiven Immobilien-Managements zusammenfassend dargestellt.

Abb. III-22: Kritische Erfolgsfaktoren[515] des Aktiven Immobilien-Managements[516]

Schlüssel-Faktoren	Kritische Erfolgsfaktoren	
	Erfolgsdeterminanten	Erfolgskomponenten
Einbringung von Fachkenntnis, Potentialen, Wissen und Fähigkeiten	• Research • Leistungssystem • Anlageverhalten • Mitarbeiterqualifikation • Kommunikation • Standardisierung der Prozesse • Transparenz • Produktinnovation • Netzwerk-Organisation	• Track-Record • Performance • Anlagevolumina • Pricing
Stärke der Kunden-Beziehung, des Ansehens/Reputation	• Professional-approach • Kundenorientierung • Mitarbeiterqualifikation	• Kundenzufriedenheit

Erfolgsdeterminanten und Erfolgskomponenten zeichnen sich durch ihre Allgemeingültigkeit für alle Marktteilnehmer aus. In der verschiedenen Ausgestaltung der Determinanten und in der unterschiedlich starken Ausprägungen der Komponenten zeigt sich dann der unterschiedlich große Markterfolg der Wettbewerber.[517]

---

513 Das Vorhandensein und Beachten dieser Interdependenzen entspricht der Definition der KEF (siehe Kapitel I.2.3 und III.3).

514 Diesen Kritikpunkt könnte man gegen Hillemanns vorbringen, in dessen Arbeit es aufgrund der Vielzahl kritischer Erfolgsfaktoren schwierig ist, die wesentlichen Faktoren herauszulesen. Hillemanns, 1995

515 Maister spricht von zwei Key-Assets der Professional Service Firm: Zum einen "*Its inventory of skills, talents, knowledge, and ability*" und zum anderen von "*The strength of its clients relations and reputation*". Diesen beiden Assets lassen sich die wesentlichen Erfolgsfaktoren des Aktiven Immobilien-Managements zuordnen. Maister, 1997, S. 359

516 Expertengespräche

517 Eine andere Ausprägung der Erfolgsfaktoren führt zu einem "anderen" Erfolg. Mit "anderem" Erfolg ist hier z.B. die Höhe, die Stetigkeit oder das Segment gemeint.

Erfolgsdeterminanten

Research

Die Qualität und Aktualität der Informationen sind ein Faktor, mit dem sich ein Immobilien-Intermediär einen Wettbewerbsvorteil verschaffen kann. Die veränderten Bedingungen der Immobilienmärkte und die zunehmende Nähe zu, sowie die geforderten Vergleiche mit Finanz- und Kapitalmärkten, erfordern eine Anpassung bisheriger Researchaktivitäten.

Das Research beinhaltet die Entwicklung von Methoden und Instrumenten zur Portfolio-Strukturierung und -Überwachung. Weiterhin ist das Research verantwortlich für Analysen und Prognosen von Märkten, Nutzungsarten, Anlagealternativen und beurteilt die Eignung der verwandten Methoden für die Prognose. Schließlich erfüllt es noch eine Brückenfunktion zum Marketing, in dem es die verschiedenen Anlegerbedürfnisse analysiert und eng mit der Produktentwicklung zusammenarbeitet.[518] Auf die Transparenz des Research wird großen Wert gelegt. Des Weiteren ist ein solides internationales Research notwendig, das sich auf ein breites Fundament an Studien und Informationen stützt, da es nur so möglich ist, ein optimales Timing von Des- und Investitionen zu erreichen.[519] Hierzu eignet sich eine durch Checklisten unterstützte Technik, die nutzungsart- und regionenspezifisch vorgeht. Darüber hinaus ist die rasche Verfügbarkeit sowie die Aktualität der Daten von Bedeutung.[520] Da bezüglich des Research noch kein transparenter Markt[521] vorhanden ist, ist es erforderlich, daβ der Immobilien-Intermediär diese Lücke durch eigene Resourcen auffängt, wobei das Research grundsätzlich extern oder intern betrieben werden kann. Wesentliche Bedeutung erlangt das Research durch den Kundenbezug und seine integrative Rolle über die Phasen des Immobilien-Management-Prozesses (siehe Abb. IV-3).

518 Vgl. Hockmann, 1993, S. 308

519 Vgl. Morgan, 1995, S. 19

520 Um dieses Ziel zu erreichen, ist die Einbindung in ein Netzwerk aus staatlichen, akademischen und ausländischen Institutionen erforderlich. Zu den Erfolgsfaktoren von Research Instituten siehe Rush, et al., 1996, S. 258 ff.

521 Derzeitige Marktreports leben von dem Blick in die Zukunft und sind häufig auf die Belange der eigenen PR-Abteilung und nicht auf die Bedürfnisse des Kunden zugeschnitten. Die gif hat einen Arbeitskreis initiiert, die Daten der Maklerhäuser abzustimmen. Vgl. Gop, 1995, S. 16. Echte Transparenz wird jedoch auf diese Weise nicht geschaffen. Hierzu wäre es nötig, beispielsweise gemeldete Quadratmeterumsätze mit Mietverträgen zu unterlegen. Hierzu ist die Maklerbranche bisher nicht bereit. Auf Kundenseite wird Transparenz gefordert, die Makler sind jedoch nur sehr begrenzt an Transparenz interessiert, da die Erhaltung der Informationsasymmetrien ihre Arbitrage sichert.

Leistungssystem

Der Vergleich der Anbieter von Immobilien-Management-Leistungen zeigt, daß sich die Leistungsprogramme deutlich voneinander unterscheiden. Grund hierfür liegt in der unterschiedlichen Herkunft des Kerngeschäfts (siehe Abb. II-15). Anders als bei Wirtschaftsprüfungsunternehmen, bei denen die Big Six eine weitgehend ähnliche Umsatzaufteilung auf die Geschäftsbereiche besitzen,[522] gibt es zur Zeit für Immobilien-Management-Dienstleistungen keine Referenzgrößen, an denen sich orientiert werden kann.

Zentraler Erfolgsfaktor ist ein umfassendes Leistungssystem, das sich an den Anforderungen des Aktiven Immobilien-Managements ausrichtet (siehe Abb. III-17).

Anlageverhalten

Der Immobilien-Intermediär muß in der Formulierung seiner Anlagepolitik dynamisch sein und diese an neue Anforderungen anpassen können. Für Investitionen sollte ein mehrstufiges Selektionssystem vorliegen. Neben dem Research ist hier das Zusammenspiel von Anlageprozeß und Immobilien-Management wesentlich. Um die Einhaltung der mit dem Kunden vereinbarten Anlagekriterien zu gewährleisten, ist die Erarbeitung eines Risikoprofiles des institutionellen Kunden eine Möglichkeit, die Immobilienanlage zu professionalisieren und gleichzeitig den Kundennutzen zu erhöhen. Sinn des Aktiven Immobilien-Managements ist das an den vereinbarten Zielen orientierte Umschichten von Portfolios. Hierbei sind mit Sicherheit die bisherigen Anlagehorizonte von 30 - 50 Jahren zu verkürzen.[523] Darüber hinaus ist je nach Kundenpräferenz z.B. die in Kapitel II.3.3.3 entwickelte Produkt-Matrix des Immobilienanlagemarktes zu nutzen. Diese Aktivität darf jedoch nicht zum Trading um des Trading willen führen. An dieser Stelle korrespondiert das Anlageverhalten mit dem Pricing. Unmittelbar an Umschichtungen gekoppelte Vergütungen sind zu vermeiden, da der Kunde den Interessenkonflikt des Managements wahrnimmt.

522 Vgl. Hill, et al., 1995, S. 152

523 In der Praxis wird oft die Verkürzung des Anlagehorizontes bei Immobilienanlagen sofort gleichgesetzt mit Spekulationen. Etwas anderes ist gemeint. Absolut und relativ gesehen, ist ein Anlagehorizont von 10 bis 20 Jahren noch sehr lang - vor allem vor dem Hintergrund anderer Anlageformen. Zieht man jedoch die oben dargestellten bisherigen Horizonte in Betracht, hat eine Kürzung um bis zu 50% stattgefunden.

Mitarbeiterqualifikation

Wie in vielen Untersuchungen über die Grundlagen des Erfolgs, steht auch im Immobilienanlagegeschäft mit institutionellen Investoren die Mitarbeiterqualifikation an entscheidender Stelle. Die Mitarbeiterqualifikation kann in drei Segmente unterschieden werden. In die fachliche, die individuelle und in die soziale Kompetenz.

Die ersten beiden Komponenten sind inhaltlich in der Abb. III-22 unter Fachkenntnis, Potentiale, Wissen und Fähigkeiten eingeordnet. Die soziale Kompetenz kommt besonders in der Beziehung zum Kunden sowie im Ansehen und in der Reputation zum Ausdruck, weshalb es unter die zweite Rubrik der Schlüssel-Faktoren eingeordnet wurde. Die Stärken und Neigungen des einzelnen Mitarbeiters sind mit Sicherheit unterschiedlich ausgeprägt, wichtig für Immobilien-Manager sind jedoch alle drei Qualifikationen. Die fachliche Kompetenz erstreckt sich neben dem reinen Finanz- und Immobilien-Know- und Do-how auf Beratungskompetenz, Dienstleistungs- und Produktkenntnisse sowie EDV- und Steuerkenntnisse. Bedürfnisgerechte Problemlösungsfähigkeit, Individualität und Flexibilität, schnelle Auffassungsgabe und vernetztes Denken, Verantwortungsbewußtsein, gute Umgangsformen, sicheres Auftreten, sowie geographische Mobilität stehen im Mittelpunkt des Anforderungskataloges der individuellen Kompetenz.

Gerade bei sensiblen Dienstleistungen gewinnt die soziale Kompetenz immer mehr an Bedeutung. Team- und Kommunikationsfähigkeit, Motivations- und Kooperationsfähigkeit, Fähigkeit zur Selbstkritik und Konfliktbewältigung, ein persönliches Beziehungsnetz und nicht zuletzt empathisches Verhalten sind Eigenschaften auf die in der Beziehung zum Institutionellen nicht verzichtet werden kann.[524] Auch hier sollte das Wissen und die Erfahrungen der Mitarbeiter bewußt ausgebaut werden. Über Aus- und Weiterbildungsaktivitäten der Mitarbeiter in den drei genannten Segmenten hinaus, fallen auch alle Aktivitäten unter diesen Erfolgsfaktor, die dazu beitragen, daß im Unternehmen vorhandenes Wissen und Erfahrungen für das Geschäft mit den institutionellen Investoren nutzbar gemacht werden.[525]

---

524 Hierbei kommt es gerade gegenüber Kunden und Kollegen nicht auf die bloße Etikettierung, sondern auf die Umsetzung der beschriebenen Eigenschaften an.

525 Siehe hierzu Henzler, 1988, S. 1297 und Chorafas, 1989

Kommunikation

Die ständige Kontaktpflege (client-relation-management)[526] zu bestehenden und potentiellen Klienten ist hier Erfolgsfaktor Nummer eins. Eine wesentliche Rolle spielen monatliche, viertel- bzw. jährliche Informationen von bestehenden und potentiellen Klienten durch Rundbriefe oder Newsletter. Zu beachten ist hierbei, daß idealerweise nicht nur kommuniziert wird, wenn der Klient es wünscht, oder das Reporting es vorschreibt, sondern eine proaktive, vom Intermediär ausgehende Kommunikation angestrebt wird. Durch diese Maßnahmen wird das Vertrauen des Klienten gestärkt, ein höheres Ansehen[527] erworben und im Ergebnis eine stärkere Kundenbindung erzielt. Die Kommunikation sollte geprägt sein von einem professional-approach, da die Vergabe von Anlagevolumina oder Projektaufträgen aufgrund eines vom Immobilien-Intermediär ausgewiesenen Mehrwertes erfolgt.[528] In den Interviews wurde deutlich, daß gerade die Gestaltung des zwischenmenschlichen Kontaktes für die Gewinnung und Bindung von Klienten eminent wichtig ist.[529] Erfolgskritisch ist das Ineinandergreifen der Prozesse von Immobilien-Intermediär und Klienten. Besonders deutlich wird dies in Analyse- und Anlageentscheidungsphasen.[530]

Über die Berichterstattung hinaus sollte der Immobilien-Intermediär den Austausch mit den Klienten als wertvolle Quelle für Informationen wahrnehmen.[531] Darüber hinaus sollte die Möglichkeit in Betracht gezogen werden, den Klienten in den Methoden und den neuesten Entwicklungen des Immobilien-Managements zu unterrichten.[532]

---

526 Siehe Abb. IV-2

527 Sofern die publizierten Meinungen und Einstellungen mit den erreichten Ergebnissen für den Kunden sichtbar und erlebbar übereinstimmen.

528 Die häufig bei Maklern ausgeprägte sales-approach-attitude wird zukünftig gerade bei Institutionellen nicht mehr zum Erfolg führen. Expertengespräch

529 Vgl. hierzu auch Odier, Lenhard, 1994, S. 390: "*Financial issues have a lower priority than relationships.*"

530 Zur Vertiefung siehe Hillemanns, 1995 und Kaiser, 1990, S. 169 ff.

531 Vgl. Hockmann, 1995, S. 773

532 Vgl. Odier, Lenhard, 1994, S. 392. Auf Seiten des Immobilien-Intermediärs sollte nicht die Gefahr gesehen werden, den Klienten "schlau" zu machen damit dieser zukünftig das Immobilien-Management in eigener Regie übernehmen kann. Vielmehr sollte das Interesse dahin gehen, einen kompetenten Gesprächspartner auf Klientenseite zu besitzen. Dem Intermediär ist in der Sache nicht gedient, wenn beim Klienten Mechanismen, neue Produkte und die Immobilienanlagemarktentwicklung Angst auslösen. Ziel sollte es sein, dem Klienten das Know-how zur Beurteilung der Marktentwicklung sowie der eigenen Leistung an die Hand zu geben.

Standardisierung der Prozesse

Üblicherweise schwankt die Performance um den Branchendurchschnitt, womit deutlich wird, daß weitere Hebel für den Erfolg notwendig sind.[533] Ein Stellhebel ist die Kostenposition des Immobilien-Intermediärs. Dies ist trotz aller Individualisierung nur durch die Standardisierung von Entscheidungs- und Managementprozessen zu erreichen, die darüber hinaus zu einer erhöhten Transparenz der Prozesse führen. In Fortführung der Standardisierung der Prozesse hilft die Durchführung von Erfolgs- und Mißerfolgsanalysen in den einzelnen Phasen des Immobilien-Management-Prozesses (siehe Abb. IV-3), Akquisitions- und Kundenbindungschancen besser nutzen zu können.

Transparenz

Das Ausmaß, in welchem es gelingt, das Informationsbedürfnis der institutionellen Anleger zu erfüllen, ist ausschlaggebend für das Maß der Transparenz. Hierbei spielt die Gestaltung der Management und Performance Fees sowie möglicher Kauf- / Verkaufsaufschläge und weiterer Provisionen eine wesentliche Rolle. Weitere wichtige Punkte sind die Gestaltung der Überprüfbarkeit der Performance durch den Anleger und die Transparenz des Anlageentscheidungsprozesses. Die Entscheidungsfindung und die Entscheidungsbegründung ist vom Immobilien-Intermediär zu dokumentieren. Vermieden wird auf diese Art und Weise, daß zeitlich sehr viel später frühere Entscheidungen angezweifelt werden und die Verantwortung für die damalige Entscheidung zum Spielball im Verhältnis Institutioneller und Immobilien-Intermediär werden kann. Bei den Faktoren Standardisierung der Prozesse und Schaffung von Transparenz handelt sich um sehr interdependente Erfolgsfaktoren.[534]

Produktinnovation

Im Zentrum des Erfolgsfaktors Produktinnovation steht die Entwicklung und der Verkauf der richtigen Produkte und Dienstleistungen an die richtigen Kunden, da die Entwicklung und der Verkauf kundenspezifischer Produkte einen wesentlichen Beitrag zur Kundenzufriedenheit leisten. Orientierung bietet diesbezüglich das Schema der Produktentwicklungs-Matrix der Abb. II-25. Aufgrund der Nähe zum Kunden und dem ständigen Austausch mit dem Kunden können kundenspezifische Problemlösungen gemeinsam mit dem Kunden entwickelt werden.

---

533 Abgeleitet aus Erfahrungen alternativer Kapitalanlagen. Vgl. Kaiser, 1990, S. 292

534 Siehe hierzu auch Gnand, Oberer, 1995, S. 19 f.; Expertengespräche

Netzwerk-Organisation

Aufgrund der hohen Außenorientierung der Dienstleistung und dem Erfolgsfaktor Mitarbeiterqualifikation, sollte auch der Organisation besondere Aufmerksamkeit geschenkt werden. Die Organisation ist nicht a priori erfolgskritisch. Sie kann jedoch erfolgskritisch werden, wenn die Besonderheiten der Dienstleistung Aktives Immobilien-Management mißachtet werden. Grundsätzlich besteht die Gefahr, daß aufgrund der Außenorientierung der Tätigkeit, den internen Organisationsbedürfnissen nur wenig Beachtung beigemessen wird. Die eigentliche Leistungserbringung und der administrative Unterbau sind räumlich und inhaltlich voneinander entfernt. Darüber hinaus muß der Tatsache Rechnung getragen werden, daß das Kapital des Immobilien-Intermediärs fast ausschließlich aus dem Wissen seiner Mitarbeiter und deren Fähigkeiten besteht. Für die Weiterentwicklung (siehe Mitarbeiterqualifikation) und die optimale Unterstützung müssen die organisatorischen Voraussetzungen geschaffen werden.[535] Sinnvoll ist eine multidimensionale Struktur, die es ermöglicht, sowohl nach Funktionen als auch nach Branchen, Sachgebieten oder Kunden zu differenzieren.

Professional approach

Mit der Wahl dieses Begriffes soll verdeutlicht werden, daß sich die junge Dienstleistung Immobilien-Management an den Werten und dem Selbstverständnis der bereits seit langem etablierten Dienstleistungen, wie denen von Rechtsanwälten und Wirtschaftsprüfern, orientiert. Die Annahme von traditionellen Wertesystemen impliziert eine bestimmte ethische Grundeinstellung und Verantwortung gegenüber dem Kunden. Eng zusammen mit dem Auftritt und dem Selbstverständnis hängt der Begriff der Reputation. Während die Qualität der Leistung vom einzelnen Kunden wahrgenommen werden kann, entsteht die Reputation durch die Diffusion von Informationen in den Markt. Somit stellt der Professional approach ein wichtiges Differenzierungsmerkmal im Vergleich zum Wettbewerb dar.[536]

---

535 Vgl. Born, 1992, Sp. 331 f.

536 Der Aufbau von Reputation ersetzt zu einem Teil das aktive Signaling, mindert die Screening-Kosten des Klienten und trägt somit zum Abbau der informationsbedingten Marktunvollkommenheiten bei. Vgl. Mandler, 1995, S. 35 f.

Kundenorientierung

Die an den Bedürfnissen des Kunden orientierte Dienstleistung ist eng mit der Kommunikation und dem Leistungssystem verbunden. Allerdings werden die Aktivitäten lediglich aus einer Perspektive betrachtet. Obwohl bereits viele in der Immobilien-Dienstleistung Tätige der Auffassung sind, daß die Kundenorientierung ein besonders wichtiger Faktor bei der Vergabe und Pflege von Mandaten ist, scheinen Lippenbekenntnisse an dieser Stelle zu überwiegen. Voraussetzung für die Kundenorientierung sind gute persönliche Beziehungen, die damit einhergehende Vertrauensbasis und vor allem der Wille des Immobilien-Managers, dem Investor einen Mehrwert zu verschaffen. Erst dann wird es möglich sein, die notwendigen Informationen, wie Entscheidungsprozesse, -zeitpunkte, Anlagepräferenzen, etc. in Erfahrung zu bringen und im Interesse des Institutionellen umzusetzen.[537]

Erfolgskomponenten

"Track-record"

Der "Track-record" stellt einen zentralen kritischen Erfolgsfaktor bei der Akquisition von Neukunden dar. Für die Gewinnung von Neukunden bzw. neuen Anlagevolumina ist entscheidend, wie hoch die bisherigen Anlagevolumina sind, welche Struktur die Immobilien-Porfolios besitzen und welche Erfolge - bzw. Rendite-, Erlös- und Wertsteigerungen - bisher erzielt wurden. Darüber hinaus ist es im Zusammenhang mit dem "Track-record" wichtig, welche Reputation der Immobilien-Intermediär im Markt besitzt.[538] Eng verbunden mit dem Aufbau der Reputation sind die Anforderungen an das Leistungssystem. Von den drei Anforderungsfeldern (Abb. III-16) sind unter dem Gesichtspunkt der Reputation die Felder Vermögens-Management und Consulting wesentlich. Das immobilienspezifische Know- und Do-how, wird von den Klienten als selbstverständlich vorhanden vorausgesetzt.[539]

537 Da die Anlagebedürfnisse von der Erscheinungsform des Institutionellen (siehe Kapitel I.2.1) abhängen, ist für die Güte der Kundenorientierung die Analyse des Kundenprofils und die damit in Verbindung stehenden hausinternen Maßnahmen entscheidend.

538 In diesem Zusammenhang spielt das Kerngeschäft eine wesentliche Rolle. Für die Etablierung im Markt können aufgrund entstehender Interessenkonflikte die Immobilien-Management-Aktivitäten von Banken oder Versicherungen negativ sein. Aus Sicht des institutionellen Anlegers bestehen bei beiden Anbietern Interessenkonflikte bzgl. der Zuordnung von attraktiven Immobilienanlagen. Der Anleger kann nicht sicher sein, daß die attraktivste Immobilie seinem Portfolio zugeordnet wird. Eigene Bestandsinteressen der Anbieter erhöhen hier die Markteintrittsbarriere. Dieselbe Argumentation gilt für große Maklerunternehmen. Expertengespräch

539 Expertengespräche

Performance[540]

Hiermit ist die Performance des verwalteten Vermögens gemeint. Das Ziel der institutionellen Anleger ist es, durch die Fremdvergabe des Vermögens-Managements eine höhere Rendite zu erzielen, als es durch die Eigenverwaltung möglich ist. Darüber hinaus wird angestrebt, eine höhere Rendite zu erzielen als die übrigen Investoren, respektive eine Benchmark zu schlagen. Je weiter die Performance des Immobilien-Intermediärs über einem vereinbarten Durchschnitt liegt, je mehr institutionelle Immobilienvermögen kann er im Verhältnis zu Mitbewerbern anziehen.

Wichtig bei der Performance-Bestimmung, ist die Transparenz und Nachvollziehbarkeit der Berechnung. Es existieren zahlreiche Methoden der Performancemessung,[541] die sich nicht durch richtig oder falsch unterscheiden, sondern ihren Sinn durch die Motivation des Anwenders erhalten. Aus diesem Grund ist nicht nur die Höhe der erzielten Performance erfolgskritisch, sondern auch der Einbezug des Klienten in die Diskussion der Berechnungsmethode. Nur wenn Klient und Intermediär die Berechnungsmethode gemeinsam tragen, ist auch die problemlose Durchsetzung einer erfolgsbezogenen Vergütung möglich.[542]

Die Berechnung der Performance verfolgt den Zweck, die Effektivverzinsung der Immobilienanlage zu ermitteln und einen Vergleich mit alternativen Anlageformen herzustellen. Unterscheiden kann man bei der Immobilie die objektbezogene Performance, die sich letztendlich aus den Einnahmen und Ausgaben bezogen auf den Verkehrswert ergibt, und der personen- bzw. unternehmensbezogenen Performance, die sich durch die zusätzliche Berücksichtigung der steuerlichen Situation errechnet.[543]

Unabhängig davon, welche Berechnungsmethode gewählt wird, sollte sichergestellt sein, daß die Berücksichtigung komplexer in die Zukunft gerichteter Einflußgrößen Eingang findet bzw. zu der Entwicklung der Determinanten Stellung bezogen wird. Im einzelnen handelt es sich um gesamtwirtschaftliche Entwicklungen

---

540 Vgl. Kaiser, 1990, S. 284 ff. und S. 292 f. Kaiser untersuchte die Erfolgsfaktoren des institutionellen Geschäftsbereiches von Banken ebenfalls mittels Experteninterviews. In seiner Untersuchung stellte er Erfolgsfaktoren in der Beratung und im Verkauf, Erfolgsfaktoren im Handel und Erfolgsfaktoren im Emissionsgeschäft fest. Vgl. Kaiser, 1990, S. 248 ff. Von besonderem Interesse sind die von ihm identifizierten Erfolgsfaktoren Performance und Standardisierung der Prozesse für das Management 'poolbarer' institutioneller Teilvermögen, unter denen Verwaltungsportfolios, Anlagestiftungen und -fonds verstanden werden.

541 Zur Vertiefung allgemeiner Methoden der Performancemessung siehe Bruns, Meyer-Bullerdiek, 1996, S. 40 ff. und 363 ff. Speziell zu Methoden der Immobilien-Performance siehe Maurer; Stephan, 1995; Thomas, 1997; Maurer, 1997

542 Siehe Kapitel IV.4 und IV.5.5

543 Vgl. Schulte, 1995, S. 49. Zur Vertiefung der Vorteilhaftigkeit der verschiedenen Berechnungsmethoden siehe Jones Lang Wootton, 1997; Betz, Schenk, 1996, S. 1480 - 1483; Thomas, 1997

(z.B. Inflationsraten, Kapitalmarktniveau und Konjunkturentwicklung), einzelwirtschaftliche Ausprägungen wie Vermietungsrisiken sowie Dynamisierungsprämissen[544] für Zahlungsströme. Darüber hinaus sind die Kapitalanlageziele des Investors, seine steuerliche Situation und die jeweilige Finanzierungsstrategie[545] einzubeziehende Parameter.

Anlagevolumina

Für die Akquisition zusätzlichen Anlagevolumens ist die Höhe des "unter Management befindlichen Vermögens" als Beurteilung für den potentiellen institutionellen Klienten von großem Interesse.[546] Die Vergabe weiteren Anlagevolumens vorhandener Klienten ist im wesentlichen abhängig von der Ausprägung der Erfolgskomponenten Performance und Kundenzufriedenheit.

Pricing

Das Pricing ist nicht absolut,[547] sondern relativ erfolgskritisch. Stimmt der vom Immobilien-Intermediär ausgewiesene Mehrwert mit der erbrachten Leistung überein und ist für den Klienten transparent, daß die Leistungen des Immobilien-Intermediärs nicht äquivalent intern erbracht werden können, ist der Klient bereit das Pricing zu akzeptieren. Angepaßt an das Pricing im Wertpapier-Management sollte die Vergütung der Leistungen des Immobilien-Portfolio-Managements erfolgsbezogen erfolgen.[548]

---

544 Hier ist unter anderem zu denken an Bonitätsrisiken, individuelle Berücksichtigung von Mietvertragsentwicklungen und den Verschuldungsgrad des Objektes

545 Die Mittelherkunft des Kapitaleinsatzes (Eigen- oder Fremdkapital) hat wesentlichen Einfluß auf die Rendite. So ist über den Leverage-Effekt ein positiver Beitrag der Fremdfinanzierung zur Rendite möglich.

546 Im Zusammenhang mit dem "Track-record" stellt somit die Höhe des Anlagevolumens eine Markteintrittsbarriere dar. Hier kann jedoch keine absolute Höhe genannt werden. Je nach Ausprägung anderer kritischer Erfolgsfaktoren kann es sich hierbei um einen Schlüsselfaktor handeln.

547 Absolut darf das Pricing der Leistungen nicht höher als die Kosten des potentiellen Klienten für die interne Leistungserbringung sein. Diese Hürde wird von zur Zeit am Markt erhältlichen Leistungen teilweise noch nicht genommen.

548 Auch bei Unternehmensberatungen wird zunehmend dazu übergegangen, Leistungen nicht einfach in "Berater-Mann-Tagen" dem Klienten in Rechnung zu stellen, sondern die Honorierung der Beratungsleistung von einem zwischen Klient und Berater zu definierendem Erfolg abhängig zu machen. Vgl. Hillemanns, 1995, S. 206. Anbieter, die zur Zeit Immobilien-Management-Leistungen anbieten, weisen erfolgsbezogene Komponenten momentan noch mit dem Argument zurück, daβ diese Art der Honorierung für den Klienten nicht transparent genug sei. Weiter wird angeführt, daβ ein auf erfolgsbezogener Vergütung beruhendes Angebot für den Klienten mit anderen Angeboten am Markt nicht zu vergleichen sei und sich aus diesem Grund der Kunde für das althergebrachte Vergütungssystem der Leistungen entscheiden würde. Expertengespräch

Kundenzufriedenheit

Wesentliche Kriterien für die Messung der Kundenzufriedenheit sind zum einen die Länge der Kundenbeziehung und zum anderen die Höhe der Anlagevolumina. Gerade beim Management von Immobilien besitzt der Faktor Zeit doppeltes Gewicht. Folglich steht die Länge der Kundenbeziehung mit der Kundenzufriedenheit direkt in Verbindung. Die Höhe des Anlagevolumens ist nicht nur in seiner absoluten Höhe oder in seiner Bedeutung für den Intermediär von Interesse. Um die Bedeutung der Beziehung für den Klienten beurteilen zu können, ist es wichtig, die Höhe des Immobilienvolumens im Verhältnis zum Gesamtanlagevolumen zu kennen.

Darüber hinaus kann die Kundenzufriedenheit als Differenz zwischen subjektiv wahrgenommener Leistungsqualität und erwarteter Qualität definiert und operationalisiert werden.[549] Die Formel ist treffend, da der Kunde eine bestimmte Erwartung hegt, die durch die Leistungserbringung bestätigt oder enttäuscht werden kann.

Die Erfüllung dieser Faktoren ist conditio sine qua non für die erfolgreiche Gestaltung des Verhältnisses des Immobilien-Intermediärs zum institutionellen Investor. Wichtig ist, daß nicht ausschließlich über die reinen Kostenvorteile argumentiert wird, sondern über die Leistungsvorteile für den institutionellen Anleger.

549 Vgl. Biermann, 1997, S. 86; Für die Messung von Kundenzufriedenheit und die oft im gleichen Atemzug mitgenannte Kundenbindung sind geeignete Meßgrößen zu finden. Diese sind für die individuelle Situation zu entwickeln und können nicht universell eingesetzt werden. Zur Vertiefung siehe Pohl, Dahlhoff, 1998, S. 37

4 Das Zwischenfazit

Ausgehend von den inhaltlichen Erklärungsaspekten der Content Theory werden die Perspektiven des Market Based View und des Resource Based View als strategische Ansätze herangezogen. Diese ursprünglich gegensätzlichen Positionen der Strategielehre werden als theoretischer Bezugsrahmen zur Entwicklung eines Ansatzes für das Aktive Immobilien-Management miteinander verbunden. Voraussetzung für das Erzielen von Wettbewerbsvorteilen sind aber nicht nur die Gegebenheiten der Märkte, sondern auch die Ausprägung der Resourcen und Fähigkeiten des Unternehmens. Gerade auf Dienstleistungsmärkten basieren die Wettbewerbsvorteile nicht ausschließlich auf finanziellen und technologischen Potentialen, sondern vor allem auf der Ungleichverteilung von Information, Wissen und Können der einzelnen Wettbewerber. Gerade diese Erweiterung des Resourcenbegriffs ist für die Etablierung der Dienstleistungen eines Immobilien-Intermediärs wesentlich, da hier nicht einfach nach "harten" Produktfakten unterschieden werden kann, sondern meist weiche Faktoren den relevanten Produktunterschied ausmachen. Somit stellen gerade immaterielle Resourcen eine wichtige Quelle für Wettbewerbsvorteile dar.

Um diesem Umstand Rechnung zu tragen, wird die Integration beider strategischer Ansätze mit Hilfe des Leistungssystem-Ansatzes vorgenommen. Ziel ist es, die vielfach vorhandenen funktional ausgerichteten Einzelleistungen zu bündeln und mit einer konsequenten Kundenorientierung zu versehen.

Betrachtet man das Kundenverhalten institutioneller Investoren, so läßt sich eine Veränderung hin zu mehr Performancebewußtsein, Preis- und Leistungssensibilität sowie eine abnehmende Loyalität gegenüber bestehenden Dienstleistungsbeziehungen herkömmlicher Intermediäre konstatieren.

Grundsätzlich können die Bedürfnisse der Investoren hinsichtlich ihrer Immobilienanlagen in vier Kategorien unterschieden werden. Einerseits stehen Basisbedürfnisse, wie Diskretion, Reputation und fachliche Kompetenz im Mittelpunkt. Unter dem Oberbegriff der individuellen Bedürfnisse werden andererseits die drei weiteren Kategorien zusammengefaßt. Es werden Anlage-, Service- und deren Grundlage, die Emotionalen Bedürfnisse, voneinander abgegrenzt. Im Zentrum der Emotionalen Bedürfnisse steht die Gestaltung der Beziehung zwischen Immobilien-Intermediär und institutionellem Investor. Gerade die Sensibilität des Vermögens-Managements und die mit viel Emotionen verbundene Anlageform Immobilie stellt hier hohe Anforderungen an die soziale Kompetenz des Immobilien-Intermediärs. Das primäre Anlagebedürfnis besteht in der Investition in Immobilienanlagen. Dieses läßt sich dann bis in kundenindividuelle Anlageprofile aufspalten. Die Befriedigung der Servicebedürfnisse zielt darauf ab, Bedürfnisse des Kunden über die Grundbedürfnisse hinaus wahrzunehmen und ihn diesbezüglich dauerhaft zufrieden zu stellen.

Das Leistungssystem Aktives Immobilien-Management zeichnet sich im wesentlichen durch die drei Elemente Immobilienanlage, Vermögens-Management und Consulting aus. Unter Berücksichtigung der Prinzipien und der Elemente eines Leistungssystems Aktives Immobilien-Management, lassen sich die einzelnen Leistungen, ausgehend vom Dienstleistungskern Immobilienanlage bis zum Emotionalen Profil und Kundenerlebnis, zu einem den Bedürfnissen des Kunden entsprechenden Leistungssystem aufbauen.

Um das Leistungssystem Aktives Immobilien-Management erfolgreich aufzubauen, ist die Beachtung der kritischen Erfolgsfaktoren entscheidend. Die Ausprägung der Schlüsselfaktoren Fachkenntnis, Potential, Wissen und Fähigkeiten auf der einen und Stärke der Kundenbeziehung und Reputation auf der anderen Seite, führt zu unterschiedlichem Einfluß der Erfolgsdeterminanten. Der Erfolg wird in der Höhe der Erfolgskomponenten bzgl. der Schlüsselfaktoren sichtbar. Unabhängig von den individuellen Gewichten der Leistungssystemgestaltung also, ist die Erfüllung der kritischen Erfolgsfaktoren für die erfolgreiche Gestaltung der Beziehung zum Institutionellen zwingend.

Der Wandel von einem Black-Box Anbieter einzelner Leistungen über den Intermediär mit selektivem intransparenten Leistungsangebot bis zum Open-Box Immobilien-Intermediär mit einem integrierten Dienstleistungsmanagement kann mit Hilfe des Leistungssystem-Ansatzes unter Berücksichtigung der kritischen Erfolgsfaktoren erfolgreich vollzogen werden. Die Immobilien-Intermediäre zeichnen sich durch das Angebot maßgeschneiderter Problemlösungen, ein hohes Maß an Kundennähe, Professionalität und die Fähigkeit sowie das Selbstverständnis aus, auf individuelle Kundenbedürfnisse, wie z.B. das Tragen einer unternehmerischen Mitverantwortung, eingehen zu können.

IV KONZEPTION DER DIENSTLEISTUNG "AKTIVES IMMOBILIEN-MANAGEMENT" AM BEISPIEL DER REAL ESTATE ADVISORY COMPANY (REAC)

Nachdem im vorigen Kapitel die Strategie für die erfolgreiche Etablierung eines Immobilien-Intermediärs abgeleitet worden ist und die kritischen Erfolgsfaktoren des Markteintritts herausgearbeitet wurden, wird nunmehr der Schritt zur Umsetzung vollzogen. Ziel des Kapitels ist die praxisnahe, beispielhafte Darstellung des Immobilien-Intermediärs anhand der Fallstudie Real Estate Advisory Company (REAC).[550]

Das vierte Kapitel gliedert sich in vier Abschnitte. Der Beschreibung der REAC als Professional Service Firm (Kapitel IV.1) folgt in Kapitel IV.2 die Darstellung eines möglichen Marktauftritts. Anschließend wird in Kapitel IV.3 die Form einer denkbaren Organisation skizziert. Als eines der zur Differenzierung wesentlichsten Gestaltungsfelder wird in Kapitel IV.4 noch einmal explizit auf die Vergütung eingegangen. Das Abschlußkapitel (Kapitel IV.5) bildet die Beschreibung einer möglichen Gestaltung des Verhältnisses zwischen Institutionellem und der REAC.

Abb. IV-1: Aufbau des Kapitels IV

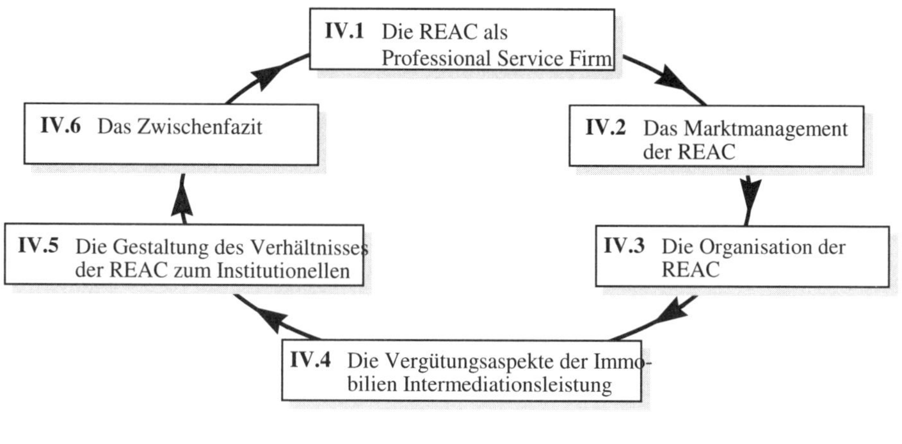

550 Da die hier konzeptionell beschriebene Dienstleistung in der vorgestellten Form bisher nicht am Markt existiert, stützt sich die Darstellung der REAC in erster Linie auf die geführten Experteninterviews. Darüber hinaus bilden in den Vereinigten Staaten am Markt tätige Unternehmen wie La Salle Partners und Heitman Advisory gedankliche Vorbilder. In Deutschland stellt - eine Erweiterung der momentanen Dienstleistungspalette vorausgesetzt - Oppenheim Immobilien Kapitalanlagen ein gedankliches Modell dar.

1 Die Real Estate Advisory Company als Professional Service Firm

Die sich immer stärker abzeichnende Bedeutungsverlagerung von der Industrie zur Dienstleistung in der Entwicklung der westlichen Industrieländer[551] und die verstärkte Internationalisierung in fast allen Branchen führt zu differenzierteren Betrachtungen von Dienstleistungen. Hierzu wurden internationale Dienstleistungen um Auditing Companies, Law Firms oder Consulting Companies in eine gemeinsame Branche eingeordnet:[552] Professional Service Firms. Im Vergleich zur Industrie fand dieser Zweig bisher geringe Beachtung.[553] Aufgrund des umfassenden Leistungsangebotes[554] und ihrer intermediären Rolle ist die REAC grundsätzlich in dieses Feld einzuordnen.

1.1 Wertschöpfungssegmente des Immobilien-Intermediärs REAC

Die Wertschöpfung des Immobilien-Intermediärs als Professional Service Firm setzt die Existenz definierter untergeordneter Bereiche[555] voraus. Nachfolgend sind die wesentlichen wertschöpfenden Segmente eines Immobilien-Management-Unternehmens dargestellt.[556]

---

551 Die Dienstleistungsgesellschaft ist heute ein allgemein akzeptiertes Phänomen. Die wirtschaftliche und gesellschaftliche Bedeutung der Dienstleistung läßt sich aus der Betrachtung der volkswirtschaftlichen Sektorenentwicklung ableiten. Darüber hinaus muß beachtet werden, daß Dienstleistungen in nahezu allen Wirtschaftsbranchen - unabhängig von der Sektorenzugehörigkeit - erzeugt und genutzt werden. Siehe hierzu vertiefend Lehmann, 1995, S. 409 ff.

552 Der Begriff Dienstleistung ist eine künstliche Wortschöpfung, die sich erst vor wenigen Jahrzehnten im wissenschaftlichen und alltäglichen Sprachgebrauch etabliert hat. Mit dem Dienstleistungsbegriff wird versucht, ein unübersehbares Feld an Erscheinungsformen zu ordnen. Vgl. Lehmann, 1995, S. 421

553 Vgl. Hill, et. al., 1995, S. 5. Hill, et al. gehen detailliert auf die Unterschiede zwischen Industrie und Dienstleistung ein.

554 Siehe hierzu Kapitel III.2

555 Auf das spezifische Ineinandergreifen der Wertschöpfungsstufen des Kunden und des Intermediärs wird hier nicht weiter eingegangen. Zur Detaillierung siehe Hillemanns, 1995, S. 16 - 19

556 In Anlehnung an Hillemanns, 1995, S. 15

Abb. IV-2: Wertschöpfungssegmente des Immobilien-Intermediärs

Professional Service Firm - Real Estate Advisory Company (REAC)					
Staff-Management	**Knowledge-Management**	**Support-Management**	**Marketing**	**Conducting-Engagement**	**Client-relationship-Management**
• Personalplanung • Recruiting • Entlohnungs-, Anreizsysteme • Aus- und Weiterbildung • Beurteilungen • Karriereplanung	• Research • Wissensaufbau/-erhaltung • Weiterentwicklung • Weitergabe-/ Verwendungssysteme • Netzwerke	• Administration • EDV-Systeme • Interne Dienste • Datenbanken	• Segmentstrategie • Ausrichtung national/international • Preispolitik • Kommunikationspolitik • Produktpolitik • Leistungssystem	• Qualitätssicherung • Entscheidungs-/Managementprozesse • Finanzmanagement	• Networking • Akquisition/ Angebotserarbeitung • Erfolgs-/Misserfolgsanalysen

Die einzelnen Segmente sind in großen Real Estate Advisory Companies mit funktional gegliederten Abteilungen vergleichbar.[557] Kleinere oder mittlere Firmen vereinigen einige der Glieder in Personalunion bestimmter Mitarbeiter oder sind darauf angewiesen, Teile der Aktivitäten selber fremd zu beziehen. Voraussetzung für den Erfolg im Markt ist die Existenz und Funktion dieser Aktivitäten. Die Sicherstellung des Kundennutzens und der erlebbare Mehrwert für den Kunden stellen hierbei wesentliche Faktoren für die Etablierung des Immobilien-Intermediärs dar. Die Wertschöpfungssegmente sind den einzelnen Tätigkeitsfeldern der REAC (siehe Abb. III-16), dem Consulting, dem Vermögens-Management und der Immobilienanlage übergeordnet.

1.2 Prozeß des Aktiven Immobilien-Managements

Die Leistung der Immobilien-Management-Gesellschaften für den Institutionellen besteht darin, liquide Mittel und Bestandsimmobilien des Klienten, entsprechend seiner Zielsetzungen und seines Anlageprofils, in Immobilienanlagen zu investieren und aktiv zu managen. Aufgabe ist es, ein bestehendes IST-Portfolio in ein den Struktur- und Renditezielen entsprechendes ZIEL-Portfolio zu überführen (Abb. IV-3).[558] Hierzu sind geeignete Anlagemöglichkeiten auszuwählen und optimale Anlagezeitpunkte

557 Beispiele hierfür sind Heidtman Advisory und La Salle Partners aus den Vereinigten Staaten.

558 Andere Darstellungen orientieren sich am Lebenszyklus der Immobilie oder an den Funktionen der Immobilienwirtschaft. Vgl. Schulte, 1998. Soll jedoch, wie im Leistungssystem des Aktiven Immobilien-Managements dargestellt, die Kundenorientierung eine zentrale Rolle spielen, ist es nur konsequent, den Prozeß am Kunden auszurichten. Ebenso wie die Darstellungen des Lebenszyklus der Immobilie, handelt es sich bei Prozeßdarstellung um eine ideale Darstellung, welche die zahlreichen Interdependenzen der einzelnen Schritte nicht berücksichtigt. In den seltensten Fällen lassen sich die einzelnen Schritte idealtypisch aneinanderreihen.

zu bestimmen, so daß den Parametern "Selektion" und "Timing" wesentliche Bedeutung zukommt.[559]

Abb. IV-3: Prozeß Aktives Immobilien-Management

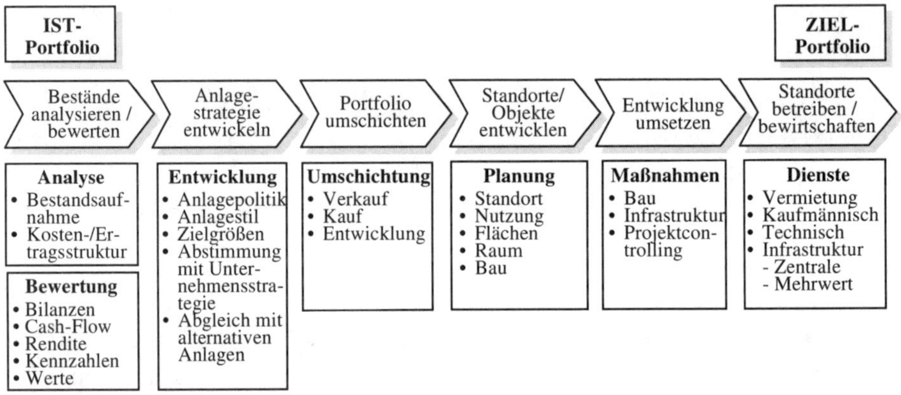

Ausgehend von einem bestehenden Ist-Portfolio ist, je nach Struktur und Zustand des Portfolios, der Prozeß Aktives Immobilien-Management komplett zu durchlaufen.[560] In Schritt 1 der Analyse und Bewertung der Bestände steht das Einzelobjekt im Vordergrund. Ausgehend von einer detaillierten Makro- und Mikroanalyse des Standortes gilt es, die Lage, die Substanz, die Nutzbarkeit, die Vermietbarkeit sowie das mögliche Entwicklungspotential zu beurteilen. Neben diesen qualitativen Untersuchungen ist es erforderlich, quantitative Größen, wie den Cash-Flow, den Wert und die Rendite der Immobilie, im Zeitablauf zu analysieren.[561] Ergebnis der ersten Phase ist die Ableitung von Handlungsbedarfen auf Einzelobjekt- und Portfolioebene.

Im zweiten Schritt, der Entwicklung der Anlagestrategie, ist die Kapitalanlagestrategie des Unternehmens mit der existierenden und/oder der praktizierten Immobilien-Anlagestrategie abzustimmen. Im wesentlichen geht es um die Festlegung von Zielgrößen für die Anlagerendite, das Risiko und die Wertentwicklung. Hier ist die Vergleichbarkeit mit alternativen Kapitalanlagen herzustellen. Sowohl in Schritt 1 als

559 Vgl. Poschadel, 1981, S. 1

560 Die klassischen Phasen des Consulting werden hier bewußt nicht betrachtet, da sie kennzeichnend für Professional Service Firms sind und sich nicht wesentlich vom bisherigen Immobilienbereich unterscheiden. Vgl. Hillemanns, 1995, S. 20

561 Hier wird auf eine Diskussion der unterschiedlichen Berechnungsmethoden der einzelnen Größen verzichtet, da es sich hierbei um einen eigenen Forschungsbereich handelt. Festzuhalten ist, daß entscheidend für die Auswahl der einen oder anderen Berechnungsmethode der Fokus des Betrachters dienen sollte. Die existierenden Berechnungsmethoden sind nicht in "richtig" oder "falsch" einzuordnen, sondern lediglich in sinnvoll oder nicht sinnvoll bzgl. des Betrachtungsfokus.

auch in Schritt 2 ist sowohl die absolute Zielerreichung, als auch die relative Vergleichbarkeit zu anderen Objekten bzw. zu den alternativen Kapitalanlagen zu ziehen.

Der Schritt 3 stellt praktisch das Ergebnis der ersten beiden Schritte dar. Sind Handlungsalternativen auf Einzelobjektebene und auf Portfolioebene abgeleitet worden, geht es hier an die Umsetzung, d.h. Kauf bzw. Verkauf von Objekten.[562] Die dritte Möglichkeit besteht in der Chance der Entwicklung und steht in einem engen inhaltlichen Zusammenhang mit Schritt 4. Je nach Ergebnis der vorangegangenen Untersuchungen reichen hier die Alternativen von Flächenerweiterung, Entkernung des Objektes, Abriß und Neubau bis zur Entwicklung des gesamten Standortes. Im Zentrum steht die Funktion der Projektentwicklung.[563] Fokus des Schrittes 5 ist die Umsetzung der im vorigen Schritt erarbeiteten Maßnahmen. Zentrale Aufgabe ist die Projektsteuerung und das Projektcontrolling. In Schritt 6 steht das Betreiben und Bewirtschaften im Mittelpunkt. Dieser letzte Schritt ist definitorisch dem operativen Immobilien-Management zugeordnet.[564]

562 Zur Vertiefung der einzelnen Aktivitäten innerhalb des Prozeßschrittes der Umschichtung siehe zur Investorensuche Graaskamp, 1991, S. 247

563 Siehe hierzu Isenhöfer, Väth, 1998, S. 149 - 228

564 Kapitel I.2.2. Wird in der Praxis von strategischem Facility- oder Gebäude-Management gesprochen, meint dies die Integration des Gebäude-Managements in die Planungs- und Konzeptphase der baulichen Maßnahmen.

2 Das Marktmanagement der Real Estate Advisory Company

2.1 Investment-Leitlinien

Der Bestimmung der Investment-Leitlinien kommt bei Immobilienanlagen eine besondere Bedeutung zu, weil sich die institutionellen Anleger diesem Punkt bisher nicht sehr intensiv gewidmet haben. Im Anlageentscheidungsprozeß weisen sie den längsten Zeithorizont auf.[565] Entscheidungen werden innerhalb relativ großer Zeitabstände überarbeitet. Dies ist wohl auch der Grund, warum neben den Schwierigkeiten der Nutzen-Quantifizierung, die Investment-Leitlinie nur am Rande Gegenstand der Diskussion ist.[566]

Wie in Kapitel II.3 bereits beschrieben, stellt die immer größer werdende Dynamik und Komplexität auf den Immobilien- und Anlagemärkten das Portfolio-Management vor schlecht überschaubare Konstellationen von Chancen und Risiken. Die Funktion der Investment-Leitlinie ist es, dieses unbestimmte Feld zu strukturieren und zu vereinfachen, ohne es zu simplifizieren. Gleichzeitig sollte sie nicht den Anspruch erheben, endgültig oder deterministisch zu sein, um genügend Spielraum für Entscheidungen auf nachgelagerten Stufen zu lassen. Ihre Aufgabe besteht darin, dem dynamischen Umfeld Kontinuität entgegenzusetzen. Charakteristisch für die Investment-Leitlinie ist die unternehmensspezifische Entwicklung.[567] Für einen Pool von Investoren ist es deshalb sinnvoll, einige gemeinsame zentrale Punkte[568] zu definieren, die dann unternehmensspezifisch zu ergänzen sind. Zu diskutierende Themen sind hierbei:

Kundennutzen versus Profit

Die REAC sollte sich im Gespräch mit ihren Kunden darüber Klarheit verschaffen, welchem Ziel sie im Zweifelsfall Priorität einräumen will. Gerade bei täglich zu fällenden Entscheidungen oder bei Fragen der Des-/Investition stehen sich die Ziele Erhöhung des Kundennutzens und die Erwirtschaftung eines Profits für die Immobilien-Management-Gesellschaft diametral entgegen. Dieser Schwierigkeit sollte durch die Formulierung einer Investment-Leitlinie und der Schaffung von Anreizregelungen begegnet werden.

---

565 Vgl. Lottenbach, 1995, S. 20

566 In der Praxis der Banken und in der Managementliteratur findet die Bedeutung der Leitlinie bereits Eingang in die Entscheidungsprozesse. Vgl. Lottenbach, 1995, S. 20

567 Für die Darstellung verschiedener Investment-Leitlinien siehe Solnik, 1991, S. 352 - 360

568 In Anlehnung an Lottenbach, 1995, S. 23 f.

Kurzfristige versus langfristige Ausrichtung

In diesem Punkt ist Klarheit darüber zu erlangen,. ob das Management grundsätzlich langfristig ausgerichtet ist, oder ob die Erzielung kurzfristiger Gewinne prioritär ist.

Renditemaximierung versus Risikominimierung

Diese Ziele sind konfliktär, so daß die Investment-Leitlinie hier lediglich generelle Aussagen darüber treffen kann, ob überwiegend Renditegrößen, oder den Zielen Sicherheit und Liquidität im Rahmen einer Diversifizierung der Vorzug zu geben ist.

Geographische Ausrichtung

Die zunehmend attraktiven ausländischen Immobilienmärkte und die bisher hauptsächlich national ausgerichtete Anlagepolitik der institutionellen Investoren erfordert es, eine Entscheidung zwischen lokaler, nationaler oder internationaler Diversifikation zu treffen.

Traditionelle versus innovative Ansätze

Zu der Entwicklung und Anwendung moderner Portfolio-Techniken sollte eine Einstellung gefunden werden.[569] Unter diesem Thema kann die Frage beantwortet werden, ob man sich traditionellen bewährten Ansätzen und Instrumenten verpflichtet fühlt oder bei der Entwicklung und Anwendung innovativer Lösungen Vorreiter sein will. Gleichzeitig bietet sich die Investment-Leitlinie an, die Einstellung zu ethischen Grundsätzen, erwünschten und unerwünschten Geschäften, den wichtigsten Dienstleistungen sowie den Annahmen über die Effizienz der Märkte niederzulegen.[570] Darüber hinaus existieren eine Reihe weiterer Anforderungen auf deren Einhaltung zu achten ist:[571]

---

569 Siehe Kapitel II.3.3.3 und Lottenbach, 1995, Teil II, Kapitel 4.4.2

570 Siehe Kapitel II.3.3.1

571 Vgl. Lottenbach, 1995, S. 24 f.

Abb. IV-4: Anforderungen an Investment-Leitlinien

Anforderungen	Inhalt
Allgemeingültigkeit	Zweck der Investment-Leitlinie ist es, generell anwendbar zu sein. Die Beschreibung von Einzelfällen ist zu vermeiden.
Wesentlichkeit	Inhalt sollten die wesentlichen Stationen im Anlageentscheidungsprozeß sein. Randbereiche sind auf Weisungsebene zu regeln.
Vollständigkeit	Trotz geforderter Kürze sollten alle Aussage näher spezifiziert werden.
Kongruenz	Die Investment-Leitlinie sollte der Einstellung und dem Willen der Führungskräfte entsprechen und dementsprechend gelebt werden.
Realisierbarkeit	Die Investment-Leitlinie sollte auf die Rahmenbedingungen der Institutionellen abgestimmt sein, die Möglichkeiten der Kapitalanlagegesellschaft enthalten und Wunschvorstellungen vermeiden.
Konsistenz	Die Investment-Leitlinie sollte frei von Widersprüchen sein.
Langfristige Gültigkeit	Kurzfristige Änderungen sind zu vermeiden. Die Investment-Leitlinie sollte Anlageentscheidungen eines größeren Zeitraumes bestimmen.
Klarheit	Die Formulierungen sollten unmißverständlich gewählt sein.

2.2 Marktauftritt und Investmentstil

Die Marketingpolitik finanzieller und intermediärer Dienstleistungen ist einigen spezifischen Problemen ausgesetzt, die in der Regel für Handels- und Produktionsbetriebe nicht bestehen. Dazu gehört die fehlende substantielle Präsentationsfähigkeit der Produkte, die es einem potentiellen Klienten erschwert bzw. unmöglich macht, derartige Dienstleistungen hinsichtlich ihrer Qualität beurteilen und bewerten zu können. Darüber hinaus werden Finanz- und Intermediäre-Dienstleistungen immer homogener, verwechselbarer und damit austauschbar. Folge ist, daß sich Finanzinstitute und Immobilien-Intermediäre lediglich durch ihren "psychologischen" Zusatznutzen[572] unterscheiden können. Hinzu kommt, daß industrielle Produktentwicklungen durch gewerbliche Schutzrechte gegenüber Nachahmern abgesichert werden können, während Finanz- und Intermediär-Leistungen nicht nur nicht schützbar sind, sondern meist einer hohen Nachahmungsgeschwindigkeit unterliegen.[573]

572 Vgl. Schmitz, 1989, S. 84

573 Vgl. Büschgen, 1982, S. III.1-1 f.

Das Marketing oder das Vermarkten intermediärer und finanzieller Dienstleistungen ist eine diffizile Aufgabe, da die Basis einer erfolgreichen Geschäftspolitik in dem Vertrauensverhältnis zwischen Kunde und Dienstleister besteht.[574] Vertrauen ist in intermediären und finanziellen Angelegenheiten jedoch nur durch Solidität und konzeptionell glaubhafte Leistungen zu schaffen. Aus Sicht des Marketing gehört das Immobilien-Management zu den am schwierigsten im Markt durchzusetzenden Dienstleistungen. Hierfür lassen sich folgende Gründe anführen:

- Obwohl viele potentielle Klienten informiert und kenntnisreich sind, haben sie gleichwohl Schwierigkeiten in der Unterscheidung der einzelnen angebotenen Dienstleistungen. Dies liegt in erster Linie daran, daß die zur Auswahl stehenden Firmen unterschiedliche Mitarbeiterqualifikationen, Organisationsformen und Anlagestrategien mit ähnlichen Begriffen umschreiben.
- Von einigen wenigen Ausnahmen abgesehen ist der angebotene Investment-Service ein immaterielles Gut, welches der Kunde weder ausprobieren noch probe(er)fahren kann. Es werden ausschließlich Zukunftserwartungen verkauft.[575]
- Eine Art von Marken- oder Firmentreue ist in diesem noch jungen und schwach entwickelten Markt noch nicht ausgeprägt.

Die Zugangsschranken zum Immobilien-Management Geschäft sind relativ niedrig.[576] Erschwerend kommt hinzu, daß neue Marktteilnehmer ebenso gute, zum Teil bessere Marktchancen als etablierte Firmen besitzen, solange sie sich mit einem überzeugenden Konzept präsentieren.

Der Erfolg der angebotenen Leistung läßt sich nicht dauerhaft garantieren und beständig auf einem hohen Niveau halten. Vielmehr besteht die Wahrscheinlichkeit, daß die Performance schwankt. Genau aus diesem Grund ist es besonders wichtig, daß ein gutes Vertrauensverhältnis zwischen Kunde und Dienstleister besteht. Darüber hinaus kann man davon ausgehen, daß Investoren die Serviceleistungen von Immobilien-Managern nicht aufgrund einer wohlformulierten Investmentleitlinie oder eines klar definierten Anlageentscheidungsprozesses auswählen. Nur zwingende Vorteile und ein evidenter Produktnutzen sind für den institutionellen Investor ausschlaggebend.[577]

---

574 Vgl. Regli, 1985, S. 9

575 Vgl. Horowitz, 1989, S. 36

576 Die relativen Markteintrittsbarrieren sind niedrig. Die absoluten, d.h. der Markteintritt in Verbindung mit dem beständigen Erfolg in diesem sind sehr hoch, was mit dem oben beschriebenen "psychologischen" Zusatznutzen zu erklären ist.

577 Zwingende Vorteile und ein evidenter Produktnutzen sind nur mit einer zielgerichteten Investment-Leitlinie und einem transparenten Anlageentscheidungsprozeß zu erreichen.

Zweifellos wird es der Ausnahmefall sein, daß durch gänzlich neue Anlageformen das Interesse eines potentiellen Klienten geweckt werden kann. Um so wichtiger ist es, daß sich der Immobilien-Manager eindeutig am Markt positioniert, seine relativen Stärken herausarbeitet und mit Hilfe von strategischen Geschäftsfeldern einen Marktentwicklungsplan aufstellt. Diese elementaren Regeln der Marketingtheorie fanden bisher in der jungen Branche Immobilien-Management wenig Aufmerksamkeit. Zu beachten ist weiterhin, daß das Angebot finanzieller und intermediärer Dienstleistungen durch Äußerlichkeiten nur wenig beeinflußbar ist. Für diese Auffassung sprechen folgende Faktoren:

- Der angebotene Service ist stark erklärungsbedürftig und buchstäblich nicht faßbar. Es muß beim potentiellen Kunden Vertrauen in die Leistungsfähigkeit der Gesellschaft aufgebaut werden, was nur durch Kommunikation sowie des Beweises der Kompetenz und der Seriosität geschehen kann.
- Das Immobilien-Management wird in der Zukunft außerordentlich wettbewerbsintensiv werden, so daß der Institutionelle zahlreiche Gelegenheiten besitzen wird, Firmen untereinander zu vergleichen.[578] Folglich kann sich eine Selbstdarstellung nicht auf Farbpräsentationen und Prospekte beschränken. Den institutionellen Investor interessieren vor einer Mandatsvergabe Erfahrungswerte über Renditen, Cash-Flows und erreichte Wertsteigerungen der betreuten Objekte und Vermögen.

Die Kosten des Immobilien-Managements schließen aus, daß ein Investor den Investment-Service allein aufgrund von schriftlichen Unterlagen, wie Anzeigen und Prospekten, in Anspruch nimmt. Wichtig ist die Identifikation mit den verkaufsentscheidenden Stärken des Anbieters. Es ergeben sich somit folgende Möglichkeiten, ein Mandat von einem institutionellen Investor zu erlangen:[579]

---

578 Siehe zu den strukturellen Veränderungen des Marktes Kapitel II.3.1.3. Darüber hinaus weisen aktuelle Marktveränderungen wie Fusionen von Maklerhäusern und Bankaktivitäten in diese Richtung. Expertengespräche; Vgl. O.V., 1998c, S. 5; O.V., 1998d, S. 20; O.V., 1998e, S. 1 - 2

579 Expertengespräch

- Empfehlung eines Marktteilnehmers innerhalb der Branche
- Unternehmensinterne Entscheidung
- Die Bewerbung einer Immobilien-Management-Gesellschaft mit einer überzeugenden Idee.

Ist die Einladung zu einer Präsentation erreicht, sollte nur wenig Zeit dafür aufgewandt werden, um zu beschreiben, was die Immobilien-Manager tatsächlich tun. Investoren kaufen keine Beschreibungen, sondern erwarten eine Aufklärung, die ihr Verständnis von Investment-Konzepten erweitert.[580] Falls überhaupt auf Details eingegangen wird, hat die Vermittlung des Anlage-Konzeptes absoluten Vorrang. Hier sollten eindeutige und fundierte Aussagen zu Entwicklungen auf den Immobilienanlagemärkten gemacht werden.[581]

Sofern die Möglichkeit besteht, sollte ein differenzierter Investment-Ansatz gefunden werden. Zahlreiche Institutionelle wollen die Frage nach der Originalität einer Anlagestrategie beantwortet haben, bevor sie sich auf tiefere inhaltliche Gespräche einlassen.[582] Eine Gesellschaft wird nur dann ein Mandat erhalten, wenn sie überzeugende Gründe dafür vorbringen kann, warum gerade ihr das Anlagevolumen zum Management übergeben werden sollte.[583] Die Antwort auf diese Frage sollte sich auf die wesentlichen Erfolgsfaktoren Mitarbeiter, Organisation und Performance beziehen. Eine wirkungsvolle Differenzierung kann jedoch nur über die Darstellung aller Erfolgsfaktoren[584] erfolgen.

2.3 Auswahlprozeß einer Immobilien-Management-Gesellschaft

Stand in den Kapiteln IV.2.1 und IV.2.2 die Sichtweise der Immobilien-Management-Gesellschaft im Mittelpunkt, wird im Folgenden Kapitel die Betrachtung aus Sicht des institutionellen Investors fortgesetzt.[585] Der Auswahlprozeß der Immobilien-Management-Gesellschaft aus Sicht des Institutionellen wird vor allem durch die Antwort auf die Frage bestimmt, welche Leistungen im Rahmen des Immobilien-Managements selbst erbracht und welche fremd bezogen werden sollen.[586] Die Gesamtleistung des Immobilien-Managements zeichnet sich durch eine relativ geringe

---

580 Expertengespräch

581 Expertengespräch

582 Expertengespräch

583 Es sind teilweise Verhandlungs- und Überzeugungszeiten von 1 - 2 Jahren notwendig. Expertengespräch

584 Siehe Kapitel III.3

585 Die Sichtweise des institutionellen Investors bzw. die Betrachtung des Auswahlprozesses wird gewählt, um herauszustellen welche Kriterien im Mittelpunkt des Interesses bei Institutionellen stehen und um Rückschlüsse auf den eigenen Marktauftritt ziehen zu können.

586 Siehe Kapitel II.4.5; Hockmann, 1993

Spezifität im Sinne der Transaktionskostenanalyse aus.[587] Qualifiziertes Personal, Know- und Do how, Hardware und Investment- bzw. Immobiliensoftware sowie deren Kombination in einem transparenten Anlageprozeß stellen nur in den seltensten Fällen auf einen spezifischen Investor ausgerichtete Resourcen dar. Die Software wird von einer Vielzahl an Unternehmen in standardisierter Form[588] angeboten, das Personal ist grundsätzlich bei verschiedenen Anbietern oder dem Institutionellen einsetzbar und die Anlageprozesse sind wie andere Finanzdienstleistungen auch nicht patentierbar und leicht zu kopieren. Die Spezifität der Immobilien-Management Leistung zeigt sich einzig und allein in der Einmaligkeit der Kombination der Resourcen und ihrer konsequenten Umsetzung.

Der Auswahlprozeß als solcher wird sich mit der Marktstrukturveränderung des Immobilienanlagemarktes zukünftig wandeln. Die Auswahl der Gesellschaften, die das in Immobilien investierte Vermögen institutioneller Investoren betreuen, stellt sich aufgrund zahlreicher qualitativer Erfolgsfaktoren[589] als relativ schwierig dar. Ein, wie in den USA bereits etablierter "Pensionsfonds-Consultant", der diese Aufgabe für die Investoren übernimmt, existiert in Deutschland noch nicht.[590] Grundsätzlich kann der Selektionsprozeß von Immobilien-Managern in drei Einzelschritte unterteilt werden, die im wesentlichen dazu beitragen, eine mögliche Diskrepanz zwischen Erwartungshaltung des Investors und dem Leistungsvermögen des Immobilien-Managers aufzudecken:[591]

1. **Identifikation der Rolle und Position**
   Sind die Rolle und Position des Immobilien-Managers angemessen identifiziert, definiert und kommuniziert worden? Wird der Manager für die richtige Aufgabe angestellt, und wissen er sowie der Investor, was sie voneinander erwarten?

2. **Berücksichtigung aller Anbieter**
   Sind bei der Auswahl sämtliche Immobilien-Manager berücksichtigt worden, welche die Befähigung für diese Aufgabe besitzen?

3. **Kongruenz der Mandatsvergabe**
   Erfolgte die Mandatsvergabe an den Immobilien-Manager, der in Übereinstimmung mit den eigenen Zielen die eindeutige Eignung für diese Position besitzt?

---

587 Bei der Kapitalanlage, unter die das Aktive Immobilien-Management fällt, handelt es sich um den klassischen Fall des Fremdbezugs. Picot, 1991a, S. 352

588 Häufig wird die Wahl der Software als die Lösung des Problems gesehen. In der Praxis stellt sich jedoch oft die Lösung als das eigentliche Problem heraus.

589 Siehe Kapitel III.3

590 Vgl. Hein, 1991, S. 57

591 Vgl. Hein, 1991, S. 57 zitiert Eager; Cummings Eager, 1987, S. 17 f.

Um die angestrebte Diversifikation in der Immobilienanlage zu erreichen, ist es notwendig, komplementäre Investmentstile zu verfolgen. Das für Außenstehende scheinbar homogene Feld der Immobilien-Manager zerfällt bei genauer Analyse in eine Vielzahl von Spezialisten mit durchaus abweichenden Intentionen und Marktverständnissen.[592] Das erste Ziel auf der Suche nach der geeigneten Gesellschaft sollte es sein, Kandidaten zu identifizieren, deren Aktivitäten im Markt zum Aufbau und Kontinuität der vom Investor beabsichtigten Portfoliostruktur führen.

Für den Immobilien-Manager ist es im Zusammenhang mit der Identifikation seiner Rolle und Position von Bedeutung, daß er die Erwartungen und Zielsetzungen des jeweiligen Investors kennt und einzuschätzen weiß. Sollte das Investmentziel z.B. darin bestehen, besser als ein Index zu sein, das obere Viertel eines Rankings zu erreichen und eine Wertsteigerung über der Inflationsrate von x% zu schaffen, befindet er sich in einer schwierigen Position. Weist er an dieser Stelle auf überzogene Vorgaben hin, wird er das Mandat nicht erhalten. Unterläßt er den Hinweis, versucht durch die Aussicht auf die Realisierung eines zusätzlichen Gebühreneinkommens, wird er das Mandat bei einer fast schon vorauszusehenden "unzureichenden" Zielerreichung wieder verlieren. Grundsätzlich bietet es sich für den auswählenden institutionellen Anleger an, nach einem Fragebogen vorzugehen, der folgende Punkte enthält:[593]

- **Generelle Informationen**
  Hierzu gehören der gesetzliche Status, die finanzielle Struktur und die Eigentumsverhältnisse sowie die Erfahrung und der Ausbildungsstand der Mitarbeiter.
- **Investment-Leitlinie**
  Sie beinhaltet die Klassifizierung des Investmentstils, die Organisationsform der Anlageentscheidung, den Prozeß der Anlageentscheidung und die Anlagekontrolle.
- **Verfügbare Resourcen**
  Darunter fällt der Einfluß von Informationsquellen auf Investmententscheidungen, Ranglisten von Personen und Gesellschaften, die am häufigsten für die Analyse von Wirtschaftstrends und die Beurteilung und Bewertung von Standorten und Nutzungskonzepten herangezogen werden.
- **Management und Vergütungssystem**
  Dazu gehört die Häufigkeit der Portfoliobewertung, die Wahl des Vergleichsmaßstabs, die Begründung für Kauf- und Verkaufentscheidungen und das Gebührensystem.

---

592 Vgl. Hein, 1991, S. 57

593 Auf die einzelnen Frageblöcke kann an dieser Stelle lediglich stichwortartig eingegangen werden. Für die Veröffentlichung eines Musterfragebogens vgl. Williams III, 1986, S. 152 - 161. Für Anregungen zu einer provokativeren Interviewtechnik vgl. Rudd, 1984, S. 398 f.

- **Rendite bzw. "Track record"**
  Diese haben die Auffächerung der Renditeberechnung, die Renditen über die verschiedenen Immobilienanlagearten, die gewichteten Renditen über die verschiedenen Nutzungsarten und Regionen (bzw. Länder) sowie die Steigerung der Anlagevolumina zum Inhalt.[594]

Die letzte Phase der Auswahl, die Mandatsvergabe ist schließlich stark subjektiver Natur und liegt im persönlichen Bereich. Hier ist die Frage zu beantworten, ob die "Chemie" stimmt oder nicht. Idealerweise möchte der Investor bereits aus dem Strukturaufbau der Investmentfirma erkennen können, ob alle Anlagekriterien im Anlageprozeß implementiert sind.[595] Die folgenden Faktoren können hierbei zur Hilfe genommen werden:[596]

- Intensität von internen und externen Research-Anstrengungen, wozu auch die Fähigkeit gehört, eigene Investmentideen zu entwickeln.
- Computergestützte Analysen; hierunter fällt auch die Inanspruchnahme von Rating-Agenturen.
- Eigenständige volkswirtschaftliche Abteilung und/oder Beratungsverträge mit führenden Ökonomen.
- Sorgfältig definierte Entscheidungs- und Analysekriterien für den Kauf und Verkauf von Immobilien.

Nahezu ebenso wichtig wie ein gut strukturierter und definierter Investmentprozeß ist das Managementteam, das mit der Ausführung und Umsetzung des Mandats betraut ist. Obgleich sich hierfür kaum allgemeingültige Bewertungsregeln aufstellen lassen und letztlich die individuellen Persönlichkeiten von ausschlaggebender Bedeutung sind, lassen sich einige grundsätzliche Bemerkungen machen:[597]

---

594 Das institutionelle Investoren ihre Manager allein nach der erzielten Performance auswählen, ist eine Illusion. Vergangenheitswerte können i.d.R. nicht für Prognose herangezogen werden. Das Kriterium der Performance wird in entwickelten Märkten zunehmend als Ausschlußkriterium gebraucht. Die Analyse des Anlageprozesses und seine Konsistenz werden statt dessen zum eigentlichen Beurteilungskriterium. Vgl. Hockmann, 1995, S. 769

595 Entscheidend für den Investor ist die Transformation der anlagestrategischen Zielsetzung eines Investors in strukturierte und quantifizierte Zielsetzungen und die Kontrolle der erbrachten Leistung hinsichtlich der Zielerreichung. Die Anlageentscheidungen können extern oder in Abstimmung getroffen werden, die Umsetzung komplett extern erfolgen. Lediglich die Managemententscheidungen, die Zielsetzung und die Kontrolle verbleiben intern. Damit wird deutlich, daß die Entscheidung der Vergabe der Immobilien-Management Leistungen keine Entweder-Oder-Entscheidung sein sollte, sondern daß gerade hybride Formen der Leistungstiefengestaltung denkbar sind. Vgl. Hockmann, 1993, S. 317

596 Vgl. Hein, 1991, S. 60

597 Vgl. Hein, 1981, S. 60

- Länge der Berufserfahrung im Finanz- und Immobilienwesen sowie Dauer der Zugehörigkeit zu der entsprechenden Firma: Die Bedeutung liegt in der generellen hohen Fluktuation von Leistungsträgern in Investment- und Immobilienfirmen. Aus der Sicht des Investors besteht die Gefahr, daß sein Vermögen plötzlich nur noch von einer Rumpfmannschaft betreut wird.
- Tiefe oder Vielschichtigkeit der Organisation: Eine breit gestaffelte Anzahl an Immobilien-Managern ist für Investoren ein Zeichen, daß ausreichend Managementpotential zur Verfügung steht.
- Qualität der schriftlichen und verbalen Kommunikation: Fertigkeiten auf diesem Gebiet sind für einen Immobilien-Manager unerläßlich. Nahezu täglich muß er Strategiepapiere und Berichte entwerfen. In regelmäßigen Sitzungen mit dem Investor muß er bei der Begründung von Investmententscheidungen argumentative Stärke beweisen.
- Ausbildungsweg der Entscheidungsträger: Akademischen Abschlüssen und dem beruflichen Werdegang wird erhebliche Bedeutung beigemessen. In Marketingbroschüren von Investmentfirmen ist eine Zusammenfassung des beruflichen Werdegangs der leitenden Angestellten enthalten.

Am Ende eines Auswahlprozesses steht die Frage, welchen Gegenwert ein institutioneller Investor bei der Vergabe einer umfangreichen Aufgabenstellung erhält. Betrachtet man das bereits in Kapitel II.4.3.2 eingeführte Beispielportfolio mit Aktiva in Höhe von 1 Mrd. DM, führt eine Performance-Verbesserung durch die Beratungs- und Managementleistung eines Immobilien-Managers von nur einem Prozent zu einem zusätzlichen Investitionsbetrag von 10 Mio. DM.[598]

Abschließend kann festgehalten werden, daß die Kriterien eines Auswahlprozesses mit den in Kapitel III.3.3 dargestellten kritischen Erfolgsfaktoren korrespondieren. Folglich sollte sich der Marktauftritt eines Immobilien-Intermediärs nach innen auf die Beschaffung notwendiger Resourcen und Fähigkeiten, sowie nach außen auf die konsistente Darstellung der in diesem Kapitel aufgeführten Kriterien konzentrieren.

---

598 Vgl. Paustian, 1987, S. 13. Siehe Kapitel IV.5 zur Vergütungsstruktur und Kapitel II.4.3.2 zur Kostenstruktur.

3 Die Organisation der Real Estate Advisory Company

Im Folgenden werden die organisatorischen Gestaltungsmöglichkeiten der REAC beleuchtet. Hierbei wird auf die Tendenz einer zunehmenden Auflösung der Unternehmensgrenzen eingegangen (Kapitel IV.3.1), mögliche Steuerungs- und Anreizkonzepte im Zusammenhang mit der Organisation beleuchtet (Kapitel IV.3.2), die Ziele der organisatorischen Gestaltung beschrieben (Kapitel IV.3.3) und schließlich in Kapitel IV.3.4 ein Vorschlag zur Organisationsstruktur der REAC entworfen.[599]

3.1 Unternehmensgrenzen und Organisation

In den letzten 10 Jahren hat die Diskussion über den Einfluß der sich schnell wandelnden Märkte und der sich immer schneller entwickelnden Informationstechnik auf die Unternehmensgrenzen und die Koordinationsformen der Unternehmen stark zugenommen.[600] Die bisherigen Gewichtungen zwischen Markt, Mischformen - wie hybride Koordinationsformen, Allianzen und Kooperationen - und interner Organisation werden sich zukünftig gerade bei Dienstleistungen zugunsten marktlicher und hybrider Koordinationsformen verschieben.[601]

Neue Formen der Arbeitsteilung sind nicht nur die Antwort auf die steigende Komplexität, sondern werden durch sinkende fixe und variable Transaktionskosten der Informations- und Kommunikationstechnik unterstützt.[602] Hinzu kommt eine Entspezifizierung von Informations- und Wissensvorteilen, was ebenfalls zu einer Marktorientierung von Organisationsformen führt. Somit verschwimmen die Grenzen zwischen den Unternehmen und seinen Partnern in der Wertschöpfung zunehmend. Die Verfassung des Immobilienanlagemarktes[603] mit steigender Umweltunsicherheit, zunehmenden Know-how-Barrieren, wachsender Komplexität und höher werdenden Kundenanforderungen erfordert die Aufweichung traditioneller Unternehmensgrenzen und Organisationsformen.

599 Ziel soll es hier nicht sein, verschiedene mögliche Organisationskonzepte zu diskutieren, sondern eine mögliche Lösung zu skizzieren und die wesentlichen Merkmale herauszustellen.

600 Vgl. Picot, Ripperger, Wolff, 1996, S. 65 - 79

601 Siehe Kapitel II.2.2.1; Vgl. Rensmann, 1998, S. 9

602 Vgl. Picot, 1997, S. 183

603 Siehe hierzu Kapitel II.3

Abb. IV-5: Aufweichung von Unternehmensgrenzen und Organisationsformen[604]

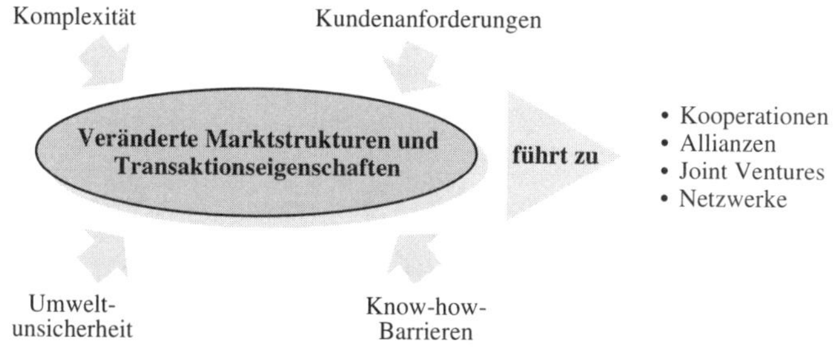

Erfolgreiche marktnahe Kooperationsformen zeichnen sich durch eine Trennung der Resourcen auf der einen und die Verpflichtung zu gemeinsamen Regeln und Werten auf der anderen Seite aus. Vorteile hybrider Organisationsformen liegen in größeren Handlungsspielräumen, einer größeren Flexibilität und niedrigeren Kostenstrukturen.[605] Für die Beantwortung der Frage, welche Wertschöpfungsaktivitäten und -prozesse die REAC für den institutionellen Investor selbst erbringt und welche sie per Fremdbezug bewältigen sollte, gibt die folgende Graphik[606] eine Hilfestellung.

Abb. IV-6: Strategie und Organisationsgestaltung

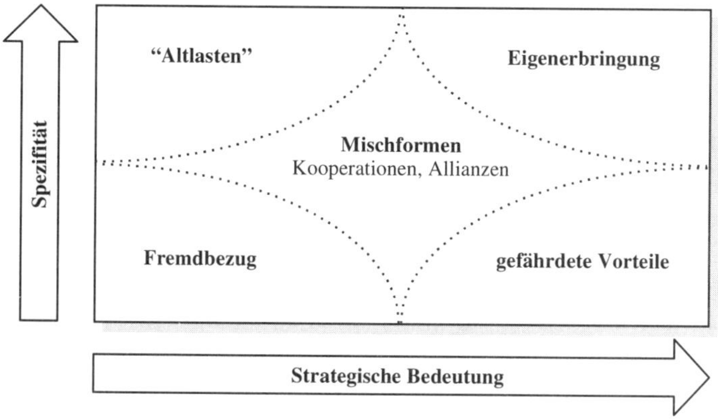

[604] In Anlehnung an Picot, 1997, S. 185. Zur Bedeutung und Vertiefung von Strategischen Allianzen siehe Backhaus, Voeth, 1995, S. 63 - 83

[605] Vgl. Harrell, 1998, S. 12

[606] Picot, 1997, S. 186

3.2 Steuerungs- und Anreizkonzepte

Kooperative Organisationsstrukturen erfordern ein grundsätzlich anderes Verständnis der Steuerung von Prozessen. Die bestehenden Unsicherheiten bei der Steuerung lassen sich in einem einfachen Principal-Agent-Modell[607] wie folgt abbilden:[608]

Abb. IV-7: Führungs- und Kontrollkreislauf des Aktiven Immobilien-Managements

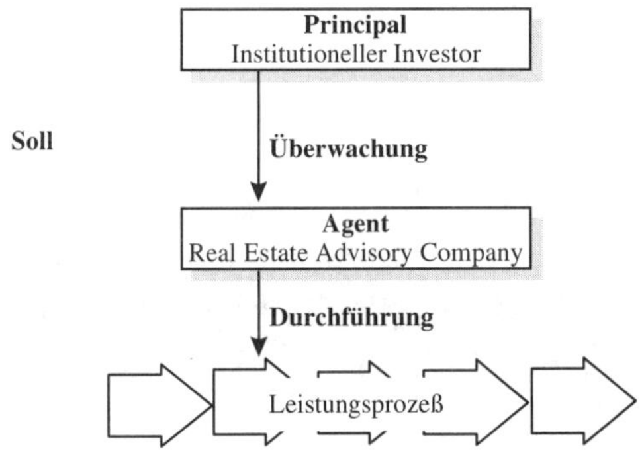

Der Principal bzw. der institutionelle Investor besitzt die Steuerungsverantwortung und überwacht den Agenten, der den Leistungsprozeß unmittelbar beeinflußt. Der Institutionelle kann sich nicht sicher sein, ob die REAC die Vorgaben dergestalt umsetzt, wie es gewünscht und vereinbart war, und ob die Informationen über die Durchführung des Leistungsprozesses und seinen Erfolg bzw. Mißerfolg integer übermittelt werden. In dem Maße, wie dezentrale kooperative Organisationsstrukturen eingesetzt werden, nehmen die skizzierten Erkenntnisprobleme des institutionellen Anlegers zu.[609] Aufgrund der meist vorhandenen räumlichen Entfernung und des fehlenden Fachwissens kann der Principal das Handeln nur sehr schwer beobachten. Darüber hinaus besitzt der Agent die Möglichkeiten zur Manipulation, weil er sich dazu verleiten lassen kann, sich einseitig auf anreizbezogene Erfolgsgrößen zu konzentrieren.[610]

Die Führung des Steuerungs- und Kontrollprozesses ist aus Sicht des institutionellen Anlegers lediglich indirekt durch die Festlegung von Zielvereinbarungen möglich. Ergebnisbezogene Anreizsysteme müssen sicherstellen, daß der Agent bestrebt bleibt,

---

607 Siehe zu den Grundlagen der Principal-Agent-Theorie Kapitel II.2.3

608 In Anlehnung an Picot, 1997, S. 193

609 Zur Vertiefung siehe Kapitel II.2.3 und II.4.4

610 Siehe Kapitel II.4.4.1

im Sinne des Principals zu handeln.[611] Hierbei sichert die Reputation des Agenten einen gewissen Teil an eigener Motivation. Über übliche Anreizmechanismen hinaus, sichert die unternehmerische Beteiligung des Immobilien-Intermediärs an evaluierten Investments sein hohes Interesse an einem erfolgreichen Engagement.[612] Alle Anreiz-, Steuerungs- und Kontrollmechanismen im Verhältnis institutioneller Investor und Immobilien-Intermediär können nur erfolgreich sein, wenn sie durch ein gemeinsames Wertesystem und eine von beiden Partnern nicht nur gewollte, sondern auch gelebte Vertrauenskultur unterstützt wird.[613]

3.3 Ziele der Organisation

Die Organisationsstruktur der REAC muß derart gestaltet werden, daß auf die Beratungs- und Anlagebedürfnisse der institutionellen Anleger auf der einen Seite so umfassend wie möglich und auf der anderen Seite so speziell wie nötig reagiert werden kann. Die Differenzierung ergibt sich aus den verschiedenen Zielen und dem unterschiedlichen Professionalisierungsgrad der Investoren. Weniger professionelle Investoren sind eher an einer Immobilien-Management-Beratung interessiert, die über die Strukturierung ihres Portfolios als Ziel die Vergabe des gesamten Immobilien-Managements haben.

Professionelle Investoren sind zwar auch an einer Beratung interessiert, konzentrieren sich aber im Rahmen ihres Immobilien-Managements eher auf die Nutzung weiterer Immobilienanlageprodukte. Entweder haben sie ihr Immobilien-Management bereits vergeben, organisieren es aufgrund des Volumens selbst, oder sind über die Produktberatung und -entwicklung bereit, Teile ihres Portfolios unter ein fremdes Management zu geben.[614]

Abgeleitet für die Organisationsstruktur bedeutet dies die Einrichtung eines eher auf die Beratung spezialisierten Bereiches und einer eher auf das Management und die Produktentwicklung konzentrierten Abteilung. Innerhalb der REAC sollten bezüglich der Tätigkeit in den Segmenten seitens der Mitarbeiterqualifikation keine Unterschiede gemacht werden.

---

611 Systeme und Verhaltensweisen, die dies sicherstellen, sind ergebnisbezogene Vergütungssysteme, Reportingsysteme, konsequentes Nachhalten getroffener Zielvereinbarungen, organisatorische Vernetzungen, wie z.B. die gemeinsame Besetzung eines Anlageausschusses.

612 Auch wenn hier der psychologische Umweg zur Wahrung der Klienteninteressen über die Motivation des Intermediärs auch im eigenen Interesse zu handeln gewählt wird, sind solche Konstellationen sicherer als einfache Dienstleistungsverträge. In Amerika wird die unternehmerische Beteiligung von Immobilien-Intermediären bereits von institutionellen Kunden verlangt. Expertengespräch

613 Vgl. Picot, 1997, S. 196 f.

614 Expertengespräch

Die Organisationsstruktur muß eine schnelle, offene und reibungslose Kommunikation mit den Investoren ermöglichen. Abhängig ist dies in erster Linie von der Bereitschaft der Mitarbeiter der REAC. Organisatorische Gestaltungsmaßnahmen dienen hier lediglich als Katalysatoren, die die Kommunikationsbereitschaft verstärken und unterstützen.[615]

Die Betreuung und die Abwicklung der investorenspezifischen Aufträge muß vor allem den Kriterien Fehlerfreiheit und Zuverlässigkeit genügen.[616] Um diese Kriterien möglichst zu 100% zu erfüllen, ist die interne Unterstützung der Analyse- und Entscheidungsprozesse mit technischen Mitteln notwendig. Aus der Sicht der REAC müssen die internen Prozesse effizient und kostenminimal ablaufen.[617] Dieser hier entstehende Zielkonflikt kann durch die Definition eines bestimmten Aufwands-Qualitätsniveaus gelöst werden.

3.4 Organisation der REAC

Auf die im Vorfeld beschriebenen Veränderungen und deren Geschwindigkeiten, die damit einhergehenden erhöhten Unsicherheiten und Risiken, sowie die Forderungen nach einer kosteneffizienten Leistungserbringung reagieren die Unternehmen mit Organisationsstrategien und -formen, die eine Absicherung und Aufteilung der Risiken, hohe Flexibilität und eine kosteneffiziente Leistungserbringung ermöglichen (siehe Abb. IV-8).[618]

---

615 Vgl. Kaiser, 1990, S. 347

616 Das im Wertpapierbereich geforderte Kriterium der Schnelligkeit hat im Immobilienanlagebereich eine geringere Relevanz. Bei zunehmender Verbriefung der Produkte sowie steigende Handelsvolumina und sich erhöhender Handelsgeschwindigkeit wird das Kriterium Schnelligkeit eine stärkere Bedeutung bekommen. Aber auch beim Kauf und Verkauf von Direktanlagen sollte dem Kriterium Schnelligkeit zukünftig mehr Aufmerksamkeit geschenkt werden, da es nicht zu begründen ist, warum sich dieser Prozeß teilweise über ein bis zwei Jahre hinzieht. Expertengespräch

617 Kapitel III.4

618 Reichwald, 1997, S. 238

Abb. IV-8: Organisationsformen

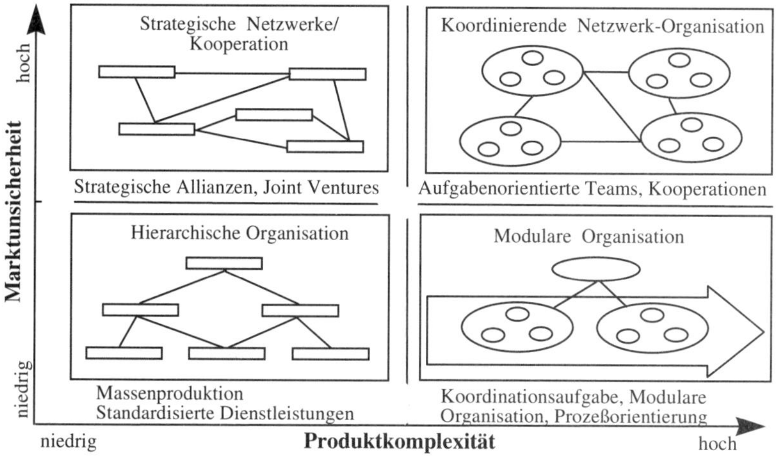

Es entstehen modularisierte, dezentrale Strukturen, die unternehmensübergreifend in Form eines Netzwerkes miteinander verbunden sind. Die Wahl der Organisationsform findet in Abhängigkeit von Marktunsicherheit und Produktkomplexität statt. Die klassischen, tayloristischen Strukturen eignen sich heute hauptsächlich für stabile Märkte, Massenprodukte mit niedriger Komplexität und relativ langen Produktlebenszyklen. Unternehmen, deren Leistungen von zunehmender Komplexität geprägt werden und bei denen individuelle Kundenwünsche an Bedeutung gewinnen, wählen Modulare Organisationsformen. Kommunikation und Koordination sollen durch Gruppenstrukturen vereinfacht werden. Somit steht weniger die Produktkomplexität im Vordergrund, sondern eher die Marktunsicherheit.[619] Für Unternehmen, die sich in Märkten bewegen, die von beiden Veränderungsrichtungen betroffen sind, ist sowohl die Modularisierung und kundenspezifische Leistungsgestaltung als auch die Umsetzung neuer kooperativer unternehmensübergreifenden Unternehmensformen in Form von koordinierenden Netzwerken von zentraler Bedeutung.

619 Marktunsicherheit die aufgrund einer hohen Dynamik in der Produkt- und Prozeßentwicklung entsteht. Vgl. Reichwald, 1997, S. 239

Bei der Umsetzung einer koordinierenden Netzwerk-Organisationsstruktur[620] können unterschiedliche Formen der Zusammenarbeit und Beteiligung gewählt werden. Lösungen sind hier relativ lose projektbezogene Zusammenarbeiten, feste auf Verträgen beruhende Partnerschaften oder gesellschaftsrechtliche Verflechtungen. Ziel der Zusammenarbeit ist, die verschiedenen Leistungen kundenspezifisch in flexiblen Leistungsprozessen zu erbringen. Vor dem Hintergrund einer ganzheitlichen Betrachtungsweise muß das Organisationsprinzip der REAC auf eine wertorientierte Integration aller für den institutionellen Investor bedeutsamen Leistungen abzielen. Dies ist nur zu erreichen, wenn gegenüber dem Kunden ein einheitlicher und vor allem verantwortlicher Auftritt erfolgt. Dieses Ziel wird durch die Realisierung des Prinzips "One face to the Customer" erreicht.

Abb. IV-9: Organisationsprinzip "One face to the customer"

Im Rahmen dieses Organisationsprinzips wird das gesamte Leistungssystem des Aktiven Immobilien-Managements als Leistungsintegration verstanden. Hierbei ist wichtig, daß die Besonderheiten des Immobilienanlagemarktes in der Organisationsform implizit berücksichtigt sind.[621]

---

620 Im Zusammenhang mit der Organisationsform der REAC wird bewußt die in aller Munde propagierte Organisationsform der "virtuellen" Organisation vermieden. Bei der virtuellen Organisation handelt es sich um ein temporäres Netzwerk von unabhängigen Firmen, die durch die Informationstechnologie miteinander verknüpft sind. Hauptsächliche Beweggründe sind die Teilung von Kosten, die Bündelung von Fähigkeiten und die gemeinsame Erschließung von Märkten. Vgl. Weber, Walsh, 1994, S. 24; Zur Vertiefung siehe Scholz, 1997. Die hier aufgeführten Beweggründe stimmen jedoch mit der Motivation der Organisation der REAC nicht überein.

621 Zu den Besonderheiten des Immobilienanlagemarktes siehe Kapitel II.3.3.1

Dies erfordert vor allem eine räumliche Dezentralisierung bestimmter Aufgabengebiete.[622]

Die organisatorische Umsetzung des entworfenen Leistungssystems und der oben beschriebenen organisatorischen Anforderungen geschieht am sinnvollsten durch das Konzept der strategischen Geschäftseinheiten. Dies entstammt ursprünglich der Industrie und hat seinen unschätzbaren Vorteil in der Überwindung der Trägheit von organisatorischen Einheiten. Darüber hinaus läßt es sich leicht sich ändernden Marktgegebenheiten anpassen. Die geschäftlichen Aktivitätsfelder werden nach strategischen Kriterien segmentiert.[623] Wichtig ist, daß sowohl externe - also marktbezogene - als auch interne Kriterien zur Segmentierung herangezogen werden. Wesentliche Kriterien sind:

- Wesentliche Funktionen der Wertschöpfungskette (Akquisition bis Abwicklung) sollten in einer strategischen Geschäftseinheit integriert sein,
- jede strategische Geschäftseinheit sollte individuelle Erfolgsrechnungen durchführen und
- Wettbewerber jeder strategischen Geschäftseinheit müssen eindeutig identifiziert werden können.[624]

Hinzuzufügen ist, daß die Aktivität eines jeden Gechäftsbereiches als eigenständiger Prozeß darstellbar sein sollte. Werden diese Kriterien eingehalten, unterscheiden sich die Geschäftsbereiche voneinander und bieten unabhängige Leistungen am Markt an.

Eine mögliche, sich hieraus ergebende Organisationsstruktur für die REAC ist die in Abb. IV-10 dargestellte. Im Kern ist die REAC eine privatwirtschaftliche Organisation in Form einer Kapitalgesellschaft. Darüber hinaus verfügt die REAC über ein Netzwerk an festen und temporären Partnern.[625]

---

622 Hier kommt das unter Kapitel IV.2.3 aufgeführte Kriterium der "verfügbaren Resourcen" zum Tragen. Wichtig ist die Form und die Art und Weise der Zusammenarbeit mit Dienstleistern am Ort der Investition, die u.a. die Entwicklung von Wirtschaftstrends, Beurteilung von Standorten und Nutzungskonzepten übernehmen. Hierbei ist ein hohes Maß an Vertrauen in die Fähigkeiten des Dienstleisters notwendig. Unterstützt werden kann dies durch gemeinsam entwickelte Checklisten und Bewertungsskalen. Gerade bei der Investition Immobilie ist es bei der Beurteilung von qualitativen Kriterien wichtig, daß unter einer gewählten Bewertungsformulierung dasselbe verstanden wird. Mögliche Interpretationsspielräume sind so klein wie möglich zu halten. Darüber hinaus sind Verantwortlichkeiten und Kompetenzen klar abzugrenzen. Da die Organisationsmitglieder des Netzwerkes erfahrungsgemäß nicht von sich aus kooperativ sind, sollten auch hier Anreizsysteme mit einer gewichtigen Zielerreichungskomponente zum Einsatz kommen. Auf diesen Aspekt kann im Rahmen der vorliegenden Arbeit jedoch nicht vertieft eingegangen werden.

623 Henzler, 1988, S. 1290

624 Henzler, 1988, S. 1290

625 Vgl. Lang, 1998, S. 25

Auf diese Art und Weise können auch zeitlich begrenzte Projektarbeiten kurzfristig gebündelt werden, ohne daß ein großer Apparat an Unternehmensstrukturen den jeweiligen Projektanforderungen angepaßt werden muß.

Abb. IV-10: Organisationsstruktur der REAC

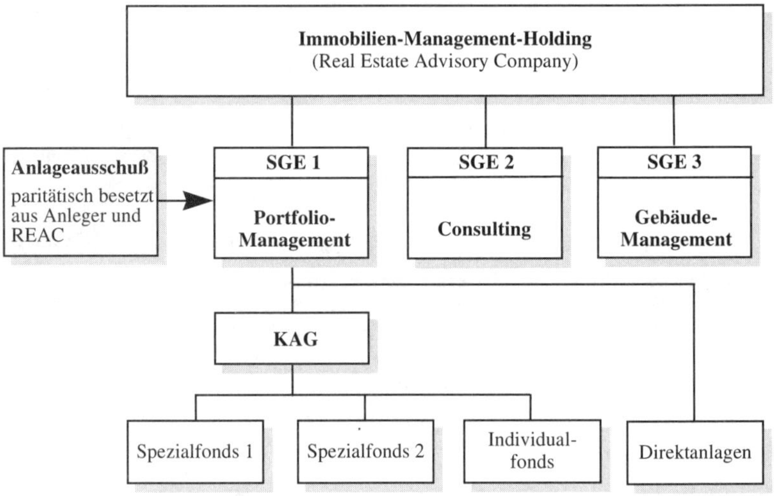

Im Gegensatz zu industriellen Unternehmen ist die klare Trennung von einzelnen Wertschöpfungsstufen[626] im Immobilien-Management schwer möglich. Die Interdependenzen einzelner Aktivitäten und vor allem der Resourcen komplizieren die Bildung der strategischen Geschäftseinheiten. Da es Ziel der strategischen Geschäftseinheiten ist, Leistungen, Kundengruppen und Märkte zu bündeln, bieten sich folglich produkt-, kunden- und marktorientierte Ansätze an.[627]

---

626 In der Industrie findet man häufig die Wertschöpfungsstufen Forschung und Entwicklung, Beschaffung, Produktion, Absatz vor.

627 Vgl. Schimmelmann, 1983, S. 174

Folgt man dem Argument der Kundenorientierung ergibt sich eine produktorientierte Ordnung der Geschäftsbereiche (siehe Abb. IV-11).[628] Insgesamt muß die Vielfalt der aufgeführten und in der Praxis verwendeten segmentierungsrelevanten Faktoren,"...., *als Indiz dafür angesehen werden, daß kein Kriterium die "richtige" Abgrenzung herbeiführen kann...*"[629].

Abb. IV-11: Organisation im Verhältnis zum Kunden

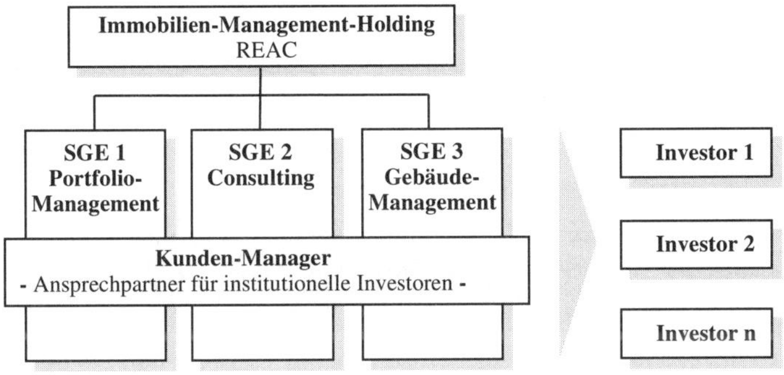

Da letztendlich bei der Identifizierung und Umsetzung von strategischen Geschäftsfeldern unternehmensspezifische Lösungen zu finden sind, sollte bei der Wahl der Segmentierungskriterien eine hinreichende Praktikabilität im Vordergrund stehen. Denn nicht die statische Organisationsform ist entscheidend für den Erfolg, sondern der Organisationsfluß, also die Anpassung an den Markt, die Kunden, etc.

---

628 Die kundenbezogene Ordnung bietet sich hier nicht an, weil die Leistungen bereits durch den Bezug zur Immobilie und das Kundensegment der institutionellen Investoren stark beschränkt sind. Trotz einer gewissen Heterogenität der Institutionellen würde eine rein kundenbezogene Ordnung der Prozeßstandardisierung und dem Poolen von Investorengeldern im Wege stehen. Die marktbezogene Ordnung steht im Widerspruch zur zunehmenden Internationalität der Immobilienmärkte (siehe Kapitel II.3.1).

629 Büschgen, 1983, S. 266 zitiert in Kaiser, 1990, S. 313

4 Die Vergütungsaspekte der Immobilien-Intermediationsleistung

Einer möglichen Gestaltung der Vergütung wird an dieser Stelle eine etwas ausführlichere Beschreibung gewidmet, weil die Wahl der Vergütungsform sowohl einen entscheidenden Einfluß auf die Differenzierung zu potentiellen Wettbewerbern ausübt, als auch in der Gestaltung des Verhältnisses zum institutionellen Investor erfolgskritisch ist.

Im Gesetz über Kapitalanlagegesellschaften finden sich zur Zeit noch keine expliziten Regelungen, darüber, in welcher Form Investmentgesellschaften zu entlohnen sind. Insofern besteht hier im Aufsichtsrecht noch ein rechtsfreier Raum. Der Grund liegt wohl darin, daß aufgrund der bisher nur geringen Verbreitung von ergebnisabhängigen Vergütungssystemen seitens der Aufsichtsbehörde diesbezüglich kein Regelungsbedarf gesehen wird.[630] Ein den Erfolgsfaktor Preis-Leistungsverhältnis wesentlich bestimmende Komponente ist die Systematik und die Höhe der Vergütung. Hier läßt sich oft schon schnell erkennen, wie die einzelnen anbietenden Gesellschaften ihre eigene Leistung einschätzen. Die Starrheit des Vergütungssystems, die Regelung der Verlust- und / oder Gewinnkomponenten und die entsprechenden Bezugsgrößen sind hierbei wesentliche Beurteilungskriterien.

Wichtig für die Beurteilung der unterschiedlichen Systeme ist, daß die Vergütung des Dienstleisters vom Investor nicht als reiner Kostenblock empfunden und gesehen wird. Bei der Beurteilung sollte vielmehr die Qualität des Anreizes für den Agenten im Mittelpunkt stehen sowie die Antwort auf die Frage, inwieweit das Vergütungssystem in der Lage ist, die Durchsetzung der eigenen Ziele zu fördern und zu unterstützen. Da die Beziehung beider Parteien eine auf Langfristigkeit angelegte Beziehung unter Risiko ist, empfiehlt sich eine entsprechend langfristige Betrachtung der Ausgestaltung der Partnerschaft.[631]

630 Da jedoch zukünftig in Deutschland ergebnisabhängige Vergütungssysteme zunehmen werden, besteht die Möglichkeit hier auf den Erfahrungsschatz in den USA zurückzugreifen. Im Investment Advisors Act (IAAct) sind diese Sachverhalte geregelt. Ausführlich geht Maurer, 1996, S. 308 auf die Zusammenhänge ein.

631 Vgl. Starks, 1987, S. 17

4.1 Elemente und Zielsetzungen von Vergütungssystemen

Als Maßnahmenkatalog zur Abschwächung der in Kapitel II.4.4 beschriebenen Interessenkonflikte stehen dem Investor grundsätzlich zwei Möglichkeiten zur Verfügung. Zum einen kann er durch Kontrollsysteme zusätzliche Informationen über das Verhalten der Management-Gesellschaft einholen. Bei unsachgemäßem Verhalten des Managements führt dies zu Sanktionen bzw. dem Verlust des Mandats. Die möglichen Kontroll-Methoden eignen sich jedoch nur sehr bedingt, um das Anliegen des Investors zu befriedigen. In erster Linie verursachen sie Kosten, wirken nur ex post, eignen sich nicht ex ante als Selektionsinstrument und motivieren den Mandatsträger nicht zu einer besseren Aufgabenerfüllung im Sinne des Auftraggebers.[632]

Die zweite Möglichkeit besteht in der Konstruktion eines Vergütungssystems, welches entstehende Agency-Probleme bereits im Kern reduziert.[633] Ein Vergütungssystem kann nicht zum Ziel haben, die Ziele der Management Gesellschaft zu verändern oder nachhaltig zu beeinflussen. Ziel dagegen sollte es sein, die Management Gesellschaft zu motivieren, aus eigenem Interesse Entscheidungen zu treffen, die automatisch für den Investor vorteilhaft sind. Kern solcher Motivations- bzw. Anreizsysteme sind finanzielle Erfolgsbeteiligungen an der Wertentwicklung des Vermögens. Der Kontrollbedarf und die dadurch entstehenden Kontrollkosten können erheblich reduziert werden. Darüber hinaus kann ein Vergütungssystem auch als Selektionsinstrument angesehen werden. Nicht nur der Anleger kann anhand der ihm vorgelegten Entlohnungssysteme, der sich um ein Mandat bewerbenden Management-Gesellschaften, erkennen, welche Ziele die Gesellschaft verfolgt, sondern er kann in der Ausschreibung des Mandats den in Frage kommenden Gesellschaften seine Anlageziele proaktiv bereits im Vorfeld signalisieren. Im Idealfall reagieren nur solche Management Gesellschaften auf die Offerte, die sich in der Lage sehen, die Bedürfnisse des Investors zu erfüllen. Jede Vergütungsart weist Vor- und Nachteile auf. Anhand der folgenden Kriterien jedoch ist es möglich, ein Vergütungssystem grundsätzlich zu beurteilen:

- **Fairneß**
  Immobilien-Manager sollten für die Anwendung ihres Könnens entlohnt werden. Exogene Ereignisse,[634] die außerhalb ihrer Kontrolle liegen, sollten auf die Entlohnung keinen Einfluß besitzen.[635] Darüber hinaus sollte die Vergütungsform in Re-

---

632 Vgl. Maurer, 1996, S. 243

633 Siehe hierzu Kapitel II.2.3.2 und II.2.3.3

634 Hiermit sind zum Beispiel Marktschwankungen oder Investorenentscheidungen gemeint, die Einfluß auf die Anlage nehmen.

635 Vgl. Spremann, 1988, S. 615 f.

lation zum Volumen des zu managenden Vermögens stehen sowie keinen Raum für bewußte Verzerrungen des Anlageverhaltens lassen.

- **Zielkongruenz**
  Die Ziele des institutionellen Anlegers und der Managementgesellschaft sollten idealerweise zusammenfallen. Der Immobilien-Manager handelt an "Eigentümers statt", weshalb sich der Anleger sicher sein sollte, daß in seinem Interesse gehandelt wird. Anders formuliert sollte die Vergütungsform den Agenten dazu bewegen, Möglichkeiten zu suchen und zu nutzen, die die Bedürfnisse des Anlegers befriedigen.[636] Vorteil ist die Reduktion des Kontrollbedarfs und der Kontrollkosten.[637]

- **Inhaltsbezug der Vergütung**
  Die Form der Vergütung sollte es dem Anleger ermöglichen, nach Erteilung des Mandates, aus den erzielten Anlageergebnissen die Kompetenz und den Erfolg des Immobilien-Managers abzulesen. Hierbei ist sicherzustellen, daß die Management-Gesellschaft nur für ihre eigenen Fähigkeiten entlohnt wird. Exogene Einflüsse sind auszuschließen. Darüber hinaus sollte die Form der Vergütung einen impliziten Auswahlfilter hinsichtlich des Vertrauens des Immobilien-Managers in seine eigenen Fähigkeiten darstellen.[638] Der Anleger ist hier aufgerufen, die von ihm gewünschte Vergütungsform eindeutig zu kommunizieren und unter Umständen zur Bedingung erheben. Im Selektionsprozeß bleiben lediglich jene Management-Gesellschaften, die die Vergütungsform akzeptieren.

- **Transparenz**
  Die Form der Vergütung sollte von beiden Parteien gewollt und verstanden werden. Darüber hinaus sollte die Vergütung nur von Größen abhängen, die von beiden Parteien gleich definiert werden, sowie gleichermaßen beobachtbar und meßbar sind.[639] Die Management-Gesellschaft sollte vorab wissen, welche in ihrer Disposition stehenden Transaktionen zu welchen Vergütungskonsequenzen führen.

---

636 Vgl. Kiener, 1990, S. 29

637 Vgl. Laux, 1990, S. 113

638 Zum Beispiel existieren Marktteilnehmer, die innerhalb der Portfolio-Managementleistung Vertragsabschlüsse im Gewerbeimmobilienbereich - also normale Maklerleistungen - als Extra-Leistung in Rechnung stellen. Hierbei wird für den potentiellen Kunden der Nutzen des externen Portfolio-Managements nicht sichtbar, da er früher auch Makler beauftragt hat.

639 Vgl. Spremann, 1988, S. 616

4.2 Bemessungsgrundlage von Vergütungssystemen

Ausgangspunkt eines Vergütungssystems und damit Basis für verschiedene Entlohnungssysteme ist die Beantwortung der folgenden Fragen:[640]

1. Welche Größe bestimmt die Leistung des Immobilien-Managers?
2. Welche Leistung führt zu welcher Entlohnung?
3. Welcher Zeithorizont ist für die Leistungserbringung maßgeblich?[641]

Die erste Frage ist die nach der Bemessungsgrundlage der Leistung des Immobilien-Managements. In Abhängigkeit von der Bemessungsgrundlage gibt die Entlohnungsfunktion an, wie hoch die einzelnen Leistungen vergütet werden. Die letzte Frage hat den Zeithorizont zum Inhalt, in dem die Leistung gemessen werden soll und an deren Ende die Zahlung der Vergütung erfolgt.

Grundsätzlich kommen als Bemessungsgrundlage input- oder outputorientierte Größen in Betracht. Die üblicherweise in Auftragsverhältnissen[642] verwendeten Inputgrößen - wie z.B. eingesetzte Personal- und Rechnerzeiten, Anzahl der Transaktionen, etc. - machen im Vermögens-Management keinen Sinn, da sie die wesentlichste Anforderung, die der Zielkompatibilität zwischen Principal und Agent, nicht erfüllen. Aber auch die Wahl der outputorientierten Größen ist nicht unproblematisch. Größen wie Anzahl der abgeschlossenen Mietverträge oder die Anzahl der vollzogenen Portfolioumschichtungen dienen ebenfalls nicht der Zielkompatibilität.

Kern eines Anreizsystems sollte vielmehr eine finanzielle Beteiligung der Management-Gesellschaft an der Wertsteigerung des Vermögens sein. Ziel muß es sein, die Konzentration der Management-Gesellschaft auf das Erzielen einer positiven Rendite zu lenken. Bei Wertpapieren ist es üblich, als Bemessungsgrundlage die Differenz der zeitgewichteten Rendite des Vermögens relativ zur Rendite eines Benchmarkportfolios zu wählen.

---

640 Vgl. Maurer, 1996, S. 244

641 Vgl. Laux, 1990, S. 7

642 Klassisches Anwendungsfeld ist die Consultingbranche, in der die Vergütung in keinem, wie immer gearteten inhaltlichen Zusammenhang zu den Zielen des Auftraggebers steht.

Da bei Immobilienanlagen die Verbreitung und die Güte der vorhandenen Indizes, die sich als Benchmark anbieten, noch relativ jung ist, wird dieses Vorgehen zur Zeit noch zu keinen befriedigenden Lösungen führen.[643] Aus diesem Grund wird vorgeschlagen, eine Bemessungsgrundlage zu wählen, die den Kriterien Transparenz, Nachvollziehbarkeit und Objektivität[644] nahe kommt.

Üblich ist es, als Basisgröße die Höhe des Fondsvermögens zu wählen, da implizit davon ausgegangen wird, daß höhere Volumina auch höhere Verwaltungskosten verursachen.[645] Diese Annahme läßt sich direkt auf Immobilienvermögen übertragen.[646] Die Wahl der Bezugsperiode spielt im Zusammenhang mit den hier vorgeschlagenen Vergütungskomponenten eine untergeordnete Rolle weshalb auf sie nicht weiter eingegangen wird.[647]

643 Der in Kapitel II.3 bereits vorgestellte DIX besitzt aufgrund seines jungen Konstruktionsdatums (1997) zur Zeit lediglich einen Punkt auf der zukünftig zu bildenden Geraden, da darauf verzichtet wurde, die Werte zurückzurechnen. Der Immobilienaktienindex E&G DIMAX des Bankhauses Ellwanger & Geiger besitzt Schwächen in den eingehenden Werten, da trotz erheblicher Unterschiede in der Geschäftstätigkeit sowohl Immobilienentwickler, als auch Immobilien-Bestandshalter im Index enthalten sind. Darüber hinaus werden die Indexgewichte anhand der Marktkapitalisierung festgelegt, was einen starken Einfluß von Gesellschaften mit hohem Grundkapital auf die Indexperformance zur Folge hat. Bleiben die Indizes von Thomas, 1997 sowie von Maurer, Stephan, 1995; Maurer 1997. Beide Indizes entstanden aus der Kritik heraus, daß die sonst vorhandenen Indizes den Prüfkriterien der Nachvollziehbarkeit und der Transparenz nicht genügen. Für die Kritik an darüber hinaus existierenden Immobilienindizes sei auf Thomas, 1997 verwiesen. In der Konstruktion sind beide Indizes ähnlich. Für die Konstruktion der Indizes sei hier auf die angegebene Literatur verwiesen. Problematisch sind die eingehenden Daten, da die Offenen Fonds erst seit dem 1. März 1990 zur Veröffentlichung von Wertveränderungen verpflichtet sind, und die Veröffentlichung der ersten Daten in den Rechenschaftsberichten des Jahres 1992 erfolgten. Voraussetzung für die Eignung zur Vergleichbarkeit ist, daß die Bewertungsmethode im betrachteten Portfolio dieselbe ist wie die des Benchmark-Portfolios. Bei Maurer, Stephan sind die erheblichen Mittelzuflüsse der Offenen Fonds, die vorerst in Liquidität gehalten werden, nicht mit der realitätsfernen Prämisse konstanter Vermögensanteile vereinbar, vgl. Thomas, 1997, S. 248. Diese Kritik wird erst durch langfristige Betrachtungen entschärft, da sich dann Liquidität in Immobilienvermögen verwandelt hat. Abschließend ist für beide Benchmarks festzuhalten, daß die angenommene Repräsentativität des deutschen Immobilienmarktes zweifelhaft ist. Erstens repräsentieren die Offenen Fonds, die Untersuchungsgegenstand beider Indizes sind, nicht die Gesamtheit des deutschen Immobilienmarktes. Damit ist der Schluß auf die Struktur anderer institutioneller Immobilienvermögen kaum zulässig. Zweitens ist auch empirisch nicht nachgewiesen, daß von den Offenen Fonds auf andere institutionelle Immobilienvermögen geschlossen werden kann.

644 Mit Objektivität sind hier fehlende Möglichkeiten zur Manipulation durch die Parteien gemeint.

645 Vgl. Maurer, 1996, S. 246; Davanzo, Nesbitt, 1987, S. 14

646 Die bei Immobilien notwendige direkte Betreuung erzeugt durch ein mehrfaches an Instandhaltungs- und Reparaturmaßnahmen sowie die höhere Anzahl an Mietern einen höheren Aufwand.

647 Eine große Bedeutung erlangt die Wahl der Bezugsperiode bei volatilen Vermögenswerten, sowie bei der Wahl von Renditegrößen als Bezugsgrößen, bei denen die Wahl des Ermittlungszeitpunktes Einfluß auf ihre Ausprägung besitzt. In der hier vorliegenden Arbeit ist beides nicht zutreffend.

4.3 Basisbeträge als Vergütungsform

Fixe Vergütungsbeträge sind vor allem dann üblich, wenn der Portfolio-Manager überwiegend beratend tätig wird. Weil die Leistungen einer solchen Tätigkeit spezifisch auf den jeweiligen Kunden zugeschnitten sind, ist es schwierig einen geeigneten Vergleichsmaßstab zu finden, an dem die Leistungen des Immobilien-Managers gemessen und damit die Höhe der Vergütung bestimmt werden kann. In dem für die REAC entwickelten Konzept trifft dies für die Leistungen aus dem Geschäftsfeld Consulting zu. Folglich sollten Leistungen, die aus diesem Geschäftsfeld erbracht werden, in ihrer Vergütung den im Consulting üblichen Tagessätzen folgen. Diese Regelung sollte vor allem für beratende Tätigkeiten gelten, für die die REAC keinen Vermögens-Management-Auftrag vom Klienten besitzt. Für bestehende Klientenbeziehungen im Vermögens-Management sind klare Abgrenzungen zwischen den Parteien zu treffen, welche Aufgaben und Tätigkeiten in welches Geschäftsfeld fallen.

Die Vorteile einer fixen Basisvergütung sind deren leichte Verständlichkeit sowie die administrativ unkomplizierte Handhabung. Darüber hinaus wird durch eine Basisvergütung die Risikofreudigkeit des Immobilien-Managers etwas gebremst, da ihm über die Basisvergütung ein nicht unerheblicher Beitrag zum Fortbestand seiner Unternehmung zufließt. Diesen Vorteilen steht der Nachteil gegenüber, daß diese Gebühr unabhängig von der Leistung der Immobilien-Management-Gesellschaft gezahlt wird. Somit entsteht für den Agenten kein direkter Anreiz im Interesse des Principals renditesteigernd tätig zu werden. Hier kommt lediglich ein indirekter Anreiz zum Tragen, der in der Gefahr liegt, bei schlechter Leistung das Mandat zu verlieren und einen Reputationsschaden hinnehmen zu müssen.[648]

4.4 Vermögenswertabhängige Vergütung

Bei der bereits unter dem Kapitel IV.4.2.1 erwähnten vermögenswertabhängigen Vergütung[649] erhält die Immobilien-Management-Gesellschaft am Ende eines festgelegten Zeitraumes einen festen Prozentsatz vom durchschnittlichen Marktwert des Vermögens.[650] Soweit die im Wertpapiervermögensmanagement gängige Handhabung.

Bei der vermögenswertabhängigen Vergütung steigt das Einkommen des Managers mit steigendem Vermögen des Klienten. Grundlage ist der Gedanke, daß mit einem wachsenden Vermögen auch eine höhere Verantwortung einher geht. Darüber hinaus

---

648 Zur Vertiefung des Einsatzes der Reputationspolitik im Principal-Agent-Verhältnis siehe Spremann, 1988

649 Im angelsächsischen Sprachraum wird sie als Asset-Based-Fee bezeichnet. Vgl. Record, Tynan, 1987, S. 40

650 Vgl. Maurer, 1996, S. 255

sind gerade bei Immobilien die Verwaltungskosten höher und die Research-Tätigkeiten wesentlich umfangreicher.

KANDLBINDER gibt für die vermögenswertabhängige Entlohnung von Spezialfonds an, daß diese höchstens bei 0,5% p.a. des Fondsvolumens liegt und üblicherweise monatlich oder vierteljährlich in Rechnung gestellt wird.[651] Für die Einführung einer degressiven Staffelung spricht das Argument der entstehenden Kostendegressionseffekte durch das steigende Fondsvolumen im Research und der Administration.[652] Bei Immobilien spricht die hohe Heterogenität der Immobilienanlage dagegen.

Für direkte Immobilienanlagen bietet es sich an, als Bezugsgröße die im Betrachtungsjahr preisbereinigten Anschaffungskosten als Wert des Immobilien-Portfolios zu wählen.[653] Die Vorteile dieser Größe liegen in der Übereinstimmung mit den oben aufgestellten Kriterien der Transparenz, der Nachvollziehbarkeit und der Objektivität. Das Ziel, dem Immobilien-Manager einen Anreiz zu geben, wird mit der vermögenswertabhängigen Vergütung erreicht und ist mit den Zielen des Anlegers kompatibel.

Grundsätzlicher Nachteil dieser Art der Vergütung ist, daß entweder die Leistung des Managers oder die Gesamtmarktbewegung für den Erfolg verantwortlich sein kann. Dieser Sachverhalt wird in den Grundsystemen nicht abgebildet. Somit wird ein grundsätzlich bestehender positiver Anreiz für den Immobilien-Manager etwas abgeschwächt. Auch hier existiert der oben bereits beschriebene indirekte Anreiz. Zu überdenken ist jedoch die Motivationsquelle für den Immobilien-Manager. Seine Motivation zur Erzielung von Zusatzerträgen wird überwiegend von der Angst gespeist, bei schlechter Leistung einen Einkommens- bzw. einen Reputationsschaden zu erleiden.[654]

---

651 Vgl. Kandlbinder, 1991, S. 66

652 Vgl. Grinold, Rudd, 1987, S. 28; Record, Tynan, 1987, S. 40

653 Vertieft und konkret ausgestaltet wird diese Idee unter Kapitel IV.5.5

654 Vgl. Grinold; Rudd, 1987, S. 27 f.

4.5 Ergebnisabhängige Vergütung

Da sich bisher in der Immobilienwirtschaft ergebnisabhängige Vergütungssysteme[655] nicht durchgesetzt haben, existiert zu diesem Thema nach dem jetzigen Erkenntnisstand keine Literatur.[656] Einer der Hauptgründe für die Hinwendung zu einer Vergütungsstaffelung, die auf objektiven Leistungskriterien beruhen, liegt in der verständlichen Unwilligkeit der Investoren, kontinuierlich steigende Gebühren zu zahlen. Es gibt verschiedene formale Ansätze im Wertpapier-Management für eine auf der Performance basierende Gebührenstruktur.[657] Diese sind jedoch nicht direkt auf Immobilienanlagen übertragbar, weil bei der "objektiven" Performanceberechnung Schwächen existieren, die noch zu beseitigen sind.[658]

Grundsätzliches Bestreben bei ergebnisabhängigen Managementgebühren ist es, ein Arrangement zu finden, das in objektiver Weise die Wertveränderungen berücksichtigt, die ein Manager für ein Immobilien-Portfolio erzielt. Dadurch sollten weder das Risikoniveau noch der Investmentstil oder die Anlagestrategie von den bereits getroffenen Vereinbarungen zwischen Institutionellem und Immobilien-Manager verändert werden.[659] Es soll ein Anreiz zur Erzielung besserer Anlageergebnisse geschaffen werden. Hierzu fließt dem Immobilien-Manager ein Teil eines im Vorfeld definierten Ertrages zu. Dieser Teil kann ertrags- und / oder zeitraumbezogen sein. In der einfachsten Form wird der Portfolio-Manager einmal jährlich abhängig vom relativen Ergebnis gegenüber einer Benchmark vergütet. Für einfache und komplizierte Berechnungsschemata ergebnisabhängiger Vergütungen wird hier auf die angegebene Literatur verwiesen.[660] Auf die generellen Schwierigkeiten bei der Wahl von Bezugsgrößen in Systemen zur Vergütung von Immobilien-Management-Gesellschaften ist in Kapitel IV.4.2 bereits eingegangen worden. Trotz aller Differenzen besitzen ergebnisabhängige Vergütungsformen im allgemeinen die folgenden Komponenten:

---

655 Die ergebnisabhängigen Vergütungssysteme sind hier klar von erfolgsabhängigen Systemen zu unterscheiden. Handelt es sich bei erfolgsabhängigen Systemen lediglich um die Partizipation am Erfolg, betrachten ergebnisabhängige Systeme auch die Möglichkeit der Beteiligung am Verlust.

656 Aus den geführten Expertengesprächen des Verfassers ergab sich, daß ergebnisabhängige Vergütungssysteme - wie sie bei Wertpapieren bereits existieren - in der Immobilienwirtschaft noch nicht üblich sind. Ausnahme sind Gebäude-Management-Dienstleistungen, bei denen in ersten Fällen die Höhe von Vergütungen bereits an Kosteneinsparungen gekoppelt sind. Expertengespräche

657 Siehe Graff und Webb, 1997, S. 22 ff.

658 Auf die Schwächen der Performanceberechnung für Immobilien-Portfolios wird an dieser Stelle nicht weiter eingegangen, sondern auf die bisher existierende Literatur verwiesen. Thomas, 1997; Maurer, 1997; Maurer, Stephan, 1995. Trotzdem sollen sich - die augenblickliche Situation als gegeben annehmend - Gedanken über die mögliche Gestaltung einer ergebnisabhängigen Vergütung im Immobilienbereich gemacht werden.

659 Trotz einer überwiegend positiven Resonanz gab die Stock Exchange Comission (SEC) erst im November 1985 ihre Einwilligung für Performance Fees bei Pensionsfonds. Vgl. Hein, 1991, S. 85

660 Siehe hierzu: Grinold, Rudd, 1987, S. 27 ff.; Hein, 1991, S. 80 ff.; Gahn, 1994, S. 107 ff.; Maurer nimmt zu diesem Thema ausführlich Stellung. Maurer, 1996, S. 239 ff.

1. Ergebnisziel,
2. Basisgebühr,
3. Bonusformel,
4. Gebührengrenze und
5. Meßperiode.

Aus diesen fünf Gestaltungsparametern können je nach Prioritäten und Zielen anlegerspezifische Vergütungssysteme konstruiert werden.[661] Allgemein besitzen ergebnisabhängige Vergütungssysteme die Form:

$$\text{Vergütung} = a + b * (\text{Bezugs-Ergebnis})$$

Die Komponente (a) stellt hier eine Festgebühr dar, auf deren Konstruktion bereits unter IV.4.3 eingegangen worden ist, und hier nicht weiter betrachtet werden soll. Die zweite Komponente besteht aus einem im Vorfeld festgesetzten Prozentsatz (b) und der Differenz zwischen Portfolio-Ergebnis und einer weiteren festgelegten Größe, die im Falle von Wertpapieren eine Benchmark ist. Wird die Differenz negativ, bedeutet dies, sofern die Basisgebühr ebenfalls überschritten wird, daß der Immobilien-Intermediär eine Art Verlustausgleich an den institutionellen Investor zahlen müßte. Um die Vorgehensweise bei Wertpapieren zu illustrieren dient das folgende Beispiel:

Als Basis sollte eine Grundgebühr offeriert werden, die bzgl. ihres Niveaus unter der von konventionellen Zahlungen liegt. Zusätzlich wird ein Bonus oder eine prozentuale Erfolgsbeteiligung gezahlt, wenn der gewählte Vergleichsindex übertroffen wird. Durch die meist symmetrisch aufgebaute Gebührenstruktur sind in einer ausgeprägt schlechten Leistungsphase - zumindest theoretisch - auch Rückvergütungen möglich. Ein auf leistungsabhängiger Erfolgsbeteiligung basierendes Gebührensystem wird in Abbildung IV-12 beispielhaft dargestellt.

Im Beispielfall wird von einer ergebnisunabhängigen Standardgebühr von 1% p.a. ausgegangen.[662] Nach Einführung einer ergebnisabhängigen Bezahlung reduziert sich die Gebühr bei einer durchschnittlichen Performance auf 50 Basispunkte und sinkt bei einem Ergebnis, das 6% unter dem Index liegt, auf -0,5%. Die alte Standardgebühr von 1% wird erst bei einem Ergebnis gezahlt, das 3% über dem Indexertrag liegt. Ein besonders gutes Resultat führt zu einer proportionalen Erfolgsbeteiligung, wird der

661 Vgl. Davanzo, Nesbitt, 1987, S. 15 und S. 18

662 Vgl. Hein, 1991, S. 86. Das Beispiel ist aus dem Wertpapierbereich übertragen und setzt ein funktionierendes und etabliertes Indexsystem voraus, was zur Zeit auf dem Immobilienanlagemarkt so nicht gegeben ist. Aus diesem Grund ist diese Darstellung hier lediglich beispielhaft und ein Vorgriff auf eine Diskussion, die wahrscheinlich in ein paar Jahren in Deutschland geführt werden wird.

Index um 6% übertroffen, liegt die Vergütung 50% über der Standardgebühr. Je leistungsabhängiger man das Gebührensystem gestalten möchte, desto steiler wird man den Anstieg der Gebührengerade wählen. Voraussetzung für ein derartiges Gebührensystem ist allerdings ein etablierter und aussagefähiger Marktindex, der auf dem Immobilienanlagemarkt allenfalls mittelfristig zur Verfügung stehen wird.

Abb. IV-12: Ergebnisabhängiges Gebührensystem im Immobilien-Management

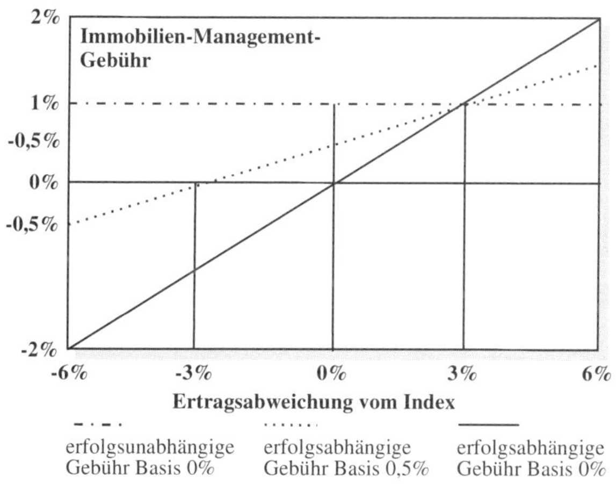

Um jedoch eine klare ergebnisabhängige Vergütung konstruieren und beurteilen zu können, sollte die Basisgebühr vom ergebnisabhängigen Teil entkoppelt werden. Somit reduziert sich das Risiko der Immobilien-Management-Gesellschaft auf die Ergebniskomponente. Auch bei der vorgeschlagenen Trennung von Basis- und Ergebnisvergütung kann die zweite Komponente einen negativen Wert annehmen.

Hieraus folgt, daß der Immobilien-Intermediär mit eigenen Mitteln ausgestattet sein muß, um einen eventuellen Verlustausgleich zu leisten. In letzter Konsequenz würde ein derartiges System zur Folge haben, daß kleinere Immobilien-Management-Gesellschaften einer solchen Vereinbarung nicht zustimmen können. Größere Gesellschaften dagegen stimmen aufgrund ihrer Finanzkraft einem solchen Arrangement eher zu. Aus der Sicht des institutionellen Anlegers ist jedoch die Frage zu stellen, ob die Kapitalausstattung als wesentliches Kriterium zur Beurteilung und Auswahl einer Immobilien-Management-Gesellschaft gewünscht ist. Der institutionelle Investor ist vielmehr darauf aus, eine Gesellschaft zu engagieren, die Vertrauen in ihre eigene Leistung und die Erzielung außergewöhnlicher Erträge besitzt. Eine Möglichkeit, einen potentiellen hohen Verlust für den Immobilien-Manager zu vermeiden, besteht in der Zusicherung einer Minimumgebühr, die bei Überschreiten eines bestimmten Verlustes Null wird. Nachteil einer derartigen Begrenzung liegt in der Sicherheit für den Immobilien-Manager, jedes Risiko eingehen zu können, da er für den Fall eines negativen Ertrages durch die Minimumgebühr ausreichend abgesichert ist. Gegen ein solches Verhalten steht der Verlust des Mandats und der entstehende Reputationsschaden für den Immobilien-Manager.[663]

Ähnliche Wirkungen besitzen Gebührenbegrenzungen. Erzielt ein Immobilien-Manager ein außergewöhnliches Ergebnis, tritt genau der Fall ein, für den der institutionelle Anleger den Manager engagiert hat. Wird die Obergrenze der Vergütung begrenzt, sinkt die Motivation des Immobilien-Managers im Interesse des Institutionellen positive Erträge zu erzielen. In einer unglücklichen Kombination mit der vorher beschriebenen Verlustbeteiligung kann bei dem Immobilien-Manager der Eindruck entstehen, das gesamte Risiko zu tragen.[664]

Eine weitere Alternative wäre eine rendite-orientierte Vergütung der Leistungen der Immobilien-Management-Gesellschaft. Diese ist zur Zeit jedoch nicht möglich, weil die Grundvoraussetzung einer allgemein anerkannten Renditeberechnung nicht gegeben ist.[665] Dies liegt in erster Linie an drei Faktoren.

Zum einen an der mangelnden Vergleichbarkeit: Es existieren ebenso viele Immobilien-Renditen und Berechnungsschemata wie institutionelle Investoren. Zum zweiten liegt es am Fehlen der Kapitalgewinnkomponente, da bei Immobilien die Wertentwicklung schwierig zu ermitteln ist.[666] Die Wertentwicklung ist weder ex post über die letzten Jahre, noch ex ante aufgrund von extrapolierten Vergangenheitswerten exakt genug zu bestimmen. Drittens werden Finanzmarktdeterminanten bisher nicht berück-

---

663 Vgl. Grinold, Rudd, 1987, S. 30

664 Gerade mit dem derzeitigen Anspruch der institutionellen Investoren bzgl. des Mitsprache- und u.U. Vetorechtes verträgt sich eine derartige Vergütungssystemkonstruktion nicht.

665 Walz, 1997, S. 10. Vor allem die Vergleichbarkeit mit alternativen Anlageformen ist nicht gegeben. Häufig wird die laufende Durchschnittsverzinsung gerechnet. Diese behandelt jedoch Abschreibungen als Kosten und berücksichtigt Wertsteigerungen nicht. Daneben weisen viele Institutionelle die Nettoverzinsung aus, die sich als Summe der laufenden Durchschnittsverzinsung und des außerordentlichen Ergebnisses ergibt, in das eventuelle Verkäufe einfließen. Auch bei der Nettoverzinsung werden Wertsteigerungen nicht erfaßt. Ohne auf den Wert der spezifischen Rechnungen einzugehen, zeigt sich, daß in der Praxis keine Vergleichbarkeit herrscht.

666 Eine Wertermittlung des Portfolios zur Bestimmung einer Bezugsgröße könnte an das Vorgehen der Offenen Fonds angelehnt werden. Über ein- bzw. halbjährliche Gutachten wird der Wert des Portfolios bestimmt. An dieser Größe orientiert sich dann in der Höhe eines festen Prozentsatzes die Vergütung des Immobilien-Managers. Um eine solche Lösung mit der nötigen Objektivität zu versehen, sollte für die Gutachter ein Rotationsverfahren eingeführt werden, um die Gefahr der Gefälligkeitsgutachten zu senken. Darüber hinaus ist sicherzustellen, daß der nachfolgende Gutachter den vorher ermittelten Wert nicht kennt, um zu vermeiden, daß er pauschal eine angenommene aktuelle Wertentwicklung aufschlägt. Grundsätzlich jedoch hat die Wertermittlung durch Gutachter im wesentlichen zwei gravierende Nachteile: Zum einen besteht die Gefahr einer ungerechtfertigten Glättung und zum anderen das Problem der Überbewertung des physischen Wiedererstellungswertes. Expertengespräch

sichtigt. Die Berücksichtigung würde sich z.B. im Eingang steigender Zinsen in ein Renditemodell niederschlagen, die einen negativen Einfluß auf den Wert einer Immobilie haben. Eine weitere Herausforderung, die ergebnisabhängige Vergütungen an die Konstrukteure stellen, ist die Eigenschaft des Systems, Transaktionshäufigkeiten nicht zu belohnen. Werden lediglich realisierte Wertsteigerungen vergütet, steigt tendenziell die Gefahr, daß die Transaktionshäufigkeit zunimmt. Somit ist die Forderung nach einer umfassenden, nachvollziehbaren Renditeberechnung zwar leicht ausgesprochen, aber sie ist nicht leicht umgesetzt. Für die Einführung von ergebnisabhängigen Vergütungssystemen spricht:[667]

1. **Wahlmöglichkeit**
   Es existieren viele unterschiedliche Möglichkeiten ein individuelles Vergütungssystem zu gestalten.

2. **Anreiz**
   Die Komponenten einer ergebnisabhängigen Vergütung können derart gestaltet werden, daß das Verhalten der Immobilien-Management-Gesellschaft in die vom Anleger beabsichtigte Richtung gesteuert werden kann. Je positiver die Ergebnisse des Immobilien-Managers sind, desto kongruenter verhalten sich die Ziele von Principal und Agent.

3. **Fairneß**
   Soweit die Vergütung an objektiven Bezugsgrößen ausgerichtet ist, die Einflußgrößen vom Immobilien-Manager aktiv zu beeinflussen sind und sich das System für beide Parteien transparent gestaltet, sind ergebnisabhängige Vergütungssysteme fairer.

4. **Gesamtgebühren**
   Unter realistischen Annahmen sind die Gesamtgebühren, die vom institutionellen Anleger an die Immobilien-Management-Gesellschaft gezahlt werden, niedriger und stärker am vom Immobilien-Manager geschaffenen Mehrwert orientiert, als bei traditionell üblichen Vergütungsformen.

5. **Eintrittsbarrieren**
   Ergebnisabhängige Vergütungen erhöhen die psychologischen Eintrittsbarrieren für finanzschwächere Gesellschaften. Dieser vermeintlich als Nachteil empfundene Punkt kann durch die oben beschriebenen Gestaltungsmöglichkeiten umgangen werden. Darüber hinaus stellt dies eine gesunde Hürde für Gesellschaften dar, die weder über das nötige Know- und Do how, noch über die notwendige Erfahrung verfügen.

---

[667] Vgl. Grinold, Rudd, 1987, S. 36 f.

Diesen Vorteilen stehen jedoch auch Nachteile gegenüber.[668] Aufgrund der Komplexität ergebnisabhängiger Vergütungssysteme sind sie grundsätzlich der Gefahr ausgesetzt kompliziert zu werden, da Bezugsgrößen einvernehmlich definiert und konstruiert werden müssen. Eine komplizierte Vergütungsstruktur erhöht jedoch die Gefahr, daß sie von einer Vertragspartei zu Lasten der anderen ausgenutzt wird. Darüber hinaus führt eine kontinuierliche Überwachung und Überprüfung der Ergebnisse, somit auch der Bezugsgrößen, zu einem erhöhten Aufwand.

668 Vgl. Gahn, 1994, S. 112 f.; Vgl. Grinold, Rudd, 1987, S. 36 f.

5 Die Gestaltung des Verhältnisses der Real Estate Advisory Company zum institutionellen Investor

Bei dem Verhältnis zwischen institutionellem Investor[669] und der REAC handelt es sich um ein Immobilienberatungs- und Managementverhältnis. In erster Linie ist es Ziel der Verbindung, den Institutionellen bei der konzeptionellen Gesamtsicht aller Immobilienanlagen und der Steuerung der Immobilienaktivitäten zu unterstützen. In den folgenden Kapiteln wird exemplarisch skizziert, welche Punkte bei der Gestaltung des Verhältnisses zu beachten sind (siehe Abb. IV-13).[670]

Abb. IV-13: Gestaltungsfelder des Verhältnisses REAC und institutioneller Investor

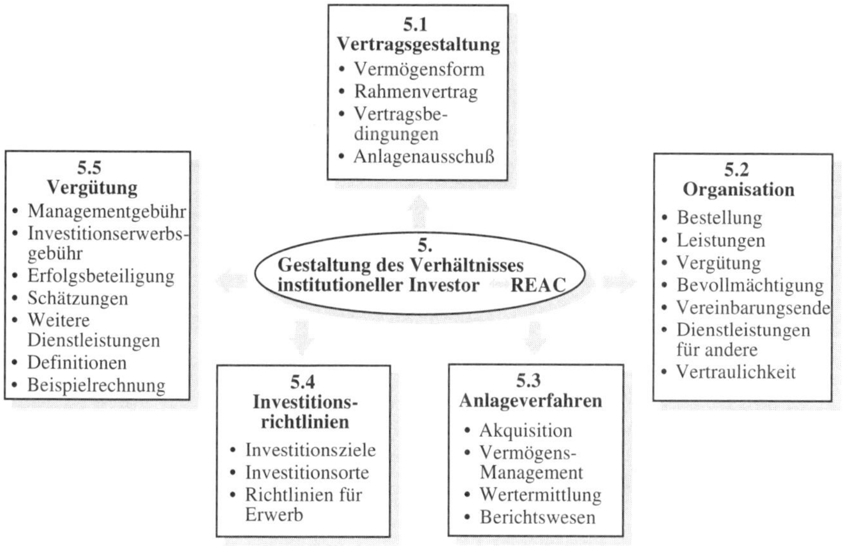

---

[669] Im nachstehenden Text werden für den institutionellen Investor die folgenden Synonyme verwendet: Kunde, Klient, Mandant, Institutionelle und Investor.

[670] Hierbei wird lediglich auf die Gestaltung des Verhältnisses zwischen institutionellem Investor und der REAC eingegangen. Das Verhältnis zur Depotbank (im Fall von Spezialfonds Engagements) wird vernachlässigt. Darüber hinaus kann die Skizzierung des Verhältnisses nicht den Anspruch auf juristische Vollständigkeit erheben. Es handelt sich nicht um einen Vertrag, sondern um die modellhafte Beschreibung der wesentlichen Punkte einer zu schließenden Vereinbarung zwischen institutionellem Investor und Immobilien-Management-Gesellschaft. Bei der Beschreibung der einzelnen Felder wird beispielhaft eine realistische Lösung aufgezeigt. Letztendlich muß die Gestaltung in ein umfassendes Vertragswerk münden, dessen Ausgestaltung von den beiden Vertragspartnern abhängt und in dieser Arbeit nicht simuliert werden kann. Aus diesem Grund werden in den einzelnen Bereichen auch nicht mehrere mögliche Lösungen vorgestellt, sondern lediglich eine exemplarische Alternative.

5.1 Vertragsgestaltung

Ziel sollte es sein, daß die Immobilienvermögenswerte an "Eigentümer statt" von der REAC aktiv begleitet werden. Voraussetzung hierfür ist ein zwischen beiden Parteien verhandelter und in Kraft getretener Vermögensverwaltungsvertrag.[671] Der Immobilien-Management-Gesellschaft wird durch diesen Vertrag ein Handlungsrahmen vorgegeben, der es ihr erlaubt, die vom Anleger gewünschte und für ein erfolgreiches Management erforderliche Rolle zu übernehmen. Aus Sicht des institutionellen Investors ist es wichtig, der REAC exakt zu vermitteln, welche Anlageziele bestehen und welche Rolle ihr bei der Umsetzung der Ziele zukommt. Eine klare Darstellung dieser Gesichtspunkte beinhaltet unter anderem eine eindeutige Benchmark, sowie die Vorgabe eines Zeithorizontes, in dem die vereinbarten Ergebnisse erreicht werden müssen.[672] Bei dem hier im Mittelpunkt stehenden Aktiven Immobilien-Management sollte vom Anleger darüber hinaus ein Zusatz-Ertrags-Ziel und eine Begrenzung für kurzfristige Abweichungen von der Benchmark vereinbart werden.[673] Das von der Immobilien-Management-Gesellschaft zu betreuende Vermögen kann drei Erscheinungsformen haben:

1. Direktanlagen in Immobilien

2. Indirekte Immobilienanlagen in Form von Spezialfonds

3. Indirekte Immobilienanlagen in alternativen Formen (z.B. Immobilienaktien)[674]

Die indirekte Anlageform des Immobilien-Spezialfonds stellt im kleineren Ausmaß einen Immobilien-Intermediär im Sinne der vorliegenden Arbeit dar.[675] Aus diesem Grund können die Vertragskonstruktionen um den Immobilien-Spezialfonds, dessen Verträge auf der Basis des KAGG stehen, beispielhaft herangezogen werden. Für die unterschiedlichen Kategorien der institutionellen Anleger existieren bereits Musterverträge von Anlageverbänden oder vom BVI. Modifikationen im Rahmen des KAGG sind jedoch möglich. Vorteil einer Standardisierung des Vertragsgeflechtes

---

671 Gemäß der Praxis von Banken im Vermögensverwaltungsgeschäft ist die Immobilien-Management-Gesellschaft an die Vorgaben der Anlagerichtlinien gebunden. Folgt die Gesellschaft den Richtlinien fahrlässig oder vorsätzlich nicht, so sollte sie in Anlehnung an die positive Vertragsverletzung dem Klienten für den entstandenen Schaden haften. Vgl. O.V., 1998e, S. 17

672 Dieser Zeithorizont umfaßt gerade bei Immobilienanlagen einen mehrjährigen Zeitraum. Kürzere Zeithorizonte führen leicht zu Anlageergebnissen, die nicht das Ergebnis des planvollen Umsetzens einer vereinbarten Anlagepolitik sind, sondern auf Zufälligkeiten und externen Sondereinflüssen basieren.

673 Vgl. Davenport, 1990, S. 180; Rohweder, 1992, S. 23 ff.

674 Zu weiteren Formen der indirekten Immobilienanlagen siehe Abbildungen II-23 und II-24.

675 Wesentliche Unterschiede bestehen in der Konsequenz der Kundenorientierung und damit in der Folge im Leistungsangebot. Für die Immobilien-Spezialfonds besteht die strategische Möglichkeit der vertikalen Integration von Dienstleistungen des Immobilien-Managements. Von einer augenblicklichen stark produkt- (fonds-) getriebenen Ausrichtung ist eine grundsätzliche Änderung in Richtung Kundenorientierung und Leistungssystemen vorzunehmen.

sind niedrige Kosten im Zusammenhang mit der Gestaltung und dem Abschluß der Verträge. Die grundlegende privatrechtliche Vertragskombination für einen Spezialfonds kann als Basis für alle Formen des institutionellen Vermögens-Managements dienen. Grundlage ist ein Rahmenvertrag zwischen den drei Parteien,[676]

- dem institutionellen Investor als Anleger und Mittelgeber,
- der REAC bzw. eine ihrer Kapitalanlagegesellschaften, die das Management des Fonds betreibt und
- der Depotbank, welche die Sicherungsfunktion übernimmt.

Die Depotbank nimmt bei den Spezialfonds in Form des "Custodien"[677] die Sicherheitsaufgaben wahr. Ihre Funktion geht aber über die reine Verwahrung hinaus. Sie hat die gemeinschaftlichen Interessen der Anteilsinhaber zu vertreten.[678] Obwohl es aus rechtlicher Sicht nicht nötig wäre, wird häufig noch ein Depotbankvertrag geschlossen.[679] Die Kapitalanlagegesellschaft hat ausschließlich im Interesse der Anteilsinhaber zu handeln.[680]

Die Vertragsbedingungen bei Spezialfonds - wie auch für andere Sondervermögen - sind als Einheit zu betrachten und regeln nicht nur das Rechtsverhältnis zwischen den Anteilsinhabern, der Depotbank und der KAG, sondern stellen auch die Satzung des Sondervermögens dar. An dieser Stelle wird unter anderem geregelt, wie das Sondervermögen disponiert werden muß und darf.[681] In den Vertragsbedingungen werden die individuellen Interessen des entsprechenden Spezialfonds-Investors festgehalten. Er kann alle neuen Anlageformen, Anlagegrenzen und Techniken in ihrem vollständigen Umfang ausnutzen.[682] Eine andere Möglichkeit besteht im Offenhalten dieser Regelungen und die Steuerung über den Anlageausschuß bzw. seine Stellung als Investor. Über den tatsächlichen Gebrauch und Einsatz dieser Regelungen wird von Fall zu Fall

676 Vgl. Kandlbinder, 1991, S. 105

677 Global Custodiens erfüllen bei Wertpapieranlagen im wesentlichen fünf Aufgaben: Saldierung des Wertpapierhandels, Eingangsüberwachung und Kreditieren von Dividenden, Depothaltung, Cash-Management sowie die Behandlung der Quellensteuer. Für das Immobilien-Management beschränken sich die Aufgaben auf die Saldierung und das Cash-Management. Hinzu kommt eine Aufgabe, die den Custodiens in der klassischen Definition nicht zugeordnet wird, die des Treuhänders. Vgl. Hein, 1991, S. 63

678 Vgl. Kandlbinder, 1991, S. 61

679 Vgl. Kandlbinder, 1991, S. 105

680 Vgl. Kandlbinder, 1991, S. 60. Für den Rahmenvertrag existieren unterschiedliche Ausgestaltungsmöglichkeiten. Das KAGG (§ 1 Abs. 2) verlangt beim Spezialfonds die Begrenzung auf maximal 10 Anteilsinhaber, die nicht-natürliche Personen sein müssen, und die Sicherstellung, daß die Anteilscheine nur mit Zustimmung der KAG von den Anteilsinhabern übertragen werden dürfen. Vgl. Kandlbinder, 1991, S. 64

681 Vgl. Kandlbinder, 1991, S. 67

682 Unter Anlageformen fallen z.B. Commercial Papers, Terminkontrakte und Optionen. Bei den Techniken handelt es sich um Optionsstrategien und Absicherungsgeschäfte.

entschieden. Dem institutionellen Investor bietet sich darüber hinaus die Chance eines Entwurfs von restriktiveren Vertragsbedingungen, wenn es sich zum Beispiel um das Deckungsstockvermögen einer Versicherung handelt.

Als weiterer wesentlicher Bestandteil der privatrechtlichen Vertragskombination für einen Spezialfonds steht die Geschäftsordnung für den Anlageausschuß. Der Anlageausschuß besteht aus Vertretern des institutionellen Anlegers und der Depotbank.[683] In dieser Konstitution fallen ihm zwei Aufgaben zu: Zum einen die Beratung in Fragen der Anlagepolitik und die Möglichkeit der Unterbreitung von einzelnen Anlagevorschlägen und zum anderen die fakultative Mitwirkung bei der Entscheidung über die Verwendung der erwirtschafteten Erträge. Es ist empfehlenswert, auch bei der Betreuung der Direktanlagen einen Anlageausschuß zu installieren. Um keine Zielkonflikte entstehen zu lassen, sollten die Aufgaben des Anlageausschusses durch die Geschäftsordnung so festgelegt werden, daß sie nicht mit denen des Immobilien-Managers konkurrieren.[684] Das Beziehungsgeflecht um den Immobilien Spezialfonds ist in der folgenden Abbildung dargestellt.[685]

Abb. IV-14: Organisation des Immobilien-Spezialfonds

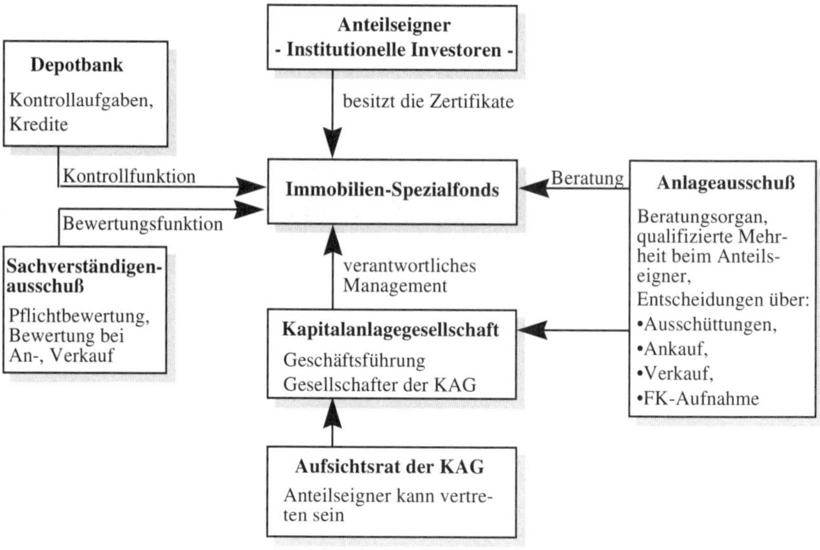

683 Vgl. Kandlbinder, 1978, S. 814.

684 Im allgemeinen sind die Geschäftsordnungen in der Praxis so verfaßt, daß der Anleger über sein Vermögen das entscheidende Mitspracherecht besitzt. Expertengespräch

685 Vgl. Kandlbinder, 1994, S. 453. Immobilien-Spezialfonds, KAG und Depotbank unterliegen der Aufsicht des Bundesaufsichtsamtes für das Kreditwesen. Es muß eine jährliche Prüfung durch einen Wirtschaftsprüfer erfolgen, der zusätzlich beim Spezialfonds auch jedes Jahr die Übereinstimmung der Vertragsbedingungen mit den gesetzlichen Vorschriften testiert.

5.2 Organisation des Verhältnisses

Partner dieses Verhältnisses sind ein institutioneller Investor und die REAC.[686] Die Motivation des Investors liegt darin, sein Immobilienvermögen gewinnbringend zu erweitern, indem er bestimmte Vermögenswerte direkt oder indirekt in deutsche oder auch ausländische Immobilienanlagen investiert.[687] Im Hinblick hierauf benötigt er Unterstützung in der Suche nach und der Untersuchung und Bewertung von günstigen Investitionsmöglichkeiten, in dem Aushandeln der Investitionsbedingungen, bei der Auswertung von Interessenten für Immobilien und bei allen Fragen im Zusammenhang mit dem Management des bestehenden als auch des sich zukünftig ergebenden Portfolios. Darüber hinaus sollte die REAC den Investor in der Aus- und Weiterbildung seiner Mitarbeiter bzgl. des Immobilien-Managements unterstützen.[688]

Die Motivation der REAC liegt in der Bereitstellung einer professionellen Dienstleistung Aktives Immobilien-Management für institutionelle Investoren. Durch die Realisierung der in der vorliegenden Arbeit entwickelten Konzeption ist die REAC in der Lage, die Bedürfnisse institutioneller Investoren bei Immobilienanlagen zu erfüllen. Die Vorteilhaftigkeit dieses Leistungsangebotes entsteht durch die Verbindung der intermediären Rolle mit der Ausrichtung "One face to the customer". Im Folgenden werden die wesentlichsten Determinanten für eine Organisation des Verhältnisses beschrieben.

Bestellung

Der institutionelle Investor bestimmt mit Wirkung eines bestimmten Tages bis zum Ende der Vereinbarung die Immobilienanlagegesellschaft REAC zur Erbringung von Beratungs- und Managementdienstleistungen im Zusammenhang mit seinem Immobilienvermögen. Bei der Bestellung ist darauf zu achten, daß die Ist-Situation des Portfolios zum Zeitpunkt der Übernahme durch die REAC dokumentiert ist und sich beide Partner in der Interpretation der Kennzahlen und Risiken einig sind.

---

686 REAC als Beispiel für einen Immobilien-Intermediär im Sinne der Arbeit. Siehe Kapitel II.4 und Kapitel III.

687 Im Folgenden Text wird auf das Anlagenkonto Bezug genommen; für einzelne Investitionen wird sich auf die Investition bezogen. Im Anlagenkonto werden die einzelnen Investitionen geführt.

688 Die Gestaltung des Verhältnisses konzentriert sich auf Aufgaben und Fragen, die im direkten Zusammenhang mit dem Aktiven Immobilien-Management stehen.

Leistungen für Immobilienanlagen

Die REAC übernimmt es, bei Immobilienanlagen beratend tätig zu werden. Getrennt hiervon führt sie das Anlagenkonto entsprechend der Übernahme des Immobilienvermögens an "Eigentümer statt". Diese Aufgaben sollten in Übereinstimmung mit dem Anlageprofil des Investors und individuellen Zielvorgaben wahrgenommen werden. Die REAC

- ♦ empfiehlt Investitionsstrategien für das Anlagenkonto,
- ♦ identifiziert und analysiert Gelegenheiten für Immobilienanlagen,
- ♦ bereitet Anlagekurzbeschreibungen vor, wie sie in den Anlageverfahren (Kapitel IV.5.3) vorgesehen sind.

Erhält die REAC vom institutionellen Investor den Auftrag, wird sie darüber hinaus Anlagevorschläge vorbereiten, wie sie in den Anlageverfahren (siehe Kapitel IV.5.3) vorgesehen sind. Hierzu gehört die Verhandlung von Modalitäten und Konditionen sowie das Reporting über den Fortgang des Transaktionsvorhabens. Auf speziellen Wunsch kann dem institutionellen Klienten die Möglichkeit eingeräumt werden, an den Verhandlungen teilzunehmen.[689] Für diesen entsprechenden Fall, sollte eine Klausel in den schriftlichen Vertrag aufgenommen werden, daß die Verhandlungsteilnahme den Erfolg der Verhandlungen nicht aufs Spiel setzen darf.[690] Ziel sollte es sein, daß die REAC entsprechend des vereinbarten Detaillierungsgrades alle Entscheidungen Kaufverträge, Finanzierungen, Refinanzierungen, Ausweitungen und andere Anlageinvestitionen betreffend - mit Rücksicht auf alle Anlagen, die sich bereits im Anlagenkonto befinden - vorbereitet, bewertet, empfiehlt und somit in die Lage versetzt wird, alle notwendigen und angemessenen Schritte unternehmen zu können, um derartige Transaktionen durchzuführen. In diesem Zusammenhang ist es für beide Parteien wichtig, daß die REAC Handlungsvollmacht für das Anlagenkonto des institutionellen Klienten besitzt, um an "Eigentümer statt" und damit ergebnisverantwortlich zu handeln. Darüber hinaus kann sie in Geschäftsfeldern ohne Mandat beraten und empfehlen. In der Folge solcher Regelung werden auch erfolgsbezogene Vergütungssysteme zunehmend durchsetzbar werden.

---

689 Beim Anlageinstrument Immobilien-Spezialfonds kommt diese Situation von Fall zu Fall vor, weshalb sie an dieser Stelle auch Erwähnung findet. Hierbei kann es sich jedoch nur um eine optionale Regelung handeln, da eine derart intensive Beteiligung des Klienten bei der Wertpapieranlage ebenfalls nicht stattfindet, Zielvorgaben und Anlagestrategien damit konterkariert werden und es dem postulierten gegenseitigen Vertrauensaufbau zuwiderläuft.

690 Dieser Einschub ist wesentlich und muß im Einzelfall detailliert geregelt werden. Wird die Immobilien-Management-Gesellschaft ergebnisabhängig entlohnt, muß das Management folgerichtig soweit wie möglich auch nur ihrem Einflußbereich unterliegen.

Im Hinblick auf Zukauf, Vermögens-Management, Disposition, Restrukturierung oder Refinanzierung sollte der institutionelle Investor über das Instrument des Anlageausschusses ein Vetorecht behalten. Vorteil dieser Regelung ist die Mitverantwortung des Investors sowie der Schutz des Investors vor den nicht den Anlagerichtlinien entsprechenden risikoreichen Investitionen. Der Nachteil liegt in einer möglichen Aushöhlung der Ergebnisverantwortung. In diesem Fall sollte der Klient im Einvernehmen mit der REAC eine Interessenabwägung vornehmen und eine - die Eventualitäten berücksichtigende - Formulierung in einer Vereinbarung festschreiben. Bezüglich der Führung des Anlagenkontos sollte die REAC Ermessensfreiheit für die Genehmigung der jährlichen Betriebs- und Kapitalbudgets, und aller anderen nicht budgetierten Investitionsausgaben besitzen. Des Weiteren können Investitionsausgaben durch die REAC genehmigt werden, sollten jedoch dokumentiert und in den Anlageausschußsitzungen berichtet werden. Darüber hinaus ist es von besonderer Bedeutung, einen institutionellen Rahmen zu schaffen, um gemeinsam mit dem Klienten

- Anlagestrategien und Richtlinien zu entwickeln,
- den Kunden über Anlagevorschläge zu unterrichten,
- auf Wunsch des Kunden bei interessanten Objekten eine Vor-Ort-Überprüfung der Anlagevorschläge vorzunehmen,
- die eigene Konjunkturprognose für den Immobilienmarkt in Verbindung mit der Immobilienanlagepolitik des Kunden zu überprüfen,
- die vergangene Performance des Anlagenkontos zu analysieren,
- Anlagepolitik, -praktiken und -vorgehensweisen zu besprechen und
- Fragen zu diskutieren, die dem Kunden wichtig erscheinen.

Ebenso wie regelmäßig Sitzungen mit dem Anlageausschuß festgelegt werden sollten, sind gemeinsame Sitzungen mit dem Management des Institutionellen zu fixieren. Wichtig für den Erfolgsfaktor Kommunikation ist in diesem Zusammenhang, daß über offizielle Vereinbarungen hinaus, der Informationsfluß zwischen REAC und institutionellem Kunden gewährleistet ist. Im Rahmen des Leistungssystems Aktives Immobilien-Management ist es wesentlich, daß in einer zu schließenden Vereinbarung für den Kunden klar ersichtlich ist, an welchem Punkt die abgesprochene Leistungspalette endet und gesonderte Leistungen, z.B. im Rahmen des Geschäftsfeldes Consulting von der REAC auch gesondert in Rechnung gestellt werden.

Mindestens einmal jährlich sollte jede einzelne Anlage auf dem Anlagenkonto im Hinblick auf fortgesetzte Eigentümerschaft, Disposition, Refinanzierung oder Restrukturierung überprüft werden. Als Ergebnis der Analyse werden mit dem Anlageausschuß Handlungsalternativen und Empfehlungen diskutiert. Um den Zustand des Portfolios bzw. der Anlagen zu beschreiben und zu dokumentieren sollte die REAC in vorher festgelegten Zeiträumen dem Klienten einen schriftlichen Bericht zur Verfügung stellen. Diese Berichte sollten als Minimum detaillierte vierteljährliche Übersichten über alle Aufwendungen und Erträge einschließen.[691]

Um den institutionellen Investor bei der Aus- und Weiterbildung seiner Mitarbeiter im Aktiven Immobilien-Management zu unterstützen, sind von der REAC Weiterbildungen und Schulungen anzubieten und in Abstimmung mit dem Investor zu organisieren. Motivation der REAC sollte es sein, den Forderungen nach Transparenz in Anlageentscheidungen und -prozessen seitens der institutionellen Investoren nachzukommen und dieses offensichtliche Bedürfnis mit einer entsprechenden Leistung abzudecken. Darüber hinaus bringt die Einbindung des Klienten diverse Vorteile: Die Kundenbindung wird gestärkt, der Kunde fühlt sich ernst genommen, über die Ausbildung entsteht ein gleichwertiger Gesprächs- und Geschäftspartner und der bereits angesprochene und geforderte Bewußtseinswandel wird aktiv seitens des Dienstleisters unterstützt.

Leistungen für das Management des Anlagenkontos

Regelungsbedürftig sind die Leistungen für vorhandene und nicht zu verändernde Immobilienanlagen, wie z.B. eigengenutzte Verwaltungsgebäude, oder für andere Vermögenswerte. Entscheidet sich der Klient, auch diese Vermögenswerte unter das Management der REAC zu geben, hat die REAC den Auftrag, das Anlagenkonto einschließlich der folgenden Punkte zu beaufsichtigen, zu pflegen und zu betreiben.

In den Aufgabenbereich der REAC würde dann die Aufsicht über die Objektmanager sowie die Unterstützung bei der Verhandlung von Miet-,[692] Verwaltungs-, Betriebs- und Dienstleistungsvereinbarungen fallen. Im Rahmen ihres Managementauftrages kann auch der Abschluß von Verträgen geregelt werden. Darüber hinaus sollten für jede einzelne Investition, die sich im Anlagenkonto befindet, genaue und detaillierte Angaben, Aufzeichnungen und Abrechnungen geführt werden bzw. der Klient bei der Führung und Aufbereitung dieser Unterlagen unterstützt werden.

691 Zur Detaillierung siehe Kapitel IV.5.3

692 Da der institutionelle Investor weiterhin Eigentümer bleibt, kann die REAC zwar in seinem Namen verhandeln, ist aber bzgl. Mietverträgen nicht unterschriftsberechtigt.

Vergütung von Auslagen

Auch für Auslagen, welche die REAC im Zuge ihres Mandates an Dritte verauslagt hat, bedarf es einer Abstimmung. Vertraglich kann hier in Fälle unterschieden werden, die direkt unter den Managementauftrag der REAC fallen und solche, die zwar von der REAC initiiert, aber nicht bis zum Abschluß durchgeführt werden konnten. Grundsätzlich sollten auch alle projektbezogenen Kosten erstattet werden, die in Verbindung mit Anlagevorschlägen, die nicht zum Abschluß gebracht werden, entstanden sind. Voraussetzung muß hier sein, daß diese Kosten von der REAC dem Mandanten gegenüber spezifiziert offengelegt werden und die Kosten in Verbindung mit oder infolge eines Anlagevorschlags entstanden sind. Sichergestellt werden muß in diesem Zusammenhang, daß der Klient die REAC keinesfalls für Kosten im Hinblick auf einen Anlagevorschlag entschädigt, der nicht in seinem Auftrage bearbeitet, sondern im Auftrag und für einen anderen Klienten der REAC abgeschlossen worden ist.

Büro-, Verwaltungs- sowie andere interne Gemeinkosten sollten nicht erstattungsfähig sein. Bezüglich der Reise- und Bewirtungskosten sind unterschiedliche Regelungen möglich. Reise- und Bewirtungskosten die im Rahmen von speziell erteilten Aufträgen des Klienten bzgl. des Immobilien-Portfolios entstehen, sollten nach Anfall erstattet werden. Nicht eingeschlossen sollten Kosten sein, die auf die eigene Initiative der REAC zurückgehen und nur indirekt mit der erbrachten Leistung für den entsprechenden Mandanten in Verbindung gebracht werden können. Die erstattungsfähigen Kosten sollten die üblichen und gebräuchlichen Beträge für solche Dienstleistungen nicht übersteigen. Vergleichsmaßstab können hier Einzelpersonen oder Firmen sein, die im selben oder ähnlichen Geschäft im Hinblick auf ähnliche Vermögensgegenstände im selben geographischen Gebiet tätig sind.

Bevollmächtigung

Die REAC handelt an "Eigentümer statt" und ist an das Vetorecht des Investors gebunden. Wichtig in diesem Zusammenhang ist eine Regelung des hier potentiell entstehenden Zielkonfliktes zwischen einer ergebnisbezogenen Vergütung und des Eingriffs seitens des Mandanten. Ein unter Umständen aufgrund eines Vetos des Investors "Nicht-Einfluß-nehmen-können" der REAC sollte so eindeutig und zweifelsfrei dokumentiert werden wie möglich. Um derartigen Situationen präventiv zu begegnen, sollte der Mandant für die REAC einen Ansprechpartner zur Verfügung stellen,[693] um prompte und rechtsverbindliche Reaktionen auf Entscheidungen oder akute Probleme zu ermöglichen.

---

693 Denkbar wäre hier ein Mitglied des Anlageausschusses.

Vereinbarungsende

Die zwischen der REAC und einem institutionellem Investor geschlossene Vereinbarung sollte beidseitig unter der Wahrung einer vorher vereinbarten Frist durch schriftliche Kündigung kündbar sein. In einem solchen Fall sollten die fälligen Honorare berechnet werden und - wo zweckmäßig - pro rata temporis dem Datum der Wirksamwerdung der Kündigung angepaßt werden. Innerhalb vereinbarter zeitlicher Fristen sollte die REAC alle für die Fortführung des Immobilien-Managements notwendigen Unterlagen an den Klienten zurückgeben. Aufgrund der engen Verbindung zwischen Auftraggeber und Dienstleister ist zu überlegen, Übergangszeiten festzulegen, in denen das Management vom Dienstleister fortgeführt wird. Für den institutionellen Investor ist es schlicht unmöglich, das Immobilien-Management innerhalb kürzester Zeit wieder zu übernehmen. Gleichzeitig besteht die Schwierigkeit, eine vergleichbare Leistung am Markt zu akquirieren.

Erfüllt die REAC ihre Verpflichtungen aus der oder den Vereinbarungen nicht mit der entsprechenden Sorgfalt, Fachkenntnis, Umsicht und Fleiß,[694] sollte die Vereinbarung gelöst werden können. Es sollte ein Übereinkommen dahingehend bestehen, daß die REAC den Investor für alle drohenden oder erlittenen Verluste, die sich aus vorsätzlichem Fehlverhalten, Unterschlagung oder grober Fahrlässigkeit bei der Erfüllung der Aufgaben ergeben, schadlos hält.

Dienstleistungen für andere Klienten

Bei dem in der vorliegenden Arbeit beschriebenen Immobilien-Intermediär ist - um Vorteile gegenüber der Eigenverwaltung von institutionellen Investoren zu erzielen - Voraussetzung, daß das entwickelte Leistungssystem Aktives Immobilien-Management für eine möglichst große Zahl von Anlegern durchgeführt wird. Entstehende Interessenkonflikte sind hier kaum zu vermeiden. Aus diesem Grund bedarf es einer Regelung für den Umgang mit auftretenden Interessenkonflikten. Interessenkonflikte können auftauchen, wenn der Kauf oder Verkauf von Vermögensgegenständen für zwei Klienten ungefähr im selben Zeitraum stattfindet oder zwei Klienten ähnliche Anlageprofile aufweisen.

Grundsätzlich ist die REAC verpflichtet, derart qualifiziertes Personal einzusetzen und soviel Zeit für den einzelnen Mandanten aufzuwenden, daß sie ihre Verpflichtungen aus den individuellen Vereinbarungen mit den Investoren nachkommen kann. Etablieren sich zunehmend erfolgsbezogene Vergütungsformen und unternehmerische Beteiligungen an Investments, entsteht bei der REAC ein eigener Anreiz, die bestehenden Mandate zu aller Zufriedenheit zu erfüllen. Darüber hinaus kann potentiellen

694 Gemeint ist hier die Führung der Geschäfte nach den Regeln des ordentlichen Kaufmanns.

Interessenkonflikten seitens der REAC mit einer offenen und zeitnahen Informationspolitik begegnet werden. Zu vermeiden ist in jedem Fall, daß bei auch nur einem Klienten das Gefühl aufkommt, er würde aus Gründen der Interessenkollision nicht die optimale Dienstleistung erhalten. Die Reputation der REAC würde massiv leiden und sich im Zweifel im Verlust eines Mandates auswirken.

Vertraulichkeit

Die Einhaltung absoluter Vertraulichkeit muß oberstes Gebot der REAC sein. Informationen über Mandanten dürfen nie an Dritte gelangen. Über die generelle Informationspolitik (z.B. gegenüber Mitarbeitern des Klienten) sollte sich vorher abgestimmt werden. Sofern die Preisgabe von Informationen für die Herstellung der Glaubwürdigkeit (z.B. der Kreditfähigkeit) notwendig, oder der Durchführung von Transaktionen dienlich ist, sollten die Restriktionen gelockert werden. Wichtig ist, daß der Investor und die REAC über die Beurteilung und Handhabung der Informationspolitik eine einvernehmliche Einschätzung haben. Da für die REAC die Handhabung der Vertraulichkeit von Informationen und Daten in direktem Zusammenhang mit dem Erfolgsfaktor Reputation steht, sollte sie ihr Handeln danach ausrichten. Ein eventueller Reputationsverlust und der damit einhergehende Vertrauensschaden ist für den Investor nur über die Zeit und positives Erleben zu heilen.

Verschiedenes

Veränderungen der Vereinbarung, des Anlageprofils oder der Zielvorgaben sollten stets gemeinsam vorgenommen werden. In die Vereinbarungen mit Investoren sollte aufgenommen werden, daß Partnerschaften[695] zwischen dem jeweiligen Investor und der REAC nicht beabsichtigt sind und auch nicht angestrebt werden. Gerade bezüglich der angesprochenen Interessenkonflikte kommt diesem Punkt eine große Bedeutung zu. Weiterhin ist die wirtschaftliche und rechtliche Selbständigkeit der REAC wichtig für die Qualität der Leistung. Bei der Ausübung des Mandates ist die steuerliche Situation und Zielsetzung des institutionellen Investors explizit zu berücksichtigen bzw. sind hierauf einflußnehmende Maßnahmen mit dem Klienten zielorientiert zu diskutieren.[696]

---

695 Z.B. gegenseitige gesellschaftliche Beteiligungen oder Joint Ventures

696 Dieser Punkt ist vor allem bei Investoren wichtig, die bisher lediglich passiv als Investoren aufgetreten sind oder Steuerbefreiungen besitzen und deren aktiver Marktauftritt sich unter Umständen negativ auf die steuerliche Situation auswirkt. Angesprochen sind hier z.B. gemeinnützige Institutionen oder staatliche Behörden (Versorgungskammern mit staatlichem Auftrag). Ein aktiver Marktauftritt kann sich z.B. durch die plötzliche Gewerblichkeit des Immobilienhandels (Haltedauern bei Immobilien, die kürzer als 10 Jahre sind) negativ auf die steuerliche Situation auswirken.

5.3 Anlageverfahren

Die Beschreibung des Anlageverfahrens dient in einem Vertragsentwurf dazu, die wichtigsten Verfahrensschritte, das Immobilien-Management betreffend, zu regeln. Zusammen mit den in Kapitel IV.5.4 beschriebenen Investitionsrichtlinien stellen sie die wesentlichen Vorgaben für die REAC dar.

Akquisition von Immobilienanlagen

Die REAC wird im Zuge ihres Mandates zum Zwecke der Portfolioumschichtung und der Zielerreichung fortlaufend auf der Suche nach Investitionsmöglichkeiten sein. Um Investitionen tätigen zu können, wird sie dem Anlageausschuß Immobilienanlagegelegenheiten in Deutschland und dem Ausland zur Prüfung und Annahme vorschlagen. Diese Anlagen sollten den Kriterien entsprechen, wie sie in den Anlagerichtlinien festgehalten sind. Bei diesen Anlagerichtlinien sollte es sich um ein dynamisches Werk handeln, das von Zeit zu Zeit von beiden Parteien den aktuellen Gegebenheiten angepaßt werden sollte. Zur Prüfung von Investitionen wird vorgeschlagen, dem Anlageausschuß einen Investitionskurzbericht für eine vorbereitende Durchsicht vorzulegen. Basierend auf der vorläufigen Prüfung der Transaktion und des Marktes durch die REAC sollte jede Anlagekurzbeschreibung die Hauptgründe für die Empfehlung enthalten und diese umfassend beschreiben.[697] Unmittelbar nach Eingang des Kurzberichtes wird der Anlageausschuß innerhalb einer vereinbarten, möglichst kurzen Frist festlegen, ob Interesse am Objekt besteht und ob die REAC mit dem Projekt im Auftrag des institutionellen Investors tätig werden soll. Sollte der Investor nicht wünschen, daß die REAC mit dem Projekt beauftragt wird, sollte diese frei sein, das Projekt im Auftrag eines anderen Klienten weiterzuverfolgen.

Angenommen, daß basierend auf der vorbereitenden Prüfung des Anlageausschusses der Investor die Fortführung des Projektes durch die REAC wünscht, wird ein ausführlicher Anlagevorschlag ausgearbeitet und dem Institutionellen vorgelegt. Der Anlageausschuß wird diese Investition innerhalb einer vereinbarten Frist prüfen, bewerten und eine Entscheidung fällen.

Für den Fall, daß der Anlageausschuß der REAC innerhalb der vereinbarten Frist keine Entscheidung mitteilt, sollte das Projekt als abgelehnt gelten. Folglich hätte die REAC die Möglichkeit das Projekt im Auftrage eines anderen Klienten weiterzuverfolgen.

---

697 Bereits der Investitionskurzbericht sollte den Einfluß der vorgeschlagenen Investition deutlich herausstellen. Hierzu sollte der Bericht Angaben über die Erfüllung von Liquiditätsanforderungen, Marktgängigkeit des Objektes, Diversifikationseffekt, Performance-Entwicklung, mögliche Risiken sowie die Ertrags- und Kostensituation enthalten. Vgl. Behm, 1993, S. 45 f.

Für den Fall, daß der Investor der vorgeschlagenen Investition zustimmt, wird die REAC fortfahren, eine gründliche und professionell rechtliche, finanzielle und technische Prüfung der vorgeschlagenen Investition durchzuführen und dem Investor entsprechende Handlungsalternativen darstellen. Bestätigt die Analyse die Hauptvorteile der vorgeschlagenen Investition, sollte die REAC im weiteren Verlauf einen Kaufvertrag mit dem Verkäufer aushandeln. Die REAC sollte darüber hinaus den Mandanten bei der organisatorischen[698] Eingliederung der Anlage unter Berücksichtigung steuerlicher, rechtlicher und markttechnischer Überlegungen unterstützen.

Aufgrund des gegenüber Kapitalmarktanlagen relativ langen Zeithorizontes der Anlage Immobilie und ihrer geringen Fungibilität, kommt dem ausführlichen Anlagevorschlag eine große Bedeutung zu. Dieser sollte folgende Elemente beinhalten:

- eine Beschreibung der Transaktion sowie der Struktur der Investition,
- eine Beschreibung des Verkäufers oder des vorgeschlagenen Partners einschließlich einer Bonitätsprüfung und früherer Erfahrungen,
- eine detaillierte Überprüfung und Beschreibung der Makro- und Mikrolage des Objektes, welche die Marktgegebenheiten und die unmittelbare Umgebung wiedergibt,
- eine Beschreibung der natürlichen Gebäudeerschließung, basierend auf Vor-Ort-Besichtigung mit besonderem Augenmerk auf die bauliche Qualität und die potentielle Notwendigkeit für mittel-langfristige Kapitalzuführungen,[699]
- eine Überprüfung der Lasten von Grundstück und Gebäude im Hinblick auf Umweltgefahren, basierend auf der Eigenart des Anwesens und seiner Nutzung,
- eine Untersuchung vergleichbarer und konkurrierender Objekte auf dem Markt, um Angebot und Nachfrage nach Fläche festzustellen und eine Schlußfolgerung bzgl. der Stärke und Entwicklungsfähigkeit der Marktmieten, sowie der Aufnahmefähigkeit des Marktes zu treffen,
- eine Analyse der Erträge und Kostensituation,
- eine Überprüfung der Budgets und des zurückliegenden Betriebs der Investition. Soweit verfügbar, eine Auflistung der Mieten, eine Betriebskostenanalyse und eine Feststellung des laufenden Nettoeinkommens und des laufenden Cash-Flows, sowie deren Werte über die vergangenen drei Jahre,
- eine Analyse des Wertsteigerungspotentials der Liegenschaft,

---

698 Idealerweise sollte dies unter dem Dach der REAC geschehen.

699 Hier ist vor allem die Erhebung und die Beschreibung des Instandhaltungs- und / oder Reparaturstaus und eines womöglichen Entwicklungspotentials wichtig.

- Überlegungen für eine laufende Finanzierung,
- eine Simulation der Entwicklung des Objektes, die eine Langfristprojektion[700] und eine Sensitivitätsanalyse beinhaltet. Zu berücksichtigende Größen sollten sein: Bruttoeinkommen, Aufwendungen, Nettoeinkommen, Cash-Flows, Wertentwicklung, sowie Kennzahlen zur Rendite und zur Vergleichbarkeit der Immobilienanlage mit Anlagen am Kapitalmarkt.

Vermögens-Management

Im Auftrag des institutionellen Investors unternimmt die REAC alles, was der Aufgabe dient, das Anlagenkonto zu beaufsichtigen und zu führen. Dies umfaßt das Beschäftigen und Beaufsichtigen von Objektmanagern, das Verhandeln von Mieten, Verwaltungs-, Betriebs-, und Instandhaltungsverträgen sowie Baukontrakten. Alle Vereinbarungen oder Verträge in Bezug auf Management und Betrieb der Anlagen können von der REAC verhandelt und abgeschlossen werden. Die Verträge sollten nur in Verbindung mit dem Managementauftrag des Institutionellen gelten. Für die Durchführung von Einzelaufgaben können Organisationen beschäftigt werden, die über einen entsprechenden Track-record verfügen, eine hohe Reputation genießen und auf den lokalen bzw. regionalen Immobilienmärkten präsent sind bzw. erwiesene Erfahrungen in der Wertentwicklung von Immobilienbeständen besitzen. Letztendlich sollte es jedoch der REAC überlassen sein, welche Lösung gewählt wird. Gegenüber dem institutionellen Investor ist lediglich die Zielerreichung maßgeblich.

Die REAC sollte die Aufstellung des jährlichen Anlagenkontenbudgets auf Einzelobjektebene unterstützen. Hierbei ist für den institutionellen Investor wichtig, daß das für das Portfolio-Management verwendete DV-Format kompatibel zu dem von ihm für die Finanzbuchhaltung benötigten Berichtswesen ist. Eine Rechnungslegungszusammenfassung sollte die folgenden Punkte enthalten:

- Eine Zusammenstellung aller geschätzten objektbezogenen Mieteinkünfte oder anderer Einkommensquellen, aller Summen, die an andere Stellen[701] zahlbar sind und alle geschätzten Vorauszahlungen die erforderlich sind, um das Budget auszugleichen;
- Eine Aufstellung geschätzter Kosten und Ausgaben, die regelmäßig bei dem Betrieb von Gebäuden anfallen. Alle Kosten und Ausgaben zum Beispiel, die im Zu-

---

700 Auch wenn Prognosen über einen relativ langen Zeitraum schwierig sind, sollte ein Zehn-Jahres-Zeitraum betrachtet werden, der - kommt es zum Erwerb der Immobilie - innerhalb der Portfoliobetrachtungen fortgeschrieben werden sollte.

701 Z.B. Elektrizitäts- und Wassererzeuger, Erlöse aus Versicherungen wegen Betriebsunterbrechung oder Schadensersatzzahlungen wegen Mietausfall.

sammenhang mit der Verwaltung, dem Betrieb, der Instandhaltung und der Reparatur von Objekten aufgewendet werden müssen. Hierzu zählen auch alle Summen, die aus Wartungsverträgen und Verträgen für Klimaanlage, Reinigung, Aufzüge, Müllabfuhr, Pflege von Gärten und Pflanzen, Parkplatzdienste, Schädlingsbekämpfung, Sicherheit, Telephon, Fensterreinigung und weiteren denkbaren Dienstleistungen zahlbar sind;

- Periodische Zahlungen, die für den Kapitaldienst der Hypotheken erforderlich sind;
- Die Raten für Steuern und Versicherungsprämien;
- Eine Aufstellung außergewöhnlicher Kosten und Aufwendungen. Hierunter fallen z.B. alle Summen, die an Mieter während des Budgethorizontes als Rückerstattung von Sicherheitsleistungen zahlbar sind, geschätzte Kosten und Aufwendungen, die in Verbindung mit Ausbesserungen durch den Mieter fällig werden, oder infolge Erstattungsausfalls bei Ansprüchen aus Gebäudeversicherungen anfallen, sowie Kosten aus Bürgschaften, Gewährleistungen, Schuldverschreibungen oder anderen Verträgen mit Bezug zu Immobilien, wie sie zur Zeit der Budgetierung bekannt sind. Darüber hinaus sollten geschätzte Kosten und Aufwendungen berücksichtigt werden, die - soweit zum Zeitpunkt der Budgetierung bekannt - durch Gesetzes- oder Verordnungsänderungen anfallen;
- Eine Voraussage über die zur Vermietung stehende Fläche des kommenden Jahres.

Verfügbare Liquidität aufgrund von Desinvestitionen, oder nicht in vollem Umfang durchgeführten Investitionen, sollte jeweils zu einem vereinbarten Zeitpunkt an den Investor überwiesen oder in Abstimmung mit dem Investor am Kapitalmarkt angelegt werden. Die jeweilige Maßnahme sollte auf die Zahlungsströme des Immobilien-Portfolios und auf die Liquiditätspolitik des Mandanten abgestimmt sein.

Je nach Rechtsform und organisatorischer Einbindung, sollte einmal jährlich ein geprüfter Jahresabschluß durch ein international anerkanntes, zertifiziertes Wirtschaftsprüfungsunternehmen für jede Investition aufgestellt werden. Es bietet sich an, das vom Investor bestellte Wirtschaftsprüfungsunternehmen zu wählen. Hieraus sollte in einer Vereinbarung jedoch keine Pflicht für die REAC abgeleitet werden. An dieser Stelle wird eine fünfjährige Rotation der Prüfer für sinnvoll gehalten.

Wertentwicklung

Das Ergebnis des Anlagenkontos sollte am Ende eines jeden Kalendervierteljahres festgestellt werden. Hierzu wird die Gesamtrendite auf zeitgewichteter Basis berechnet und mit einem identischen Pro-forma-Investment des Investors verglichen.

Die Renditen[702] sollten nach Nutzungsart der Immobilie, geographischer Lage und Erlös- / Wertsteigerungskomponenten analysiert werden.

Berichtswesen

Um Mißverständnissen vorzubeugen, sollten Mitteilungen, Instruktionen, Richtlinien, Genehmigungen oder das Reporting schriftlich erfolgen, oder zumindest schriftlich bestätigt werden. Der Vorteil einer solch strikten Regelung liegt in geringen Friktionen und damit einer niedrigen Fehlerquote. Beide Parteien können sich auf die derart erfolgte Kommunikation verlassen.

Das formale Berichtswesen sollte Aspekte jeder einzelnen Investition einschließen. Bezüglich des Inhaltes sollten die unterschiedlichen Berichte zeitlich gestaffelt erfolgen und hinsichtlich bestimmter Betrachtungen und Analysen Aggregationscharakter haben. Welche der folgenden, vorgeschlagenen, monatlichen, vierteljährlichen und jährlichen Berichte und Analysen zu welchem Zeitpunkt von der REAC vorgelegt werden sollten, ist aufgrund des nicht unerheblichen Aufwandes möglichst zu standardisieren.

Es sollte ein monatlicher Abschluß vorgelegt werden, der in auflaufender Weise alle Erlöse, Eingänge, Aufwendungen und Ausgänge für den vorangegangenen Monat ausweist. Jeder Monatsabschluß sollte alle eingegangenen Erlöse, alle erhaltenen zweckgebundenen Mittel, Aufwendungen und getätigten Auszahlungen in einer dem genehmigten Investitionsbudget entsprechenden Aufteilung aufführen oder, im Fall von nicht budgetierten Positionen, einzeln aufführen. Ergänzend sind Soll-/Ist-Auswertungen bzgl. des Budgets durchzuführen, die auch in den jährlichen Berichten möglichst enthalten sein sollten. Für den Klienten sollte der Ausgleich in jedem lau-

---

702 Ohne an dieser Stelle detailliert auf die unterschiedlichen Berechnungsmethoden einzugehen, sollten folgende Renditen berechnet werden: Eigenkapital-, Gesamtkapital- und Cash-Flow-Renditen. Darüber hinaus ist zu überlegen, ob als Vergleich zu alternativen Anlagen eine Kapitalmarktrendite berechnet wird, die darüber Auskunft gibt, wie hoch die vergleichbare Rendite einer alternativen Kapitalmarktanlage wäre. Weiterhin sollte eine Betrachtung der Wertentwicklung, ausgehend von den Anschaffungskosten bis zum Betrachtungszeitpunkt, vorgenommen werden. Hierzu kann die hedonische Methode verwendet werden. Sie trägt der Heterogenität der Objekte Rechnung und basiert auf einer multiplen Regression. Es wird angenommen, daß der Preis der Immobilie durch die Vielzahl ihrer Eigenschaften bestimmt wird. Nachteile dieser sehr genauen Methode sind die sehr aufwendige Datenlage, die sich sowohl in der Erhebung als auch in der Pflege zeigt, und die Durchführung bei gewachsenen Bestandsportfolios. Hier sind die notwendigen Daten für die Vergangenheit i.d.R. nicht zu erfassen. Werden aktuelle Daten verwendet, besitzt der Index zu wenig Datenpunkte, um eine Linie mit eindeutigen Aussagen zu erhalten. Vgl. IAZI, 1997

fenden Konto sichtbar und begleitet sein von einer Bilanz sowie einer Aufstellung aller rückständigen Mieten und anderer Lastschriften. Diese sind mit entsprechenden Kommentaren zu versehen. Darüber hinaus sollte es einen monatlichen Tätigkeitsbericht geben, der die wesentlichsten betrieblichen Angelegenheiten für den vorangegangenen Monat zusammenfaßt. Hierunter fallen zum Beispiel Mieterfluktuation, Instandhaltungsarbeiten und Erklärungen signifikanter Abweichungen vom Budget.

Vierteljährlich sollte ein Bericht erscheinen, der eine Portfoliozusammenfassung enthält. Weitere Kernpunkte sind eine vergleichende Investitionsergebnisrendite, eine objektbezogene Analyse einschließlich Renditeberechnungen, Betriebsergebnisrechnung, Analyse der Abweichungen und einer vereinfachten Betriebsergebnisrechnung, sowie eine Auswertung der budgetierten gegenüber der wirklichen Belegungsstufe. Hinzuzufügen sind Berichte über bedeutsame Veränderungen auf den deutschen bzw. in den relevanten ausländischen Immobilienmärkten, Vermietungsaktivitäten sowie objektbezogene Leerstände und Mieter mit im laufenden Jahr auslaufenden Mietverträgen.

Als jährlicher Bericht sollte der Finanzbericht erscheinen. Darüber hinaus sind eine jährliche Wertentwicklungszusammenfassung einschließlich einer Zusammenstellung der Investitionen, der Cash-Flows, der Renditenentwicklung auf Einzelobjektebene und auf Portfolioebene zusammenzustellen, sowie eine Aufstellung einzelner Investitionen mit Kaufdatum, Akquisitionskosten, Wert der Immobilie, Analyse des Wertzuwachses, Stand der Vermietung und der Mietvertragsenden hinzuzufügen. Ergänzt werden die jährlichen Berichte um das Budget für das kommende Jahr, Akquisitionsplänen für die beiden nächsten Jahre und einem Überblick über deutsche und relevante ausländische Immobilienmärkte.

5.4 Investitionsrichtlinien

Die Investitionsrichtlinien üben zweierlei Funktionen aus. Sie geben dem institutionellen Investor die Möglichkeit sein Anlegerprofil niederzulegen, womit sie gleichzeitig für die REAC einen wesentlichen Teil der Zielvorgabe dar stellen und die Ausrichtung ihrer Tätigkeiten für den Investor bestimmt.

Investitionsziele

Das Investitionsziel wird zwar vom institutionellen Investor vorgegeben, bedarf aber der Akzeptanz durch die REAC, da sonst erfolgsbezogene Vergütungen ihre Wirkung verlieren und damit auch der Anreiz für den Intermediär sinkt. Ziel zukünftiger Investitionen in Immobilienanlagen könnte sein:

- eine Maximum-Nettorendite von 6 % p.a., die über eine 10-Jahresperiode zu erreichen ist und
- einen höheren Gesamtgewinn als ein gegenseitig vereinbarter Immobilienindex zu erhalten.

Investitionsort

Ebenso wie die Investitionsziele sollte der geographische Raum für mögliche Investitionen vom Investor festgelegt werden, um mit den hier bestehenden Restriktionen oder Vorgaben das Anlegerprofil zu vervollständigen. Im vorliegenden Fall können

- Immobilieninvestition in Deutschland und im Ausland vorgenommen werden;
- Investitionen sollten, sofern notwendig, zu festen oder indizierten Hypothekenzinsen abgeschlossen werden.

Richtlinien für den Erwerb

Neben den Investitionszielen und den Investitionsorten gehören die Kriterien für den Erwerb zu den Investitionsrichtlinien. Darin sollte festgelegt sein, in welche Immobilientypen vorrangig investiert werden soll. Beispielhaft kann dies sein:

- Bürogebäude, Einkaufszentren und Gewerbeimmobilien;
- Der Erwerb von unbebauten Grundstücken wird mit einbezogen. Für den Fall von Gewerbegebietsgesamtplanungen sollte der institutionelle Investor sich bemühen, für Anschlußimmobilien ein Vorkaufsrecht zu erhalten;
- Äquivalent zu Direktanlagen kann die REAC in Abstimmung mit dem Mandanten auch Vorschläge zur Investition in verbriefte Immobilienanlagen tätigen;

Neben den Immobilientypen bedarf die Eigentumsbeteiligung der Abstimmung:

- Eine 100%ige Eigenbeteiligung, und damit die Direktanlage wird bevorzugt. Der Erwerb von verbrieften Immobilienkapitalanlagen wird jedoch nicht kategorisch ausgeschlossen.
- Der Erwerb von gemeinsamen Kapitalbeteiligungen mit Joint-Venture-Partnern soll als Möglichkeit bestehen.
- Der Erwerb von langfristigen Pacht- und Mietbeteiligungen wird nur unter der Voraussetzung in Erwägung gezogen, daß die Grundpacht keine nachteilige Wirkung auf die erwartete Rendite hat und die Balance zwischen Cash-Flow-Rendite und Wertsteigerungspotential genügend Berücksichtigung erfahren hat.

Beispielhaft für die bevorzugten Anlagetypen können sein:

- Kapitalbeteiligungen bzw. Investmentzertifikate
- Verschuldungs-, Beteiligungs-, Hybridinvestitionen, einschließlich Hypotheken mit Gewinnbeteiligung und wandelbaren Hypotheken.
- Entsprechend der oben bevorzugten 100% Eigenbeteiligung, haben Barinvestitionen Vorrang. Fremdfinanzierte Investitionen sind möglich, wenn sich ein wesentlicher Leverage-Effekt auf die Rendite und ein sich mit der Fremdfinanzierung nur unwesentlich höheres Risiko erreichen läßt.

Darüber hinaus sollten für die Konkretisierung des Anlegerprofils drei weitere Kriterien berücksichtigt werden. Zum einen den Investitionszyklus: Durch das bisher gezeichnete Anlegerprofil bzgl. der Immobilientypen und der Eigentumsbeteiligung ist bereits deutlich geworden, daß grundsätzlich Investitionen in alle Stadien des Lebenszyklus einer Immobilie möglich sind, womit auch indirekte Anlagen, wie z.B. Immobilienaktien, in den Investitionsfokus rücken können.[703] Zweitens ist die Investitionsgröße relevant. Im vorliegenden Fallbeispiel sollte sie zwischen 30 Mio. DM und 50 Mio. DM pro Investition liegen. Kleinere Einheiten in einem Gewerbe- oder Bürogebiet können zusammengefaßt werden, um die Zielgröße zu erreichen. Ebenso können größere Einheiten, wenn dies entwicklungstechnisch sinnvoll und möglich ist, geteilt werden. Die Investition sollte eine ausreichende Größe besitzen, um ein professionelles Management zu rechtfertigen. Im Gegenzug darf die Größe der Investition zu keinem Größen- bzw. Volumenrisiko führen. Drittens ist die Qualität der Immobilienanlage von Interesse. Alle Investitionen müssen bzgl. der Kriterien Entwurf, Lage und Zustand ein definiertes Profil aufweisen. Darüber hinaus sollten sie so günstig im lokalen und regionalen Immobilienmarkt positioniert sein, daß sich in der langfristigen Prognose ein Wertzuwachs über der Inflationsrate ergibt. Hinsichtlich eines regionalen bzw. lokalen Standortes der Immobilienanlage sollte das Portfolio die nachstehenden Kriterien erfüllen:

- Das Portfolio sollte regional diversifiziert sein.
- Investitionen sollten in wirtschaftlich diversifizierten Oberzentren getätigt werden.
- Büroimmobilien sollten vorzugsweise in Ober- bzw. Mittelzentren mit einer wachsenden Bevölkerung von mindestens 200.000 Menschen liegen.

[703] Siehe Kapitel II.3.3.3

- Gewerbeobjekte sollten vorzugsweise in Industrieparks oder Industriegebieten liegen, die eine wachsende Konzentration und Synergie von Gewerbeimmobilien aufweisen.
- Einzelimmobilien sollten in Märkten gelegen sein, die bereits gegenwärtig oder in naher Zukunft genügend Bevölkerung haben, um das Niveau und die Erwerbsverhältnisse der Immobilie zu stützen.

Weil die Struktur der Mieter, der Vertragslaufzeiten und der Bonitäten wesentliche Einflußfaktoren auf der Ertragsseite sind, sollten

- die Laufzeiten der Mieten die Möglichkeit einer Teilhabe an Mieterhöhungen in naher Zukunft bieten,
- die Mieter nach Prüfung der REAC über ausreichende Kreditwürdigkeit verfügen,
- die Mieten eine Schutzklausel für Kostenerhöhungen und Inflation erhalten,
- sowohl Mehrfachmieteigentum als auch Einzelmietobjekte einbezogen werden und
- Einkaufszentren wenigstens einen größeren oder regionalen Absatzmagneten beinhalten, um die Wertentwicklung der Investition zu stabilisieren.

Um dem skizzierten Ideal des Immobilien-Intermediärs möglichst nahe zu kommen, sollte es das Ziel der REAC sein, Abschlüsse von Investitionen und Desinvestitionen nur direkt vom und am Markt zu tätigen. Sollte es der REAC nicht möglich sein, direkte Abschlüsse zu tätigen, hat sich die REAC an den zusätzlich entstehenden Transaktionskosten in einer vorher mit dem Investor festzulegenden Höhe zu beteiligen.

5.5 Vergütung

Die Gebühren der für den institutionellen Investor durch die REAC erbrachten Dienstleistungen sind unten aufgeführt. Sie schließen Gebühren für Investitionsakquisition, Portfolio-Management und eine Ergebnisbeteiligung ein. Für Abschlüsse durch den Investor, die durch die Beratung der REAC bei der Akquisition erfolgt sind, liegt es im Ermessen des Investors, die REAC für das folgende Vermögens-Management der Immobilie zu engagieren. Nur wenn der Investor sich entscheidet, die REAC für das Vermögens-Management der Immobilie entsprechend dem vorliegenden Gestaltungsvorschlag zu engagieren, wird eine Portfolio-Managementgebühr sowie eine Ergebnisbeteiligung fällig (siehe Managementgebühren und Vermögens- und Ergebnisbeteiligung).

Managementgebühr

Da bisherige Größen, wie zum Beispiel der Wert des Portfolios, manipulierbar sind, soll hier die Managementgebühr an einer festen Bezugsgröße festgemacht werden. Die Anforderung an die Bezugsgröße ist, daß sie von beiden Partnern nicht in Richtung der jeweiligen Interessenlage steuerbar ist.

Bezugsgröße für die Managementgebühr sollen die preisbereinigten Anschaffungskosten des jeweils laufenden Jahres sein. Der Anschaffungswert in der Vergangenheit wird hierzu preisbereinigt auf das jeweilige Geschäftsjahr hochgerechnet. Die Managementgebühr beträgt 0,003% p.a. der preisbereinigten Anschaffungswerte. Dieser Betrag ist seitens des Investors monatlich an die REAC zu entrichten.

Investitionserwerbsgebühr

Im Investitionsfalle sind drei verschiedene Situationen vorstellbar, die einer Regelung zwischen institutionellem Investor und der REAC bedürfen. Die Unterschiede liegen im unterschiedlichen Ursprung der Investition:

- Für eine Investition die ihren Ursprung bei der REAC hat, wird 1 % des Nettokaufpreises fällig;
- Für eine Investition die ihren Ursprung beim Investor hat, aber durch die REAC verwaltet wird, entstehen 0,5 % des Nettokaufpreises und
- Für eine Investition die ihren Ursprung beim Investor hat, und nicht durch die REAC verwaltet wird, sollte eine Gebühr frei vereinbart werden.

Die Investitionsgebühr sollte jeweils verdient und fällig bei Vertragsabschluß sein. Um für die möglichen Investitionen einen entsprechenden Ausgleich zu finden, die aus Gründen jenseits des Einflusses der REAC nicht zustande gekommen sind, sollten Vertreter des institutionellen Investors und der REAC jeweils in Jahresfrist die Erfahrungen des vergangenen Zeitraumes überprüfen und entscheiden, ob eine angemessene und vernünftige Kostenerstattung an die REAC für intern entstandene Kosten, die im Rahmen der sorgfältigen Überprüfung und Verhandlung der Transaktionen angefallen sind, erfolgt ist oder noch erfolgen sollte. Eine grundsätzliche Möglichkeit bestünde darin, den einen bestimmten zeitlichen Rahmen überschreitenden Aufwand in Form vereinbarter Tagessätze zu vergüten. Dieser Rahmen sollte so bemessen sein, daß auf der einen Seite für die REAC nicht die Möglichkeit eines "Nebenerwerbs" entsteht, und auf der anderen Seite der Aufwand nicht gänzlich unter das unternehmerische Risiko der REAC fällt.

Vermögens- und Ergebnisbeteiligung

Gerade an die Vermögens- und Ergebnisbeteiligung sind die höchsten Anforderungen bezüglich der Kriterien Transparenz, Klarheit und Objektivität zu stellen. Auch bei dieser Vergütungskomponente sollte sich an Größen orientiert werden, die diese Anforderungen erfüllen.[704] Folgend ist eine mögliche Gestaltung einer Vermögens- bzw. Ergebnisbeteiligung skizziert:

Aus allen Verkäufen des Jahres erhält die REAC auf die Differenz zwischen dem Netto-Verkaufserlös und dem preisbereinigten Anschaffungswert des Verkaufsjahres 10%. Hier sollte eine Höchstzahl in Prozent von der Anzahl an Immobilien vereinbart werden, die maximal verkauft werden soll.[705]

Ergeben sich darüber hinaus noch attraktive Gelegenheiten, durch Umschichtungen die Ziele des Investors zu erreichen oder zu übertreffen, sind diese Sonderfälle im gegenseitigen Einvernehmen zwischen Investor und REAC zu lösen. Für den Fall, daß die preisbereinigten Anschaffungskosten höher sind als der erzielte Netto-Verkaufserlös, ergibt sich für die REAC keine Vergütung aus diesem Punkt.[706] Sollten weniger als die vereinbarte Zahl an Verkäufen getätigt werden, bemißt sich die Ergebnisbeteiligung für die REAC aus dem kalkulatorischen Jahresgewinn, der sich aus allen Investitionen, die einer Zwischenbewertung unterzogen werden (Interim-Ergebnisbeteiligung), ergibt.

Die Interim-Ergebnisbeteiligung ergibt sich aus der Zwischenbewertung des Immobilien-Portfolios. An jedem 5. Jahrestag nach Abschluß einer Investition und bevor die Investition verkauft wird, sollte die Interim-Ergebnisbeteiligung gutachterlich festgelegt werden. Diese Interim-Ergebnisbeteiligung soll gleich 5% des jeweiligen Mehrerlöses sein. Für den Fall eines Wertverlustes des Immobilien-Portfolios, d.h. wenn Wertberichtigungen vorgenommen werden mußten, reduziert sich diese Vergütungskomponente auf Null. Die auf diese Weise festgelegte Interim-Zulage soll vom Inves-

---

704 Bisherige Orientierungsgrößen sind Indizes, die sich entweder auf die Offenen Immobilienfonds oder die Immobilienaktien beziehen. Das Handelsvolumen der Immobilienaktien ist im Vergleich zum Kapitalmarkt sehr gering und der interessanteste Immobilienindex bzgl. Konstruktion und Marktkapitalisierung, der DIX, besitzt erst einen Wertpunkt auf der Geraden, da er erst 1998 eingeführt wurde. Folglich genügt zur Zeit kein Immobilienindex den oben angeführten Kriterien.

705 Eine realistische Größe sind 5% Verkäufe der Direktanlagen eines Portfolios. Bei einem Musterportfolio von 1 Mrd. DM an Verkehrswerten und einer Objektanzahl von 82 Objekten, werden 4 Objekte im Jahr verkauft. Über die Zeit wird das Portfolio in 20 Jahren einmal komplett umgeschichtet. Aufgrund dieser Regelung kann die Gefahr gemindert werden, daß das Portfolio über die Zeit in ein Altersrisiko läuft. Auch die Gefahr, daß sich die Transaktionshäufigkeit erhöht, wird durch diese Regelung klein gehalten, da zu viele Umschichtungen den Wert des Portfolios sinken lassen. Gleiches gilt für die Anzahl der Immobilien, die sich im Entwicklungsstadium befinden. Aufgrund der Tatsache, daß lediglich realisierte Werte als Bezugsgröße dienen, führt eine höhere Zahl an Projektentwicklungen zu einem niedrigeren Wert des Portfolios.

706 Diese restriktive Regelung soll einen Anreiz schaffen, den Wert des Portfolios real zu steigern.

tor an die REAC innerhalb einer vereinbarten Frist entrichtet werden. Falls mehr als eine Immobilieninvestition innerhalb eines Kalenderjahres einer Zwischenbewertung unterzogen wird, soll eine kumulative Interim-Zulage an die REAC gezahlt werden, die so berechnet ist, als ob alle diese Investitionen eine einzige wären.[707]

Sollte die Vereinbarung der REAC gekündigt werden, sollte das Portfolio des Klienten durch Sachverständigen-Schätzung per Datum der Vertragsbeendigung bewertet und der REAC eine endgültige Erfolgsbeteiligung gezahlt werden, die sich in Übereinstimmung mit der oben beschriebenen Methode befindet. Hierbei wird simuliert, daß der Investor das Portfolio zu einem berechneten Marktpreis zum Zeitpunkt der Vertragsbeendigung verkauft hätte. Die Portfoliogebühr wird pro rata temporis auf das Datum der Vertragsbeendigung berechnet.

Schätzungen

Um den fairen Marktpreis einer Investition zum Zweck der Berechnung der Interim-Erfolgsbeteiligung zu ermitteln,[708] werden die Schätzungen durch erfahrene Immobiliengutachter durchgeführt, die in den Märkten bewandert sind, in denen sich die Investitionen befinden. Der Schätzer sollte durch den Anlageausschuß ausgewählt und bestellt werden. Aufgrund der paritätischen Besetzung des Ausschusses ist sichergestellt, daß Schätzer und Schätzungsmethode für beide Parteien akzeptabel sind. Die Kosten der Schätzung werden vom Investor getragen und bei der Festlegung der an die REAC zu zahlenden Erfolgsbeteiligung als Ausgaben betrachtet. Um die Qualität der Schätzungen zu erhöhen, sollten die Schätzer in einem rotierenden System in einem vorher vereinbarten Zeitraum - zum Beispiel 3 Jahre - wechseln.

Die REAC sollte gegen den geschätzten fairen Marktpreis innerhalb einer vereinbarten Frist nach Erhalt des Schätzberichts Einspruch erheben können. Zusammen mit dem Einspruch sollte die REAC ihre eigene Meinung zu dem fairen Marktpreis abgeben. Für den Fall einer Meinungsverschiedenheit über die Schätzung kann diese Meinungsverschiedenheit mit Hilfe eines Schiedsrichters gelöst werden. Es wird ein neutraler Schiedsrichter benannt, der möglichst Organ einer angesehenen internationalen Gesellschaft von Immobilienfachleuten mit entsprechender sachdienlicher Erfahrung

---

707 Wobei sich die eingehenden Größen wie folgt berechnen: Der Mindestgewinn ist der Betrag, welcher zusammengenommen mit allen Netto-Cash-Flows an den Investor vor Verkauf oder Zwischenbewertung, für den Investor einen Gesamtjahresgewinn von 5 % über die Laufzeit der Investition ergeben würde. Die Netto-Verkaufserlöse sind der Anteil des Investors aus Verkaufserlösen, die sich aus dem Verkauf einer Immobilieninvestition ergeben haben, oder kalkulatorischen Verkaufserlösen aus einer Zwischenbewertung, abzüglich aller damit verbundenen Kosten und Gebühren vor der Erfolgsbeteiligung, zuzüglich des Netto-Cash-Flows aus der Investition in dem Jahr des Verkaufs oder der Zwischenbewertung. Die Mehrerlöse sind gleich den Netto-Verkaufserlösen abzüglich des Mindestgewinns. Für den Fall, daß der Mindestgewinn größer ist als die Nettoerlöse, sollten die Mehrerlöse gleich Null sein.

708 Dies nur für den Fall einer Vertragsbeendigung.

sein sollte, um die bestrittene Schätzung schiedsrichterlich zu entscheiden. Vorrangiges Ziel des Schiedsrichters sollte es sein, zu versuchen, einen Kompromiß zwischen Investor und REAC zu verhandeln. Ist der Schiedsrichter in der Lage, Investor und REAC innerhalb einer bestimmten Frist zu einer Einigung über den fairen Marktpreis zu bringen, sollte dieser vereinbarte Wert als der faire Marktpreis der in Frage stehenden Investition gelten. Ist der Schiedsrichter nicht in der Lage, Investor und REAC innerhalb der Frist zu einer Einigung zu bewegen, kann der Schiedsrichter eine unabhängige Schätzung durchführen. Der faire Marktpreis ergibt sich dann als einfaches arithmetisches Mittel der zwei sich im Wert am dichtesten beieinander befindlichen Schätzungen unter den Schätzungen des Investors, REAC und des Schiedsrichters.

Für den Fall, daß die Bewertung einer Investition auf eine Schlichtung hinausläuft, werden die Kosten der Schlichtung jeweils von der Seite getragen, deren Schätzwert um mehr als 5% vom Ergebnis der Schlichtung abweicht.

Weitere Dienstleistungen

Für den Fall, daß die REAC vom Investor aufgefordert wird, bei Geschäften, die durch Mitarbeiter des Investors akquiriert und abgeschlossen worden sind, beratend tätig zu werden, sollte ein gegenseitig vereinbartes Honorar fällig werden, welches sich am Zeitaufwand für die Beratung und der Größe der Transaktion orientiert.

Definitionen

Damit der institutionelle Investor und die REAC im täglichen Miteinander des Aktiven Immobilien-Managements dieselbe Sprache sprechen wird vorgeschlagen, einen Katalog mit den Definitionen der verwendeten Begriffe und Kennzahlen an eine mögliche schriftliche Vereinbarung anzufügen. In der vorliegenden Arbeit soll an dieser Stelle zum besseren Verständnis auf wenige Begriffe kurz eingegangen werden:

- Unter "Kapitalanlage" soll das Kapital verstanden werden, daß durch den Investor in Immobilienanlagen investiert worden ist. Alle anfänglichen und folgenden Mittelbereitstellungen sind hier eingeschlossen.
- Unter "Kunden-Portfolio" wird die Summe der Vermögenswerte der einzelnen Immobilieninvestitionen des Investors verstanden.
- "Fairer Marktpreis" soll der Marktpreis der Immobilie oder der Immobilien sein, welche die Investitionen des Investors bilden. Ihm liegt ein bestimmtes Datum zugrunde, er wird durch eine unabhängige Gesellschaft von Immobilienfachleuten festgelegt oder ist der Betrag, der durch den Schiedsrichter letztendlich festgelegt wird.

- Unter der "Inflationsrate" wird die jährliche prozentuale Veränderung des deutschen Lebenshaltungskostenindexes verstanden.

- Die "Zwischenbewertung" bedeutet die Feststellung des Wertes der Position des Investors bzgl. jeder einzelnen Immobilieninvestition. Basis ist der faire Marktpreis der Immobilie, die der Investition zugrunde liegt. Falls mehr als eine Zwischenbewertung während eines Jahres fällig wird, sollte sie zu einem zwischen Investor und REAC vereinbarten Zeitpunkt stattfinden.

- Unter dem "Netto-Cash-Flow" werden die Barerlöse verstanden, die nach einer Investition nach Abzug aller Kosten, Auslagen und Gebühren aber vor der Erfolgsbeteiligung an den Investor ausgeschüttet werden können.

- Die "Nettoerlöse" sind die Erlöse, die der Investor in Verbindung mit dem Verkauf einer Investition nach Abzug aller Kosten und Aufwendungen erhält.

- Die "Nettorendite" ist die Jahresnominalrendite, berichtigt um die Inflationsrate. Diese Berichtigung errechnet sich wie folgt:

$$\text{Rendite \%} = \left[\frac{1 + \text{Nominalrendite}}{1 + \text{Inflationsrate}} - 1 \right] * 100$$

- Der "Nettokaufpreis" ist der Gesamtkaufpreis, der an den Verkäufer einer Immobilie abzüglich der Transaktionskosten, wie Grundbesitzabgaben,[709] Makler- und Notarkosten, gesetzlicher Gebühren und anderen Kosten des Abschlusses, gezahlt wird.

709 Die Grundbesitzabgaben setzen sich aus der Grundsteuer, gegebenenfalls Deichgebühren und Abfallgebühren zusammen.

Beispielrechnung[710]

Anhand der folgenden Beispielrechnung soll noch einmal das in diesem Kapitel vorgeschlagene Vergütungssystem verdeutlicht werden. Darüber hinaus wird mit der Rechnung der Kreis zu dem bereits in Kapitel II.4.3.2 dargestellten Beispielportfolio geschlossen. Für den institutionellen Investor werden folgende Daten angenommen:

Das Immobilien-Portfolio besteht zu 100% aus Direktanlagen. Das geschätzte Verkehrswertvolumen des Portfolios beträgt ca. 1 Mrd. DM. Zu preisbereinigten Anschaffungskosten ergibt sich ein Wert des Portfolios von 750 Mio. DM.[711] Bei einem durchschnittlichen Objektvolumen von 12,2 Mio. DM ergibt sich eine Objektanzahl von 82 Objekten. Die Nettomieteinnahmen[712] betragen 60 Mio. DM p.a. Aus Erfahrungswerten wird eine Umschichtungsquote von 5% der Anzahl der Objekte p.a. veranschlagt. Dies führt zu einer kompletten Umschichtung des Portfolios nach 20 Jahren.[713] Ebenfalls als Erfahrungswert wird ein durchschnittlicher Wertzuwachs bei dieser Objektgröße, der über die Inflationsrate hinausgeht, von rund 1 Mio. DM pro Objekt angesetzt. Somit ergeben sich für die oben beschriebenen Vergütungskomponenten folgende Werte:

Managementgebühr

0,003*750 Mio. DM = 2,250 Mio. DM

Investitionserwerbsgebühr

Bei einer Umschichtungsquote von 5% der Objekte, bedeutet dies ein Verkauf von 4 Objekten p.a. Unterstellt, daß aufgrund der Marktlage nicht in dieselbe Anzahl an Objekten investiert werden kann, was sich auch durch unterschiedliche Volumen ergeben kann, wird ein Objektzugang von 3 Objekten p.a. angenommen.

3*12,2 Mio. DM = 36,6 Mio. DM

36,6 Mio. DM *0,01 = 366 TDM

---

710 Die Annahmen für diese Beispielrechnung basieren auf Projekterfahrungen aus der Praxis. Die Annahmen beziehen sich trotzdem nur auf einen Einzelfall und lassen sich nicht verallgemeinern. In der Tendenz der Aussagen spiegeln sie jedoch die Realität wieder. Anhand des Fallbeispiels soll exemplarisch die durchaus mögliche im Verhältnis zum Markt abweichende Kalkulation des Vergütungssystems gezeigt werden.

711 Vergleicht man die Anschaffungskosten und die Verkehrswerte des Management-Bestandes der Allianz-Grundstücks-GmbH erscheint die Differenz von ca. 25% realistisch. Vgl. Fink, 1998, S. 8

712 Bei den Nettomieteinnahmen handelt es sich um die Jahres-Sollmiete inklusive Nebenkosten und ohne MwSt. Die Jahres-Sollmiete ergibt sich aus den hochgerechneten Monatsmieten ohne Berücksichtigung von eventuellen Leerständen oder Mietausfällen.

713 Der Zeitraum von 20 Jahren wird in Abstimmung mit den in Kapitel II.3.2 geforderten kürzeren Anlagehorizonten für direkte Immobilienanlagen angenommen.

Erfolgsbeteiligung

Angenommen es lassen sich 5% des Bestandes p.a. desinvestieren, ergibt sich als Erfolgsbeteiligung gemäß der oben getroffenen Definition:

0,1*1 Mio. DM = 100 TDM

4*100 TDM = 400 TDM

Die Summe der drei Vergütungskomponenten beträgt 3,016 Mio. DM. Somit hat das Management des Immobilien-Portfolios einen Anteil an der Nettomiete von 5,0%. Wenn dies Portfolio zum Vergleich von dem Investor selbst verwaltet werden würde, würde für diese Aufgabe ein Prozentsatz von mindestens 6% angesetzt werden.[714] Auf das Beispiel bezogen, ergibt sich ein Kostenblock von 3,6 Mio. DM. Im Vergleich hierzu bewegen sich Angebote am Markt zwischen 6% und 7%.[715]

Vom Management der direkten Immobilienanlagen getrennt zu sehen sind mögliche indirekte Anlageformen. Für die Vergütung indirekter Anlageformen wird ein dem Vergütungssystem der Immobilien-Spezialfonds entsprechendes vorgeschlagen.[716]

714 Expertengespräche

715 Expertengespräche

716 Auch in der näheren Zukunft werden die Immobilien-Direktanlagen der in dieser Arbeit betrachteten institutionellen Investoren (siehe Kapitel I.2.1) - trotz des geforderten Bewußtseinswandels - nach wie vor prioritär sein. Expertengespräch. Aus diesem Grund wird hier nicht weiter auf die Vergütungsproblematik der indirekten Anlageformen eingegangen (siehe Kapitel II.4.3.2)

6 Das Zwischenfazit

Aufgrund der umfassenden Leistungen und zunehmenden Internationalität des Tätigkeitesfeldes der REAC ist eine Einordnung in die Gruppe der Professional Service Firms nur folgerichtig. Die Wertschöpfungssegmente der REAC stellen für die drei inhaltlichen Tätigkeitsfelder Immobilienanlage, Vermögens-Management und Consulting die Basis dar. Darüber hinaus bilden sie die Unterstützungsleistung für den eigentlichen Prozeß des Aktiven Immobilien-Managements. Das Ist-Portfolio des institutionellen Kunden bildet idealerweise den Ausgangspunkt für die einzelnen Prozeßschritte. Von der Analyse und Bewertung über Entwurf und Implementierung einer Anlagestrategie sowie der Umschichtung des Portfolios bis zu den operativen Aufgaben des Gebäude-Managements reichen die Leistungen der REAC.

Der Bestimmung der Investment-Leitlinie kommt bei Immobilienanlagen eine besondere Bedeutung zu, da sich institutionelle Investoren mit diesem Punkt bisher relativ wenig auseinandergesetzt haben und die Länge des Anlagehorizontes die Umsetzung kurzfristiger Änderungen schwierig macht. Auch der Schritt, die unterschiedlichen Kapitalanlagen diesbezüglich miteinander zu verbinden, ist auf dieser Ebene bisher nicht unternommen worden. Wichtig bei der Entwicklung von Investment-Leitlinien ist die Schaffung einiger zentraler, gemeinsamer Punkte mit den Klienten. Im Einzelfall ist dann die Investment-Leitlinie mit dem unternehmensindividuellen Anlegerprofil zu unterlegen.

Der Erfolg eines Immobilien-Intermediärs hängt neben der Zielerreichung einer vereinbarten Performance im wesentlichen von weichen Faktoren ab. Da dem Produkt Dienstleistung Aktives Immobilien-Management die substantielle Präsentationsfähigkeit fehlt, ist die Nachahmungsgeschwindigkeit im Markt hoch und die Zugangsschranken in erster Näherung niedrig.[717] Der Erfolg der angebotenen Leistung läßt sich nicht dauerhaft garantieren und beständig auf hohem Niveau halten. Darüber hinaus ist die Leistung stark erklärungsbedürftig und schwer faßbar.

---

[717] In zweiter Näherung entpuppen sich die Zugangsschranken als relativ hoch, weil die konsequente Umsetzung der Konzeption Aktives Immobilien-Management sich von der willkürlichen-zufälligen Zusammenstellung einzelner bereits vorhandener Dienstleistungen wesentlich unterscheidet. Siehe Kapitel III.2.3 und III.2.4

Vor diesem Hintergrund sollte sich die Auswahl eines Immobilien-Intermediärs auf die Aufdeckung möglicher Diskrepanzen zwischen Erwartungshaltung des Investors und Leistungsvermögen des Immobilien-Intermediärs konzentrieren. Hierbei wichtige Determinanten sind Informationen über: die Investment-Leitlinie, die verfügbaren Resourcen, das Vergütungssystem, die Rendite bzw. der "Track-record", den Investmentprozeß sowie das Managementteam, welches mit der Aufgabe betraut werden sollte.

Die veränderten Marktstrukturen, Transaktionseigenschaften und Kundenanforderungen führen zu neuen Organisationsformen. Entscheidend für den Klienten ist die Umsetzung des "One face to the customer"-Prinzips. Hierzu ist es nicht erforderlich, daß alle im Leistungssystem angebotenen Leistungen vom Immobilien-Intermediär selbst erbracht werden. Kooperative Organisationsstrukturen erfordern jedoch ein grundsätzlich anderes Verständnis von Prozessen und deren Steuerung. Da sich der Investor nicht sicher sein kann, ob der Immobilien-Intermediär die Vorgaben auch vereinbarungs- und wunschgemäß umsetzt, müssen ergebnisbezogene Anreizsysteme sicherstellen, daß der Intermediär im Interesse des Investors handelt. Um den Anforderungen gerecht zu werden, bietet sich die koordinierende Netzwerk-Organisation an. Sie kann die Besonderheiten des Immobilienanlagemarktes entsprechend berücksichtigen, gegenüber dem Klienten ist ein einheitlicher Auftritt möglich und temporäre Verbindungen werden vereinfacht.

Neben der Organisationsform ist der zweite entscheidende Erfolgsfaktor die Gestaltung des Vergütungssystems. Bisher haben sich lediglich leicht modifizierte, aber immer marktkonforme Systeme durchgesetzt. Berücksichtigt man jedoch Anreizprobleme, Schwierigkeiten der Bemessungsgrundlage sowie die Ziele Fairneß, Zielkongruenz, Inhaltsbezug und Transparenz eines Vergütungssystems, müssen andere Gestaltungsformen im Mittelpunkt stehen. Das Korsett eines Vergütungssystems für Leistungen des Aktiven Immobilien-Managements sollte aus einer Basiskomponente, einer vermögenswert- und einer ergebnisabhängigen Komponente bestehen. Ziel muß die finanzielle Beteiligung der Management-Gesellschaft an der Entwicklung des Vermögens sein.

Bei der Gestaltung des Verhältnisses zwischen dem Immobilien-Intermediär REAC und dem institutionellen Investor handelt es sich um ein Immobilieninvestitionsberatungs- und Managementverhältnis, bei dem die REAC an "Eigentümer statt" handelt. Die zu betreuenden Vermögensformen können Direktanlagen, indirekte Anlagen in Form von Spezialfonds oder in Form alternativer Anlagen wie Immobilienderivate sein. Das Verhältnis sollte geprägt sein von der Erreichung gemeinsamer Ziele und der Übereinstimmung, wie diese Ziele erreicht werden. In der finalen Umsetzung ist der REAC freie Hand zu lassen, da sie bei vermögens- und ergebnisabhängigen Vergütungskomponenten die notwendigen Entscheidungsfreiräume braucht. Aufgrund hoher gegenseitiger Abhängigkeit beider Parteien ist die Festlegung von Spielregeln im Bereich Kommunikation, Berichterstattung, Interessenkonflikte und Vertraulichkeit unumgänglich. Die Umsetzung der vorgeschlagenen Vergütungsform der REAC ergibt für ein beispielhaftes Portfolio einen Ergebnisvorteil gegenüber internen Abteilungen von mindestens 1 - 2% der Jahres-Sollmiete und gegenüber gängigen Marktangeboten von mindestens 1%. Hinsichtlich herkömmlicher Managementkosten sind Einsparungen von ca. 15% möglich. Mit wachsenden Anlagevolumina wird sich die Vorteilhaftigkeit des Immobilien-Intermediärs aufgrund positiver Größen- und Lernkurveneffekte noch vergrößern.

V ZUSAMMENFASSUNG UND AUSBLICK

Zahlreiche institutionelle Investoren stehen aufgrund ihres sich verändernden Kernmarktes bezüglich ihrer Kapitalanlagen, und hier besonders wegen der bisher wenig beachteten Immobilienanlagen, vor neuen Herausforderungen. Zeitgleich unterliegen sowohl nationale wie internationale Immobilienanlagemärkte einer strukturellen Neugestaltung. Die Forderung der institutionellen Anleger individuellen Problemlösungen geht einher mit einem unbedingt erforderlichen Bewußtseinswandel in der institutionellen Sichtweise der Kapitalanlage Immobilie.

Ziel dieser Arbeit ist es, auf der Basis einer theoretischen und praktischen Analyse des Immobilienanlagemarktes, Wahl und Gestaltung eines integrativen strategischen Ansatzes für ein Aktives Immobilien-Management zu beschreiben, die kritischen Erfolgsfaktoren für die Etablierung einer auf die Ansprüche ausgerichteten und mit den Bedürfnissen der institutionellen Investoren abgestimmten Dienstleistung abzuleiten, sowie einen möglichen Marktauftritt des Dienstleisters und die Gestaltung seines Verhältnisses zu den institutionellen Kunden zu konzeptionieren. Anhand der auf analytisch-deduktivem Wege ermittelten kritischen Erfolgsfaktoren und der hiermit im Zusammenhang stehenden kritischen Situationen in der Klienten-Beziehung, werden praxisnahe Handlungs- und Gestaltungsempfehlungen gegeben, die als Ansatzpunkte für den Aufbau einer Immobilien-Management-Gesellschaft, oder aber als Beurteilungskriterien für die Fremdvergabe des Immobilien-Managements von institutionellen Investoren angewandt werden können.

Bei der Beschreibung und Analyse des Immobilienanlagemarktes anhand empirischer Daten und Expertengespräche wird deutlich, daß mit der neuen Solvabilitätsrichtlinie und der Offenlegungspflicht der stillen Reserven insbesondere die Veränderungen im Kernmarkt der Institutionellen wesentliche Treiber einer sich wandelnden Einstellung zur Immobilie als Kapitalanlage sind. Die aufgrund der rezessiven Verfassung des deutschen Immobilienmarktes in den letzten Jahren deutlich gestiegene Volatilität der Immobilie, damit zusammenhängende sinkende direkte Engagements und steigende indirekte Investitionen Institutioneller, unterstüt-zen strukturelle Veränderungen zum Abbau von Intransparenz, Fragmentierung des Angebots und dem Abbau von Informationsasymmetrien. Positiv auf diesen Prozeß des Wandels wirken die Verabschiedung des Dritten Finanzmarktförderungsgesetzes, die zunehmend anerkannten guten Diversifikationseigenschaften der Immobilie in einem Gesamt-anlageportfolio und die Entwicklung innovativer Immobilienanlageprodukte.

Um die bisher im Markt stark vertretenen funktionsorientierten Angebote auf eine fundierte strategische Basis zu stellen, wurden der Market Based und der Resource

Based View mit Hilfe des Leistungssystem-Ansatzes integrativ verbunden. Einer ansteigenden Austauschbarkeit der Produkte und Dienstleistungen wird mit einem auf den Kunden individuell ausgerichteten Leistungssystem begegnet. Basis dieses auf der Einmaligkeit der Resourcenkombination ruhenden Leistungssystems sind Informationen über Kundenbedürfnisse und Marktspezifitäten. Nur über den Eingang und die Berücksichtigung aller relevanten Determinanten ist die Ausbildung eines Wettbewerbsvorteils und damit die Differenzierung gegenüber Wettbewerbern möglich. Warum sich bisherige Intermediäre mit einem am Kunden und den eigenen Resourcen und Fähigkeiten ausgerichteten und untereinander abgestimmten Angebot schwer tun, liegt an der Komplexität und der Verbindung der Anforderungen aus den Segmenten Immobilienanlage, Vermögens-Management und Consulting. Grundsätz-lich besteht die Gefahr, daß Leistungssysteme, wenn nicht konsequent geplant, auch nicht umgesetzt werden können.[718]

Die zu berücksichtigenden kritischen Erfolgsfaktoren teilen sich in die Schlüsselfaktoren Fachkenntnis, Potential, Wissen und Fähigkeiten sowie in die Faktoren Stärke der Kundenbeziehung und Reputation. Auf der anderen Seite stehen nicht meßbare Erfolgsdeterminanten sowie quantifizierbare Erfolgskomponenten. Wesentlich bei der Analyse der kritischen Erfolgsfaktoren ist die Berücksichtigung der interdependenten Beziehungen der einzelnen Faktoren untereinander. Die Erfolgsdeterminanten Research und Kundenorientierung haben bspw. wesentlichen Einfluß auf die meßbare Erfolgskomponente Performance, die neben der Kundenorientierung einen eigenständigen Einfluß auf die Kundenzufriedenheit ausübt. Nicht die absolute Ausprägung eines Erfolgsfaktors, sondern die intelligente Abstimmung und Beachtung der Interdependenzen der Faktoren sind letztlich für den nachhaltigen Markterfolg einer intermediären Immobilien-Management-Dienstleistung verantwortlich. Die kritischen Erfolgsfaktoren sind sowohl bei der Konstruktion des Leistungssystems, als auch bei der Darstellung eines möglichen Marktauftritts und der Gestaltung des Verhältnisses zwischen Immobilien-Dienstleister und institutionellem Klienten zu beachten.

Anhand der REAC wurde in einer Fallstudie ein möglicher Marktauftritt, die Organisation, die Vergütungsaspekte und die Gestaltung des Verhältnisses zwischen REAC und institutionellem Investor dargestellt. Da dem Aktiven Immobilien-Management eine substantielle Präsentationsfähigkeit fehlt, die Markteintrittsbarrieren für das bloße Dienstleistungsangebot niedrig sind und sich die Leistung nicht auf beständig hohem Niveau halten läßt, stehen gerade weichere Faktoren im Mittelpunkt des erfolg-

718 Manche Anbieter kündigen große Dienstleistungen "rund um die Immobilie" an, indem sie in Dokumentationen Problemlösungen für Kunden darstellen, die ihrer Absicht entsprechen. Sie sind aber erst in der Lage, 30% abzudecken. Solche "hohlen" Angebote fördern die Skepsis des Kunden. Oft sind diese Unternehmen erst einmal erfolgreich, weil sie nicht ein Gesamtsystem vermarkten, sondern bereits vorhandene Einzeldienstleistungen versuchen zu optimieren. Belz, 1997, S. 27

reichen Beziehungsauf- und -ausbaus zum Klienten. Die gemeinsame Festlegung einer Investmentleitlinie, Informationen über das Managementteam und die Durchführung des Prozesses Aktives Immobilien-Management, das Vergütungssystem und bisherige Erfahrungen sollten im Mittelpunkt der Akquisition eines Mandates bzw. umgekehrt im Fokus des Auswahlprozesses des institutionellen Investors stehen. Veränderte Marktstrukturen, Transaktionseigenschaften und Kundenanforderungen sind entscheidend für neue Organisationsformen wie die koordinierende Netzwerk-Organisation. Da sich der Investor jedoch nicht sicher sein kann, ob der Immobilien-Intermediär vereinbarte Ziele und Vorgaben in seinem Interesse umsetzt, müssen ergebnisbezogene Anreizsysteme die Handlungen des Intermediärs im Interesse des Institutionellen sicherstellen.

Ein weiterer entscheidender Faktor ist die Gestaltung des Vergütungssystems. Berücksichtigt man jedoch die Anreizprobleme und die Schwierigkeiten der Bemessungsgrundlage gleichzeitig mit den Zielen Fairneß, Zielkongruenz, Inhaltsbezug und Transparenz eines Vergütungssystems, verdienen alternative Gestaltungen größte Beachtung. Das Korsett eines Vergütungssystems sollte aus einer Basiskomponente sowie einer vermögenswert- und einer ergebnisabhängigen Komponente bestehen. Ziel muß die finanzielle Beteiligung der Immobilien-Management-Gesellschaft an der Entwicklung des Vermögens sein.

Bei dem Entwurf des Verhältnisses zwischen Immobilien-Intermediär und institutionellem Investor steht ein Immobilieninvestitionsberatungs- und Managementverhältnis im Mittelpunkt. Wesentlich ist die Unterlegung des Vertrauensverhältnisses mit Anreizen und Verhaltensroutinen, die den Intermediär in seiner Unabhängigkeit nicht einschränken, aber gleichzeitig dem Investor die Gewißheit geben, daß in seinem Sinne gehandelt wird. Hierzu sollte der Intermediär, unabhängig von der zu betreuenden Vermögensform, an "Eigentümer statt" handeln. Vor dem Hintergrund der enormen Herausforderungen für institutionelle Investoren wurde gezeigt, daß das Management institutioneller Immobilienanlagen mit Hilfe eines Immobilien-Intermediärs grundsätzlich vorteilhaft ist. Günstige Rendite-Risiko-Eigenschaften, wirksamer Inflationsschutz und eine effiziente Diversifikation sind drei wesentliche Gründe, die Immobilienanlage künftig mit Unterstützung eines Immobilien-Inter-mediärs zu einem wichtigen Bestandteil eines institutionellen Portfolios zu machen.

Betrachtet man darüber hinaus die bereits abzusehenden weiteren Veränderungen, wie z.B. die Schaffung des Alters-Sondervermögens, wird die Bedeutung der Immobilienanlage mit Sicherheit weiter zunehmen. Von der Analyse der Immobilienanlagen nicht publizitätspflichtiger institutioneller Investoren über Fragen der Auswirkungen der Immobilienanlagen auf die Kapitalkosten der Institutionellen, stehen die Bedeutung der Immobilienanlagen institutioneller Investoren im Zusammenhang mit dem

Shareholder Value und die weiterhin ungelöste Schwierigkeit des Benchmarking und der Indizes im Mittelpunkt des Interesses. Auch die in dieser Arbeit am Rande behandelte Fragestellung der Übertragbarkeit kapitalmarktorientierter Portefeuille-Modelle bedarf vor dem Hintergrund zukünftiger Entwicklungen einer vertieften Behandlung. Als Fortsetzung der Ergebnisse dieser Arbeit bietet sich darüber hinaus die Gestaltung des Verhältnisses zwischen einzelnen Vermögens-Management-Gesellschaften[719] als Betrachtungsgegenstand zukünftiger Forschungen an.

In der Praxis kann eine zunehmende Sensibilisierung gegenüber den Veränderungen und dem Potential des Immobilien-Managements beobachtet werden. Sowohl die quantitativen als auch die strukturellen Marktveränderungen unterstützen den Bewußtseinswandel und führen bei den Marktteilnehmern vermehrt zur Artikulation der Forderung nach einem Aktiven Immobilien-Management. Mit dem Aufbau von kundenorientierten Leistungssystemen wird die Innen- und Außensicht bei der Wahl der Strategie und der Umsetzung berücksichtigt. Damit wird ein Ansatz geliefert, mit dem institutionelle Investoren ihr eigenes Immobilien-Management restrukturieren können und - dieser Aspekt stand hier im Vordergrund - es Dritten ermöglicht, die Dienstleistung Aktives Immobilien-Management aufzubauen und nachhaltig im Markt erfolgreich zu etablieren.

Zusammenfassend sollte es Ziel, Motivation und Motto für die Zukunft sein, daß der Kauf oder Verkauf einer Immobilie nicht der Abschluß eines Geschäftes, sondern erst der Beginn der eigentlichen geschäftlichen Beziehung ist.[720]

---

719 Hiermit ist die Zusammenarbeit zwischen Immobilien- und Wertpapier-Management-Gesellschaften gemeint, um für den institutionellen Investor ein in der Gesamtheit optimales Anlageergebnis zu sichern.

720 Zitat frei nach Henry Ford.

ANHANG

Die Interview-Thesen

Ausgehend von der Frage, welche Schwierigkeiten in der Praxis im Immobilien-Management institutioneller Investoren bestehen, wurde der folgende Thesenkatalog aufgestellt. Dieser bildete die Grundlage für die strukturierten Experteninterviews sowie für die theoretische und praktische Analyse der Marktstrukturen. Gleichzeitig bilden die Thesen den Ausgangspunkt für die Erarbeitung einer Lösung der beschriebenen Schwierigkeiten:

1. Die Immobilienmärkte sind durch eine zunehmende Internationalisierung und Globalisierung gekennzeichnet.
2. Der Immobilienmarkt in Deutschland ist im Vergleich zu anderen Immobilienmärkten durch hohe Intransparenz geprägt. Auch die einzelnen Teilmärkte und Nutzungsarten sind in ihren Funktionsweisen und Strukturen weitgehend intransparent und heterogen.
3. Die zunehmende Komplexität[721] und die steigende Veränderungsgeschwindigkeit des Marktes erfordern ein verändertes Bewußtsein im Umgang mit der Immobilie.
4. Das Anlageverhalten deutscher Versicherungen und Pensionskassen im Immobilienbereich ist durch Direktinvestitionen und eine sehr zurückhaltende Anlagepolitik geprägt - die indirekte Anlage ist von stark untergeordneter Bedeutung.
5. Versicherungen und Pensionskassen sind mittelfristig gezwungen, ihr Anlageverhalten zu ändern. Die Gründe hierfür liegen im zunehmenden Wettbewerbsdruck z.B. durch internationale Ratings sowie in der Schwierigkeit, zukünftig Leistungsverpflichtungen hauptsächlich aus dem Prämienaufkommen zu decken.
6. Die Immobilienabteilungen gerade kleiner und mittelgroßer Institutioneller haben i.d.R. keine Immobilienfachleute und wollen/können das Know-how / Do-how auch nicht aufbauen.
7. Insbesondere im Vergleich zu angelsächsischen Ländern ist das Vorgehen bei Investitionen bzw. Desinvestitionen weniger aktiv und bisher durch eine mangelnde Auswahl an Handlungsalternativen gekennzeichnet.
8. Steigende Performancesensibilität[722] wird auch im Immobilienanlagebereich zukünftig zu einer dynamischeren Kapitalanlagepolitik führen.

---

721 Mit Komplexität sind an dieser Stelle die Wechselwirkungen von weiter steigenden Anlagesummen, zunehmender Internationalisierung, einem strukturell verkrusteten und konjunkturell in schlechter Verfassung befindlichen Markt sowie hohen Informationsineffizienzen gemeint.

9. Das Poolen von Anlagegeldern würde eine umfassendere Risikostreuung ermöglichen, die den Zielen Sicherheit, Rendite, Liquidität, stärker Rechnung trägt. Economy of Scale-Effekte unterstützen diese Ziele.
10. Die Immobilie wird von den Institutionellen noch nicht als "Aktives Anlagevermögen" verstanden und gestaltet.
11. Das mangelnde Angebot einer umfassenden Dienstleistungspalette rund um die Bestands- und Anlageimmobilien[723] ermöglicht es Institutionellen noch nicht, das Immobilien-Management auszulagern und sich auf ihr zunehmend härter im Wettbewerb stehendes Kerngeschäft zu konzentrieren.
12. Die Dienstleistung Aktives Immobilien-Management kann so gestaltet werden, daß der Rendite-Zugewinn, trotz der unter Umständen in Teilbereichen steigenden Transaktionskosten,[724] für den Investor höher sein wird, als ohne.

---

722 Im Wertpapierbereich wurde diese Entwicklung schon vor Jahren vollzogen.

723 Unter Bestandsimmobilien werden i.d.R. eigengenutzte Immobilien verstanden, wohingegen Anlageimmobilien unter dem reinen Fokus der Kapitalanlage Bestandteil des Immobilien-Portfolios sind.

724 In Teilbereichen steigende Transaktionskosten für den Investor durch: Management-fee, Performance-fee, höhere Anzahl an Portfolio-Umschichtungen, die z.B. Grunderwerbssteuer und Notariatskosten nach sich ziehen.

LITERATURVERZEICHNIS

ADLER, J. (1994):
Specific Client Risk/Reward Dynamics Govern Asset Managers Buy/Sell Decisions, in: National Real Estate Investor, August, 1994, S. 68 - 76.

ADRIAN, W. (1989):
Strategische Unternehmensführung und Informationssystemgestaltung auf der Grundlage kritischer Erfolgsfaktoren, Bergisch Gladbach, Köln, 1989.

AHLANDER, K. (1990):
Aspects of Modern Treasury Management - Organization and external financial activities in Swedish MNCs, Stockholm, Institute of International Business, 1990.

AKERLOF, G.A. (1970):
The Market of Lemmons: Quality Uncertainty and the Market Mechanism, in: Quarterly Journal of Economics, Jg. 84, 1970, 488 - 500.

ALBACH, H. (1988):
Kosten, Transaktionen und externe Effekte im betrieblichen Rechnungswesen, in: ZfB, Jg. 58, H. 11, 1988, S. 1143 - 1170.

ALBISETTI, E., ET AL. (1990):
Bankgeschäfte, 4. Auflage, Verlag des schweizerischen Kaufmännischen Verbandes, Zürich, 1990.

ALDRICH; EASTMAN; WALTCH (1991):
Why Real Estate? An Empirical Examination of Commercial Real Estate Investment, Boston, 1991.

ALLEN, F. (1984):
Reputation and product quality, in: Rand Journal of Economics, 15. Jg., 1984, S. 311 - 327.

AMMANN, D. (1996):
Immobilien: eine strategische Anlagekategorie für Pensionskassen?, Vortragsunterlagen des Seminars "Immobilien - Anlageobjekte zwischen Markt und Politik" der Weiterbildungsstufe an der Universität St. Gallen (HSG), 24. April 1996, Zürich.

ANDERSON, M.; HOESLI, M.E. (1991):
The Performance of the Major Swiss Real Estate Mutual Funds, 1978 - 1989, in: Finanzmarkt und Portfolio-Management, 5. Jg., 1991, H. 1, S. 39 - 52.

ANGERMAYER, B. (1996):
Investmentfonds als Instrument der Kapitalanlagepolitik von Versicherungsunternehmen, in: Versicherungswirtschaft, H. 11, 1996, S. 683 - 689.

ANDREWS, K.R.; ET AL. (1965):
Business Policy: Text and Cases, Homewood, 1965.

ANSOFF, I. (1965):
Corporate Strategy: An Analytical Approach to Business Policy for Growth and Expansion, New York, 1965.

ANSOFF, I. (1987):
Corporate Strategy, New York, et al., 1987.

ARON, D. (1992):
Going pan-European bit by bit, in: Institutional Investor, Oktober 1992, New York, 1992, S. 73 - 78.

ARROW, K.J. (1969):
The Organization of Economic Activity. Issues Pertinent to the Choice of Market versus Nonmarket Allocation, in: US Government Printing Office (Hrsg.): The Analysis and Evaluation of Public Expenditure: The PPB System, Joint Economic Committee1, 91st Congress, Washington D.C., 1969, S. 47 - 64.

ARROW, K.J. (1985):
The Economies of Agency, in: Pratt, J.W.; Zeckhauser, R.J. (Hrsg.): Principals and Agents: The Structure of Business, Boston/MA, 1985, S. 37 - 51.

APPRAISAL INSTITUTE (1992):
The Appraisal of Real Estate, 10. Auflage, Chicago, 1992.

AVIS, M.; ET AL. (1993):
Property Management Performance Monitoring, Oxford, 1993.

BACKHAUS, K.; VOETH, M. (1995):
Strategische Allianzen - Herausforderungen neuer Kooperationsformen, in: Wagner, H.; Jäger, W. (Hrsg.): Stabilität und Effizienz hybrider Organisationsformen, Kooperations- und Genossenschaftliche Beiträge Band 36, Institut für Genossenschaftswesen der Universität Münster, Münster, 1995, S. 63 - 83.

BADER, H. (1996):
Private Equity als Anlagekategorie - Theorie, Praxis und Portfoliomanagement für institutionelle Investoren -, Bern, Stuttgart, Wien, 1996.

BANKHAUS ELLWANGER & GEIGER (1998):
Nachfrage nach Immobilien zieht an, in: FAZ, Nr. 128, 05. Juni 1998, S. 15.

BARBER, C.; ROBERTSON, D.; SCOTT, A. (1997):
Property and Inflation: The Hedging Characteristics of U.K. Commercial Property, 1967-1994, in: Journal of Real Estate Finance and Economics, Vol. 15, No. 1, 1997, S. 59 - 76.

BARNEY, J.B. (1986):
Organizational Culture: Can it be a source of sustained competitive advantange?, in: Academy of Management Review, Jg. 11, 1986, Heft 3, S. 656 - 665.

BARTH, D.; HUPPENBAUER, J. (1995A):
Die Liberalisierung der Versicherungsmärkte in der Welthandelsorganisation (I), in: Versicherungswirtschaft, H. 22, 1995, S. 1550 - 1554.

BARTH, D.; HUPPENBAUER, J. (1995B):
Die Liberalisierung der Versicherungsmärkte in der Welthandelsorganisation (II), in: Versicherungswirtschaft, H. 23, 1995, S. 1628 - 1631.

BAUMBERGER, J. (1996):
Die Mechanik des Immobilienmarktes: Preise und Volumen, Vortragsunterlagen des Seminars "Immobilien - Anlageobjekte zwischen Markt und Politik" der Weiterbildungsstufe an der Universität St. Gallen (HSG), 24. April 1996, Zürich.

BAUR, J. (1985):
Die offenen Immobilien-Spezialfonds, in: Kromschröder, B.; Steiner, J. (Hrsg.): Spezialfonds zur Vermögenssicherung und Vermögensmehrung für institutionelle Anleger, Referate zum Unternehmerseminar 17. - 19. April 1985, Passau, 1985, S. 68 - 107.

BAUR, C. (1990):
Make-or-buy-Entscheidungen in einem Unternehmen der Automobilindustrie, München, 1990.

BECKER, F. (1997):
Value Based Management in Versicherungen, Vortrag anläßlich der Handelsblatt-Konferenz „Kapitalanlagen in Versicherungen“, 15./16.09.1997, Bad Homburg.

BEEKER, R.; FOPP, L. (1997):
Die zukünftigen Prioritäten für Versicherungsvorstände, in: Versicherungswirtschaft, H. 1, 1997, S. 14 - 21.

BEHM, M.S. (1993):
Maximizing Investment Returns While Minimizing Risks, in: Developments, April-May, 1993, S. 44 - 47.

BELZ, C. (1991):
Suchfelder im Marketing, Schrift zum 50jährigen Jubiläum der GfM Schweizerischen Gesellschaft für Marketing, FfM-Dok No. 151, 1991.

BELZ, C. (1995):
Dynamische Segmentierung, Thexis Fachbericht für Marketing, Nr. 2, Thexis Verlag, St. Gallen, 1995.

BELZ, C. (1996A):
Teil III: Konzepte und Innovationen im Verkauf, in: Thexis - Fachbuch für Marketing: Verkaufkompetenz, Forschungsinstitut für Absatz und Handel an der Universität St. Gallen, Verlag Thexis St. Gallen, 1996, S. 45 - 92.

BELZ, C. (1996B):
Teil III: Kunden- und Leistungsselektion, in: Thexis - Fachbuch für Marketing: Verkaufkompetenz, Forschungsinstitut für Absatz und Handel an der Universität St. Gallen, Verlag Thexis St. Gallen, 1996, S. 93 - 131.

BELZ, C. (1997A):
Erfolgreiche Leistungssysteme in der Industrie, in: Belz, et al. (Hrsg.): Industrie als Dienstleister, St. Gallen, 1997, S. 14 - 109.

BELZ, C. (1997B):
Management von persönlichen Geschäftsbeziehungen, in: Belz, C. (Hrsg.): Leistungs- und Kundensysteme, St. Gallen, 1997, S. 120 - 130.

BELZ, C.; ET AL. (1998):
Management von Geschäftsbeziehungen, St. Gallen, Wien, 1998.

BELZ, C. TOMCZAK, T. (1992):
Leistungssysteme für technische Produkte und Investitionsgüter, Berichte und Materialien des Forschungsinstituts für Absatz und Handel, Nr. 2, St. Gallen, 1992.

BENKE, H. (1995):
Das Kostenproblem in der Vermögensanlage - Plädoyer für einen passiven Managementstil, in: Versicherungswirtschaft, H. 11, 1995, S. 716 - 719.

BENÖLKEN, H.; HONSEL, J. (1991):
Kapitalanlagen-Management und Kapitalanlagen-Controlling, in: Versicherungswirtschaft, 46. Jg., 1991, S. 352 - 363.

BENÖLKEN, H.; GREIPEL, P. (1994):
Dienstleistungs-Management - Service als strategischer Erfolgsfaktor, Wiesbaden, 1994.

BENSTON, G.J.; SMITH JR., C.W. (1976):
A Transaction Cost Approach to the Theory of Financial Intermediation, in: Journal of Finance, Jg. 33, S. 215 - 231.

BERGSMAN, S. (1993):
Changes in Corporate Philosophy Dictate New Directions for Their Real Estate Departement, in: NREI, Vol. 35, H. 3, March 1993, S. 28 - 36.

BETZ, A.; SCHENK, P. (1996):
Rentabilität von Immobilien-Kapitalanlagen in der Versicherungswirtschaft: Keine Klarheit durch die Verbandformel, in: Versicherungswirtschaft, H. 21, 1996, S. 1480 - 1483.

BIERMANN, T. (1997):
Dienstleister müssen besser werden, in: HARVARD BUSINESSmanager, Nr. 2, 1997, S. 85 - 94.

BINDER, V.; KANTOWSKY, J. (1995):
Potentialorientiertes Management - Eine Standortbestimmung, Diskussionsbeiträge Institut für Betriebswirtschaft, Universität St. Gallen, 1995.

BINDER, V.; KANTOWSKY, J. (1996):
Technologiepotentiale, DeutscherUniversitätsVerlag, Wiesbaden, 1996.

BISCHOFF, H.-A. (1991):
Pensionskassen, in: Handbuch der betrieblichen Altersversorgung - Band I Grundlagen und Praxis, ABA - Arbeitsgemeinschaft für betriebliche Altersversorgung e. V. (Hrsg); 7. Auflage, Wiesbaden, 1991.

BITZ, M. (1989):
Erscheinungsformen und Funktionen von Finanzintermediären, in: WiSt, H. 10, 1989, S. 430 - 436.

BLEICHER, K. (1992):
Das Konzept integriertes Management, 2. rev. und erw. Auflage, Frankfurt, New York, 1992.

BLEICHER, K. (1997):
Integriertes Management - Ein visionäres Konzept, in: Thexis, Nr. 4, 1997, S. 7 - 10.

BLUM, C.A. (1997):
Integration nicht-traditioneller Asset Classes in die Vermögensverwaltung von High Net Worth Individuals, Bern, Stuttgart, Wien, 1997.

BÖSSMMANN, E. (1983):
Unternehmungen, Märkte, Transaktionskosten: Die Koordination ökonomischer Aktivitäten, in: WiSt, Jg. 12, Nr. 3, 1983, S. 105 - 111.

BOHN, A. (1993):
Differenzierungsstrategien, Münchener Schriften zur angewandten Führungslehre, Herrsching, 1993.

BONE-WINKEL, S. (1994):
Das strategische Management von offenen Immobilienfonds, Köln, 1994.

BONE-WINKEL, S. (1995A):
Grundlagen des Immobilien-Investments, Vortrag bei Bernd Heuer Communication und ebs Immobilienakademie GmbH, 1995.

BONE-WINKEL, S. (1995B):
Ansatzpunkte für eine strategische Bewertung von Immobilienbeständen, in: Der Langfristige Kredit, Heft 3, 1995, S. 68 - 72.

BONE-WINKEL, S. (1996):
Immobilienanlageprodukte in Deutschland, in: Die Bank, H. 11, 1996, S. 670 - 677.

BONUS, H. (1997):
Die Langsamkeit von Spielregeln, in: Backhaus, K.; Bonus, H. (Hrsg.): Die Beschleunigungsfalle oder der Triumph der Langsamkeit, 2. erw. Auflage, 1997.

BOOTH, P.M. (1997):
Property forecasting modelling and asset management, in: Journal of Property Finance, Vol 8, No. 4, 1997, S. 303 - 316.

BORN, A. (1992):
Organisation der Beratungsunternehmung, in: Frese, E. (Hrsg.): Handwörterbuch der Organsiation, 3. völlig neu gestaltete Aufl., Stuttgart, 1992, Sp. 329 - 340.

BOYNTON, A.C.; ZMUD, R.W. (1984):
An Assessment of Critical Success Factors, in: Sloan Management Review, Summer 1984, S. 17 - 27.

BRAND, D. (1990):
Der Transaktionskostenansatz in der betriebswirtschaftlichen Organisationstheorie: Stand und Weiterentwicklung der theoretischen Diskussion sowie Ansätze zur Messung des Einflusses kognitiver und motivationaler Persönlichkeitsmerkmale auf das transaktionskostenrelevante Informationsverhalten, Dissertation Universität Paderborn, Frankfurt a.M. u.a., 1990.

BREID, V. (1995)
Aussagefähigkeit agencytheoretischer Ansätze im Hinblick auf die Verhaltenssteuerung von Entscheidungsträgern, in: zfbf, Jg. 47, H. 9, 1995, S. 821 - 853.

BREUER, W. (1993):
Finanzintermediation im Kapitalmarktgleichgewicht, Wiesbaden, 1993.

BRINKMANN, TH. (1991):
Die demographische Entwicklung in Deutschland und ihre Konsequenzen für die Versicherungswirtschaft, Münsteraner Reihe Heft 7, Karlsruhe, 1991.

BRITTINGER, T. (1992):
Betriebswirtschaftliche Aspekte des Industriebaus: Eine Analyse der baulichen Gestaltung industrieller Fertigungsstätten, Dissertation, Berlin, 1992.

BOHN, A. (1993):
Differenzierungsstrategien - Kritische Würdigung eines zentralen Konzeptes der strategischen Unternhemensführung, München, 1993.

BRÖSSE, U. (1995):
Mikroökonomische Grundlagen der Preistheorie, 4. überarbeitete Auflage, Aachen, 1995.

BROWN, R.K. ET AL. (1993):
Managing Corporate Real Estate, USA, 1993.

BRUCE, B. R. (1991):
Real Estate Portfolio Management, analysis & evaluation for fund managers, sponsors and consultants, Chicago, 1991.

BRUEGGEMANN, W.B.; CHEN, A.H.; THIBODEAU, T.G. (1984):
Real Estate Investment Funds: Performance and Portfolio Considerations, in: AREUEA Journal, Fall 1984, S. 333 - 354.

BRUNS, W.; EPLEY, D. (1982):
Performance of Portfolios of Reit´s and Stock´s, in: Journal of Portfolio Management, Spring 1982, S. 37 - 42.

BRUNS, C.; MEYER-BULLERDIEK, F. (1996):
Professionelles Portfolio-Management, Stuttgart, 1996.

BÜSCHGEN, H.E. (1982):
Stichwörter zum Bank-Marketing, 1. Ergänzungslieferung, Frankfurt a.M, 1982.

BÜSCHGEN, H.E. (1983):
Strategische Planung im marktorientierten Bankbetrieb, in: Die Bank, Nr. 6, 1983, S. 260 - 271.

BUCHHOLZ, W.; OLEMOTZ, T. (1995):
Markt- vs Ressourcenorientierter Ansatz - Konkurrierende oder komplementäre Konzepte im Strategischen Management?, Arbeitspapier der Justus-Liebig-Universität Giessen, Fachbereich Wirtschaftswissenschaften, Giessen, 1995.

BUNDESAUFSICHTSAMT FÜR DAS VERSICHERUNGSWESEN (1995A):
Verordnung über die Rechnungslegung von Versicherungsunternehmen, in: VerBAV, 1/1995.

BUNDESAUFSICHTSAMT FÜR DAS VERSICHERUNGSWESEN (1995B):
Geschäftsbericht Teil B, Karlsruhe, 1995.

BUNDESMINISTERIUM DER FINANZEN (1997):
Drittes Finanzmarktförderungsgesetz, in der Fassung vom 19. November 1997.

BYRNE, P.; LEE, ST. (1995):
Is there a place for property in the multi-asset portfolio?, in: Journal of Property Finance, Vol. 6, No. 3, 1995, S. 60 - 83.

CHANDLER, A.D. (1962):
Strategy and Structure: Chapters in the History of the Industrial Enterprise, Cambridge, 1962.

CHORAFAS, D.N. (1989):
Bank, Profitability, London, 1989

CHRISTOPHER, M. (1996):
The New Structure of Real Estate Services, in: Professional Report, Winter, 1996, S. 8 - 10.

CLARKE, R. (1997):
Synthetische Immobilien, in: FAZ, 18. April 1997, S. 45.

COASE, R.H. (1937):
The nature of the firm, in: Economica N.S., Nr. 4, 1937, S. 386 - 405.

COASE, R.H. (1987):
The nature of the firm, in: Putterman, L.G. (Hrsg.): The economic nature of the firm, USA, 1987, S. 72 - 85.

COASE, R.H. (1992):
The Institutional Structure of Production, in: The American Economic Review, No. 9, 1992, S. 713 - 719.

COLLIS, D.J. (1991):
A Resourced-Based Analysis of Global Competition: The Case of the Bearings Industry, in: Srategic Management Journal, Heft 2, 1991, S. 49 - 68.

COLLIS, D.J. (1994):
Research Note: How Valuable are Organizational Capabilities?, in: Strategic Management Journal, Vol. 15, 1994, S. 143 - 152.

COLLIS, D.J.; MONTGOMERY, C.A. (1995):
Competing on resources: Strategy in the 1990s, in: Harvard Business Review, Jg. 73, July-August, 1995, S. 118 - 128

COMMONS, J.R. (1931):
Institutional Economics, in: American Economic Review, Jg. 21, 1931, S. 648 - 657.

COPELAND, T.E.; WESTON, J.F. (1988):
Financial Theory and Corporate Policy, 3rd. Edition, Reading / MA., 1988.

CRAMER, J.-E. (1995):
Anforderungen an eine professionelle Anlageberatung und Vermögensverwaltung, in: Cramer, J.-E.; Rudolph, B. (Hrsg.): Handbuch für Anlagebratung und Vermögensverwaltung, Frankfurt, 1995, S. 3 - 24.

CUBE, F. VON (1990):
Gefährliche Sicherheit, München, 1990.

DAHLMANN, C.J. (1979):
The Problem of Externality, in: Journal of Law and Economics, Jg. 22, No. 2, 1979, S. 141 - 162.

DANIEL, J.R. (1961):
Management Information Crisis, in: Harvard Business Review, Jg. 21, Nr. 5, 1961, S. 111 - 121.

DARBY, M.; KARNI, E. (1973):
Free Competition and the Optimal Account of Fraud, in: Journal of Law and Economics, 16. Jg., 1973, S. 67 - 88.

D´ARCY, E.A.; KEOGH, G. (1996):
Property market analysis: an institutional approach, Paper presented at the Third Conference of the European Real Estate Society, 26 - 28 June, Belfast, 1996.

DAVANZO, L.E.; NESBITT, S.L. (1987):
Performance Fees for Investment Management, in: Financial Analyst Journal, No. 1, January-February, 1987, S. 14 - 20.

DAVENPORT, D.A. (1990):
The Equity Manager Search - Strategies and Techniques for Plan Sponsors, Westport/Conneticut, 1990.

DAVIDOW, W. (1991):
Service total, Frankfurt, 1991.

DAVIDSON, H.A.; PALMER, J.E. (1978):
A Comparison of the Investment Performance of Common Stocks, Homebuilding Firms, and Equity REITS, in: The Real Estate Appraiser, July/August 1978, S. 35 - 39.

DAVIS, E.P. (1994):
Pensionskassen, Altersversorgung und die internationalen Finanzsysteme, in: Sparkasse, Jg. 111, H. 4, 1994, S. 157 - 165.

DECOSTER, D. (1993):
Consider Real Estate an Asset, in: Expansion Management, Atlas & Guide, 1993, S. 20, 24.

DEMSETZ, H. (1988):
The Theory of the Firm Revisited, in: Journal of Law, Economics and Organization, No. 4, 1988, S. 141 - 161.

DE TAURINES, C.; VRENSEN, H. (1996):
Das Engagement ist breiter, als auf den ersten Blick erkennbar, in: Handelsblatt, Nr. 206, 24.10.1996, S. B 12.

DEUTSCHE BUNDESBANK, (1970):
Monatsberichte der Deutschen Bundesbank, Heft 8, Frankfurt, 1970.

DEUTSCHE BUNDESBANK, (1989):
Monatsberichte der Deutschen Bundesbank, Der Wertpapierbesitz in der Bundesrepublik im Lichte der Depotstatistik, Frankfurt, Mai 1989, S. 21 - 28.

DEUTSCHE BUNDESBANK, (1996):
Kapitalmarktstatistik, Statistisches Beiheft zum Monatsbericht 2, Frankfurt, März, 1996.

DEUTSCHE BUNDESBANK, (1998A):
Kapitalmarktstatistik, Statistisches Beiheft zum Monatsbericht 2, Frankfurt, März 1998.

DEUTSCHE BUNDESBANK (1998B):
Institutionelle Anleger profitieren von der Währungsunion, in: Blick durch die Wirtschaft, 21.04.1998, S. 1.

DEUTSCHE GRUNDBESITZ MANAGEMENT, JONES LANG WOOTTON, (1997):
Immobilienmärkte: London - Paris - Frankfurt am Main im Vergleich, in: FAZ, 21.11.1997, S. 50.

DE WIT, D.P.M. (1996):
Real Estate Portfolio Management Practice of Pensions Funds and Insurance Companies in the Netherlands: A Survey, in: The Journal of Real Estate Research, Vol. 11, Nr. 2, 1996, S. 131 - 148.

DILLER, H. (1994):
State of the Art: Beziehungsmanagement, Arbeitspapier Nr. 31 des Lehrstuhls für Marketing an der Universität Erlangen Nürnberg, 1994.

DRESSE, S. (1997):
Prozessorientierte Unternehmensentwicklung - Von der Strategie zur prozessorientierten Restrukturierung, Bamberg, 1997.

DRETSKE, F. (1981):
Knowledge and the Flow of Information, Cambridge, 1981.

DTZ ZADELHOFF (1996)
Asset Management für Immobilien, in: Der Langfristige Kredit, H. 13, 1996, S. 409.

EAGER, D.L.; CUMMINGS EAGER, C. (1987):
Due Diligence and the perfect Money Manager, in: Trillion, Vol. 1, No. 2, Juni 1987, S. 17 ff.

EHRMANN, TH. (1989):
Transkationskostenökonomie, Märkte und Institutionen - Überlegungen und Anwendungsbeispiele, in: Zeitschrift für Wirtschaftspolitik, H. 2, Jg. 38, 1989, S. 23 - 43.

EICHHOLTZ, P.M.A.; HOESLI, M. (1995):
Real Estate portfolio diversification by property type and region, in: Journal of Property Finance, Vol. 6, No. 3, 1995, S. 39 - 59.

EICHHOLTZ, P.M.A. (1997):
How To Invest Internationally? Region And Property Type On A Global Scale, in: Real Estate Finance, Vol. 14, No. 3, Fall 1997, S. 51 - 56.

EISENRING, T. (1997):
Konzentration oder Diversifizierung in der Bauwerkerhaltungsbranche?, in: Belz, C. (Hrsg.): Industrie als Dienstleister, St. Gallen, 1997, S. 200 - 209.

ELBLING, O.; KREUZER, CHR. (1994):
Handbuch der strategischen Instrumente, Wien, 1994.

ELLIS, CH.D. (1985):
Investment Policy - How to win the Loser´s Game, Illinois, 1985.

ELSCHEN, R. (1991):
Gegenstand und Anwendungsmöglichkeiten der Agency-Theorie, in: Zfbf, 43. Jg, 1991, H. 11, S. 1002 - 1012.

ELSNER, W. (1987):
Institutionen und ökonomische Institutionentheorie, in: WiSt, H. 1, 1987, S. 5 - 14.

ELTON, E.; GRUBER, M. (1987):
Modern Portfolio Theory and Investment Analysis, 3. Auflage, New York, 1987.

ETTER, W.E. (1993):
Asset Management Essentials, in: Real Estate Center Journal, April, 1993, S. 11 - 12.

EVANS, M. (1994):
The Impact of Real Estate Decisions on Profitability, in: Site Selection Europe, Vol. 39, No. 3, March 1994, S. 28 - 30.

FARNY, D. (1976):
Versicherung, in: Grochla, E.; Wittmann, W. (Hrsg.): Handwörterbuch der Betriebswirtschaftslehre, 4. völlig neu gestaltete Aufl., Stuttgart, 1976, Sp. 4214 - 4226.

FARNY, D. (1989):
Versicherungsbetriebslehre, Karlsruhe, 1989.

FINK, W. (1996):
Portfolio-Management von Immobilien, Vortrag anläßlich eines Kongresses des Management-Forum Starnberg, 13. / 14. November in Frankfurt/Main, 1996.

FINK, W. (1998):
Gewerbeimmobilien bei institutionellen Anlegern - quo vadis?, Vortrag anläßlich der 5. Handelsblatt Jahrestagung für die Immobilienwirtschaft 1998, 15. September 1998, Bonn, 1998.

FIRSTENBERG, P. M.; ROSS, S. A.; ZISLER, R. C. (1987):
Real Estate: The whole story, in: Journal of Portfolio-Management, 14. Jg., H. 3, 1987, S. 22 - 34.

FISCHER, M. (1993):
Make-or-Buy-Entscheidungen im Marketing: Neue Institutionenlehre und Distributionspolitik, Dissertation Universität Frankfurt, Wiesbaden, 1993.

FISCHER, M. (1994A):
Die Theorie der Transaktionskosten, in: WiSt, H. 11, 1994, S. 582 - 584.

FISCHER, M. (1994B):
Make-or-Buy der Distributionsleistung, in: BFuP, H. 4, 1994, S. 291 - 315.

FITZPATRICK, B. (1994):
Rothe, Shibuya See Property Management, Asset Management, Brokerage Overlap, in: Commercial Property News, October 1, 1994, S. 14 - 18.

FLÖßER, K.-P. (1989):
Portfolio-Selektionstheorie und Kapitalanlage institutioneller Anleger in Immobilien -Grundsätzliche Anmerkungen zur Übertragbarkeit theoretischer Ansätze-, in: Jokisch, J.; Raettig, L.; Ringle, G. (Hrsg.): Finanz-, Bank- und Kooperationsmanagement, Festschrift zum 65. Geburtstag von Helmut Lipfert, Frankfurt a.M., 1989, S. 299 - 321.

FOGLER, H.R. (1984):
20% in Real Estate: Can Theory Justify it?, in: Journal of Portfolio Management, Winter 1984, S. 6 - 13.

FREILING, J. (1995):
Die Abhängigkeit der Zulieferer, Wiesbaden, 1995.

FRITZ, W. (1992):
Marktorientierte Unternehmensführung und Unternehmenserfolg: Grundlagen und Ergebnisse einer empirischen Untersuchung, Stuttgart, 1992.

FUNK, B. (1998):
Renditen für Renten, in: Immobilien Manager, H. 4, 1998, S. 26 - 28.

GABLER (1992):
Gabler Wirtschaftlexikon, 13. vollständig überarbeitete Auflage, Wiesbaden, 1992.

GÄLWEILER, A. (1986):
Unternehmensplanung: Grundlagen und Praxis, Frankfurt/Main, New York, 1986.

GÄLWEILER, A. (1987):
Strategische Unternehmensführung, Frankfurt/Main, New York, 1987.

GAHN, R. (1994):
Delegiertes Portfolio Management deutscher institutioneller Anleger aus dem Nichtbanken-Bereich, Dissertation an der Ludwig-Maximilians-Universität, München, 1994.

GAU, G.W. (1987):
Efficient Real Estate Marktes: Paradox or Paradigm?, in: AREUEA Journal, Vol. 15, No. 2, 1987, S. 1 - 12.

GEHRIG, B. (1995):
Qualitätsmanagement im Private Banking, in: Gehrig, B. (Hrsg.): Private Banking, Zürich, 1995, S. 13 - 27.

GERHARDT, T.; NIPPA, M.; PICOT, A. (1992):
Die Optimierung der Leistungstiefe, in: Harvard manager, 14. Jg., H. 3, 1992, S. 136 - 142.

GERLACH, H., ET AL. (1988):
Die Gewerbeimmobilie als Kapitalanlage, Freiburg i. Br., 1988.

GESAMTVERBAND DER DEUTSCHEN VERSICHERUNGSWIRTSCHAFT E.V. (GDV) (1996):
Jahrbuch 1996 - Die deutsche Versicherungswirtschaft, Karlsruhe, 1996.

GESAMTVERBAND DER DEUTSCHEN VERSICHERUNGSWIRTSCHAFT E.V. (GDV) (1997):
Jahrbuch 1997 - Die deutsche Versicherungswirtschaft, Karlsruhe, 1997.

GIBSON, V. (1994):
Strategic Property Management, in: Property Management, Vol. 12, H. 3, 1994, S. 9 - 14.

GLAESER, E. L., KALLAL, H.D. (1997):
Thin Markets, Asymmetric Information, and Mortgage-Backed Securities, in: Journal of Financial Intermediation, H. 6, 1997, S. 64 - 86.

GNAND, A.; OBERER, U. (1995):
Transparenz als kritischer Erfolgsfaktor im Fondsgeschäft, in: Invest Anlagefonds 1995, Magazin der Finanz und Wirtschaft, Zürich, April 1995, S. 19 ff.

GNOS, P. (1995):
Immobilien-Strategien schweizerischer Versicherungsgesellschaften, in: Pensimo AG (Hrsg.): Immobilienanlagen institutioneller Investoren in der Zukunft - Fakten, Trends, Perspektiven, Festschrift zum 70. Geburtstag von Dr. Roland Schlatter, Zürich, 1995, S. 51 - 70.

GOETZMANN, W.N.; IBBOTSON, R.G. (1990):
The Performance Of Real Estate As An Asset Class, in: Journal of Applied Corporate Finance, Vol. 3, No. 1, Spring 1990, S. 65 - 76.

GOLEMAN, D. (1996):
Emotionale Intelligenz, München, 1996.

GOMEZ, P. (1993):
Neue Trends in der Konzernorganisation, in: Zeitschrift für Führung und Organisation, H. 3, 1993, S. 166 - 172.

GRAF, V. H. (1986):
Strukturen und Präferenzen der Anleger im Wandel, in: Schuster, L. (Hrsg.): Entwicklungstendenzen im Vermögensverwaltungs- und Kapitalmarktgeschäft, Beiträge zur Bankbetriebslehre aus dem Institut für Bankwirtschaft an der Hochschule St. Gallen, Band 10, St. Gallen, Juli 1986, S. 63 - 85.

GRAFF, R.A.; WEBB, J.R. (1997):
Agency Costs and Inefficiency in Commercial Real Estate, in: Journal of Real Estate Portfolio Management, Vol. 3, No. 1, 1997, S. 19 - 36

GRANT, R.M. (1991):
The Resource-Based Theory of Competitive Advantange: Implications for Strategy Formulation, in: California Management Review, Vol. 33, No. 3, Spring 1991, S. 114 - 135.

GRAASKAMP, J.A. (1991):
Fundamentals of Real Estate Development, in: Jarchow, S.P. (Hrsg.): Graaskamp on Real Estate, Washington D.C., 1991, S. 228 - 265.

GROOS, S.-A. (1997):
Integriertes Zielkostenmanagement, Scheßlitz, 1997.

GOACHER, D. J., ET AL. (1987):
British Non-Bank Financial Intermediaries, London, 1987.

GOP, R. (1995):
Fehleinschätzungen, in: Immobilien-Manager, H. 12, 1995, S. 14 - 18.

GOP, R. (1996):
Strukturwandel, in: Immobilien Manager, H. 11, 1996, S. 20 - 25.

GRAFF, R.A.; WEBB, J.R. (1997):
Agency Costs and Inefficiency in Commercial Real Estate, in: Journal of Real Estate Portfolio Management, Vol. 3, No.1, 1997, S. 19 - 36.

GRINOLD, R.; RUDD, A. (1987):
Incentive Fees: Who Wins? Who Loses?, in: Financial Analyst Journal, No 1, January-February, 1987, S. 27 - 38.

GROSSE-OETRINGHAUS, W.F. (1994):
Value Marketing - Steigerung des Geschäftserfolges durch Erhöhung von Kundenwerten, in: Belz, C.; Tomczak, T. (Hrsg.): Kundennähe realisieren: Ideen-Konzepte-Methoden-Erfahrungen, Fachbuch Marketing, St. Gallen, 1994, S. 55 - 79.

HAEDRICH, G.; TOMCZAK, T. (1996):
Produktpolitik, Stuttgart, 1996.

HAHN, D. (1990):
Zweck und Entwicklung der Portfolio-Konzepte in der strategischen Unternehmensplanung, in: Hahn, D.; Taylor, B. (Hrsg.): Strategische Unternehmensplanung - Stand und Entwicklungstendenzen, 5. Aufl., Heidelberg, 1990, S. 221 - 253.

HAMER, J.M. (1993):
Effektive Liegenschaftsverwaltung, in: Harden, H.; Kahlen, H. (Hrsg.): Planen, Bauen, Nutzen und Instandhalten von Bauten, Stuttgart, Berlin, Köln, 1993, S. 29 - 36.

HARRELL, C. (1998):
Virtueller Verbund - Organisationsform der Zukunft, in: Office Management, Nr. 5, 1998, S. 12 - 13.

HAX, H.; HARTMANN-WENDELS, T.; V. HINTEN, P. (1988):
Moderne Entwicklung der Finanzierungstheorie, in: Christians, F. W. (Hrsg.): Finanzierungshandbuch, 2. Aufl., Wiesbaden, 1988, S. 689 - 713.

HAX, A.C.; MAJLUF, N.S. (1988):
Strategisches Management, Frankfurt, New York, 1988.

HARTMANN-WENDELS, T. (1989):
Principal-Agent-Theorie und asymmetrische Informationsverteilung, in: ZfB, 59. Jg., 1989, S. 714 - 734.

HAYEK, F.A. (1968):
Wettbewerb als Entdeckungsverfahren, in: Schmidt, E. (Hrsg.): Kieler Vorträge, Neue Folge 56, Kiel, 1968.

HEIN, O.-C. (1991):
Pensionsfonds-Management in den USA unter dem Einfluß der Globalisierung von Wertpapieranlagen, Kiel, 1991.

HEINEN, E. (1976):
Grundlagen betriebswirtschaftlicher Entscheidungen. Das Zielsystem der Unternehmung, 3. Auflage, Wiesbaden, 1976.

HELLWIG, M. (1990):
Banking, Financial Intermediation and Corporate Finance, Wirtschaftswissenschaftliches Zentrum der Universität Basel, Basel, Oktober 1990.

HENNART, J.-F. (1993):
Explaining the Swollen Middle: Why must Transactions are a Mix of "Market" and "Hierarchie", in: Organization Science, Jg. 4, No. 4, 1993, S. 529 - 547.

HENZLER, H. (1988):
Von der strategischen Planung zur strategischen Führung, in: ZfB, Nr. 12, 1988, S. 1286 - 1306.

HILL, W.; ULRICH, H. (1979):
Wissenschaftstheoretische Aspekte ausgewählter betriebswirtschaftlicher Konzeptionen, in: Raffée, H.; Abel, B. (Hrsg.): Wissenschaftstheoretische Grundlagen der Wirtschaftswissenschaften, München, 1979, S. 161 - 190.

HILL, W.; ET AL. (1995):
Dienstleistungsunternehmen im internationalen Wettbewerb, Bern, et al., 1995.

HILLEMANNS, R.M. (1995):
Kritische Erfolgsfaktoren der Unternehmensberatung, Bamberg, 1995.

HINSCHE, S.D. (1994):
Immobilienservice - als Angebotserweiterung in der Immobilienwirtschaft, Reihe: Schriften des Instituts für Wohnungsrecht und Wohnungswirtschaft an der Universität zu Köln, Band 54, Bergisch Gladbach, Köln, 1994.

HOCH, D.J. (1997):
Wettbewerbsvorteile durch Information, in: Picot, A. (Hrsg.): Information als Wettbewerbsfaktor, Stuttgart, 1997, S. 7 - 35.

HOCKMANN, H.J. (1993);
Die Entscheidung institutioneller Anleger zwischen internem und externem Portfolio Management, in: Boening, D.; Hockmann, H. (Hrsg.): Bank- und Finanzmanagement, Wiesbaden, 1993, S. 303 - 321.

HOCKMANN, H.J. (1995):
Trends im institutionellen Portfolio Management, in: Zeitschrift für das gesamte Kreditwesen, Jg. 15, 1995, S. 768 - 774.

HOESLI, M. (1993):
Investissement immobilier et diversification de portefeuille, Paris, 1993.

HOESLI, M. (1995):
Solide Rendite, tiefes Risiko und langfristig Inflationsschutz, in: INVEST, Magazin der Finanz & Wirtschaft, 1995, S. 52 - 53.

HOESLI, M. (1996):
Mit Immobilienanlagen läßt sich das Risiko senken, in: Berner Zeitung - Finanzplatz, H. 4, 1996, S. 54 - 55.

HOFFMANN, F. (1986):
Kritische Erfolgsfaktoren - Erfahrungen in großen und mittelständischen Unternehmungen, Zeitschrift für betriebswirtschaftliche Forschung, Jg. 38, 1986, S. 831 - 843.

HOLST, J. (1994):
Erfolgsstrategien für professionelle Services - Ansätze zur Steigerung der Serviceintensität, in: Corsten, H.; Hilke, W. (Hrsg.): Dienstleistungsproduktion, Schriften zur Unternehmensführung, Wiesbaden, 1994, S. 103 - 129.

HOPT, K. J. (1975):
Der Kapitalanlegerschutz im Recht der Banken, München, 1975.

HOROWITZ, J. (1989):
Service entscheidet, Frankfurt, New York, 1989.

IAZI (1997):
Methodik der Immobilienbewertung und erste Resultate der hedonistischen Methode, Vortrag des IAZI - Informations- und Ausbildungszentrum für Immobilien in Bülach an der Universität St. Gallen (HSG), 1997.

IBBOTSON, R.G.; SIEGEL, L.B. (1984):
Real Estate Returns: A Comparison with other Investments, in: AREUEA Journal, Fall 1984, S. 219 - 242.

ILLING, G. (1985):
Geld und asymmetrische Information, Berlin, et al., 1985.

ISENHÖFER, B.; VÄTH, A. (1998):
Projektentwicklung, in: Schulte, K.-W. (Hrsg.): Immobilienökonomie, Band 1, München, 1998, S. 149 - 228.

JONES LANG WOOTTON (1997):
IZ-Tutorial, in: Immobilien Zeitung, Serie der IZ Ausgaben Nr. 22 / 95 von 05.10.1995 bis Nr. 18 / 1997 vom 21.08.1997.

JAFFE, A. J.; SIRMANS, C.F. (1995):
Fundamentals of Real Estate Investment, 3. Aufl., Englewood Cliffs, 1995.

JESCHKE, W. (1992):
Managementmodelle - Ein kritischer Vergleich -, in: Kirsch, W. (Hrsg.): Münchener Schriften zur angewandten Führungslehre, München, 1992.

JENSEN, M.C.; MECKLING, W.H. (1976):
Theorie of the Firm: Managerial Behavior, Agency Costs and Ownership Structure, in: Journal of Financial Economics, Vol. 3; 1976, S. 305 - 360.

JICHA, W. (1993):
FACILITY MANAGEMENT - INTERNE DIENSTLEISTUNG ODER AUFGABE FÜR DIENSTLEISTUNGSUNTERNEHMEN?, IN: EWI GESELLSCHAFT FÜR EUROPÄISCHE WIRTSCHAFTSINFORMATION MBH (HRSG.): BUILDING MANAGEMENT CONGRESSE 1993, BAND 3, MÜNCHEN O. JG., S. 207 - 218.

KAAS, K.P. (1990):
Marketing als Bewältigung von Informations- und Unsicherheitsproblemen im Markt, in: DBW, 50 Jg., 1990, S. 539-548.

KAAS, K.P. (1992A):
Kontraktgütermarketing als Kooperation zwischen Prinzipalen und Agenten, in: ZfbF, 44. Jg., 1992, S. 884-901.

KAAS, K.P. (1992B):
Marketing und Neue Institutionenlehre, Arbeitspapier Nr. 1 aus dem Forschungsprojekt Marketing und ökonomische Theorie, Frankfurt, 1992.

KAAS, K.P. (1995):
Marketing zwischen Markt und Hierarchie, in: Kaas, K.P. (Hrsg.): Kontrakte, Geschäftsbeziehungen, Netzwerke, Marketing und Neue Institutionenökonomie, Sonderheft 35, Zfbf, 1995, S. 19 - 77.

KAAS, K.; FISCHER, M. (1993):
Der Transaktionskostenansatz, in: WISU, H. 8-9, 1993, S. 686 - 693.

KAGG (1990):
Gesetz über Kapitalanlagegesellschaften i. d. F. vom 14. Januar 1970, zuletzt geändert am 22. Februar 1990.

KAISER, J. (1990):
Banken und Institutionelle Investoren, Stuttgart, Bern, 1990.

KANDLBINDER, H.K. (1978):
Spezialfonds aus Sicht der Anleger, in: Zeitschrift für das gesamte Kreditwesen, Jg. 17, 1978, S. 812 - 818.

KANDLBINDER, H.K. (1985):
Die Entwicklung der Spezialfonds seit 1978, in: Kromschröder, B.; Steiner, J. (Hrsg.): Spezialfonds zur Vermögenssicherung und Vermögensmehrung für institutionelle Anleger, Referate zum Unternehmerseminar vom 17. - 19. April 1985, Passau, S. 6 - 37, 1985.

KANDLBINDER, H.K. (1991):
Spezialfonds als Anlageinstrument - Ein Leitfaden, Frankfurt a.M., 1991.

KANDLBINDER, H.K. (1994):
Belebung beim Anlageinstrument Immobilien-Spezialfonds, in: Der Langfristige Kredit, H. 13, 1994, S. 448 - 454.

KANDLBINDER, H.K. (1997A):
Immobilien-Spezialfonds zur Vermögenssicherung und Vermögensmehrung für institutionelle Investoren, Vortrag auf dem Euroforum Handelsblatt Kongreß: Immobilien-Portfolio-Management für institutionelle Investoren, 07/08. Juli 1997 in Frankfurt, 1997.

KANDLBINDER, H.K. (1997B):
Moderate Zuwächse beim Immobilien-Spezialfonds im Jahre 1996, in: Der langfristige Kredit, Sonderdruck aus der 1. Ausgabe, Juli 1997, S. 426 - 431.

KANDLBINDER, H.K.; ROSSIG, E. (1995):
Anhaltender Wachstumstrend beim Immobilien-Spezialfonds, in: Der Langfristige Kredit, H. 13, 1995, S. 433 - 435.

KAPPICH, L. (1989):
Theorie der internationalen Unternehmenstätigkeit: Betrachtung der Grundformen des internationalen Engagements aus koordinationskostentheoretischer Sicht, München, 1989.

KIENER, S. (1990):
Die Principal-Agent-Theorie aus informationsökonomischer Sicht, Heidelberg, 1990.

KIESER, A.; KUBICEK, H. (1992):
Organisation, 3. völlig neuberarbeitete Auflage, Berlin, New York, 1992.

KIESER, A. (1995):
Organisationstheorien, 2. Auflage, Stuttgart u.a., 1995.

KIRZNER, I.M. (1978):
Wettbewerb und Unternehmertum, Tübingen, 1978.

KLEINALTENKAMP, M. (1992):
Investitionsgüter-Marketing aus informationsökonomischer Sicht, in: ZfB, 44. Jg., 1992, S. 809 - 829.

KLEIN, B.; CRAWFORD, R.G.; ALCHIAN, A.A. (1978):
Vertical Integration, Appropraible Rents, and the Competitive Contracting Process, in: Journal of Law and Economics, Jg. 22, 1978, S. 297 - 326.

KLOTZ, M.; STRAUCH, P. (1990):
Strategieorientierte Planung betrieblicher Informations- und Kommunikationssysteme, Berlin, 1990.

KNAUTH, K.-W. (1995):
Kapitalanlagepolitik und Märkte im Wandel, in: Versicherungswirtschaft, Nr. 5, 1995, S. 302 - 307.

KNOLMAYER, G. (1992):
Informationsmanagement - Outsourcing von Informatik-Leistungen, in: WiSt, 21. Jg., H. 7, 1992, S. 356 - 360.

KNOLMAYER, G. (1994):
Zur Berücksichtigung von Transaktions- und Koordinationskosten in Entscheidungsmodellen für Make-or-Buy-Probleme, in: BFuP, H. 4, 1994, S. 316 - 332.

KNYPHAUSEN, D. ZU (1993):
Why are firms different?, Der ressourcenorientierte Ansatz im Mittelpunkt einer aktuellen Kontroverse im Strategischen Management, in: DBW, Jg. 53, Heft 6, 1993, S. 771 - 792.

KREIKEBAUM, H.; GRIMM, U. (1983):
Die Analyse strategischer Faktoren und ihre Bedeutung für die strategische Planung, in: WiSt, H. 1, 1983, S. 6 - 12.

KROEBER-RIEL, W. (1992):
Konsumentenverhalten, 4. Auflage, München, 1992.

KROMREY, H. (1991):
Empirische Sozialforschung -Methoden und Modelle der Datenerhebung und Datenauswertung, 5. Auflage, Opladen, 1991.

KUBICEK, H.(1977):
Heuristischer Bezugsrahmen und heuristisch angelegte Forschungsdesigns als Elemente einer Konstruktionsstrategie empirischer Forschung, in: Köhler, R. (Hrsg.): Empirische und handlungstheoretische Forschungskonzeption in der BWL, Stuttgart, 1977, S. 3 - 36.

LANG, R. (1998):
Erweiterter Kommunikationsraum, in: Office Management, Nr. 5, 1998, S. 24 - 25.

LANGE, B. (1982):
Bestimmung strategischer Erfolgsfaktoren und Grenzen ihrer empirischen Fundierung, in: Die Unternehmung, Heft 1, 1982, S. 27 - 41.

LANGENSCHEIDT (1992):
Langenscheidts Großwörterbuch Lateinisch, Teil 1, Lateinisch-Deutsch, Berlin, et al., 1992.

LAKONISHOK, J.; SHLEIFER, A.; VISHNY, R.W. (1991):
Do Institutional Investors destabilize Stock Prices?, in: National Bureau of Economic Research, Inc., Working Paper Nr. 3846, 1991.

LAKONISHOK, J. ET AL. (1992):
The Structure and Performance of the Money Management Industry, in: Brookings Papers, Microeconomics 1992, Washington D.C., 1992.

LANGFELDT, A.J. (1993):
Psychologie: Grundlagen und Perspektiven, Neuwied, et al., 1993.

LAUX, H. (1990):
Risiko, Anreiz und Kontrolle, Heidelberg, 1990.

LEHMANN, A. (1995):
Dienstleistungsmanagement, in: IfB (Hrsg.): Entwicklungstendenzen im Management, Band 9, Zürich, 1995, S. 409 - 441.

LEIDECKER, J.K.; BRUNO, A.V. (1984):
Identifying and Using Critical Success Factors, in: Long Range Planing, Jg. 17, 1984, S. 23 - 32.

LIGHT, J.O.; PEROLD, A.F. (1987):
The Institutionalization of Wealth: Changing Patterns of Investment Decision Making, in: v. Hayes III., S.L.: Wall Street and Regulation, Boston, 1987, S. 97 - 126.

LING, D.C.; NARANJO, A. (1997):
Economic Risk Factors and Commercial Real Estate Returns, in: Journal of Real Estate Finance and Economics, Jg. 14, Nr. 3, 1997, S. 283 - 307.

LÖCHEL, H. (1995):
Institutionen, Transaktionskosten und wirtschaftliche Entwicklung, Berlin, 1995.

LOIPFINGER, ST.; NICKL JR., L.; RICHTER, U. (1994):
Geschlossene Immobilienfonds - Grundlagen, Analyse, Bewertung, Stuttgart, 1994.

LORITZ, K.-G.; WAGNER, K.-R. (1995):
Konzeptionshandbuch der steuerorientierten Kapitalanlage, Band 2 - Gesellschaftliche Beteiligungen, München, 1995.

LOTTENBACH, W. (1995):
Der Anlageentscheidungsprozess im internationalen Portfolio Management, Bamberg, 1995.

MACNEIL, I.R. (1978):
Contracts: Adjustment of Long-Term Economic Relations under Classical, Neoclassical and Relational Contract Law, in: Northwestern University Law Review, Jg. 72, 1978, S. 854 - 906.

MÄCHTEL, T.W. (1996):
Erfolgsfaktoren ökologisch ausgerichteter Anlagefonds im deutschsprachigen Raum, Bamberg, 1996.

MAISTER, D. (1997):
Managing the Professional Service Firm, New York, 1997.

MAN, A.-P. DE (1993):
Issues of Strategic Management: Strategic Grammar: 1980, 1985, 1990: A Porter Exegesis, in: Erasm Management Report Series, No. 166, S. 1 - 18, 1993.

MANDLER, U. (1995):
Theorie internationaler Wirtschaftsprüfungsorganisationen: Qualitätskonstanz und Reputation, in: DBW, Jg. 55, Nr. 1, 1995, S. 31 - 44.

MARKOWITZ, H. M. (1952):
Portfolio selection, in: The Journal of Finance, 7. Jg., H. 3, March 1952, S. 77 - 91.

MARKOWITZ, H. M. (1959):
Portfolio Selection, Efficient Diversification of Investments, New York, 1959.

MARSCHAK, J. (1954):
Towards an Economic Theory of Organization and Information, in: Thrall, R.M.; Coombs, C.H.; Davis, R.L. (Hrsg.): Decision Process, New York, 1954, S. 187 - 220.

MARTIN, J.; LEBEN, J. (1989):
Strategic Information Planning Methodologies, 2. Auflage, Englewood Cliffs, 1989.

MAURER, R. (1996):
Kontrolle und Entlohnung von Spezialfonds als Instrument der Vermögensanlage von Versicherungsunternehmen, in: Albrecht, P.; Lorenz, E. (Hrsg.): Veröffentlichungen des Instituts für Versicherungswissenschaft der Universität Mannheim, Band 48, Karlsruhe, 1996.

MAURER, R. (1997):
Immobilien Benchmarks: Möglichkeiten, Nutzen und Kosten, Vortrag im Rahmen der Handelsblatt-Konferenz "Immobilien-Portfoliomanagement für institutionelle Anleger", Frankfurt a.M., 07. Juli 1997.

MAURER, R.; STEPHAN, T. S. (1995):
Konstruktion einer Immobilien-Benchmark und deren Anwendung im Investment-Management, Mannheimer Manuskripte zur Risikotheorie, Portfolio Management und Versicherungswirtschaft Nr. 82, 1995.

MAYRING, P. (1996):
Einführung in die qualitative Sozialforschung: Eine Anleitung zum qualitativen Denken, 3. überarbeitete Auflage, Weinheim, 1996.

MCLEOD, A.N. (1984):
The Principals of Financial Intermediation, Lanham, New York, London, 1984.

MCMAHAN, J. (1981):
Institutional Strategies for Real Estate Equity Investments, in: Pension Trust Investment in Realty, Practicing Law Institute, November/December, 1981.

MENDE, M. (1995):
Ein Führungssystem für Geschäftsprozesse, Bamberg, 1995.

MEYER, D. (1990):
Asymmetrische Informationen, Institutional Choice und die Funktion von Wertorientierung, in: Jahrbuch für Sozialwissenschaft, 41. Jg., 1990, S. 104 - 121.

MEYER, M. (1994):
Die ökonomische Organisation der Industrie: Netzwerkarrangements zwischen Markt und Unternehmung, Habilitationsschrift, Münster, 1994.

MICHAELIS, E. (1985):
Organisation unternehmerischer Aufgaben - Transaktionskosten als Beurteilungskriterium, Frankfurt a.M., 1985.

MILGROM, P.; ROBERTS, J. (1992):
Economics, Organization and Management, New York, 1992.

MORGAN, J.F.W. (1995):
Immobilienanlagen in Europa - Neue Perspektiven für deutsche Anlageprodukte?, Vortrag 08. Februar 1995 in Wiesbaden.

MUTSCHELLER, P.M. (1992):
The Luxury Challenge, Internationales Management, FIM-HSG, Band 3, Konstanz, 1992.

NCREIF REPORT (1984):
Published by the National Council of Real Estate Investment Fiduciaries, Washington, Spring 1984.

NELSON, P. (1970):
Information and Customer Behavior, in: Journal of Political Economy, 78. Jg., 1970, S. 311 - 329.

NIPPAN, M; SEDRAN, T. (1992):
Restrukturierungen von DV-Leistungen in der Praxis - ein Blick hinter Schlagworte, in: IM, o. Jg., H. 4, 1992, S. 6 - 13.

NONAKA,, I.; TAKEUCHI, H. (1995):
The Knowledge Creating Company, Oxford, 1995.

NORTH, D.C. (1981):
Structure and Change in Economic History, New York, London, 1981, S. 201.

ODIER, P.; LENHARD, D. (1994):
Serving Individual and Institutional Investors, in: Siegwart, H.; Mahari, J.; Abresch, M. (Hrsg.): Finanzielle Führung, Finanzinnovation und Financial Engineering, Meilensteine im Management, Teilband 2, Stuttgart, et al., 1994, S. 381 - 397.

OKUNEV, J.; WILSON, P.J. (1997):
Using Nonliniear Tests to Examine Integration Between Real Estate and Stock Markets, in: Real Estate Economics, Vol. 25, No. 3, 1997, S. 487 - 503.

OPPENHEIM IMMOBILIEN-KAPITALANLAGEGESELLSCHAFT (1998):
Genußscheine werten Fonds auf, in: Immobilien Zeitung, Nr. 6, 12.03.1998, S. 7.

OSTERLOH, M. (1988):
Organisationstheorie und Transaktionskostentheorie - Kann der Transaktionskostenansatz die neoklassische Theorie der Firma mit der Organisationstheorie verbinden?, Diskussionsbeiträge Heft 40, Lehrstuhl für Allgemeine Betriebswirtschaftslehre und Unternehmensführung der Universität Erlangen - Nürnberg, 1988.

OSTERLOH, M.; GRAND, S. (1994):
Modelling oder Mapping? Von Rede- und Schweigeinstrumenten in der betriebswirtschaftlichen Theoriebildung, in: Die Unternehmung, H. 4, 1994, S. 277 - 294.

OUCHI, W.G. (1980):
Markets, Bureaucracies and Clans, in: Administrative Science Quarterly, Jg. 25, 1980, S. 129 - 141.

O.V. (1996A):
Marktauftritt aus einem Guß, in: Frankfurter Allgemeine Zeitung, 03.04.1996, Nr. 67, S. 23.

O.V. (1996B):
Veba spielt in der ersten Liga der Immobilienwirtschaft, in: Immobilien Zeitung, 17.05.1996, S. 11.

O.V. (1996C):
Deutsche Bank ordnet Immobilienbereich, in: Immobilien Zeitung, 18.04.1996, S. 6.

O.V. (1996D):
"Zweifel" an Bankmaklern, in: Immobilien Zeitung, 12.12.1996, S. 3.

O.V. (1997):
Nach der Stahlfusion werden Flächen frei, in: Immobilien Zeitung, 04.04.1997, S. 5.

O.V. (1998A):
"AS" eröffnet ein Marktvolumen von 520 Mrd. DM, in: Immobilien Zeitung, 26.03.1998, Nr. 7, S. 5.

O.V. (1998B):
Versicherer bündeln Kapitalanlagen, in: Die Welt, 23.07.1998, S. 13.

O.V. (1998C):
JLW wird Partner von La Salle, in: Immobilien Zeitung, 16.07.1998, S. 5.

O.V. (1998D):
Großmakler fusionieren, in: FAZ, 19.09.1998, S. 20.

O.V. (1998E):
Rund um die Immobilie, in: Immobilien Zeitung, 27.08.1998, S. 1 - 2.

O.V. (1998F):
Der Wunsch des Anlegers ist dem Vermögensverwalter Befehl, in: FAZ, Nr.6, 08. Januar, 1998, S. 17.

PARKER, J.R. (1991):
Managing Occupancy Costs: Opportunities and Challenges, in: ID, Vol. 160, No. 2, March/April 1991, S. 22 - 25.

PAULY, M.V. (1968):
The Economies of Moral Hazard: Comment, in: American Economic Review, Jg. 58, 1968, S. 531 - 537.

PAUSTIAN, C. (1987):
Hiring a Money Manager: Practice vs. Theory, in: Pensions Management, Beilage zu Pensions & Investment Age, Frühjahr 1987, S. 13.

PENROSE, E. (1959):
The Theory of the Growth of the Firm, Oxford, 1959.

PETERAF, M.A. (1993):
The Cornerstones of Competitive Advantage: A Resource-Based-View, in: Strategic Management Journal, Vol 14, 1993, S. 179 - 191.

PFLAUM, R. (1992):
Grundlagen und Bedeutung des Einsatzes von Wertpapier-Investmentfonds in Lebensversicherungsunternehmen, Dissertation an der Universität Mannheim, 1992.

PFRUENDER, R. (1998):
Provisionen, die sich lohnen, in: Immobilien Zeitung, 12.03.1998, Nr. 6, S. 12.

PICOT, A. (1982):
Transaktionskostenansatz in der Organisationstheorie: Stand der Diskussion und Aussagewert, in: DBW, 42. Jg., H. 2, 1982, S. 267 - 284.

PICOT, A.; DIETL, H. (1990):
Transaktionskostentheorie, in: WiSt, H. 4, 1990, S. 178 - 183.

PICOT, A. (1991A):
Ein neuer Ansatz zur Gestaltung der Leistungstiefe, in: ZfB, Jg. 43, Nr. 4, 1991, S. 336 - 357.

PICOT, A. (1991B):
Ökonomische Theorien der Organisation - Ein Überblick über neue Ansätze und deren betriebswirtschaftliches Anwendungspotential, in: Ordelheide, D.; Rudolph, B.; Büsselmann, E. (Hrsg.): Betriebswirtschaftslehre und ökonomische Theorie, Stuttgart, 1991, S. 143 - 170.

PICOT, A. (1997):
Information als Wettbewerbsfaktor - Veränderungen in Organisation und Controlling , in: Picot, A. (Hrsg.): Information als Wettbewerbsfaktor, Stuttgart, 1997, S. 174 - 199.

PICOT, A.; MAIER, M. (1992):
Analyse- und Gestaltungskonzepte für das Outsourcing, in: IM, o. Jg., H. 4, 1992, S. 14 - 27.

PICOT, A.; MAIER, M. (1993):
Information als Wettbewerbsfaktor, in: Preßmar, D. (Hrsg.): Informationsmanagement, Schriften zur Unternehmensführung, Wiesbaden, 1993, S. 31 - 51.

PICOT, A.; REICHWALD, R.; WIGAND, R.T. (1996):
Die grenzenlose Unternehmung. Information, Organisation und Management, Wiesbaden, 1996.

PICOT, A.; RIPPERGER, T.; WOLFF, B. (1996):
The Fading Boundaries of the Firm, in: Journal of Institutional and Theoretical Economics, Vol. 152, No. 1, 1996, S. 65 - 79.

POHL, A.; DAHLHOFF, D. (1998):
Auch zufriedene Kunden werden untreu, in: FAZ, 14.09.1998, Nr. 213, Seite 37.

PORTER, M.E. (1980):
Competitive Strategy. Techniques for Analyzing Industries and Competitors, New York et al., 1980.

PORTER, M.E. (1985):
Competitive Advantage: Creating and Sustaining Superior Performance, New York, 1985.

PORTER, M-E. (1991):
Towards a Dynamic Theory of Strategy, in: Strategic Management Journal, Jg. 12, 1991, S. 95 - 117.

PORTER, M.E. (1992):
Wettbewerbsvorteile, 3. Auflage, Düsseldorf, 1992.

POSCHADEL, B. (1981):
Rentabilität und Risiko als Kriterien für die Bewertung der Managementleistung deutscher Investmentgesellschaften, Freiburg, Berlin, 1981.

PRAHALAD, C.K.; HAMEL, G. (1990):
The core competencies of the corporation, in: Harvard Business Review, Vol. 68, Mai-Juni 1990, S. 79 - 91.

PRAHALAD, C.K.; HAMEL, G. (1991):
Nur Kernkompetenzen sichern das Überleben, in: Harvard Manager, Nr. 2, 1991, S. 66 - 78.

PRAHALAD, C.K.; HAMEL, G. (1995):
Wettlauf um die Zukunft, Wien, 1995.

PÜMPIN, C.; GEILINGER, U.W. (1988):
Strategische Führung: Aufbau strategischer Erfolgspositionen in der Unternehmenspraxis, in: Die Orientierung, Nr. 76, 1988.

PÜMPIN, C. (1986):
Management strategischer Erfolgspositionen, Das SEP-Konzept als Grundlage wirkungsvoller Unternehmensführung, 3. Auflage, Bern, Stuttgart, 1986.

PÜMPIN, C. (1989):
Das Dynamik-Prinzip. Zukunftsorientierungen für Unternehmer und Manager, Düsseldorf, Wien, New York, 1989.

PÜMPIN, C. (1992):
Strategische Erfolgspositionen: Methodik der dynamischen strategischen Unternehmensführung, Bern, 1992.

PYHRR, S.A.; ET AL. (1989):
Real Estate Investment - Strategy, Analysis, Decisions, 2. Aufl., New York, Chichester, u.a., 1989.

RASCHE, C.; WOLFRUM, B. (1994):
Ressourcenorientierte Unternehmensführung, in: DBW, Jg. 54, 1994, Heft 4, S. 501 - 517

RECORD, E.E.; TYNAN, M.A. (1987):
Incentive Fees: The Basic Issues, in: Financial Analyst Journal, No. 1, January-February, 1987, S. 39 - 43.

REGLI, J. (1985):
Bankmarketing. Eine Abhandlung unter besonderer Berücksichtigung des Marketings in der Planung, Bern, Stuttgart, 1985.

REICHWALD, R. (1997):
Neue Arbeitsformen in der vernetzten Unternehmung: Flexibilität und Controlling, in: Picot, A. (Hrsg.): Information als Wettbewerbsfaktor, Schmalenbach Gesellschaft, Deutsche Gesellschaft für Betriebswirtschaft e.V., Stuttgart, 1997, S. 231 - 263.

RENSMANN, J. (1998):
Die Grenzen fallen, in: Office Management, Nr. 5, 1998, S. 9 - 11.

RICHTER, R. (1990):
Sichtweise und Fragestellung der Neuen Institutionenökonomie, in: Zeitschrift für Wirtschafts- und Sozialwissenschaften Jg. 110, 1990, S. 571 - 591.

RICHTER, R. (1991):
Institutionenökonomische Aspekte der Theorie der Unternehmung, in: Ordelheide, D.; Rudolph, B.; Büsselmann, E. (Hrsg.): Betriebswirtschaftslehre und Ökonomische Theorie, Stuttgart, 1991, S. 395 - 429.

RICHTER, R.; FURUBOTN, E. (1996):
Neue Institutionenökonomik - eine Einführung und kritische Würdigung, Tübingen, 1996.

ROCHE, M. (1996)
Es lohnt sich wieder, ein US-Objekt ins Portefeuille zu nehmen, in: Handelsblatt, Nr. 206, 24.10.1996, S. B 13.

ROCKART, J.F. (1979):
Chief Executives Define Their Own Data Needs, in: Harvard Business Review, Jg. 57, März-April, 1979, S. 81 - 93.

ROHWEDER, H.C. (1992):
Bestimmung anlegerspezifischer Benchmark-Portfolios, in: Die Bank, H.1, 1992, S. 23 - 29.

ROSS, S.A. (1973):
The Economic Theory of Agency: The Principal´s Problem, in. American Economic Review, 63. Jg., 1973, S. 134 - 139.

RUDD, A. (1984):
Investment Manager Selection, in: Journal of Accounting, Auditing & Finance, Vol. 7, No. 4, Summer 1984, S. 393 ff.

RUPPRECHT, G. (1996):
Pensionsfonds - Wunsch und Wirklichkeit, in: Versicherungswirtschaft, Nr. 16, 1996, S. 1100 - 1107.

RUSH, H., ET AL. (1996):
Strategies for best Practice in Research and Technology Institutes, in: Wissenschaftsmanagement, Jg. 5, September-Oktober, 1996, S. 251 - 261.

SACHS, S. (1995):
Strategie und Ökonomie, in: Die Unternehmung, H. 4, 1995, S. 245 - 257.

SAUTER, F. (1985):
Transaktionskostentheorie der Organisation: Die Ökonomie von Organisationsformen - Eine transaktionskostentheoretische Analyse, München, 1985.

SCHÄFER, E. (1979):
Gablers Wirtschaftslexikon, 10. Auflage der Taschenbuchausgabe, Wiesbaden, 1979, Sp. 1035.

SCHÄFERS, W. (1996):
Immobilien-Management in deutschen Industrie-, Dienstleistungs- und Handelsunternehmen - Grundlagen und Ergebnisse einer empirischen Untersuchung-, Arbeitspapier Nr. 2, Stiftungslehrstuhl Immobilienökonomie an der European Business School, Oestrich-Winkel, 1996.

SCHENK, K.-E. (1992):
Die neue Institutionenökonomie - Ein Überblick über wichtige Elemente und Probleme der Weiterentwicklung, in: ZWS, Jg. 112, Nr. 3, 1992, S. 337 - 378.

SCHELNBERGER, F.-J.; JAGDFELD, A.A. (1990):
Deutsche Aktiengesellschaft als Instrument eines Europa-Fonds für Immobilien?, in: Beilage Supplement Finanz-Berater, H. 26, 1990, S. 24 - 28.

SHILLER, R.J. (1988):
Fashions, Fads and Bubbles in Financial Markets, in: Coffee, J.C.; Lowenstein, L.; Rose-Ackerman, S. (Hrsg.): Knights, Raiders and Targets, New York u.a., 1988, S. 56 - 68.

SHILLER, R.J.; POUND, J. (1989):
Survey Evidence on Diffusion of Interest and Information among Investors, in: Journal of Economic Behavior and Organization, Jg. 12, 1989, S. 47 - 66.

SHILLER, R.J. (1991):
Financial Speculation: Economic Efficiency and Public Policy - A Background Paper, Yale University, New Haven / Connecticut, 1991.

SCHIMMELMANN, W.V. (1983):
Strategische Geschäftsfeldkonzeptionen in Banken, in: Krümmel, H.J.; Rudolph, B. (Hrsg.): Strategische Bankplanung, Frankfurt, 1983, S. 165 - 181.

SCHLAG, A. (1995):
Innovative Formen der Kapitalanlage in Immobilien - Möglichkeiten und Perspektiven der Beteiligung privater Anleger an Grundstücksvermögen, in: Schmidt, R. (Hrsg.): Kieler Schriften zur Finanzwirtschaft, Band 20, Kiel, 1995.

SCHMIDT, U.; THEILEN, B. (1995):
Prinzipal- und Agententtheorie, in: WiSt, Heft 9, 1995, S. 483 - 486.

SCHMITZ, W. (1989):
Banken: Der lange Abschied vom tristen Image - Fisch als Köder, in: Wirtschaftswoche, Nr. 47, 17.November, 1989, S. 84.

SCHNEIDER, D. (1985):
Die Unhaltbarkeit des Transaktionskostenansatzes für die "Markt oder Unternehmung"-Diskussion, in: ZfB, Jg. 55, 1985, S. 1237 - 1254.

SCHNEIDER, D. (1991:
Unternehmerfunktionen oder Transaktionskostenökonomie als Grundlage für die Erklärung von Institutionen?, in: ZfB, Jg. 61, H. 3, 1991, S. 371 - 377.

SCHNURR, W. (1998):
Investmentbanking in der Immobilienbranche?, Vortrag anläßlich des Euroforum Handelsblatt Kongreß: Immobilien-Banking up-to-date, 26./27. Februar 1998.

SCHOLZ, C. (1997):
Das virtuelle Unternehmen - Schlagwort oder echte Vision?, in: Manager Bilanz, Nr. 1, 1997, S. 12 - 19.

SCHOPPE, S.G.; ET AL. (1995):
Moderne Theorie der Unternehmung, München, Wien, 1995.

SCHORER, A. (1994):
Institutionelle leben vom Ertrag und nicht von der Wertsteigerung, in: INVEST, Magazin der Finanz & Wirtschaft, 1994, S. 58 - 60.

SCHREYÖGG, G. (1984):
Unternehmensstrategie, Grundfragen einer Theorie der strategischen Unternehmensführung, Berlin, New York, 1984.

SCHULTE, K.-W. (1995):
Die richtige Rendite, in: FAZ, Nr. 221, 22.09.1995, S. 49.

SCHULTE, K.-W. (1996):
Das aktuelle Thema, in: FAZ, Nr. 184, 09.08.1996, S. 33.

SCHULTE, K.-W. (1998):
Immobilienökonomie, Band I Betriebswirtschaftliche Grundlagen, München, Wien, 1998.

SCHÜLLER, D. (1992):
Juristische Aspekte des Outsourcing, in: Heinrich, W. (Hrsg.): Outsourcing: Modelle - Strategien - Praxis, Bergheim, 1992, S. 158 - 177.

SCHWEBLER, R. (1989):
Kapitalanlagen der Lebensversicherer: Tendenzen und Perspektiven, in: Die Bank, H. 7, 1989, S. 378 - 382.

SCHWEBLER, R. (1991):
Vermögensanlage und Anlagevorschriften der Versicherungsunternehmen, in: Schwebler, R. (Hrsg.): Vermögensanlagepraxis in der Versicherungswirtschaft, 2. Aufl. Karlsruhe, 1991, S. 15 - 89.

SEGHEZZI, H.D. (1996):
Integriertes Qualitätsmanagement: Das St. Galler Konzept, Wien, 1996.

SHARPE, W.F. (1963):
A Simplified Model for Portfolio Analysis, in: Management Science, 9. Jg., January 1963, S. 277 - 293.

SHARPE, W.F. (1992):
Asset Allocation: Management Style and Performance Measurement, in: The Journal of Portfolio Management, Winter 1992, reprinted in: CFA Level III Canditate Readings, Portfolio Management, Part 4, S. 68 - 80.

SHILLER, R.J. (1988):
Fashions, Fads and Bubbles in Financial Markes, in: Coffee, J.C.; Lowenstein, L.; Rose-Ackerman, S. (Hrsg.): Knights, Raiders and Targets, New York u.a., 1988, S. 56 - 68.

SHILLER, R.J. (1991):
Financial Speculation: Economic Efficiency and Public Policy - A Background Paper, Yale University, New Haven/Connecticut, 1991.

SHILLER, R.J.; POUND, J. (1989):
Survey Evidence on Diffusion of Interest and Information among Investors, in: Journal of Economic Behavior and Organization, 12. Jg., 1989, S. 47 - 66.

SIEGERT, T. (1997):
Wettbewerbsinformationen und Erfolgsanalyse, in: Picot, A. (Hrsg.): Wettbewerbsfaktor Information, Stuttgart, 1997, S. 123 - 144.

SINN, H.-W. (1988):
Gedanken zur volkswirtschaftlichen Bedeutung des Versicherungswesens, in: Zeitschrift für die gesamte Versicherungswirtschaft, 77. Jg., 1988, S. 1 - 27.SELZNICK, P. (1957):
Leadership in administration: A sociological interpretation, New York, London, 1957.

SMITH, K.V. (1980):
Historical Returns of Real Estate Equity Portfolios, in: Levine, S.N. (Hrsg.): The Investment Manager´s Handbook, Homewood, 1980, S. 426 - 444.

SOLNIK, B. (1991):
International Investments, 2. Auflage, New York, 1991.

SPREMANN, K. (1988):
Reputation, Garantie, Information, in: ZfB, Jg. 58, H. 5/6, 1988, S. 613 - 629.

SPREMANN, K. (1990):
Asymmetrische Information, in: ZfB, Jg. 60, H. 5/6, 1989, S. 561 - 586.

SPREMANN, K. (1991):
Investition und Finanzierung, 3. Auflage, München, Wien, 1991.

SPREMANN, K. (1997):
Finanzintermediation, Vortrag vor der Swiss Banking School, Sommer 1997, St. Gallen.

SPULBER, D.F. (1996):
Market Microstructure and Intermediation, in: Journal of Economic Perspectives, Vol. 10, No. 3, Summer 1996, S. 135 - 152.

STALK, G.; EVANS, P.; SHULMAN, L.E. (1992):
Competing on Capabilities: The New Rules of Corporate Strategy, in: Harvard Business Review, März-April, 1992, S. 57 - 69.

STARKS, L. (1987):
Performance Incentive Fees: An Agency Theoretic Approach, in: Journal of Financial and Quantitative Analysis, Jg. 22, 1987, S. 17 - 32.

STEINMÜLLER, H. (1988):
Bedeutung, Volkswirtschaftliche der Versicherung, in: Farny, D.; Helten, E.; Koch, P.: (Hrsg.): Handwörterbuch der Versicherung, Karlsruhe, 1988, S. 49 - 53.

STREBEL, B. (1987):
Institutionelle Investoren - Herausforderung für die Schweizer Banken, in: Politik und Wirtschaft, Heft 4, 1987, S. 57 - 60.

STRENGER, C. (1996):
Investmentsfonds und Altersvorsorge, in: FAZ, Nr. 257, 04.11.1996, S. B 15.

SUTER, R.A. (1995):
Anlageentscheide bei Immobilien - Empirische Analyse bei Immobilienfonds, Lebensversicherungen, Pensionskassen und Anlagestiftungen in der Schweiz, Bamberg, 1995.

SUTER, R.A. (1997):
Total Services Contractor - kundenorientierte Antwort auf die Herausforderung bei Immobilieninvestitionen, in: Belz, C. et al. (Hrsg.): Industrie als Dienstleister, St. Gallen, S. 298 - 302.

SYDOW, J. (1992):
Strategische Netzwerke: Evolution und Organisation, Wiesbaden, 1992.

SZYPERSKI, N.; WINAND, U. (1978):
Strategisches Portfolio-Management: Konzept und Instrumentarium, in: ZfbF-Kontaktstudium, 30. Jg., 1978, S. 123 - 133.

TEBOUL, J. (1991):
Managing Quality Dynamics, New York, et al., 1991.

TIEKE, R. (1992):
Der Einfluß der Immobilienpreisentwicklung auf die Kapitalanlageplanung der Versicherungsunternehmen - Eine theoretische und empirische Analyse -, Dissertation an der Universität Göttingen, Institut für Wirtschaftsstudien, Reihe II, Empirische Studien, No. 7, Göttingen, 1992.

THAKOR, A.V. (1989):
Strategic Issues in Financial Contracting: An Overview, in: Financial Management, Jg. 18, 1989, S. 39 - 58.

THOMAS, M. (1997):
Die Entwicklung eines Performanceindexes für den deutschen Immobilienmarkt, in: Schulte, K.-W. (Hrsg.): Schriften zur Immobilienökonomie, Bd. 2, Köln, 1997.

THURBER, M.J. (1991):
AEW and Risk Management - An Overview of the Real Estate Capital Market, in: Bruce, B.R. (Hrsg.): Real Estate Portfolio Management, Chicago, 1991, S. 113 - 125.

TROMMSDORFF, V.; KUBE, C. (1991):
Erfolgsfaktoren im Filialsystem erforschen und steuern, in: Forschungsstelle für den Handel (FfH) e.V. (Hrsg.): Handelsforschung 1991 - Erfolgsfaktoren und Strategien, Wiesbaden, 1991.

TROUGHTON, H. (1986):
Japanese Finance: The impact of Deregulation - Special Euromoney Report - Bristol, 1986.

ULRICH, H. (1971):
Der systemorientierte Ansatz in der Betriebswirtschaftslehre, in: Kortzfleisch (Hrsg.), 1971, S. 43 - 60.

ULRICH, H. (1981):
Die Betriebswirtschaftslehre als anwendungsorientierte Sozialwissenschaft; in: Geist, N.; Köhler, R. (Hrsg.): Die Führung des Betriebs, Festschrift für Curt Sandig, Stuttgart, 1981, S. 1 - 26.

ULRICH, H. (1984):
Die Betriebswirtschaftslehre als anwendungsorientierte Sozialwissenschaft; in: von Dyllick, T.; Probst, G. (Hrsg.): Management, Bern, 1984, S. 168 - 199.

UNTERREINER, F.P. (1997):
Wieviel Geld fließt wirklich?, in: Immobilien Manager, H. 11, 1997, S. 22 - 25.

VERBAND ÖFFENTLICHER VERSICHERER, (1996):
Unveröffentlichte Studie zum Thema: Betriebsvergleich öffentlicher Versicherer 1995, Düsseldorf, 1996.

VAWTER, J. (1983):
Determination of Portfolio Policies: Institutional Investors, in: Managing Investment Portfolios - A Dynamic Process, v. Maginn, J.L.; Tuttle, D.L., Boston, Massachusetts, 1983, S. 63 - 124.

VERDIN, P.; WILLIAMSON, P. (1994):
Successful Strategy: Stargazing or Self-Examination?, in: European Management Journal, Vol. 12, No. 1, März 1994, S. 10 - 19.

VERWILGHEN, N. (1997):
Kundensegmentierung, Risikodialog und Risikomanagement für gehobene Privatkunden: Eine Betrachtung aus finanzmarktökonomischer Sicht, Bern, Stuttgart, 1997.

VOLGER, G. (1995):
Dynamische Immobilien-Spezialfonds, in: Die Bank, Heft 11, 1995, S. 652 - 654.

VOLK, H. (1988):
Mit fremden Wissen richtig umgehen, in: ZfO, H. 4, 1988, S. 252 - 253.

WALZ, E. (1997):
Immobilien-Portfoliomanagement aus Sicht einer Versicherung, Vortrag auf dem Euroforum Handelsblatt Kongreß: Immobilien-Portfolio-Management für institutionelle Investoren, 07/08. Juli 1997 in Frankfurt, 1997.

WEBB, J.R. (1990):
On the exclusion of real estate from market portfolio, in: The Journal of Portfolio Management, Fall 1990, S. 78 - 84.

WEBER, G.F.; WALSH, I. (1994):
Die virtuelle Organisation, in: Gablers Magazin, Nr. 6-7, 1994, S. 24 - 27.

WEBER, J. (1993):
Produktions-, Transaktions- und Koordinationskostenrechnung, in: krp, Sonderheft 1, 1993, S. 19 - 23.

WEGEHENKEL, L. (1980):
Transaktionskosten, Wirtschaftssystem und Unternehmertum, Tübingen, 1980.

WENGER, E.; TERBERGER, E. (1988):
Die Beziehung zwischen Agent und Prinzipal als Baustein einer ökonomischen Theorie der Organisation, in: WiSt, H. 10, 1988, S. 506 - 514.

WERNERFELT, B. (1984):
A Resource-Based View of the Firm: Ten years after, in: Strategic Management Journal, Jg. 5, Nr. 2, 1984, S. 171 - 174.

WESTRUP, L. (1997):
Makler als Berater, in: Immobilien Manager, H. 6, 1997, S. 20 - 22.

WILLIAMS III, A. (1986):
Managing your Investment Manager, 2. Auflage, Homewood (IL), 1986.

WILLIAMSON, O.E. (1973):
Markets and Hierarchies: Some Elementary Considerations, in: American Economic Review, Jg. 63, No. 2, 1973, S. 316 - 325.

WILLIAMSON, O.E. (1975):
Markets and Hierarchies: Analysis and Antitrust Implications, New York, 1975.

WILLIAMSON, O.E. (1979):
Transaction Cost Economics: the Governance of Contractual Relations, in: Journal of Law and Economics, Jg. 22, No. 2, 1979, S. 233 - 261.

WILLIAMSON, O.E. (1984):
The Economic of Governance: Framework and Implications, in: Journal of Instituitonal and Theoretical Economics, Jg. 140, No.1, 1984, S. 195 - 223.

WILLIAMSON, O.E. (1985):
The Economic Institutions of Capitalism - Firms, Markets, Relational Contracting, New York, London, 1985.

WILLIAMSON, O.E. (1988):
The Logic of Economic Organization, in: Journal of Law, Economics and Organization, Jg. 4, No. 1, 1988, S. 65 - 93.

WILLIAMSON, O.E. (1989):
Transaction Cost Economics, in: Schmalensee, R.; Willig, R. (Hrsg.): Handbook of Industrial Organization 1, Amsterdam, New York u.a., 1989, S. 135 - 182.

WILLIAMSON, O.E. (1990A):
A Comparison of Alternativ Approaches to Economic Organization, in: JITE, Jg. 146, No. 1, 1990, S. 61 - 71.

WILLIAMSON, O.E. (1990B):
Die ökonomischen Institutionen des Kapitalismus: Unternehmen, Märkte, Kooperationen, Tübingen, 1990.

WILLIAMSON, O.E. (1991):
Vergleichende ökonomische Organisationstheorie: Die Analyse diskreter Strukturalternativen, in: Ordelheide, D.; Rudolph, B.; Büsselmann, E. (Hrsg.): Betriebswirtschaftslehre und ökonomische Theorie, Stuttgart, 1991, S. 13 - 49.

WILLIAMSON, O.E.; OUCHI, W.G. (1981):
The Markets and Hierarchies Program of Reserach. Origins, Implications, Prospects, in: Van de Ven, A.H.; Joyce, W.F. (Hrsg.): Perspectives on Organization Design and Behavior, New York u.a., 1981, S. 347 - 370.

WINDSPERGER, J. (1983):
Transaktionskosten in der Theorie der Firma, in: ZfB, Jg. 53, Nr. 9, 1983, S. 889 - 903.

WINDSPERGER, J. (1987):
Zur Methode des Transaktionsksotenansatzes, in: ZfB, Jg. 57, H. 1, 1987, S. 59 - 76.

WITTROCK, C. (1996):
Tendenzen auf dem Fondsmarkt, in: Die Bank, H. 12, 1996, S. 719 - 723.

WOLFRUM, U. (1993):
Erfolgspotentiale: Kritische Würdigung eines zentralen Konzeptes der strategischen Unternehmensführung, München, 1993.

WOOD, D.J. (1991):
Corporate Social Performance Revisited, in: Academy of Management Review, Jg. 16, No. 4, 1991, S. 671-718.

ZENGER, C. (1991):
Wider die "Kurzsichtigkeit" des Pensionskassenmanagements, in: Separatdruck aus der Neuen Züricher Zeitung, Wirtschaft, Nr. 194, 23.08.1991.

ZEYER, F. (1998):
Spezialfonds werden immer beliebter, in: FAZ, 02.04.1998, S. 25.

ZIMMERMANN, H.; ET AL. (1992):
Pensionskassen in der Schweiz: Neue Strategien für wachsende Leistungsansprüche; Zürich, 1992.

ZISLER, R.C. (1990):
Real Estate Portfolio Management, in: Maginn, J.L.; Tuttle, D.L. (Hrsg.): Managing Investment Portfolios - A Dynamic Process, 2. Auflage, Boston, 1990, Kap. 10.

ZITZEWITZ, M. VON (1998)
Wo investiert der institutionelle Investor?, Vortrag anläßlich des I.I.R. Immobilienkongresses, Wiesbaden, 19./20. 01.1998.